本書得到内蒙古民族文化産業研究院資助

【内蒙古歷史文獻叢書】之二十四

内蒙古高校人文社科中國北疆史重點研究基地　内蒙古圖書館　編
忒莫勒　于永　審定

河套新編

調查河套情形記

綏遠河套治要

後套農墾調查記

綏遠省河套調查記

YUANFANG
遠方出版社

圖書在版編目（CIP）數據

内蒙古歷史文獻叢書. 二十四 / 内蒙古高校人文社科中國北疆史重點研究基地, 内蒙古圖書館編. -- 呼和浩特 : 遠方出版社, 2019.3
ISBN 978-7-5555-1237-0

Ⅰ. ①内… Ⅱ. ①内… ②内… Ⅲ. ①内蒙古 - 地方史 - 史料 - 匯編 Ⅳ. ①K292.6

中國版本圖書館 CIP 數據核字(2019)第 032983 號

【内蒙古历史文献丛书】之二十四
河套新編
調查河套情形記
綏遠河套治要
後套農墾調查記
綏遠省河套調查記

編　　者	内蒙古高校人文社科中國北疆史重點研究基地 内蒙古圖書館
責任編輯	劉成法（特邀）　韓登庸（特邀）　劉洪洋
責任校對	劉洪洋　王　冉
封面設計	喬蘇芝
出版發行	遠方出版社
社　　址	呼和浩特市烏蘭察布東路 666 號　郵編 010010
電　　話	（0471）2236473 總編室　2236460 發行部
經　　銷	新華書店
印　　刷	内蒙古地礦印刷廠
開　　本	165mm × 235mm　1/16
字　　數	525 千
印　　張	34
版　　次	2019 年 3 月第 1 版
印　　次	2019 年 12 月第 1 次印刷
印　　數	1—1000 册
標準書號	ISBN 978-7-5555-1237-0
定　　價	120.00 元

【前言】

人類文化是在歷史長河中創造、傳承和發展的，除了民間存留的一些傳統觀念和風習外，在歷史嬗變中存留下來的各種文獻（記録有知識的一切載體，包括石刻、紙本、音像、口碑等）和遺跡遺物（遺址和各種實物等），是其賴以保存並傳承、發展的唯一途徑。可以毫不誇張地説，如果没有文獻和遺跡遺物，我們就喪失了記憶，就没有歷史，就没有文化，就無法積累知識，更無法把握現在，面對未來。

文獻和遺跡遺物各具獨到的價值，二者相輔相成，缺一不可。但總體而言，由於文獻藴含的信息和存世的數量遠遠多於遺跡遺物，故其作用較後者爲大；況且對遺跡遺物的調查和研究，其成果最終也以文獻的形式傳承於世。試想一下，倘若没有汗牛充棟的古代文獻存留，人類之積累知識、傳承文明，便無從談起。不僅我們中國五千年的悠久歷史和燦爛文明無從尋覓，就連那些幸存的歷史遺跡遺物也會成爲永遠無法破解的謎。如果没有各類現實文獻的存留，不僅現實生活難以正常運行，而且會形成文化斷代，使歷史傳承成爲空話。後世子孫無法瞭解過去的時代、以往的社會，又怎能從前人的經驗中汲取營養和教訓，促使社會進步呢？由此可見，文獻是文化傳承與發展的重要基礎，是構築文化豐碑不可缺少的基石。很難想象，缺乏自身文獻的民族會是有文化的民族，缺乏自身文獻的地方會是有文化的地方。

内蒙古地區歷史悠久，但因從前經濟、文化落後，戰亂頻仍，保存下來的古舊文獻相對較少，且多散見於國内各地甚至國外。區内各圖書館、檔案館保存的古舊民族文獻和地方文獻，也因種種原因，不便讀者查閱和利用。有些文獻存世極少，甚至是孤本，一旦有失，後果堪虞。這種先天不足的狀況，決定了我區搜集整理民族文獻和地方文獻的艱難，也充分體現了其迫切性。

民族文獻和地方文獻的大量缺藏，給我區各項建設尤其是學術、文化建設帶來巨大的負面影響，也造成了相當大的經濟損失和人才浪費。例如，我區最具特色的蒙古學研究雖然已有較長的歷史和相對較强的科研隊伍，但由於文獻缺乏，存在着不少研究盲點和薄弱領域；已有的許多成果亦因此而受到相當限制，經不起時間的考驗，面世不久就需要改寫或修正。與國外相比，整體上存在着明顯的差距。再如，我區的地方志編纂工作，儘管耗費巨資，付出了艱苦勞動，但由於文獻缺乏，許多重要史實缺失或訛誤，不少事業的發展脈絡不清或中斷，使志書質量頗受影響。

過去、現在與未來密不可分，傳承與發展必然相輔相成。由於民族文獻和地方文獻的缺乏，我們至今對自己家鄉的歷史文化還不大瞭解，已知的内容亦粗淺片面，不僅政治、社會歷史不能盡如人意，地方美術、音樂、戲劇、新聞、出版、醫藥、商業、宗教、民俗等專門史更是空白點甚多；就是對着力較多的北方游牧民族的歷史文化也是知而不多，研而不深。許多經過多年努力才具有頗深功力的學者，亦因文獻缺乏而無法盡展才華，難以獲得本該取得的學術成就，不僅自己抱恨終身，也制約了自治區的整體學術水平。

綜上所述，民族文獻和地方文獻的缺乏是導致我區文化落後的重要因素之一，各級黨政部門、文獻收藏單位（圖書館、檔案館、博物館等）、出版部門及全社會對此應有清醒的認識。回顧以往，民族文獻和地方文獻流離失散，因忽視而永遠消亡的教訓比比皆是，不勝枚舉，給子孫後代和人類文化帶來無法彌補的損失。我們當亡羊補牢，以免重蹈覆轍。

出版是保存文獻和方便社會利用的有效手段。爲了促進我區的文化發展，我們在自治區黨委宣傳部、自治區新聞出版局、遠方出版社、自治區各大圖書館及有關單位的大力支持和協助下，着手編輯並出版此《内蒙古歷史文獻叢書》。歷史文獻既是以往時代的反映，就必然帶有該時代的烙印，在今天看來難免偏頗。整理出版文獻，我們本着尊重歷史、尊重原著的精神，最大限度地保留了文獻的原始風貌，以供學界研究所用。

鑒於人力財力與學養水平的限制，我們的工作剛剛起步，迫切希望得到有識之士和社會力量的支持與幫助，共同完成此項振興文化的大業，開創我區文獻工作的新局面。

内蒙古自治區圖書館學會

二〇〇七年一月

總目錄

河套新編……（一）
調查河套情形記……（二八九）
綏遠河套治要……（二九五）
後套農墾調查記……（四〇一）
綏遠省河套調查記……（四一五）

河套新編

【題解】

河套新編十五卷外編一卷　金天翮、馮際隆纂，潘復鑒定。民國十年（一九二一）冬完稿。

關於版本　該書從未付梓，鮮有流傳。有稿本十六冊，存北京中央民族大學圖書館。一九九一年六月一日，全國圖書館文獻縮微復製中心據該稿本影印（線裝二函十冊），收入吳豐培主編民族古籍珍本叢書。二〇一七年六月內蒙古大學出版社又影印出版中央民族大學圖書館藏稿本，收入鄂爾多斯市編金冠文庫。此外，北京民族圖書館有自中央民族大學圖書館藏稿本過錄之抄本。內蒙古圖書館有該抄本的復印件。

關於編纂者　金天翮（一八七三—一九四七年），又名天羽，字松岑，號天放，江蘇吳江人。曾任江蘇省議會議員、江蘇教育局局長、安徽通志館編纂。清末民初與陳去病、柳亞子有吳江三詩人、吳江文壇三傑之稱。著有天放樓文言、天放樓詩集、元史紀事本末補等。馮際隆，字輔之，廬江定遠（今安徽定遠縣）人。吳淞測繪學堂畢業。時任山東南運河疏濬兼管全省水利事宜籌備處測繪科股長。潘復，字馨航，山東濟寧人。時任全國水利局副總裁，並主督辦運河工程總局事。

編纂緣起與內容　該書係民國政府督辦運河工程總局為治理黃河下游水患之需，於民國八年（一九一九）春派馮際隆率工程技術人員赴河套實地調查後的產物。「是役也，發北京，迄寧夏，道經五原、東勝及鄂爾多斯、烏拉特、阿拉善各蒙旗，週迴凡七千里，歷時五閱月。又三閱月繪製圖表，編輯報告。明年春報告成，凡六卷，曰墾務，曰渠工，曰農林，曰工商，曰交通，曰渠墾計畫。」督辦運河工程總局負責人潘復以「報告所輯，條分縷析，實於河套治績之大端，已具概略。若再益以歷史地理，已往之事蹟而發明之，可以為河套專書。因將原本發還，屬以修繕，採往蹟而擴充之」。「同時又將報告原本抄寄吳江金松岑先生，先生為增河套兵事及古今長城營堡關塞諸考。……復合二稿為一書，原始要終，仍經松岑先生分別增削删改訂定，」編成河套新編一書。①

該書以文體分類，共有志二、表一、考七、記四。卷一河套地理志、卷二河套沿革志、卷三河套內外古今設置郡縣沿革表、卷四河套區域考、卷五河套內外古今長城及營堡關塞考、卷六河套黃河及諸水考、卷七河套內外諸山考、卷八河套軍事考、卷九河套歷代墾殖考、卷十河套歷代渠工考、卷十一河套墾務調查記、卷十二河套農林調查記、卷十三河套交通調查記、卷十四河套工商調查記，另有卷十五河套渠墾計畫書與外編，共約十六萬餘字。

該書非一般方志，按金天翮的表述，是書「蓋經國大猷，豈與夫方州志乘、研覈文字者比哉！」②因以治理黃河為目的，故該書著眼全局，「所言河套內外，南起北緯三十七度二十五分（當陝西靖邊縣治），北至北緯四十一度五十二分（當五原縣北狼山之烏古蒙太口子），東起西經五度十五分（當清水河縣西黃河），西至西經十度四十一分（當寧朔縣西賀蘭山之滾鐘口），……為鄂爾多斯一部七旗、寧夏道屬之寧夏、寧朔、平羅三縣及烏拉特三公旗之南境。」（卷一）全境分寧夏、後套、前套、三湖灣四區敘述，但重點在

① 馮際隆序。
② 金天翮序。

後套及寧夏。

價值及缺點 因實地調查的目的僅限於開發河套農墾，以殺水勢，故該書無地方行政、社會組織、人口、民眾生活、風土人情、宗教信仰、文化教育及民族關係等內容，有關農林、交通、工商的調查記亦語焉不詳。如伊盟鹽鹼淖泊眾多，為地方一大利源，而該志幾無記載。

又因拼合兩稿而成，未能刻意琢磨，斷然去取，故體例有些混亂，內容多有重疊或散亂。例如，山脈、河川散見於卷一地理志、卷六河套黃河及諸水考、卷七河套內外諸山考。氣候不見於地理志，卻納於卷十二河套農林調查記。歷史沿革既見於卷二沿革志、卷三河套內外古今設置郡縣沿革表，又見於卷四河套區域考與卷九河套歷代墾殖考，相互既有重複，又都不完整，頗可省併；而且收錄寬泛不當。卷二河套沿革志載有套東歸化城土默特旗與套西阿拉善厄魯特部。卷十一河套墾務調查記明知「河東、河北以及大青山前後各旗墾務非屬本編範圍以內」，卻仍「僅陳大概，用備參考」。卷十二河套農林調查記有關於阿拉善旗吉蘭泰鹽池的記載。卷十三河套交通調查記竟收錄擬想之隴綏輪船股份有限公司的假定文檔多則，長達七千餘字。

該書雜組舊籍，缺乏考證。有關地理與歷史的內容多採自清代河套志、水道提綱、蒙古遊牧記等，不僅引文繁蕪，且多有不妥。如卷三沿革表誤收遠離河套之秦漢雲中、雁門郡，誤烏拉特為明代瓦喇。卷五古今長城及營堡關塞考抄自河套志，而河套志又稗販於秦邊紀略。卷六至七名為河套黃河及諸水考、河套內外諸山考，實則多雜組河套志與蒙古遊牧記，僅排比羅列，常沿誤而不察。卷十之渠工經費採自甘鵬雲調查歸綏墾務報告書，其烏拉特西公旗渠租條竟將土地頃數誤抄為應徵渠租。①

該書所附圖表和卷十二至十四農林、交通、工商諸調查記較有價值，雖失於簡略，但多得自實地，非轉錄成籍者可比。其中農林調查記以氣候、農事、農産、森林、漁業、獵産、鹽池諸項簡述了河套地區的生産條件和物産。工商調查記載有礦地及礦質、工業及産品、商務及歷史、商號及狀況、貨郎與廟會、出入貨物、幣制與物價等多項内容。它如卷十歷代渠工考和卷十一墾務調查記大量利用甘鵬雲調查歸綏墾務報告書，較為詳細地記述了後套大小幹渠的具體情況和清末民初河套蒙地的放墾，亦可資參考。卷十五河套渠墾計畫書是編者調查研究的結晶，外編所録之河套與治河之關係一文，是時人宏論，都可作後人改造河套之參考。

本次整理出版，以二〇一七年内蒙古大學出版社影印本為底本，以内蒙古圖書館藏抄本復印件作參校。文字改正或補充，取通用之删補符號：（）號内小字示删，〔〕號内大字示補；必要時加註説明。原文模糊難辨或缺字者，用□號表示。明顯的錯字，如「苻」誤作「符」、「蕃」誤作「番」、「梢」誤作「稍」、「灣」誤作「彎」、「粱」誤作「梁」、「壩」誤作「埧」、「椿」誤作「樁」、「家」誤作「傢」之類，則逕予改正。

（忒莫勒　撰）

① 參見甘鵬雲調查歸綏墾務報告書卷七，中九頁。

序

黃河濫觴崑崙，伏流重源，百里一曲。自賀蘭繞陰山而南，擘龍門，激砥柱，以出孟津。於是始行平地，鼓其湍悍，漱決堤障，歷漢、宋、元、明、清，六變其道而未知所底，菑楗之工費巨兆，蹙民生，耗國力。獨河套界長城，方三千里，拊隴、秦之背，亙古不受河齧，地味饒腴，蓄富力以待人事，形束壤制，談軍防者，稱雄劇也。唐虞時雍州以西，貢道由積石浮下龍門、西河，以會於渭、汭，號通津焉。周城朔方，禦玁狁。秦蒙恬收河南地，因河為塞，建三十四縣，復渡河築亭障，皆徙謫實邊。惜其時疆理規畫之蹟，不可稽矣。漢置朔方、五原郡，轉輸回遠，山東咸被其勞費。獨主父偃盛言朔方地肥饒，可省戍漕，廣中國。今考漢地理志，朔方、西河、五原諸郡，領縣有沃野、廣牧、美稷、臨沃、宜梁。而西河又有鹽官、鴻門，鴻門有火井祠，火（徙）〔從〕地出。則延長石油礦脈，實起於套內；而鹽澤不僅西邊花馬二池。蓋耕屯畜牧，幸榷之利，自漢已然矣。夫既字畜以為利，畜之皮革，可資衣被。禹貢言「織皮崑崙、析支、渠搜」。今寧夏東有析支城，水經注：「河水自朔方東轉，經渠搜〔縣〕故城北。」而崑崙之音通喀喇，禹貢為合黎，唐、宋以下為賀蘭。凡戎言黑者曰崑崙，故喀喇烏蘇為黑水，崑崙則山之黑者，不必其在河源西域也。今寧夏灘皮歲貿中原，珍貴齊狐貉，為古織皮之遺。商人以橐駝運載，向由歸綏、大同走京師。鐵道西抵包頭，計程千五百里而強，急行一日夜可達。世以河套為荒服磧鹵，非獨棄富源而已，其於設險守國之道，深根寧極之方，不考古而諏今，宜其闊遠而河漢也。夫套地北瞰大漠，西控準、回二疆，為京師右臂。東漢渡遼將軍實跨河以為營，防南北二虜之交通。唐朔方軍總管轄六胡州，自韓公渡河北築三受降城，設紇那牛心山等千八百戍，突厥不復度陰山南牧，此設防之效也。赫連帝朔方，城統萬，而姚秦奔命。魏起盛樂，西夏以亡。洎南遷洛陽，沃野倡亂，諸鎮華夷，一時響附，爾朱、賀六渾出，而魏祚中分。唐代保朔方，不為突厥、回紇、吐蕃所有，故肅宗得賴靈武將士之力，中興以平劇寇。洎拓跋思恭一帥夏銀綏五州，元昊卒稱帝，禍與趙宋相終始，雖以韓、范之為將，而不能有功也。明棄東勝而守河，廢商中鹽而奪邊利，商徙民流，委套於敵，內築邊（疆）〔墻〕以自域，使虜騎南向，曾無王恢馬邑之懼。大同互市，俺答封王，元孽遂以河套為湯沐。此其成敗得失，尤大彰明較著者也。清時內外蒙古寧帖不反側，鄂爾多斯孳生至七旗，今且受綏遠都統節度，設縣相拘格，而蒙邊西域烽燧，亦稍稍起矣。凡討軍實，設屯戍，河柳以為笴，駝馬以資負，載麥垛之山之鐵以為兵，帷幄之中，師武臣謀之載筆者，翹舉往跡，亦曰我不可不鑒於有夏斯已耳。且夫河來高地，建瓴而下，平原常羨溢為害。禹於黎陽之郊，導河出宿胥口，下播九河，入於碣石海，其功能垂千一百六十餘祀者，黎陽二山為之峽也，然猶不得不廝二渠以殺其怒。洎其決而南焉，無量岡夾谷之限，而中原土性疏窳，故所至瀦鉅野，並漯川，奪長、淮，經齊、魯、豫、江、皖諸境。披圖視沿革，冰斷瓦裂，水失其系，愈決則愈南，洎六變而復返於北。今自銅瓦廂北決六十有六載，尾閭入海之處，又經七易。近頃屢決濮陽范縣，流向益北，危及燕趙之郊。前以海客善商功，故盧法德、戴樂爾①皆奮筆有論議。戴氏當光緒乙巳（三十一年，一九〇五）之秋，謂今行之河不保二十稘②，必去故道。今十有七年矣，所言雖不讎，要之河務方棘，未可偷旦夕以為安也。夫止湯之沸，必滅其薪；防川之溢，亦分其流。流在平原，不可控引。漢時齊人延年欲開大河上嶺，出之（湖）〔胡〕中，東注海。武帝報曰：「延年

---

① 戴樂爾（William Ferdinand Tyler），早年隨英國「中國艦隊」來華，旅居中國三十餘年，長期供職於中國海軍、中國海關，還任過黃河水利委員會的顧問。

② 稘（jī），古同「期」，周年。

計〔議〕甚深。〔然〕河乃禹所道，聖人作事，為萬世功，通於神明，恐難更改。」夫引河上嶺，其說誠謾誕不可措施。若開套引河，施井田、溝洫、陂障其中，則西河以上遊波得寬緩。復置林麓於賀蘭、陰山及汾、沁、涇、渭諸源，使沙得滯流，土脈湊潤，下游可減潼激之患，河務乃得徐而理，此與禹廝渠之工相絜也。曩年從事魯省水利，自來京城，襄全國水政，復贊直、魯治運工程，硜硜抱此願。戊己（一九一八至一九一九年）之間，始發篋出古今書，輯河套掌故。吳江金君天翮，助餘搜討。盧江定遠馮君際隆，率工程技術人員，贏糧入套地，施句矩，察山川，考城堡之廢蹟，辨土性之宜否，農牧、商工、驛置、貢賦、屯政、馬廠無不畢載，開卷燦然。計程五閱月，餐湩肉，息穹廬，勤勞堅忍。金君復於南方得乾隆七年（一七四二）商邱陳執夫先生履中分巡寧夏時所纂河套志六卷，益有據依。今年冬稿成，為志二，為表一，為考七，為記四，殿以河套渠墾計畫書一篇，都十有五卷。其自漢以來迄今有關河套之奏議、碑記、雜文，則列入外編，定名曰河套新編。昔唐韓約治營田朔方，東起振武，西抵雲州，及於中受降城，出入河山之際，六百餘里屯堡相望，兵農兼事，務一而兩得。昌黎序之，以為君所請田，皆故秦、漢時郡縣，其利未可一二數。使盡用其說，西北邊故所失地，可指期而有也。今套內漢、唐渠工班班可驗，因而廣之，鄭國所謂渠成，亦秦之利者。農戰富強，行復見於當世，盛德大業，存乎其人。殺青有期，因弁言簡端，以待論道經邦者商榷焉。

辛酉（民國十年，一九二一）季冬濟寧潘復識。

序

甲辰（清光緒三十年，一九〇四）之夏，余遊濟南，與潘子馨航定交大明湖上。潘子方司實業，尤究心河渠溝洫之用。余慷慨喜軍略，相與上下其議論，留十日別去。是歲山東大潦，潘子起而圖治運，中朝旋命副全國水利局。潘子以為中原大利病，樞機在河，河在滎澤以東。病不可驟理，法先治套，套利興而河殺其湍激之害。欲出國西門至豐鎮，以馬駝踔草地趨包頭入套，察漢、唐故渠，相其陰陽流泉，攬高極深，程土宜，肆采物，疆理其川原，迄於寧夏，且與余偕。而中朝興替百端，諮謀借箸，致邁往之期有待，乃先輯河套一編，往跡備矣。馮君輔之奮然請代行，歸而哀其采風所得，又成巨帙，參伍排比，鏡古識今，辛酉（民國十年，一九二一）冬稿成。潘子謂余有襄贊之微績，以導言見屬，於是秉筆而序之曰：唐虞建州壅宅，神皋西北。河來崑崙墟，出羌入胡。自三代以來不勤遠，故套地列於荒服。周南仲、秦蒙恬逐玁狁而縣其地，蒙氏且臨河徙謫戍，開屯實邊，寵之以為新秦中。然皆威戎禦夷，不以是資富殖。漢班固賦西京，敘述山川，猶曰終南、太華，洪河、涇、渭，龍首之渠，不及朔方。華實之毛，防禦之阻，一以為九州之上腴，一以為天地之奥區，隱然視朔方如荒外。蓋僅僅一三輔閉關，足以自給，況郡國所在棋置，山澤之地未盡墾，遊食之民未盡歸，農雖有邊穀，不能贍腹地，東漢且以處降胡，為中國偵羅耳目。自是以往，劉虎發跡以興魏，赫連據地以收秦。稒陽之塞，君子之津，河水夜涉，鐵騎晨馳者，皆氈裘之長也。唐拓地最廣，設四都護府於外，而張仁願渡河築三受降城以拒突厥，故安史之亂，肅宗獨得即位靈武，策李、郭以成中興。迨其末葉，舉夏、銀、綏、靜、宥五州畀拓跋思恭而世其地，元昊遂襲赫連之跡。明棄大寧三衛，肩背已寒； 復棄東勝，保綏德，撤綏德，守榆林。土木一狩，俺答再入，曾無石、顏之患。洎夫套寇衰而流賊起，李自成以米脂滑醜，僭號關中，不三月而神京顛覆。使套地得隸於中朝，有心膂之將、武纛之兵，伸足即及河、渭之郊，闖亂不至於困棘。即不然，而以一旅出駐偏關，與寧武、大同相犄角，坐待中原之勤王，土崩不若是易也。且吾嘗考中國之亂，外起磧南北，內起河、淮之間者，動不可理，土敝而民艱食也，淮不敝而河乘之。河惟土性本上腴，套地尤富實，交相敝而農穀坐困，不富不強，以是談邊防者，常以耗中事外為懼。套地雖不懸遠，東阻河，南隔六盤橫嶺，自漢、唐、胡元外，皆與甌脫等視。明又築邊牆以自畫，今吉囊遺裔自成伊克昭盟，雖雉兔不竄逸，孱弱未可勝扞圉，近歲設官分縣，漢蒙耕牧相馴習。念河敝中原而獨肥一套，計莫如開套引河，規井田，興陂澤，制牐堰，使水自積石下者瀠洄相屈注，柔其湍怒，河津、孟門以下，庶不復見傷堤害民之災。徐而推之圁，洛、汧、渭、汾、沁間，則河可治。河治而後，鉅野、洪澤、渦、穎、汶、泗、清河之民皆可耕耨，興水田於齊趙梁魏燕薊，先以河套為之型範，苟斯議而有成功，不在禹下也。是故策河套者，古以軍防而今以渠墾，時勢使然。起營平①、諸葛、蒙、張、靳、潘諸賢於今日，不能廢此言矣。抑今海內苦兵革十年，擐甲之夫，所在作氣勢，張口望哺，徵穀於吳楚諸邦，蹄踵相屬，父老嗟歎。然苟操切以從事，徒為萑蒲增寇竊，要惟移實邊關，使耕屯戰守以待命。夾河南北，三受降城之遺蹟在焉。今豈無頡利、默啜之徒，狡焉思啟封疆。是地斗絕西陲，呼吸千里，內資國富，外以建藜藿不採②之威。茲編出而河渠、兵志左右具宜，蓋經國大猷，豈與夫方州志乘、研覈文字者比哉！壬戌（民國十一年，一九二二）仲春吳江金天翮。

① 營平，指漢營平侯趙充國。

② 藜藿不採，藜藿為灰菜、豆葉之類。語出漢書蓋寬饒傳：「臣聞山有猛獸，藜藿為之不採；國有忠臣，姦邪為之不起。」以人們畏懼猛獸而不敢上山採擷野菜，喻國家有忠臣，奸邪不敢興風作浪。

敘

馨航總裁潘公，悴心力於全國水利，既有年矣。民國八年（一九一九）間，復拜督辦運工之命，延接中外河工專家，廣徵治運計畫，咸以運與黃下游成交會，而黃夙性洶悍，為害病運，治運不兼治黃，難期效果。所謂治黃云者，又非沾沾於下游捧土飾堤，曲防掘突，所能成功。上溯河套荒原，興治屯墾事業，消耗水量，即以減煞下游洶悍之勢，黃流順軌，而運可以相安。經畫之始，詳徵其利病沿革，以為基礎，於是捐川旅，備測具，派工程測繪學員崔其炳、譚玉璽、郝逢泰等諸君從事勘測，仍檄余領率偕往。是役也，發北京，迄寧夏，道經五原、東勝及鄂爾多斯、烏拉特、阿拉善各蒙旗，迴迴凡七千里，歷時五閱月。又三閱月繪製圖表，編輯報告。明年春報告成，凡六卷：曰墾務，曰渠工，曰農林，曰工商，曰交通，曰渠墾計畫。潘公以為河套之利在渠墾，而渠墾之興替，允足以消息黃流之盛衰。此次勘查之本旨，雖以治黃，而今報告所輯，條分縷晰，實於河套治績之大端已具概略，若再益以歷史地理已往之事蹟而發明之，可以為河套專書。因將原本發還，屬以修繕，採往蹟而擴充之，輯為新稿，曰河套新編。同時又將報告原本抄寄吳江金松岑先生，先生為增河套兵事及古今長城營堡關塞諸考，曰河套志略。茲復合二稿為一書，原始要終，仍經松岑先生分別增削刪改訂定，全書釐為十有六卷，仍其名曰河套新編。此編輯之始末也，謹誌之，即以為敘於簡端云爾。民國十年（一九二一）冬月盧江馮際隆謹識。

河套新編目次

志二

卷一　河套地理志……（一五）

卷二　河套沿革志……（一八）

表一

卷三　河套内外古今設置郡縣沿革表……（二七）

考七

卷四　河套區域考……（五〇）

卷五　河套内外古今長城及營堡關塞考……（五四）

卷六　河套黄河及諸水考……（六三）

卷七　河套内外諸山考……（七七）

卷八　河套軍事考……（八三）

卷九　河套歷代墾殖考……（一一五）

卷十　河套歷代渠工考……（一二〇）

記四
卷十一　河套墾務調查記……（一四九）
卷十二　河套農林調查記……（一七七）
卷十三　河套交通調查記……（二〇一）
卷十四　河套工商調查記……（二四二）
卷十五　河套渠墾計畫書……（二四八）
河套外編……（二六一）

右志二、表一、考七，述往蹟，師史法及通志、通考例也；記四，誌實地調查之所得也；渠墾計畫，則全編之歸宿也；外編，錄有關繫之文字也。地理、沿革、郡縣、區域，定匡郭也。山與水，誌經緯也。長城營堡關塞，賓也。軍事，賓中之賓也。墾殖、渠工、墾務，主也。農林、交通、工商，主中之賓也。曰河套新編，不專誌墾殖與渠工也。故賓主錯綜述之，而仍不以喧賓奪主，此編輯之例也。其取材則參用二稿，期無漏無蕪、骨肉停勻而已。若文字之修飾，則繼今為之可也。

河套新編卷之一

濟寧 潘 復馨航 鑒定
吳江 金天翮松岑 校正兼編輯
盧江 馮際隆輔之 編輯

河套地理志　附圖一

河套距京師一千一百里，東西北三面距河，南限邊牆。邊牆以內，謂之邊內；黃河以外，謂之套外。今為實地渠墾規畫，固當窮極地勢，統籌全局，不能規規於套內一隅，故本編所言河套內外，南起北緯三十七度二十五分，當陝西靖邊縣治。北至北緯四十一度五十二分，當五原縣北狼山之烏古蒙太口子。東起西經五度十五分，當清水河縣西黃河。西至西經十度四十一分，當寧朔縣西賀蘭山之滾鐘口。計東西相距五度二十六分，南北相距四度二十七分，面積約三十六萬方里，為鄂爾多斯一部七旗，寧夏道屬之寧夏、寧朔、平羅三縣，及烏拉特三公旗之南境。全部約分四區：

一、寧夏　地在河套之西，東界黃河，西界賀蘭山，南起青銅峽，北至石嘴山，南北長約三百里，東西廣由三十里至百餘里不等，面積約二萬方里。地勢西南高，東北較低，河水出青銅峽逕向北流，決渠引水，順流入地，灌溉之利，得天然形勢。元和志所謂賀蘭山東，黃河之西，有平田可引水灌溉，即是處也。

今屬寧夏、寧朔、平羅三縣。

二、後套　地在前套之北，南界黄河，北界狼山，東起烏拉山，西至阿拉善蒙古東境，東西長約四百里，南北廣約百里，面積約四萬方里。地勢西南高，東北下，決渠引水，亦得自然之利，即漢臨河縣地是也。今為杭錦、達拉特二旗西北境，及烏拉特旗之南境，屬五原縣管轄。

三、前套　地在後套之南，寧夏之東，南起邊牆，東西北三面距河，面積約二十九萬方里。地勢西部多山，中有沙梁，渠地不多，然可開為旱地甚廣，即古朔方郡地。今為鄂爾多斯之郡王、鄂托克、杭錦、達拉特、準噶爾、烏審、札薩克七旗，及烏拉特之南境，屬五原、東勝、薩拉齊、托克托、清水河、偏關、河曲、神木、榆林、横山、靖邊、定邊、鹽池、平羅等縣管轄。

四、三湖灣　地在前套之北，後套之東，黄河距其南，烏拉山環其北，西起西山嘴，東至全巴圖，東西長約一百二十里，南北廣由十里至二十里不等，面積約一千八百方里。地勢西高東下，土質腴肥，蓋河水沖積而成，故亦謂之中灘，以三湖河灌溉，亦得天然之水利。今為烏拉特三公旗公共之地，屬五原縣管轄。

山脈　套外山脈，北為陰山，東為勾注，南為横山，西為賀蘭。賀蘭起於松山，北貫長城，在黄河西北為巴克丁山，為阿坦山，在寧夏西為賀蘭山，至寧夏北黄河而伏為乞伏山，蓋西套蒙古之界山也。其支脈接河套，一由石嘴山過黄河，為石喇叭山；一由青銅峽過黄河，為牛首山。陰山起於河套西北，其脈向東，在後套北為狼山，在三湖灣北為烏拉山，在薩拉齊北為大清山，經綏遠向東，蜿蜒千有餘里。其支脈過黑河為桌子山，而西經涼城、左雲、（溯）〔朔〕縣，西連恒山，是為勾注。其支脈向西至老牛灣，過黄河入河套。横山南起六盤，西接牛首，其脈向東，在鎮戎縣南為花樹山，在定邊縣南為白於山，在靖邊縣南為海兒山，在横山縣南為横山，東至黄河。其支脈自定邊縣接河套，套内地脈亦頗有起伏，除自為盆地外，大致鄂托克旗諸水西流入河，達拉特、準噶爾二旗諸水皆東流入河，郡王、烏審二旗諸水皆南流入邊城及長城，凡賀蘭山東、陰山之南，勾注之西北，其水皆入河套黄河。此河套内外山脈之大勢也。

河川 套内以黄河為主要河川，自青銅峽入套，經寧夏、後套、三湖灣，繞前套鄂爾多斯，至河曲縣西出套入塞，綿長二千餘里。其川流湖泊可分為三大綱，在寧夏、寧朔、平羅、套西部者，為賀蘭山麓所發源；在土默特、烏拉特、套東北部者，則發源於陰山南麓及勾注西北；在套内及套南部者，則發源於横山之北，及鄂爾多斯本部，統稱為鄂爾多斯諸水。歷代渠工多引河以為灌溉，詳渠工考。

沙漠 蒙古謂之戈壁，漢人謂之瀚海。鄂爾多斯與阿拉善諸部斥鹵千里，蓋沙漠阻塞，水氣不通之故。沙漠之高者曰明沙，細小成粒，隨風簸揚，乍起乍伏，成為小山，狀若仰盂，或若伏碗，蒙古謂之莽哈，漢人謂之沙（沱）〔坨〕子。仰盂式謂之沙窩子，寸草不生，無從耕牧，下濕之地，亦斥鹵不毛。惟水匯為湖澤，蒙人謂之諾爾，凝為鹽城，頗獲自然之利。至若高下酌中之地，得雨水之浸潤，青草穠秀，可耕可牧，故蒙人多逐水草而居，此地蒙人謂之他拉，漢人謂之甸耳。蒙人遊牧之界，以腦包為表幟。腦包者，蒙人祈禱處也，形似烽煙臺，以磚石為之，高數丈，上插樹枝，若茅茨狀，設於山環水繞佳勝之地。每年四月時，舉行祈禱，蓋一舉而兩用也。

河套新編卷之二

河套沿革志

河套古雍州地，禹貢載析支、渠搜。三代之季，戎狄據之。殷帝乙三年（公元前一一八九），王命距昆吾，南仲築城朔方，詩云「薄伐玁狁，至於太原，出車彭彭，城彼朔方」是也。周武王定天下，逐夷戎於涇、洛之北，名曰荒服。夷王三年（公元前八九二），虢公伐戎於太原。在今甘肅固原，非今山西之太原也。宣王元年（公元前八二七），玁狁內侵，命尹吉甫北伐，逐之太原。詩云：「玁狁匪如，整居焦穫，侵鎬及方，至於涇陽。」鎬在靈州境，非鎬京。方即朔方，涇陽，涇水之北也。春秋晉文公攘戎狄，居於河西圁、洛之間，號曰赤、白翟。秦穆公得由余，西戎八國服於秦。故岐、梁、涇、漆之北，有義渠、大荔、烏氏、朐衍之戎。蓋自周之盛，戎狄諸種，雜居於秦晉之郊，朔方已不隸版圖久矣。戰國魏惠王十九年（公元前三五一），築長城，塞固陽，以界戎。戎亦築城以自固。其後固陽降於秦，魏遷其民於九原。趙武靈王二十四年（公元前三〇二），西略地榆中。越四年（公元前二九八），又攘地至雲中、九原。是時趙有九原，魏有上郡，以與戎界邊。已而魏獻上郡於秦，秦又滅義渠，於是秦有隴西、北地、上郡，築長城以拒胡。而趙武靈王北破樓煩，築長城，自代傍陰山下至高闕為塞，置雲中、雁門、代郡，於是河套全部，悉在三國包圍中矣。秦始皇既併天下，乃置九原等郡，使蒙恬悉收河南地，因河為塞，築三十四縣城臨河，徙謫戍以充之，號曰新秦。又渡河取高闕、陽山、北假中，因邊山之險，修繕燕趙故塞，接築長城，起臨洮至遼東，延袤萬里，匈奴北徙。又通直道，道九原，抵雲陽，塹山湮谷，遷北河、榆中三萬家，河套濬渠屯墾由是始。後蒙恬死，中原擾亂，匈奴入居河南。漢武帝元朔二年（公元前一二七），遣衛青、李息等大出，擊胡之樓煩白羊王，收河南地，置朔方、五原等郡，興十餘萬人築衛朔方，費數十百鉅萬。而主父偃盛言，朔方地肥饒，外阻河，蒙恬城之，以逐匈奴，内省轉輸戍漕，為廣中國、攘外狄之本。當時公卿皆言不便，而武帝卒用偃計，立朔方郡，自是匈奴怨漢奪其地，數寇擾河南、朔方。漢大破之，於是渾邪王殺休屠王，並將其衆降漢，隴西、北地、河西益少胡寇，乃徙關東貧民處河南、新秦中以實之。元狩三年（公元前一二〇），山東被水，復徙貧民於關西、朔方七十餘萬口，貸與產業，費以億計。是時塞下徙民日衆，而墾殖稍稍盛焉。王莽改郡，以朔方為溝搜，五原為獲降，雲中為受降。後盧芳據安定，尋入匈奴，李興等迎芳入塞，都九原，掠有五原、朔方、雲中、定襄、雁門五郡地。章帝章和元年（八七），北單于敗於鮮卑，北庭大亂。安帝永初五年（一一一），羌畔寇過，是時二千石令長多内地人，怯於戰守，皆爭上徙避寇難。朝廷從之，遂移安定徙美陽，北地徙池陽，上郡徙衙。順帝永和間，又徙上郡治夏陽，西河治離石，朔方治五原。永建初，西河、上郡、朔方皆殘破。四年（一二九），虞詡上疏，請復三郡，略謂：「禹貢雍州之域，厥田惟上，且沃野千里，穀（價）〔稼〕殷積，又有龜茲鹽池以為民利，水草豐美，土宜（畜）〔產〕牧，牛馬銜尾，群羊塞道，北阻山河，乘阨據險，因渠以溉，水春河槽，用功少而軍糧〔饒〕足，故孝武皇帝及光武築朔方，開西河，置上郡，皆為此也。頃遭元元之災，衆羌内潰，郡縣兵荒，二十餘年。夫棄沃壤之饒，捐自然之財，不可為利；離河山之阻，守無險之處，難以為固」云云。九月詔復北地、上郡，還舊土。始言河套屯墾之利者，惟此為最詳。及靈帝末，羌胡大擾定襄、雲中、五原、朔方、上郡等，均流徙分散。建安十八年（二一三），省并州。其後，魏武帝復置并州於嶺南，自陘嶺以北，並棄之，以勾注為塞。是時河套內外，為羌胡雜居之地。晉初，河套之地，屬於匈奴，至劉虎南匈奴右賢王去卑之後益盛。虎與鮮卑拓跋氏固夾河而居，傳至劉衛辰，降於苻秦。孝武太元二年（三七七），河以西屬衛辰統之。尋加衛辰為西單于，屯代來城。十六年（三九一），魏主珪什翼犍之孫自五原金津今大黑河南渡河，徑入衛辰國，直抵其所居悅跋城。衛辰走死，其少子勃勃奔姚秦，秦以勃勃為安北將軍，使助沒奕干鎮高平，尋又進為五原公，配以三交五部鮮卑及雜部二萬餘落鎮朔方。既而勃勃叛秦，襲殺沒奕干、薛干等部而並其眾。安帝義熙三年（四〇七），自稱大夏天王，改（性）〔姓〕赫連。六年（四一〇），徙萬六千戶於大城，置朔州。九年（四一三）建都城於朔方，號曰統萬。河套在晉，雖歷屬於前趙、後趙、苻秦、姚秦，要無甚建置可記，惟衛辰族割據最久。及勃勃改姓赫連，建都統萬稱夏，有國三十餘年。直至太武帝始光四年（四二七），克統萬，河套之地，始屬於後魏。後魏拓跋力微，始居盛樂，四傳至祿官，力微少子，四傳始及之。分其國為三部：一居上谷之北，濡源之西，在宣化西北。自統之；一居參合陂之北，在大同縣東百里。使兄子猗㐌統之；一居盛樂，使猗㐌弟猗盧統之。猗㐌、猗盧均沙漠汗子。沙漠汗在曹魏景元二年（二六一）入質，晉武帝泰始三年（二六七）始歸國。後猗盧總攝三部，晉懷帝時，因討劉虎功，并州刺史劉琨因表猗盧為大單于，封代公，徙馬邑城，盛樂以為北都，修故平城以為南都。愍帝建興二年（三一四），進猗盧為代王。其後國亂，至鬱律，徙都於東木根山。在大同北境。及什翼犍，更營盛樂。既而實君什翼犍之庶長子弒什翼犍，劉衛辰引苻秦兵擊定代地，分代兵為二部，自河以東屬別部大人劉庫仁，什翼犍之甥，亦衛辰族。河以西屬劉衛辰。太元十一年（三八六），什翼犍孫珪立，復居盛樂，改代曰魏，於是擊劉顯，破柔然，滅衛辰，漠南諸部悉降。安帝隆安二年（三九八），遷都平城，稱帝，於緣邊置六鎮。太宗泰常八年（四二三），晉亡後四年。築長城於長川之南，起自赤城，在宣化境。西至五原，延袤二千餘里。太武始光四年（四二七），克統萬，執赫連昌，河套內外，悉為魏有。薄骨律鎮將刁雍上表，請開富平西艾山渠，通河水溉田四萬頃，人獲其利。由是人民之來歸日眾，備置戍衛，因河溉田，有與秦、漢相列者矣。迨胡後內亂，六鎮外擾，爾朱搆禍，國分為二：孝武遷長安為西魏，後為宇文覺篡曰周；孝靜遷鄴為東魏，後為高洋篡曰齊。齊文宣天保七年（五五六），發民一百八十萬築長城，自幽州夏口至恒州九百里。先是，自西河總秦戍築長城，東至於海，前後所築，東西三千里。其地西起黃河，經大同，繞居庸至於海。八年（五五七），築重城。周建德中，於河套荒原增置州郡。及齊亡，河東河西，悉為周有。隋受周禪，開皇三年（五八三），命衛王爽北伐突厥，出朔州道，大破沙鉢略可汗於白道。今歸化城西之白道嶺。五年（五八五），遣司農少卿崔仲方發丁三萬，於朔方靈武築長城至綏州。後改為雕陰郡。明年，又令仲方發丁十五萬，於朔方以東，緣邊險要，築數十城，以處降者。十九年（五九九），以突厥突利為啟民可汗，妻以義成公主，處之朔州，詔置豐、勝二州於河南地。煬帝大業三年（六〇七），改豐州為五原郡，勝州為榆林郡，發丁百餘萬築長城，西逾榆林，東至紫河，今烏蘭木淪河。一旬而罷。四年（六〇八），又發丁二十萬築長城，自榆谷西寧西境而東。長孫晟奏染干部落歸者既眾，雖在長城內，猶被雍閭抄掠，請徙五原，以河為固。於夏、勝兩州東西至河南北四百里，掘為橫塹，令處其內，任情放牧。上從之。十三年（六一七）梁師都據朔方，引突厥處河南地，襲取雕陰、宏化、延安、鹽州等郡，遂稱帝，國號梁。突厥號為大度毗伽可汗。郭子和據榆林，南連梁師都，北附突厥，稱永樂王。突厥以為平陽可汗，子和不敢當，因為屋利設。劉武周據馬邑，引突厥，陷樓煩、定襄、雁門等郡，稱定陽可汗。至是，河套內外，為梁、郭諸雄割據，突厥聲張，漢民流徙分散，而州郡破壞，不復有初時之盛矣。唐高祖武德初，秦王世民擊敗劉武周，降郭子和，而豐州絕遠，先屬突厥，交相往來，吏不能禁。用太子建成議，廢豐州，虛其城郭，徙百姓於靈州，割并五原榆平之地，於是突厥遣處羅之子都設率所部萬餘眾入處河南地，以靈州為境。帝會君臣，問所以備邊之策。中書侍郎溫彥博曰，魏為長塹遏匈奴，今可用。從之。太宗貞觀二年（六二八），遣柴紹、薛萬徹擊梁師都，劉旻蘭率勁兵據朔方東城。師都兵勢日蹙，其從父洛仁斬師都，詣紹降，以其地為夏州。又破突厥，奪得河南地，自陰山北至大漠，皆內屬，因置豐、勝等州以領之。永淳中，突厥圍豐州，朝廷議棄豐保靈、夏，因唐休璟言而止。景龍二年（七〇八），朔方軍總管張仁愿，請於河北築三受降城，役者盡力，六旬而城就，以拂雲堆為中城，南直朔方，西城直靈武，東城直榆林，相去各四百里，皆據津要，北拓地三百餘里，於牛頭朝那山在烏拉特旗東九十里北置烽堠一千八百所，自是朔方無寇患。元宗①開元九年（七二一），置麟州安集黨項部落。自元宗以後，墾屯日闢。開元十年（七二二），張說奏罷戍兵二十萬。憲宗元和六年（八一一），轉運使韓重華募人為十五屯，屯置百三十人，而種百頃，令各就高為堡，東起振武，轉而西，過雲中界，極於中受降城，出入河山之際，六百餘里，屯堡相望，寇來不能為暴。迨武、宣以後，黨項稍稍為患。廣明二年（八八一），拓跋思恭黨項別部為宥州刺史，以討黃巢有功，授定難軍節度，賜姓李，有銀、夏等州。其後歷五代，皆世守其地。宋太平興國七年（九八二），夏州留後李繼捧繼捧，黨項別部拓跋思恭之後。思恭為唐宥州刺史，廣明二年以討黃巢功授定難軍節度使，卒。其弟思諫代之，賜姓李，卒。思恭孫嗣，為其部下所弒，立其族父仁福代梁封朔方王，卒。子彝超嗣，卒。兄彝殷代之，歷事唐、晉、漢、周。及彝殷卒，子克叡嗣，破北漢吳堡，宋加以檢校大尉，卒。子繼均嗣，為檢校司徒、定難軍節度使、觀察留後，卒。繼捧立，為夏州留後。自思恭至繼捧凡九傳。始以銀、夏、綏、宥四州歸宋，賜姓名趙保忠，留居銀州。其族弟繼遷走地斤澤，距夏州東北三百里。以叛，尋附契丹，契丹以為夏州節度。既而封夏王，屢寇宋邊境。淳化二年（九九一），李繼遷請降，以為銀州觀察使，賜姓名趙保吉。至道二年（九九六），授定難軍節度使，割銀、夏、綏、宥、靜五州與之。既而復叛。咸平五年（一〇〇二），陷靈州，遂略有朔方地，改靈州為西平府。又攻西蕃，取西涼府，為六谷蕃帥所敗死。子德明嗣立，益強，盡取河西地，據有夏、銀、綏、宥、靜、靈、鹽、勝、甘、涼、瓜、沙等州，又增置洪、定、威、龍、韋諸州。及寶元元年（一〇三八），稱帝，國號夏，改元天授，建都興慶府，阻河依賀蘭山為固。是時，河套內外，俱為西夏所有，分置一軍於河北，以備契丹；於河南置鹽州路，以備原、慶、環、渭。左廂置宥州路，以備麟、府、鄜、延；右廂置甘州路，以備吐蕃、回紇。及靖康初，乾順元昊之曾孫又取河西豐、麟、府三州之地。遼太宗既援立石晉，取燕雲十六州，興宗（景福）〔重熙〕十三年（一〇四四），以雲

① 元宗，即唐玄宗。清代因避康熙帝玄燁諱而改「玄」為「元」。

州為西京大同府，於河北置東勝、雲內等州，南與西夏夾河為界。完顏氏起，克遼西京，又取東勝，襲青塚，敗遼主於天德、雲內間。〔宋宣和〕七年（一一二五），獲遼主延禧於應州，遼亡。兀朮南迫弱宋，於是河套以外，宋、遼故地，悉為金有。以大同府仍遼舊為西京，改宋延安府為鄜延路，慶陽府為慶原路。宋寶慶三年（一二二七），元太祖滅夏，盡收夏城邑。太宗時，入陝西，陷金鳳翔諸路。至元八年（一二七一），置西夏、中興等處行中書省。二十五年（一二八八），改中興府為寧夏路。元貞初，並寧夏行省於甘肅，其地則屬東勝、雲內諸州及延安、寧夏等路，而隸中書省及陝西、甘肅等行省。元之亡也，擴廓帖木耳擴廓即王保保，元時河南王。猶據套為邊患，先後為徐達、李文忠所破，遂城勝州，建東勝左右二衛於大同降城，改寧夏路為寧夏府，後府廢，改寧夏衛，遷五方之人實之。永樂初，以東勝孤遠，撤之內守。正統後，都督王禎始築榆林城，創沿邊營堡墩臺二十四所。天順六年（一四六二），蒙古毛里孩、阿勒綽爾、〔索〕〔孛〕羅忽俱出入河套為邊患。成化中，亂嘉思蘭殺阿勒綽爾，併其眾，而結滿都魯入套，屢寇延綏、固原邊郡。於是搜套之議起。既而相議以糧匱馬乏，難於成功。八年（一四七二），延綏撫臣余子俊創築榆林邊牆，而河套漸成甌脫。十六年（一四八〇），總督王越襲敗套部於威寧海子，滿都魯遁。未幾，火篩之部入套居之。正德間，吉囊部落擊破火篩，住牧套內，俺答住牧豐州灘。吉囊、俺答俱元太祖後裔達延汗之孫也。二部於諸部最強，為邊患。吉囊死，有子九人，分牧而處，推俺答為尊，河東關西，歲被蹂躪。〔嘉靖〕二十五年（一五四六），督臣曾銑議復河套，為嚴嵩所搆棄市，後無敢議及河套者。隆慶間，俺答歸，封順義王，名其地為歸化土默特，後為察哈爾所滅。而套內吉囊種落，住牧如故。大河以北，則瓦喇居之。自明之中葉以後，河套內外，悉入蒙古遊牧之地，其勢力範圍，為明人所不能問。故除榆林、寧夏二衛之外，不復有防守之跡矣。清初，河套邊內衛所之設置，略同明舊。其邊外蒙古，初以察哈爾林丹呼土克圖汗最強，諸部咸服屬之。及太宗征滅察哈爾，林丹西奔，所屬相繼降下，封爵世襲，正其疆界，地入版圖，設理藩院以統之。是時駐牧河套內外者，為部四，為旗一十有二。

套內鄂爾多斯部為旗七：一居敖西喜峰。濟農譯言郡王。又吉納、吉能、濟農、濟納，皆音之轉也。額林臣，元太祖後裔。天聰九年（一六三五）來歸，順治六年（一六四九）封多羅郡王，世襲罔替，授札薩克，掌左翼中旗，土語郡王。轄佐領土語掌蓋，每轄五十丁。十七。雍正六年（一七二八），又封一輔國公，駐牧河套正中近東，旗界內有納瑪帶泊及烏蘭木淪河。

一居扎拉谷。順治六年（一六四九），封其台吉色稜額林臣從子固山貝子，世襲罔替，授札薩克，掌左翼前旗，土語準噶爾。轄佐領四十二，駐牧河套東南部，旗界內有黃甫川和斯台泊。

一居巴爾哈孫湖。崇德六年（一六四一），台吉沙克扎額林臣從弟來歸，順治七年（一六五〇）封固山貝子，世襲罔替，授札薩克，掌左翼後旗，土語達拉特。轄佐領四十，駐牧河套東北部，旗界內有才登海子、坎泰河。

一居錫拉布哩多諾爾。崇德六年（一六四一），台吉善丹額林臣族子來歸，順治七年（一六五〇）封多羅貝勒，世襲罔替，授札薩克，掌右翼中旗，土語鄂托克。佐領八十四，駐牧河套西方近南，旗境有金山柏木池。其子索拉木，孫松喇布，俱以經理驛站功，封多羅郡王，後仍襲貝勒。康熙二十二年（一六八三），松喇布請移牧蘇海阿嚕，遣侍郎阿喇泥勘〔定〕，奏〔稱〕其地距興武營邊外五六十里或百里，非邊內民可耕之地，應允其移牧。從之。三十一年（一六九二），又奏察漢托輝在黃河西岸平羅縣北多獸，乞免獵禁，並請由黃河造船渡。後並請牧察漢托輝。均從之。三十六年（一六九七），乞市定邊、花馬池、平羅城，又奏邊內民出邊耕車林塔拉、蘇海阿嚕地勿禁。從之。是為有清漢民耕種河套始。

一居巴哈諾爾。順治六年（一六四九），封其台吉額琳沁額林臣從子固山貝子，世襲罔替，授札薩克，掌右翼前旗，土語烏審。佐領四十三，駐牧河套西南部，旗境有哈柳圖河。

一居鄂爾吉虔沁爾。順治六年（一六四九），封其台吉小扎木素額林臣從子鎮國公，世襲罔替，授札薩克，掌右翼後旗，土語杭錦。佐領三十六，駐牧河套西北，旗境有大鹽澤及西喇木淪河。其孫都稜，康熙三十七年（一六九八）以軍功晉封固山貝子，乾隆十九年（一七五四）都稜孫齊旺班珠爾晉封多羅貝勒，後仍襲貝子。

一附居右翼前旗，台吉定咱喇什額林臣從曾孫本係三等台吉，雍正九年（一七三一）以軍功晉封一等台吉，乾隆元年（一七三六）授札薩克，掌右翼前末旗，土語札薩。轄佐領十三，四十九年（一七五七）詔世襲罔替。初遊牧六旗之內，後於兩翼中劃撥牧地與之，界左冀中旗及左翼前旗之間。所部七旗，同牧套內，自為一盟，曰伊克昭。譯言大廟。貢道由殺虎口。

套北烏拉特部為旗三，元裔鄂木布、圖巴、色稜等，均元太祖弟哈布〔圖〕哈薩爾之後裔。天聰七年（一六三三）來歸，順治五年（一六四八）封圖巴鎮國公，世襲罔替，授札薩克，掌中旗，土語中公。轄佐領十六；封鄂木布子諤班鎮國公，世襲罔替，授札薩克，掌前旗，土語西公。轄佐領十二；封色稜子巴克巴海輔國公，世襲罔替，授札薩克，掌後旗，土語東公。轄佐領六。同駐哈達瑪爾，漢語鐵柱谷。牧地東歸化土默特，南黃河，東北毛明安及喀爾喀右翼旗，西北三音諾顔部，跨陰山南北，隸烏蘭察布盟，貢道由殺虎口。

套東歸化土默特部為旗二，初滅於察哈爾，天聰六年（一六三二），太宗征察哈爾，駐蹕歸化城，格根之孫俄木布元太祖之後，格根係俺答之孫。及其頭目古祿格、杭高、託博克迎降。既而俄木布以罪廢，乃編所部為二旗，以古祿格為左翼都統，杭高為右翼都統，俱駐城內，各轄佐領三十。雍正元年（一七二三）設同知等官。乾隆四年（一七三九）築綏遠城，移右衛將軍駐〔劄〕〔紮〕城中，二十八年（一七六三）以兩翼都統事務改歸將軍管轄，都統之職，改為流官，不世襲矣。二十九年（一七六四）分設清水河、薩拉齊、和林格爾、托克托城通判，與歸化、綏遠二同知為六廳，屬歸綏道，以隸山西省。是時秦、晉貧民，相率來歸，築室耕田，不異內省，而土默特蒙民亦與同化焉。然旗制編分如故。至若俺答子孫，始隸於兩翼為台吉，及乾隆二十一年（一七五六），以軍功乃封一輔國公，世襲，貢道由殺虎口。

套西阿拉善厄魯特部，初名套彝，康熙十六年（一六七七），為葛爾丹所破，其濟農巴圖額爾克姓和羅理，元太祖弟哈布圖哈薩爾之後裔。逃至近邊，二十五年（一六八六）上書請給牧地，與之。三十六年（一六九七），授札薩克，封多羅貝勒。雍正元年（一七二三），其子額（附）〔駙〕阿寶襲，以功晉封多羅郡王。乾隆十四年（一七四九），子羅卜藏道爾濟降襲多羅貝勒。二十二年（一七五七）以功晉封多羅郡王，三十年（一七六五），又晉封和碩親王，世襲罔替。轄佐領八，牧地當賀蘭山西，駐博羅沖其克地方及定遠城。自為一部，不設盟所。其西有鹽池，即吉蘭泰池是也。

邊內地初設衛所，及蒙古既定，遂改為府縣，隸屬山西、陝西、甘肅等省。至寧夏一區，自王全臣開濬渠道，經營日盛，至雍正二年（一七二四），改寧夏衛為寧夏道，置寧夏、寧朔、平羅等縣。而後套亦於光緒間增置五原、東勝二廳，同屬於歸（化）〔綏〕道，隸山西行省。

河套新編卷之三

河套內外古今設置郡縣沿革表

符號

[內] 郡縣治在河套內

[東] 郡縣治在河套外黃河之東

[北] 郡縣治在河套外黃河之北

[西] 郡縣治在河套外黃河之西

[南] 郡縣治在河套外邊牆之南

○○郡縣治在河套外兼轄套內之地者

時代	郡縣	沿革
禹貢		雍州之域
周		荒服戰國趙九原，魏上郡，秦北地等郡。
	渠搜	[內] 漢書武帝本紀：周之成康北伐渠搜。○河套志：渠搜在河套中。

續表一

時代	郡縣	沿革
	朔方	內 毛氏詩傳：朔方近玁狁之國也。○河套志：朔方在河套中。
	白狄	東南 史記匈奴傳：晉文公攘翟，居於西河、圁、洛之間。○元和志：綏州，春秋白狄所居。
	眴衍	西南 史記匈奴傳：平王末，岐、梁、涇、漆之北有眴衍戎。括地志：鹽州，古眴衍戎地。
	上郡	南東 史記秦本紀：惠文王十年（公元前三二八），魏納上郡十五縣。
	九原	北 竹書紀年：魏襄王十七年（公元前三〇二），命大夫奴遷於九原。
	雲中	東 史記趙世家：趙主父西北略地，欲從雲中、九原直南襲秦。
	固陽	北 史記六國表：魏惠王十九年（公元前三五一），築長城，塞固陽。
	榆中	內 史記趙世家：趙武靈王二十年（公元前三〇六），西略地，至榆中。
	樓煩	東 史記匈奴傳：趙武靈王變俗胡服，習騎射，北伐林胡、樓煩，築長城自代並陰山下，至高闕為塞。
秦		新秦中
	北地郡	南 史記匈奴傳：秦昭王伐殘義渠，於是有北地郡。
	上　郡	東南 水經注：秦昭王三年（公元前三〇四）置上郡治膚施。
	雲中郡	東 戰國趙雲中。秦始皇十三年（公元前二三四）置郡。
	九原郡	北 戰國趙九原。秦置郡。

續表二

時代	郡縣	沿革
	雁門郡	東 戰國樓煩胡地。秦置郡。
	新秦	內 史記匈奴傳：始皇三十二年（公元前二一五），使蒙恬將三十萬眾北擊胡，悉收河南地。因河為塞，築三十四縣城臨河，徙（適）〔謫〕戍以充之，號曰新秦，屬北地郡。
	北假	北 史記匈奴傳：蒙恬渡河，據陽山、北假中。
	固陽	北 水經注：河水東逕稒陽故城南。固亦作稒。
	臨河	內 水經注：河水東逕高闕南，又東逕臨河縣故城北。
漢		并州刺史部
	朔方郡	內 秦新秦中。漢初為匈奴河南地，元朔二年（公元前一二七）置朔方郡，屬并州，領縣十。在今鄂爾多斯西境及阿拉善東境。
	朔方	內 朔方郡，治朔方縣。元朔二年（公元前一二七）置，王莽改曰武符。在今五原縣東南。
	渠搜	內 中部都尉治渠搜縣，王莽改曰溝搜亭。在今五原縣東南。
	廣牧	內 東部都尉治廣牧縣，王莽改曰鹽〔官〕（宦）。在今五原縣南。
	臨河	內 元朔三年（公元前一二六），封代恭王子劉賢為侯國。王莽改曰監河。在今五原縣西。
	沃野	內 元狩三年（公元前一二〇）立。王莽改曰綏武。在今五原縣西南。
	窳渾	西 元朔二年（公元前一二七）立西部都尉，治窳渾縣。王莽改曰溝搜郡及極武縣。在今平羅縣北。

續表三

時代	郡縣	沿革
	臨戎	內 元朔五年（公元前一二四）置。王莽改曰推武。後漢朔方郡治。在今平羅縣北。
	三封	西 元狩二年（公元前一二一）立。在今平羅縣北。
	呼遒	西 無考。
	脩都	無考。
	五原郡	北 秦九原郡。漢初為匈奴地，元朔二年（公元前一二七）置五原郡，屬并州，領縣十六。在今烏拉特境及鄂爾多斯東北境，有十二縣近河套。
	九原	北 五原郡，治九原縣。王莽改郡曰獲降，縣曰成平。在今包頭鎮西。
	五原	北 王莽改曰填河亭。在今包頭鎮西。
	宜梁	北 在今包頭鎮西。
	成宜	北 王莽改曰艾虜。在今包頭鎮西。
	西安陽	北 王莽改曰障安。在今三湖灣北。
	河目	北 在今大佘太鎮。
	臨沃	北 王莽改曰振武。在今包頭鎮東。
	稒陽	北 王莽改曰固陰。在今包頭鎮東南。
	河陰	內 在今包頭鎮南。
	南興	內 王莽改曰南利。在今河曲縣北。

續表四

時代	郡縣	沿革
	曼柏	內 在今河曲縣西北。
	武都	內 在今河曲縣西北。
	雲中郡	東 秦郡。漢以屬并州，領縣十一。在今土默特西部及鄂爾多斯東南境，郡及雲中等五縣近河套。
	雲中	東 雲中郡治雲中縣。王莽改郡曰受降，縣曰遠服。在今托克托縣東。
	沙陵	東北 王莽改曰希思。在今托克托縣境西。
	咸陽	北 王莽改曰賁武。今薩拉齊縣城。
	楨陵	東 在今清水河縣西北境。
	沙南	內 在今準噶爾旗境。
	定襄郡	東 郡屬有桐過等二縣，近河套。
	桐過	東 王莽改曰倚桐。今清水河縣北。
	武進	東 在今清水河縣南。
	西河郡	內 秦太原、雲中、九原等郡。元朔四年(拆)〔析〕置西河郡，屬并州，領縣三十六。而郡及富昌等九縣近河套。
	富昌	內 西河郡治富昌縣。王莽改郡曰歸新，縣曰富成。在今河曲縣西北。
	美稷	內 在今府谷縣西北。

時代	郡縣	沿革
	大成	內在今府谷縣西北。
	虎猛	內在今東勝縣。
	平定	內在今東勝縣。
	增山	內在今東勝縣。
	圁陰	東南惠帝五年立。王莽改曰方陰。在今神木縣南。
	圁陽	東南在今神木縣東南。
	鴻門	東南在今神木縣東南。
	上郡	東南治膚施，近河套。郡屬有奢延等五縣在套內。
	奢延	內王莽改曰奢節。在今橫山縣西。
	龜茲	內在今榆林縣西北。
	白土	內王莽改曰黄土。在今神木縣西北。
	楨林	內在今神木縣北。
	高望	內在今榆林縣東北。
	北地郡	南郡屬有富平等五縣近河套。
	富平	西南秦縣。漢北地北部都尉治。王莽改曰威武郡及持武縣。後漢北地郡治。在今靈武縣南。

時代	郡縣	沿革
	廉	西 王莽改曰西河亭。在今寧夏縣南。
	靈武	西 在今寧朔縣西北。
	朐衍	西南 在今鹽池縣。
	靈州	西南 在今靈武縣河渚上。
十六國		夏統萬城
	統萬城	內 漢奢延縣地。晉義熙九年（四一三），夏建為都城。在懷遠正西九十七里。懷遠今橫山縣。
	三交城	內 在統萬城西。今鹽池縣北。
	五原	西南 五原有二：一漢朐衍，今鹽池縣；一漢五原郡。
	果城	西南 漢靈州地。
	契吳城	內 在統萬城北一百二十里。
	代來城	內 在今鄂爾多斯左翼中旗。
	大城	內 即幽州。
	木城	東南 在今神木縣南。
南北朝		魏夏州

續表七

時代	郡縣	沿革
	夏州 化政郡	內 夏統萬城。始光四年(四二七),平為統萬鎮。太和十一年(四八七)改置夏州。十二年(四八八)置化政郡,領巖〔綠〕(祿)、華融二縣。西魏改弘化郡。周因之,又置寧朔縣。在今榆林、橫山等縣界。
	闡熙郡	南 太和十一年(四八七)置郡,領山鹿、新囶二縣。今靖邊縣。西魏又置長澤縣,周因。在今靖邊縣界。
	代名郡	內 夏代來城,太安二年(四五六)置郡,領呼遒、渠搜二縣。在榆林縣北。
	鹽州 大興郡	西南 漢朐衍。魏置州郡,領五原縣。西魏改五原郡,周因之。今鹽池縣界。
	靈州 普樂郡	西南 夏果城。太延二年(四三七)置(簿)〔薄〕骨律鎮。孝昌二年(五二六)改置州。周置普樂郡,領迴樂縣。在今靈武縣界。
	懷遠郡	西 漢廉縣地。周建德三年(五七四)遷二千戶於此,置郡及懷遠縣。今寧夏縣治。
	歷城郡	內 漢渾懷障。太和初平三齊,徙歷下人於此,遂有歷城之名。周因置郡及建安縣,後廢。今鄂托克旗境。
	銀州 中鄉郡	東南 漢圁陰縣。周保定三年(五六三)置州及郡。在今神木縣。
	雲州 雲中郡	東 漢雲中郡。魏建都於此,號盛樂城。後置州及郡,領盛樂等縣。在今托克托縣。
	懷朔鎮	北 漢五原郡。魏太祖置懷朔鎮,後為朔州。
	沃野鎮	北 魏時沃野有三:一縣屬東夏州偏城郡,在邊內;一漢縣,在河套內;一鎮,在河北天德軍城北六十里。

續表八

時代	郡縣	沿革
	甘草城	內 漢廣牧縣，周俗謂之甘草城。
	永豐鎮	內 漢臨戎縣。周置永豐鎮。
隋		五原、榆林等郡
	朔方郡	內 魏夏州化政郡。大業初，改置朔方郡，領（嚴祿）〔巖綠〕等縣。
	巖綠	內 魏縣。隋因之，為朔方郡治。
	寧朔	南 漢龜茲縣地。周置寧朔縣。在今榆林縣南。
	德靜	內 漢龜茲縣地。周置彌〔渾〕戍。大業九年（六一三）置德靜縣。在今榆林縣西。
	長澤	南 魏闡熙郡。開皇三年（五八三）廢郡，改山鹿、新囩二縣為長澤縣。
	鹽川郡	西南 魏鹽州大興郡。大業初改置鹽川郡，領五原縣。
	五原	西南 魏縣。隋因之，為鹽川郡治。
	靈武郡	西南 魏靈州。周置普樂郡。大業三年（六〇七）改靈武郡，領迴樂等縣。
	迴樂	西南 周縣。隋因之，為靈武郡治。
	懷遠	西 周懷遠郡及懷遠縣。開皇初郡廢，以縣屬靈武郡。
	弘靜	西 開皇十一年（五九一）置，屬靈武郡。在今寧夏縣南。
	靈武	西 周歷城郡及建安縣。開皇初郡廢，仁壽初以縣改靈武，屬靈武郡。

續表九

時代	郡縣	沿革
	雕陰郡	東南 郡有銀城縣，近河套。
	銀城	東南 漢圁陰縣。魏石城。周改銀城縣。隋因之，屬雕陰郡。
	榆林郡	內 漢沙南、河陰等縣。開皇三年（五八三）置榆林郡，七年（五八七）又置縣，屬雲州。二十年（六〇〇）割雲中之榆林、富昌、金河三縣置勝州。大業初改為榆林郡，領榆林等縣。
	榆林	內 漢沙南縣。歷魏、晉皆無縣邑。開皇七年（五八七）置縣。
	富昌	內 漢富昌縣。開皇十年（五九〇）置縣。
	金河	內 今榆林關。
	五原郡	內 漢臨戎縣。周置永豐鎮。開皇五年（五八五）置豐州。仁壽元年（六〇一）置總管府。煬帝初，改為五原郡，領九原等縣。
	九原	內 漢廣牧縣。周俗謂甘草城。開皇五年（五八五）置縣。
	永豐	內 五原郡治永豐縣。
	大同城	北 漢河目縣地。隋築大同城。
	定襄郡	東 魏雲州雲中郡。隋初為雲州，後改為定襄郡，領大利等縣。
唐		關內道
	夏州	內 隋朔方郡。貞觀二年（六二八）改夏州，置都督府。天寶初改朔方郡。乾元初仍為夏州。貞元三年（六二九）置節度使。中和二年（八八二）號定難軍，領朔方等四縣。

時代	郡縣	沿革
	朔方	內 隋巖緑縣。貞觀二年（六二八）改名，並為夏州治。
	寧朔	南 隋縣。唐因之。
	德靜	內 隋縣。唐因之。
	長澤	南 隋縣。唐因之。初屬夏州，元和十五年（八二〇）改屬宥州。
	宥州	南 宥州有二：故宥州在鹽州東北三百里，開元二十六年（七三八）置，亦曰寧朔郡。至德二載（七五七）改為懷德郡都督府。乾元元年（七五八）復為宥州，領延恩、懷德、歸仁三縣，後徙廢。新宥州在故宥州東北三百里，東去麟州六百里。元和九年（八一四）置，領延恩縣。十五年（八二〇）移夏州長澤縣來屬。
	鹽州	西南 隋鹽川郡。貞觀初置鹽州。天寶初改五原郡。乾元初仍曰鹽州，領五原等縣二。
	五原	西南 隋縣。貞觀初省。後復置，屬鹽州，並為州治。
	白池	內 唐初置興寧縣，屬鹽州。景龍初改曰白池。在今鹽池縣北。
	靈州	西南 隋靈武郡。武德初改靈州，置總管府，尋改都督府。天寶初改靈武郡。乾元初仍曰靈州，領迴樂等縣。
	迴樂	西南 隋縣。唐因之，並為州治。
	懷遠	西 隋縣。唐因之。
	保靜	西 隋弘靜縣。神龍初改安靜。至德初改保靜。

續表十一

時代	郡縣	沿革
	靈武	西南 隋縣。唐移治於州西十八里。在今靈武縣。
	警州	西 隋靈武縣地。先天二年（七一三）置定遠城，景福元年（八九二）升為警州。在今平羅縣。
	麟州	內 隋銀城縣地。開元中置麟州，天寶元年（七四二）曰新秦郡，乾元元年（七五八）仍曰麟州，領新秦等三縣。
	新秦	內 開元二年（七一四）置，後廢。天寶元年（七四二）復置，並為州治。在今神木縣北。
	連谷	內 貞觀八年（六三四）置，屬勝州。天寶元年（七四二）改屬麟州。在今神木縣北。
	銀城	東南 隋縣。唐因之。
	勝州	內 隋榆林郡。武德三年（六二〇）改勝州，領榆林等縣。
	榆林	內 隋縣。唐因之。
	河濱	內 貞觀三年（六二九）置，在州南一百九十里黃河西岸，距河十五步。
	豐州	內 隋五原郡，後入突厥。貞觀四年（六三〇）於郡東北置豐州都督府，十一年（六三七）廢。二十二年（六四八）復置。天寶元年（七四二）改九原郡。乾元元年（七五八）仍曰豐州，領九原等縣。
	九原	內 隋縣，後廢。永徽四年（六五三）於州郭下置縣。
	永豐	內 隋縣，後入突厥。貞觀四年（六三〇）復置縣。

時代	郡縣	沿革
	天德軍城	北 隋大同城。天寶中於其城東北置郡。
	安北都護府	北 在天德軍城內，領通濟、陰山二縣。
	中受降城	北 漢五原郡地。景龍二年（七〇八）築中受降城，南直夏州八百里。在今烏拉特旗西黃河北。
	西受降城	北 漢臨河縣地。景龍二年（七〇八）築西受降城，開元中為河水所壞，於城東別置。在烏拉特旗西北黃河北岸。
	東受降城	東 漢雲中郡地。景龍二年（七〇八）置東受降城。在今托克托縣。
	單于都護府	東 隋定襄郡。武德四年（六二一）改雲州，麟德（三）〔元〕年（六六四）改單于大都護府，領金河縣。
	振武軍	東 武德四年（六二一）置，在單于大都護府城內。
宋 金		西夏國 夏州
	中興府	西 唐懷遠縣。宋初為懷遠鎮，咸平中入西夏，為興州。後升中興府，為西夏國都。
	西平府	西南 唐靈州。宋咸平五年（一〇〇二）入西夏，改西平府。
	靜州	西 唐保靜縣。西夏升為州。
	定州	西 唐警州。西夏改為定州。
	省嵬城	內 魏歷城郡地。西夏築省嵬城。在今平羅縣東北、鄂托克旗西黃河東岸。

續表十三

時代	郡縣	沿革
	鹽州	西南 唐鹽州。西夏因之。
	韋州	西南 漢朐衍縣地。西夏置韋州。在今鹽池縣南。
	洪州	南 漢朐衍縣地。西夏置洪州。在今鹽池縣東南。
	夏州	內 唐夏州。西夏因之。
	宥州	內 唐宥州。西夏因之。
	龍州	南 唐長澤縣地。西夏置龍州。今龍州城。
	勝州	內 唐勝州。西夏因之。
	金湯城	南 在今保安縣西北。
	麟州 新秦郡	內 唐麟州。宋乾德五年（九六七）升建寧軍節度使，屬河東路，領新秦，縣一。靖康初入西夏。
	府州 永和郡	東南 唐銀城縣。後唐置府州永安軍。周升為節度使。宋初因之，政和五年（一一一五）改榮和郡，屬河東路，領府谷縣一。靖康初入西夏。
	豐州 寧豐郡	內 唐麟州地。嘉祐七年（一〇六二）置豐州，政和五年（一一一五）名寧豐郡，領塞二。靖康初入西夏。
	火山軍	東 太平興國七年（九八二）置軍，屬河東路。治平四年（一〇六七）置火山縣，後省。金貞元元年（一一五三）置河曲縣。在今河曲縣東北八十里。

時代	郡縣	沿革
	豐州	東 唐單于大都護府。遼置豐州、天德軍，屬西京道，治富民縣。金屬西京道。
	東勝州	東 唐東受降城。遼置東勝州、武興軍，屬西京道，領勝縣。金屬西京路。
	金肅州	北 在東勝州西。今烏拉特旗。
	雲內州	北 唐中受降城。遼初置代北雲朔招討使，改雲內州，屬西京道，領軟服、寧人二縣。金屬西京道。
元		中書陝西、甘肅等省境
	大同路	東 路屬有三州，近河套。
	豐州	東 遼置州，領富民縣。元至元四年（一二六七）省縣，州因之，屬大同路。
	東勝州	東 遼置州，領勝縣。元至元四年（一二六七）省縣，州因之，屬大同路。
	雲內州	東 遼置州，領柔服等二縣。元省縣，州因之，屬大同路。
	寧夏路	西 西夏中興府。至元八年（一二七一）立西夏、中興等路行省，二十五年（一二八八）改寧夏路，元貞元年（一二九五）改屬甘肅行省，領靈州。
	靈州	西南 西夏西平府。元復曰靈州。
	延安路	南 路屬葭州有二縣近河套。
	神木	東南 宋新秦縣屬之神木塞。元初置雲州，屬延安路。至元六年（一二六九）改縣，屬葭州，隸延安路。

續表十五

時代	郡縣	沿革
	府谷	東南宋府谷縣。至元二十三年（一二八六）以縣屬葭州隸延安路。
明		河套吉囊部
	榆林衛	南成化六年（一四七〇）置，統千戶所五，隸陝西都指揮使。尋為重鎮，統屬榆林邊三路營堡。
	寧夏衛	西元寧夏路。洪武三年（一三七〇）置府，五年（一三七二）廢。二十六年（一三九三）置衛，隸陝西行都司，又增前、中、左、右、後五屯衛，為重鎮。
	東勝衛	東元東勝州。明初建東勝左、右二衛，兵民耕牧河套。永樂初徙廢。後其地東屬俺答部，西屬吉囊部。
	延安府	南府屬有二縣近河套。
	神木	東南元縣。明初廢，洪武十四年（一三八一）復置。
	府谷	東南元縣。明因之。
	太原府	府屬有一縣近河套。
	河曲	東金縣。元廢。洪武二年（一三六九）復置，尋廢，十四年（一三八一）又置並徙。即今河曲縣。
	吉囊部落	內明初榆林、東勝等衛。嘉靖中吉囊入居，稱車臣可汗。有子七人，分牧河套。後屬插罕，是為鄂爾多斯。

時代	郡縣	沿革
	俺答部落	東　明初雲川衛地。嘉靖中俺答入居，稱都哩木可汗。隆慶間歸，明封順義王，名其地曰歸化土默特。後為插罕所滅。
	瓦喇部落	北　元雲内州地。明初為瓦喇據之。即今烏拉特旗。
清		歸綏道鄂爾多斯
	榆林府	南　明榆林衛。雍正八年（一七三〇）置府，隸陝西省，並置延榆綏分巡道治。
	榆林	南　雍正八年（一七三〇）於府郭下置縣，後兼轄烏審旗地。
	懷遠	南　明榆林衛中路懷遠堡。雍正九年（一七三一）置縣，後兼轄烏審旗地。
	神木	東南　明縣，屬葭州。乾隆元年（一七三六）改屬榆林府，後兼轄郡王、扎薩克二旗地。
	府谷	東南　明縣，屬葭州。乾隆元年（一七三六）改屬榆林府，後兼轄準噶爾旗地。
	延安府	南　府屬有二縣近河套。
	靖邊	南　明榆林衛西路靖邊營。雍正二年（一七二四）設同知廳，九年（一七三一）置縣，屬榆林府。乾隆元年（一七三六）改屬延安府，後兼轄烏審旗地。
	定邊	南　明榆林衛西路定邊營。雍正九年（一七三一）置縣，屬榆林府。乾隆元年（一七三六）改屬延安府。
	寧夏府	西　明寧夏衛。雍正二年（一七二四）置府，隸甘肅省，兼轄寧夏分巡道治。
	寧夏	西　雍正二年（一七二四）於府郭下置縣。

續表十七

時代	郡縣	沿革
	寧朔	西 雍正二年（一七二四）於府郭下置縣。
	平羅	西 明寧夏衛屬平虜所。雍正二年（一七二四）改縣，兼轄鄂托克旗地。
	新渠	西 雍正五年（一七二七）置，乾隆三年（一七三八）省。在今平羅縣南。
	寶豐	西 雍正七年（一七二九）置，乾隆三年（一七三八）省。在今平羅東北。
	靈州	西南 明寧夏衛屬靈州所。雍正二年（一七二四）改州。
	寧靈廳	西南 同治年置。今金積縣。
	保德州	州屬有一縣近河套。
	河曲	東 明縣，屬太原府。雍正二年（一七二四）改屬保德州，後兼轄準噶爾旗地。
	寧武府	府屬有一縣近河套。
	偏關	東 漢武州縣地。唐嵐谷。宋偏頭寨。元升為關。明偏關所。雍正三年（一七二五）改縣，後兼轄準噶爾旗地。
	歸綏道	道屬有二廳在套內，三廳近河套。
	薩拉齊廳	東 歸化土默特地。乾隆九年（一七四四）置廳，後兼轄達拉特旗地。
	托克托廳	東 歸化土默特地。乾隆九年（一七四四）置廳，後兼轄準噶爾旗地。
	清水河廳	東 同右。
	五原廳	內 光緒年置，寄治包頭鎮，所轄河套杭錦、達拉特及烏拉特等旗地。

時代	郡縣	沿革
	東勝廳	內 光緒年置，寄治包頭鎮，所轄河套郡王、扎薩、準噶爾旗地。
	伊克昭盟	內 伊克昭盟鄂爾多斯一部七旗，遊牧河套內。除鄂托、烏審二旗歸寧夏將軍節制，其餘五旗均歸綏遠城將軍節制。
	左翼中旗	內 土語郡王。扎薩克駐套內正中近東，地名敖西喜峰。順治六年（一六四九）封多羅郡王。佐領十七。
	左翼前旗	內 土語準噶爾。扎薩克駐套內近東，地名扎拉谷。順治六年（一六四九）封固山貝子。佐領四十二。
	左翼後旗	內 土語達拉特。扎薩克駐套內東近北，地名巴哈巴孫湖。順治七年（一六五〇）封固山貝子。佐領四十。
	右翼中旗	內 土語鄂托克。扎薩克駐套內正西近南，地名西喇布里多池。順治七年（一六五〇）封多羅貝勒。佐領八十四。後晉封郡王
	右翼前旗	內 土語烏審。扎薩克駐套內中旗之東，地名巴哈池。順治六年（一六四九）封固山貝子。佐領四十三。
	右翼後旗	內 土語杭錦。扎薩克駐中旗東北，地名鄂爾吉虎泊。順治六年（一六四九）封鎮國公。佐領三十六。康熙三十七年（一六九八）晉封固山貝子。
	右翼前末旗	內 土語扎薩。乾隆元年（一七三六）授扎薩克。初遊牧於六旗之內，佐領十三。雍正九年（一七三一）封一等台吉，坿居於右翼前旗東北。

續表十九

時代	郡縣	沿革
	烏蘭察布盟	盟有烏拉特一部三旗在黃河之北，地近河套，隸綏遠城將軍節制。按烏拉特即明瓦喇部落。
	烏拉特中旗	北 土語中公。順治五年（一六四八）封鎮國公。佐領十六。
	烏拉特前旗	北 土語西公。順治五年（一六四八）封鎮國公。佐領十二。
	烏拉特後旗	北 土語東公。順治五年（一六四八）封輔國公。佐領六。
	歸化城土默特	歸化土默特左右二旗在黃河之東，近河套，明俺答故地。太宗復編左右二翼旗，設都統二。乾隆二十八年（一七六三）以兩翼旗都統事務歸綏遠城將軍管轄。
	土默特左翼旗	東 佐領三十。
	土默特右翼旗	東 佐領三十。
	套西厄魯特	套西厄魯特部有阿拉善一旗，地近河套，隸寧夏將軍管轄。
	阿拉善旗	西 明邊外地。清初曰套夷。康熙三十六年（一六九七）封多羅貝勒。札薩克駐賀蘭山西。佐領八。乾隆二十二年（一七五七）晉封多羅郡王，三十年（一七六五）晉封和碩親王。
民國		綏遠特別區
	綏遠道	隸綏遠都統，治歸綏縣。道轄有五縣近河套。
	薩拉齊	東 清廳。〔民國〕元年（一九一二）五月改縣。
	清水河	東 清廳。〔民國〕元年（一九一二）五月改縣。

時代	郡縣	沿革
	托克托	[東]清廳。(民國)元年(一九一二)五月改縣。
	五原	[內]清廳。(民國)元年(一九一二)五月改縣,二年(一九一三)知事王文墀由包頭移治後套隆興長。
	東勝	[內]清廳。(民國)元年(一九一二)五月改縣,設治於套內羊場壕,歷任知事尚假包頭辦公。
	雁門道	隸山西省,所轄有二縣近河套。
	偏關	[東]清縣。民國因之。
	河曲	[東]清縣。民國因之。
	榆林道	隸陝西省,所轄有六縣近河套。
	榆林	[南]清縣,治榆林府郭下。(民國)二年(一九一三)二月裁府留縣。
	神木	[東南]清縣。民國因之。
	府谷	[東南]清縣。民國因之。
	橫山	[南]清懷遠縣。(民國)三年(一九一四)一月改曰橫山縣。
	定邊	[南]清縣。民國因之。
	靖邊	[南]清縣。民國因之。
	寧夏道	隸甘肅省,所轄有六縣近河套。

續表二十一

時代	郡縣	沿革
	寧夏	西 清縣，治寧夏府郭下。〔民國〕二年（一九一三）四月裁府留縣。
	寧朔	西 清縣，治寧夏府郭下。〔民國〕二年（一九一三）四月裁府留縣，並移治滿城。
	平羅	西 清縣。民國因之。
	靈武	西南 清靈州。〔民國〕二年（一九一三）四月改縣。
	鹽池	西南 清靈州所屬花馬池分州。〔民國〕二年（一九一三）四月置縣。
	金積	西南 清寧靈廳。〔民國〕二年（一九一三）四月改金積縣。
	伊克昭盟	隸綏遠都統，所轄鄂爾多斯一部七旗，但鄂托克、烏審二旗舊歸寧夏護軍使節制，〔民國〕三年（一九一四）十月批令隸綏遠。
	郡王	内 即左翼中旗。
	準噶爾	内 即左翼前旗。
	達拉特	内 即左翼後旗。
	鄂托克	内 即右翼中旗。
	烏審	内 即右翼前旗。
	杭錦	内 即右翼後旗。
	扎薩	内 即右翼前末旗。
	烏蘭察布盟	隸綏遠都統，所轄有烏拉特三旗近河套。

續表二十二

時代	郡縣	沿革
	中公	[北]即烏拉特中旗。
	西公	[北]即烏拉特前旗。
	東公	[北]即烏拉特後旗。
	土默特部	隸綏遠都統，有左右二翼旗，近河套。
	左翼旗	[東]
	右翼旗	[東]
	西套蒙古	河套以西有阿拉善厄魯特一旗，隸寧夏護軍使。
	阿拉善	[西]民國三年（一九一四）十月制定民事歸寧夏道尹，軍事歸寧夏護軍使。

按河套伊克昭盟鄂爾多斯一部七旗，前清陸續放墾，所在即歸山西、陝西、甘肅沿邊各縣就近管理。民國三年（一九一四），綏遠都統蔡成勳呈請以鄂爾多斯全部各旗劃歸綏遠特別區，設官治理，經國務會議決，分行三省，會同綏遠都統派員劃界。（結）〔截〕至民國八年（一九一九）夏調查所至，此項界（至）〔址〕尚未劃定。故此表編制仍舊，陳明。

河套新編卷之四

河套區畫考

（一）寧夏地區　寧夏在河套之西，漢隸北地郡；　唐為懷遠縣，屬靈州；　宋初置懷遠鎮，咸平中入於西夏，建為國都，號曰興慶府，又曰中興府；　元滅夏，立西夏、中興等路，屬甘肅行省；　明初為寧夏府，後改為衛，屬陝西行都司，中葉後套夷侵據東北一帶，號查漢托護；　清初因之。　雍正二年（一七二四）置寧夏、寧朔、平羅三縣，四年（一七二六）增置新渠、寶豐二縣，並屬寧夏府，隸甘肅行省。　乾隆三年（一七三八）省新渠、寶豐二縣，併入平羅，今為寧夏、寧朔、平羅三縣。　東與鄂爾多斯為鄰，地理上蓋河套之坿庸也。　其地西起賀蘭山之東麓，東至黃河，南起青銅峽，北至石嘴山，面積二萬方里。　地勢西南高，東北低，河水出青銅峽，逕向北流，決渠引水，其脈最順，灌溉之利，得天然形勢。　原係斥鹵不毛之地，自漢武宣房塞後，用事者引水溉田，水利以興。　元和志所謂賀蘭之東、河之西，有平田可引水灌溉，即是處也。

（二）後套地區　後套在前套之北，南北兩河之間。　初華人出塞墾荒，先至河套，轉輾外徙，以先至之地為前套，後至之地為後套。　如今人言大青山之北為後山，即此意。　漢隸朔方郡。　晉義熙後棄在境外。　後魏為夏州北境。　隋置豐州，後改為五原郡。　唐於河外築三受降城，此為中受降城地。　開元中移安北都護府於中城，置屯田。　自明嘉靖中為蒙古所據，延及有清，遂為鄂爾多斯之達拉特、杭錦二旗北境，及烏拉特西公旗之南境。乾隆以後，山、陝貧民，日以西漸，租種蒙地，人民漸眾。至光緒朝，始設五原廳，今為五原縣，隸綏遠特別區域，設縣治於隆興長之北。其地南起黃河，北盡狼山，東起烏拉山，西至阿拉善東境，面積約四萬方里。地勢西南高，東北低，且多湖蕩，決渠引水，得自然之利。土性粘軟，審係晚近出水之地。以理測之，似經地震塌陷，淪為水澤，後北河斷絕，水勢南趨，河流迅捷，地復涸出。

（三）前套地區及治制　前套在後套之南，寧夏之東，黃河出塞，至此成一大灣，名曰河套，即鄂爾多斯。其沿革已略載於前篇沿革志，茲不復贅。南起邊牆，東西北三面距河，面積約二十九萬方里，伊克昭盟一部七旗遊牧之處。北面有一小部分屬烏拉特旗，初本在河北，後黃河改道，始移在套內，即今紅仝灣是也。地勢西部多山嶺，中部沙梁，祗杭、達兩旗地近黃河，較為平緩，然亦移沙積如小山，到處皆是。廣志曰「朔方郡北，移沙七所」，或即此歟。

自土默特同化後，設治置官，漢人漸入河套，租地耕種。自後明令放墾，初依地形之便，由沿邊各縣管理，如近邊牆，屬河曲、榆林、府谷、懷遠、今曰橫山。靖邊等縣，東北則屬薩拉齊、清水河、托克托等縣，西部則屬平羅等縣。光緒二十九年（一九〇三），貽穀辦墾，增設東勝、五原二廳，後改為縣。今綏遠都統蔡成勳上呈政府，將伊克昭盟各蒙地，均請劃歸綏遠特別區域，酌設縣治，經國務會議議決，已於八年（一九一九）夏，會同陝、甘各省委員勘界矣。

伊克昭，譯言大廟也。其廟在達拉特營盤之東北，今謂之王愛昭，鄂爾多斯七旗盟以是名。然其盟所初無一定，常隨盟主為轉移。其盟主由七旗公推，再由中央政府任命之，盟期亦不定，常以三九月為多。正中近東為左翼中旗，土語郡王，一曰王子。牧地東界左翼前旗，南神木縣邊外地，西南右翼前末旗，西右翼前旗及右翼後旗，北左翼後旗，東西距一百十五里，南北距三百二十里。本隋唐勝州地，明嘉靖間為鄂爾多斯所據。清初，其濟農額林臣來歸，順治中封為多羅郡王，世襲罔替。今進封為親王，札薩克名圖布新濟爾（喝）〔噶〕勒。其地屬東勝、神木二縣。

東南為左翼前旗，土語準噶爾。牧地東與北界黃河，河外即歸化土默特地，南河曲、府谷等縣邊外地，西左翼中旗，西北左翼後旗，東西距二百四十五里，南北距二百十里。本古榆林塞，隋置榆林郡。唐屬勝州，置河濱縣。宋為西夏所據。明初屬榆林左衛地，嘉靖間屬鄂爾多斯。清順治中，其台吉從額林臣來歸，封固山貝子，世襲罔替。今進封貝勒，札薩克名散濟密多布。其地屬托克托、東勝、河曲、府谷等縣。

東北為左翼後旗，土語達拉特。牧地東南左翼前旗，南左翼中旗，西北右翼後旗，北黃河，河外即烏拉特及土默特地，東西距二百八十五里，南北距一百五十里。本漢沙南縣地。隋唐勝州榆林郡治所。明嘉靖間，地屬鄂爾多斯。清順治中，其台吉從額林臣來歸，封固山貝子，世襲罔替。今進封為貝勒加郡王銜，領盟長。札薩克名遜博爾巴圖。其地屬五原縣。

西方近南為右翼中旗，土語鄂托。牧地東右翼前旗，南鹽池縣邊外地，西黃河，河外即寧夏及阿拉善諸地，北右翼後旗，東西距三百二十里，南北距四百八十里。本漢朔方郡南境。隋唐置豐州，元和中移置宥州於此。明嘉靖間，為鄂爾多斯所據。清順治中，其台吉從額林臣來歸，封多羅貝勒，世襲罔替。今進封郡王，札薩克名噶勒藏魯拉木旺札勒札木蘇。其地屬平羅縣。

西南為右翼前旗，土語烏審。牧地東左翼中旗及右翼前末旗，南橫山、靖邊、定邊等縣邊外地，西右翼中旗，北右翼後旗，東西距一百八十里，南北距二百七十里。隋唐夏、勝二州地。明初榆林右衛地，後為鄂爾多斯所據。清順治中，其台吉從額林臣來歸，封固山貝子，世襲罔替。今進封貝勒，札薩克名特古斯阿木固郎。其地屬榆林、橫山、靖邊等縣。

西北為右翼後旗，土語杭錦。讀如蓋。牧地北及東北左翼後旗，南右翼前旗及右翼中旗，西黃河，河外即阿拉善地，東西距一百八十里，南北距一百六十里。漢朔方郡地。隋唐為豐州九原郡治。明嘉靖間為鄂爾多斯所據。清順治中，其台吉從額林臣來歸，封鎮國公。康熙三十七年（一六九八），以從征噶爾丹，晉封固山貝子，世襲罔替。今進封貝勒，札薩克名阿勒(担)〔坦〕瓦齊爾。其地屬五原縣。

依右翼前旗為右翼前末旗，土語加薩，遊牧六旗界內，後於西翼中劃撥牧地與之。今東與北界左翼中旗，南榆林縣邊外地，西右翼前旗，東西距一百里，南北距二百七十里。定咱拉什本鄂爾多斯三等台吉，雍正九年(一七三一)，以屢次從軍功，晉一等台吉，乾隆初，議族屬繁，增旗一，授札薩克，世襲罔替。今進封貝子，領副盟長，札薩克名沙克都爾札布。其地屬東勝、神木二縣。

每旗有甲克氣一，秩一品，最尊，視札薩克如君，若相也。梅令章京章京二字即將軍之譯音二，秩二品，如藩鎮然。其下則為掌蓋。掌蓋各旗不一，視地區之大小、箭丁之衆寡分配。然初亦有定制，鄂托為最，掌蓋凡八十三；次準噶爾，凡四十五；烏審四十二，達拉特四十，杭錦三十七，郡王二十四，加薩最小，凡十五。七旗共掌蓋二百八十有六。掌蓋者，蒙古遊牧之隊長也，秩視五品；每一掌，又有一孔讀，秩六品，副隊長也。其初編制，一掌蓋凡轄五十丁，計在昔丁口不過三萬人，今則人口消耗，有一掌蓋不及三四十人者矣。蓋蒙古女子之生殖力甚弱，一母所懷，胎珠不過一二，且蒙古定制，只以一子承祧，即多子亦必皆作喇嘛，則蒙古人口之日漸消耗，殆有以也。

(四)**三湖灣區域** 河套之北，包頭以西，為烏拉特旗地，以東為歸化土默特旗地。土默特早經開放，設治置官，與內地無異，且地勢與河套亦無關係，本編不及詳備。其烏拉特南境，三湖灣一區雖在套外，而三湖河灌注其間，地理上蓋河套之附庸也。其地在前套之北，後套之東，黃河距其南，三湖河繞其北，故一曰大中灘。西起西山嘴，東至全巴兔，計面積約一千八百方里。地勢西高東下，土質腴肥，蓋河水之沖積層，灌溉需三湖河水，亦得天然之形勢。秦為九原郡地。漢五原郡。唐中受降城地。元屬大同路。明時為蒙古所據，名烏拉特。清初來歸，順治中授札薩克，封鎮國、輔國等公，分所部為前、中、後三旗。後旗在東，故一謂之東公；中旗曰中公；前旗在西，故謂西公。而三湖灣一區，仍為三旗公共之地，今屬五原縣。

河套新編卷之五

河套内外古今長城及營堡關塞考

古長城

史記秦本紀魏築長城，自鄭今陝西華州濱洛以北，有上郡，周顯王八年（公元前三六一），魏築長城，塞固陽，今包頭東。按此段在套南，為南北縱行之線，為秦、魏兩國之界。蘇秦說魏襄王曰：西有長城之界。至顯王四十一年（公元前三二八），張儀相秦，魏納上郡十五縣，築長城，孟子所謂西喪地於秦七百里是也。築長城，即修葺塞固陽之長城，為禦狄禦秦計也。又史記匈奴傳，秦宣太后起兵伐殘義渠，於是有隴西、今甘肅鞏昌。北地、今甘肅慶陽。上郡今陝西綏德以上神木、府谷一帶。築長城以拒胡。按此段在套南，與今長城成並行線。匈奴傳又言，趙武靈王北破〔林〕胡（林）、樓煩，今岢嵐之北，今寧武縣。築長城自代並陰山下，至高闕為塞。按此段在套東北境。秦滅六國，始皇帝使蒙恬將十萬之眾北擊胡，悉收河南地，因河為塞，築三十四縣，因邊山險塹谿谷可繕者治之，起臨洮，今甘肅岷縣。至遼東，今山海關迤東。又度河據陽山北假中。按此段包河套全境地望，全與今長城不同，自岷州沿洮水渡黃河並賀蘭山而北至高闕，是為南北縱行之線。復由高闕與趙所築之長城相接，東經烏拉特旗而至歸綏，是為東西橫行之線。漢武帝元朔二年（公元前一二七），衛青等擊取匈奴河南地，築朔方，復繕秦時所為塞，因河為固。魏明元帝泰常八年（四二三）二月，築長城於長川之南，起自赤城，今甘肅崇信縣。西至五原，延袤二千餘里。按此段由套西南抵套東北，至盛樂之北、白道之南。太武帝太平真君七年（四四六）五月，發司、幽、定、冀四州十萬人，築城上塞圍，起上谷，西至河，廣袤皆千里。按此段由套東南黃河之濱東迤至直隸薊縣，今燕、晉北境兩套重城，疑即託始於此。北齊築長城三，其於套東南相接者有二，一自黃堌嶺北至社平戍四百餘里，立三十六戍。通鑑注：此長城起於唐石州，北抵武州之境。一自西河總秦戍，東至於海。隋文帝開皇元年（五八一），發稽胡修築長城，五年（五八五）使司農少卿崔仲方發丁十三萬，於朔方靈武築長城，東距黃河，西至綏州，南至勃出嶺，歷七百里。按此段在套南，由甘肅靈州境行，東迤至陝西綏德，與今長城成並線。六年（五八六）二月，復令崔仲方發丁十五萬，於朔方以東，緣邊險要築數十城。七年（五八七），發丁男十萬人修長城。大業三年（六〇七）七月，發丁男百餘萬築長城，西踰榆林，今包頭對崖河濱。東至紫河。今圖爾根上游。按此段由包頭而東抵歸綏附近。四年（六〇八）七月，發丁男二十餘萬築長城，自榆林谷此名榆谷，非套內之榆林也。在甘肅岷縣，即秦之臨洮，為秦長城之起點處。而東，按此段由臨洮而東北。迤至赤城與北魏已築之城相接。

今長城　今套南陝北之長城，乃前明成化間余子俊所築，名曰邊牆，復塹溼谷，謂之夾道。初，正統中，賊入河套擾邊，特敕右府都督王正鎮始奏築榆林城，及沿邊塞堡墩台以控制之。成化七年（一四七一），巡撫王銳奏置榆林衛。八年（一四七二），巡撫余子俊築大邊城，東自延綏黃甫川，北距河，西至寧夏紅山堡，下至黃河四十里。十年（一四七四）子俊奏修邊牆之數，東自清水營紫城寨，西至寧夏花馬池營界牌止，凡修城堡一十二座，榆林城南一截，舊有北一截，創修安邊營，及建安、常樂、把都河、永濟、安邊、新興、石澇池、三山、馬跎泉八堡，俱創置，響水、鎮靖二堡俱移置，凡修邊牆東西長一千七百七十里一百二十三步，守護壕牆崖砦八百一十九座，守護壕牆小墩七十八座，邊墩一十五座。弘治間，總制秦紘築二邊城，北為河套，東（至）〔自〕黃甫川，西過乾澗，又西過徐斌水，又西過青沙峴，又西過靖（邊）〔虜〕衛，又西過花兒岔。（及）〔乃〕後，大邊城〔西紅山〕至橫城堡側，（復）〔虜〕數入。總制楊一清於西距河，東接大邊（城），築新城凡四十餘里。後大邊城清水至定邊營一帶，賊復數入，總制王瓊於南距乾澗、乾溝，北過定邊，又西過花馬池北，又西過興武營，北接新邊城，築二百三十餘里。後花馬池定邊營地鹹城壞，賊復數入，總制唐龍改築城四十餘里。後乾澗、乾溝賊復數入，總制劉天和於北起乾溝，南過乾澗，接二邊城，築六十餘里，總三百里〔許〕，號新大邊城。又總制楊守禮初修邊牆四十里，〔以〕北皆為河套〔地〕。蓋明自正統後，套南邊城，歷代增築，而套東燕、晉境內之長城，則就魏、隋舊址，重加修葺，而偏關、寧夏間之長城，連墩勾堡，延袤近二千里，實為余子俊所創造。

營堡關塞

(甲)甘肅寧夏道所屬沿河套南邊城堡

鹽池縣 即花馬池

橫城堡　寧夏河東首堡，在靈州東北七十里，城週二里，河套之長城西北角自此始，為重要隘口。迤東南三十里，踰馬鞍山，為紅山堡。

紅山堡　在靈州東北六十五里，北至邊牆闇門一里，城週二里，為極衝要之地。南五十里則至清水堡。

清水營堡　在靈州東八十里，北去邊牆闇門一里，城不寬而夷廠在其北，明於此撫套夷，令互市之地，有泉甘洌。明嘉靖間，總制劉天和言套人出入，必飲馬於此。向東南至毛卜喇堡四十里，又三十里至興武營。

興武營闇門　在靈州東北一百四十里，寧夏之中路營也。北列長城，基址剝落，不堪保障。迤東南則至安定堡。

安定營闇門　在靈州東北二百里，城同黑子闇門在北，外即河套，過此則高平堡，又三十里則至花馬池營。

花馬池營　古鹽州地，寧夏之東路營也。甘肅寧夏道至此止，過此即陝西榆林所屬定邊縣。城北六十里為長城關，溝疊長五十里，關上有樓，高聳雄壯，下設闇門，外立市場，漢番交易，月三次。地勢漫衍，彌望平川，北騎闖入，易於馳突。明總制常駐於此，其為重地，視他營千萬焉。南有鐵柱泉，自邊外入，獨此有水，往者夷患，犯此最多。自築城環水其中，又築梁家泉等堡，重關疊險，而鄰境皆安。自城而東南三十里，則至榆林道屬鹽場堡。

（乙）陝西榆林道所屬沿河套南邊城堡

定邊縣 即定邊營

鹽場堡　榆寧之錯繡地也。堡有鹽池，週三里許，中有井，灌水其中，越宿成鹽，故堡名鹽場。東四十里至定邊營。

定邊營　秦時北地郡。隋因其地近鹽池，置鹽池郡。唐為五原郡，置都督府。石澇池堡在南一百里，邊牆在北五十步，東五十里至磚井堡。

磚井堡　古有井而以磚甃之。堡南有冢嶺，俗呼南梁山。忻都古城在套內，堡東北五十里為漢代用兵之地，北一里為邊牆，東五十里至安邊營。

舊安邊營　宋之鹽州地也，俗謂之深井。明初置城，余子俊改築新營於中山坡，北至邊牆六十餘里。後巡撫王倫以舊營切近大邊，東連寧塞，西接磚井，比之昔年孤懸者不同，乃復守此營。南至新安邊六十里，北至大邊一里，東南四十里至柳樹澗堡。

靖邊縣 即靖邊營

寧塞堡　古之栲栳城也。西南有把都河堡，河之北有蓮華山、順寧川、金湯川、鶯窩山，河之南有架砲山、旗杆山，亭燧存焉，皆希文范公之遺蹟也。東四十五里而至靖邊營。

靖邊營　宋之兀剌城，即保安軍也。延安縣在其南，長城近列於北，東西有哨馬營，而南之黃花城，以及收麥城、范老關，皆文正公所經營者。東四十里至鎮魯堡。

鎮魯堡　即鎮虜堡，今名鎮羅堡，宋之夏州地也。明初未嘗有堡，因鎮靖、靖邊東西遼闊，而置堡適中，城小而當要塞。堡週三百有七丈，北至大邊半里，東四十里至鎮靖堡。

鎮靖堡　即白塔澗也。南有蘆關，延水出焉。南至延安三百里，北至邊二里，東四十里至龍州城。

龍州城　漢之龍州地。宋之石堡塞也，范文正公於此置馬營。境有龍州關，北近邊牆，南為延安城，乃延境首衝。城南有宜家畔慌忽都河，乃無定河之上流也。東三十里至清平堡。

橫山縣　清為懷遠縣即懷遠堡

清平堡　漢之白土縣地也，舊名磚營兒。堡在山原，而城外之沙常陷車騎，距邊甚遠，東四十里至威武堡。

威武堡　即響鈴塔也。北有威武關，南有狄青原，為武襄駐兵之所。堡依山阻險，東四十里至懷遠堡。

懷遠堡　即白家梁也。梁在山嶺，城如黑子，明移土門軍守此。山下苦水川合圁水而東，乃無定河也。東四十里至波羅堡。

波羅堡　因有波羅寺，故名。依山築城，南通綏德，北跨馬鞍，東控土門，西引三捷，東南四十里至響水堡。

響水堡　漢之圁陰地也。堡近黑河，東連歸德，南通魚河，綏德在其西南，榆林出其西北。唯北距邊牆較遠，緩急難恃。東北四十里至保寧堡。

榆林縣　即榆林衛

保寧堡　古梁城也。西接榆溪，東引響水，魚河直其南，紅水通於北，切近長城大川口，版築雖堅，而風沙特甚。堡向為水澤之區，邇來瀦水漸涸，馬無所飲。東北則紅山寺，東三十里至榆林衛。

榆林衛　明為榆林衛，榆溪舊塞也。春秋時屬白狄地，秦屬上郡，漢為雲中、九原地，隋為榆林郡地。歷代無所建置。明失東勝而守綏德，此其出哨水頭耳。東倚駝山，西限榆溪，北距邊牆，南引銀州，其城三面憑山，一面臨水，可謂天險。然東南山阜參差，林木隱蔽，沙峰置樓，則高與城埒，攻擊可虞。其海潮寺逼居城下，掘地可虞。城南一百四十里為銀州關，即古銀州地。榆溪、無定二水皆南流，至銀州關而合。南至歸德堡四十里，東至常樂堡四十里，北十里至紅山寺。

紅山寺　為漢、夷互市處，始於明隆慶，迄今未已。市口有城，開市有定期，貨物有禁制。爛泥灣在市外鎮軍採草處，明季套夷住牧。東四十里則至常樂堡。

常樂堡　漢之榆溪也。舊堡在南，沙磧無水，弘治間移至岔兒河，即今堡焉。西接榆林，東即雙山，葭州在其南，邊圍當其北，塞外飛芻，踰垣而入，雖有獐水，淺不可隍。堡南鴛鴦河，水草大善，鎮之芻草咸賴焉。東南四十里則至雙山堡。

雙山堡　漢之真鄉縣地也。初築堡於水地灣，成化中移至今堡。堡在山岡，有險可守。南接葭州，而府谷、吳堡，亦皆密邇，而大川當米脂之衝，則北門鎖鑰。長塹在北，依山阜而少風沙。邊外邵家梁，美地嘉草，皆為套彝住牧。東南四十里至建安堡。

葭縣 舊葭州

建安堡　漢之圁陽縣地也。古未有堡，余子俊始建今堡。南有建安關，南直接黄河，北限障塞。堡在山畔，然抬甕山之水，貫邊而入，經堡南為禿尾河。自堡而東，岡阜交錯，蜿蜒四百餘里。東路之固，固在險也。四十里至高家堡。

高家堡　唐之豐州地，宋之飛鴉州也。堡在平原南，葭州北，限隍陋，萬戶峪在南，趙保吉之眾，從此犯麟州。即今永興堡。幽陵在北，唐開元中所置，南有彌勒川，眾水所會也。東四十里至柏林堡。

神木縣

柏林堡　唐之勝州地也。因其地多產柏以名堡。從未有風塵之警，得山原地利之勝，南跨黄河，北距塹壘，而塹外之耿波黨、把漢波黨，淪為異域久矣。雖有野灣之水，曾不濡馬足。東四十里至大柏油堡。

大柏油堡　唐之麟州地也。堡在山嶺，水環城外，寇彝交攻，而相安於無事，非河山之助耶！南黄河而北長城，與柏林堡同。南四十里至神木縣。

神木縣　漢之光祿塞，魏之朔州，隋之豐州，宋之神木塞地也。明因宋而為縣。城在平原，南界黃河，北距市口、河口，堡則水濱之捍衛也。秦、漢、唐之郡縣，皆湮於套中，而塞外之眾彝，相與互市，同於紅山。南四十里至永興堡。

永興堡　隋之連峪縣地，唐之麟州郡地也。宋亦謂之黑城。南近黃河，北連長塹。明時套彝侵犯，而堡獨存者，在山原以險為固也。宋欲廢州為塞，且欲棄之。歐陽修曰，城堡堅完，地勢高峻，天設之奇險，可守而不可攻，其至黃河府州各百餘里，不可棄也。東四十里至鎮羌堡。

府谷縣

鎮羌堡　唐之麟州地。明初守東村，繼而移保於此。西抵府谷，北繞長城，堡在山原，百年無兵戈。東南四十里至孤山堡。

孤山堡　即孤圪塔營也。南接府谷，北限長城，與鎮羌同焉。東南四十里至木瓜園。

木瓜園堡　唐之勝州地也。東路城堡獨木瓜園置於後，府谷在南而近，長城在北而遙，奔走守望，何以不勞，堡有山巔，城小而荒。東三十里至清水營。

清水營　唐之勝州地，宋以屬府州。西南府谷，東北長城。明初以黃甫川而屬於營，長邊盡於營之紫城塞，踰河則山西界，全秦之邊，盡於是矣。清水城在山坡，當極衝之地。東南十五里至黃甫川堡。

黃甫川堡　唐之勝州，宋之府州地也。明初隸於清水，而開關置戍焉。城在山畔，東濱黃河，南鄰府谷，北近長城，西北清水一河之隔，即岢嵐之樓子營也。黃河從東勝州抑而南流，實為天塹。然冬寒冰合，萬馬可渡，故延綏他堡只防套夷，唯此堡則防他寇焉。小堡互市，同於紅山。北邊在北二十里，清水營在西北十五里，岢嵐堡乃唐家會渡，直達偏頭關，又東渡河，逼近殺虎口。

甘肅寧夏鎮所屬六堡，共五百里；陝西榆林所屬三十一堡，共一千一百二十里。此皆河套之南邊，北抵黃河，有三四百里者，有八九百里者，雖寬窄不等，大略河套內地，周圍約有五千餘里。因明築榆林邊，將內地城郭州縣六十餘處，俱湮沒於套彝矣。

（丙）山西省沿河套邊營堡

河曲縣

石梯隘口　東枕高岡，西臨黃河，全晉長城，蓋始於此，越河則陝西延綏清水營。

河會營　明萬自約記，自河會至河曲營城三十里，南至石梯隘口三十里，河會以北二里為下營，又西北十五里為唐家會，此地平坦無險，涉河抵黃甫川僅三十里，河開則險在水，河凍則鎮守標兵，及東西二路偏、老馬站諸營士卒，共防範焉。

唐家會堡　明正統間建。秦邊紀：黃甫川之岢嵐堡東南，至灰溝營、唐家會渡河，直達偏頭關。弘治十七年（一五〇四），火篩自七里溝入，至唐家會。

灰溝營　營週三里有奇，明宣德間建，以土故名。萬曆甃磚，改名河堡營，即今河曲縣治。

樓子營　明宣德間建，去偏頭關七十餘里。弘治十五年（一五〇二），都御史史琳言，宜儲餉以備客兵，請城之。詔可。秦邊紀：黃甫川一河之隔，岢嵐之樓子營也。

偏關縣

樺林堡　北距關河口，明成化間建，防守一軍二百，隸偏關援兵營。

偏頭關　東連丫角山，西連黃河，隔河套一水。雍正三年（一七二五）改偏頭所為偏關縣，同城為偏頭營。

萬家塞　偏關西北四十五里，巨石嶄嚴，下臨河岸，昔人結塞其上。

東長嘴　偏關北五十里，東西石嘴延袤五六里，河經其中。

老牛灣堡　東至滑石澗堡二十里，西至黃河二十里，南至樺林堡八十二里，北至邊牆一里，首當西北之衝。

滑石澗堡隸水泉營。自老營丫角墩起，西至滑石澗水門墩止，為垣九十里有奇，塹如之。

水門溝口　滑石澗東，上有敵樓，下有湧泉，稱險隘焉。

驢皮窯口　徑道平衍，昔為邊衝，而兩崖胥口（岢）〔可〕以制勝。

草垛山堡隸水泉營。堡突出崇山，直望三十餘里，為沿邊傳烽之首。

水泉營堡　水泉營在堡城東少南，為紅門附口，外少南有南海子堡城，西南有海子。

紅門市口堡　東西至邊牆，南至水泉營堡，北至蒙古地界，明三關鎮市場在水泉營，隸岢嵐道，順義王諸部互市於此，先設宴。邊外有閘三，曰中，曰左，曰右，馬由此入。臨邊有閘一，曰內閘，馬由此登數入境。袤一十三丈，臺上有納款廳，撫賞於此。以銀一萬兩宴餽，一萬兩撫賞諸部，四萬兩市馬，馬以六千為率，價以一十二兩為率。互市日岢嵐道提調監督，雁平、寧武兩道協理之，鎮守總兵官、副將統兵彈壓，西路參將理市事，正兵營軍二千，一駐老營堡，一駐八柳樹馬站，遊兵營軍駐滑石澗、小營兒、獅子坪，參將營軍駐馬站堡。

老營丫角墩　二邊起老營丫角墩，領堡四。

山西沿河套邊牆，明成化二年（一四六六），總兵王璽築，東起老營堡之丫角墩，西抵老牛灣，南折黃河岸，抵河曲石梯隘口，袤二百四十餘里。

河套新編卷之六

河套黃河及諸水考

（甲）黃河

由青銅峽起，向北偏東，逕橫城堡。河套黃河，自青銅峽始，峽為兩山對峙，河出其下，峽口左岸山坡，有古塔一百八座，不知所始。通志圖作天門陣，今俗稱百八塔。塔近東河邊，有釐捐局一所。唐來渠即由此決出，西北溉寧朔、寧夏、平羅等縣地。其右岸決為秦、漢二渠，東北溉金積、靈武等縣地。河水出峽北注，枝分二派：右派過金積縣西，曰東河；左派過寧朔縣東南，曰西河。兩河所峽之地，曰馬家灘。西河自唐渠口又北少東，過唐壩堡東，左岸決為大清渠。又北少東，決為漢延渠。又北少東，曲屈流過漢壩堡東。又東北，左岸決為惠農渠。又東，入寧夏縣界。又北，至葉升堡與東河合。又北少東，右岸入靈武縣界，過靈武縣北，山水河出環縣仙城驛，西北經鎮戎縣界，至紅古窯南來入之。水道提綱所謂洛浦河是也。河水又北少東，過橫城堡北，河長凡一百八十里，西至寧夏縣治三十五里。

按水經云：又北過北地富平縣西。注云：河側有兩山相對，河出其間，即上河峽也，世謂之青山峽。河水歷峽北注，枝分東出。又北，逕富平縣西。又北，薄骨律鎮城在河渚上。河水又逕典農城東，世謂之胡城。又北逕上河城東，世謂之漢城。又東北逕廉縣故城東，又北與枝津合。查富平縣即靈州，今靈武縣在河東；青山峽即今之青銅峽，典農城、上河城、廉縣故城，均應在河西寧夏、寧朔二縣南境，今無跡可查。

又北偏東，逕溜山子西，河水過橫城堡，又東出長城，有托蘇圖河入邊復出邊，西北流注之。又北，右岸入鄂爾多斯鄂托克旗界。又北少東，左岸決為昌潤渠。又北，過溜山子西。河長凡七十里，西南距寧夏縣治七十里。

按水經注云：河水又東北逕渾懷障西。地理志：渾懷都尉治塞外，南去北地三百里。考北地郡前漢治馬嶺故城，今慶陽縣西北。按此，渾懷障當在長城以北，黃河之東，溜山子附近。

又北偏東，逕紅崖子西，河水過溜山子，又北，左岸入平羅縣界，過昌潤渠舊口。又北，過傍渠口，河中洲渚叢生。又北，過六中堡東，黃河西去平羅縣治二十里。又東北，過東永惠堡南，河道屈曲，遷徙無常，右岸沙梁，或遠或近，視河道之曲折為轉移，岸邊小淤地已墾。又東，左岸過河溝西渠。又北少東，過河溝官渠。又北少東，過紅崖子西。河長凡一百八十里。紅崖子當黃河右岸，壁立河畔，崖石作紅色，每當晚陽斜照，紅光耀射，遠見數十里，故名。

按水經注云，河水又東北歷石崖山西，去北地五百里。山石之上，自然有文，盡若虎馬之狀，粲然成著，類似圖焉，故亦謂之畫石山也。考石崖山即省嵬山，在寧夏府治東北一百四十里，黃河東岸。今紅崖子西北有省嵬堡，疑紅崖子即省嵬山，石崖、畫石皆古名。惟山石之上，畫文不見，想因年遠，為風沙剝落矣。

又北，逕石嘴子東。河水過紅崖子，又北，右岸苦水河由東南來注之。水道提綱：「大小托蘇圖河合注博木池，自東南來注之。」即此。又西北，左岸各渠溉地餘水匯於西河，自西來入之。河水又北過石嘴子西，河長凡七十里。石嘴山在黃河左岸，東臨黃河，崖石突出如嘴，故名。右岸山脈亦逼近黃河，均有炭礦，又產鐵。計由青銅峽起至石嘴山，方向為北偏東約十五度，河長凡五百里。左岸為寧朔、寧夏、平羅等縣地，右岸自長城以內，為金積、靈武等縣地，長城以外為鄂托克旗地。青銅峽、石嘴山為河水宣節主要關鍵，故寧夏水利獨佔天然之形勢。

又北偏西，逕金山西。河水過石嘴山，又北，左岸入阿拉善旗界。河行於兩山之間，號曰石河，亦稱曰石峽子。歷螞蝗溝、廻水窩、跑馬崖，北達子灣、魚籃子沙、七家礦、頭道坎、二子店、淌腰沙、浪毛沙、二道坎、歪脖子沙、三道坎，至牛家溝等十四處，或為懸崖，或為磯嘴，或為暗沙，或為洞坎，形狀不一，極為險隘。至牛家溝以北，左岸山勢始西轉，地面漸平，有廢渠一道，渠底已被亂石塞滿。黃河中有小灘，長約一里，叢生紅柳，河面漸寬。又北烏蘭木堵，又北過金山西，河長凡一百二十里。金山在黃河右岸，蒙古名哈他敖拉，峰頂尖鋭，遠見百餘里。附近又有桌子山、喀喇山等山。

按水道提綱云：又〔北〕經阿布山、色而網喀喇山西麓。按即此。

又北偏西，逕磴口北　河水過金山西，繞山麓二十餘里。又北，右岸察漢托垓，有蒙古包一所。又北，右岸王元地，貽穀任内所放墾者。又北，過貝子地東，其右岸三十里鄂博。右岸皆連山地，左岸明沙，寸草不生，近河小灘已墾，然面積甚少。又北，過磴口。河長凡一百二十里。

又北偏東，逕烏拉河口　河水過磴口。又北，河中有洲，名曰中灘，長約二十里。又北，過傅家灣，其右岸阿羅套海。又東北，過金三廟，沙梁漸遠，其右岸陶斯兔。又東北，過三聖堂東，歷小渠五道，天主教民所開，地亦教民種之。又東北，過沙圪堵，歷毛老漢渡。又東北，過渡口堂，其右岸老畔召。入杭錦旗界，山脈東轉。又北，烏拉河口，其右岸克克木堵，地勢平曠，惜黃河水平線較低，未能引水溉灌，故荒蕪未墾。河長凡二百里。計由石嘴山起，至烏拉河口，方向為北偏東約十一度，河長四百四十里。其左岸為阿拉善地，右岸為鄂托克及杭錦二旗地。由金山以上，河底亂石嶙峋，傾斜峻急，水流如奔。金山以下，勢稍緩。又自磴口至老畔召，左岸已墾地不少，右岸河崖高出水面數丈，河底堅砂，水色灰黑。

按水經云：又北過朔方臨戎縣西。注云：河水東北逕三封縣故城東，在臨戎縣西一百四十里。河水又北，逕臨戎縣故城西。又北，有枝渠東出，謂之銅口。東逕沃野縣故城南。枝渠東注以溉田，所謂智通在我矣。河水又北，屈〔而爲〕南河出焉。即今河。河水又北迆西，溢於窳渾縣故城東。即今之烏拉河。查河水自烏拉河口以上無大變更，三封縣故城當在河西阿拉善旗界，及寧夏北境；窳渾縣故城，應在烏拉河西北騰格里湖、阿拉善與杭錦交界處；臨戎故城，似在河東鄂托克界；沃野故城及銅口枝渠，亦應在河東。惟是黃河出塞而後，北流七八百里，東岸鄂托克西境，皆山脈綿亙，無枝渠可通。考後魏薄骨律鎮將刁雍上表論漕運曰：「臣鎮去沃野八百里。」又云：「穀在河西，轉運至沃野，須越渡大河。」是沃野應在河東，去薄骨律鎮八百里，按今地理推之，當在克克木堵以下杭錦界內。惜代遠年湮，滄桑幾變，唐、宋以降，淪為胡人遊牧之區，古跡蕩然，無可尋考。銅口枝渠，已遍覓不知其所在矣。

又東偏北，逕義和渠口、土城子南。河水過烏拉河，入杭錦旗地，東北流，左岸過楊家河口。又東北，過黃圖拉亥河口，又東，歷鹽鎖爾渠、纏金渠、十大古渠、魏羊渠，其右岸紅水驛。又東少北，過強家渠，其右岸查漢庫倫。又東少北，歷土默渠、吳祥渠、戶口地渠、剛目渠，過黃家濠渡口，歷協成渠。又東，天吉太渠。又東，過馬覓兔渡口。又東，歷灶火渠、黃家渠。河水至此，枝分二派，南派較盛，北派行將就淤。又東，歷鄔家渠、阿善渠、沙阿渠，均從北派決出。又東，至惠德成，與南派合而東流少北，過義和渠口、土城子南，其右岸二皮子河頭。河長凡三百五里，北去五原縣治七十里。

又東偏南，逕西山嘴。河水過土城子，屈向東流。少南，歷老郭渠、長勝渠、塔布渠。又東少南屈曲流，過同心堂渡口，其右岸堿諾爾。又東少南，歷洋人渠、達拉渠。又東南，入達拉特旗界。又東過西山嘴西，其右岸大仙廟，河長凡一百五十里。計由烏拉河口起，至西山嘴，方向為東偏北約十度。河長凡四百五十五里。由惠德成以下百餘里間，河流枝分如織，所在淺灘，號曰波河，舟行苦之。西山嘴當古大河分而復合之處，為後套、三湖灣二區宣節水量重要關鍵。

按水經注云：河水又北，屈〔而爲〕南河出焉。南河上承西河，東逕臨戎縣故城北，又東逕臨河縣南，又東逕廣牧縣故城北，逕流二百許里，東會於河。查即今烏拉河口至西山嘴之河道，古南河是也。又按水經注云：河水又北迤西，溢於窳渾縣故城東，其水積而為屠申澤。河水又屈而東流，為北河。東逕高闕南，又東逕臨河縣故城北，又東逕陽山南，東流逕石跡阜西，南屈，逕河目縣，又南，與南河合。查即今五加河，其下游已於道光中淤斷，與大河不通矣。屠申澤即騰格里泊，已成陸地。五加河即古北河也。

又屈，東逕昭君墳北。河水過西山嘴，屈向南流少東，左入烏拉特旗界，三湖河出焉。又南少東，右岸名六分子，有小渠一道，下至古欽台，長約三十里，達拉特旗所開。又東，大木蘇台，其右岸談蓋卯有布爾哈蘇台河，源出察罕陀羅海岡，自南來入之。又東，喀喇河、坤兑河、坎泰河，均從南來入之。又東，入烏拉特旗界，右岸有淤河，俗曰大河，相傳為黄河故道，後黄河北徙，此派遂淤。又東過昭君墳北，左岸三湖河注焉。三湖河自西山嘴起，沿烏拉山之南麓，至三岔口入河，三湖灣墾地，俱賴以灌注，蓋黄河之支津也。河長凡二百六十里。

按水經注云：河水又東南，逕朔方縣故城東北。又東轉，逕渠搜縣故城北。又東，逕西安陽縣故城南。又東，逕（薛）田〔辟〕城南。又東，逕成宜縣故城南。又東，逕原亭縣城，又東，逕宜梁縣之故城南。又東，逕稒陽城南、河陰縣故城北。又東，逕九原縣故城南。又東，枝津出焉。查即西山嘴至昭君墳之河道，北岸三湖灣，其北有烏拉西公府，南岸鄂爾多斯，即前套，移沙所積，古跡蕩然，無所查考矣。

又屈東，逕南海子。河水過昭君墳，屈東南，過召灣。又東，坤都倫河從北來注之。又東，過紅仝灣，入薩拉齊縣界，左岸土默特故地。又東，過南海子南，北去包頭十五里。包頭即巴爾朱罕城也。河水又東，與淤河合，河長凡九十五里。計由西山嘴起至南海子，方向東偏南約四度，河長凡三百三十五里，底質惟昭君墳下有石，餘皆泥沙。

按水經注云：河水又東，枝津出焉。又東，石門水南注之。河水又東，逕稒陽縣故城南。又東南，枝津注焉。水〔上〕承大河於臨沃縣，東流七十里，北溉田，南北二十里，注於河。查即昭君墳至南海子以南，古河在南，即今淤河，現時河道古枝津也。北溉田，即紅仝灣一帶，今村墟錯落，樹木森森，大有内地景象，其地為烏拉特東公旗。考烏拉特與鄂爾多斯，原以河為界，今河南有烏旗地，可知河道改移向北，年尚不遠。石門水即今坤都倫河，入河處伏流，山洪暴發，乃通流，然上游泉水源源，土人引以溉地。

又東偏南，過河口鎮南。河水過南海子，屈向東南，過永來宮北。又東北，過古城灣。又東南二忙渡口，右岸達拉特旗地，北距薩拉齊縣治三十里。又東南楊家河頭，右岸入準噶爾旗界，虎斯台川自東南來注之，入托克托縣境。又東少南，右岸過十二連城，山脈逼近河沿。又東南，過河口鎮南，左岸大黑河來注之，蒙古名伊克土爾根，入河處北去托克托縣治五里。河長凡三百里，方向為東偏南約二十三度。

按水經注云：大河東經咸陽縣故城南，屈而流，白渠水注之。白渠水又西北，逕沙陵縣故城南，西注沙陵湖。芒干水又西南注沙陵湖，湖水西南入於河。查沙陵湖今名黛山湖，在托克托縣治近西；白渠水即大黑河之南派；芒干水即大黑河之北派。托克托縣治傍山，有舊托托城，在山上。

又東南，至河曲縣西。河水過河口鎮南流少東，入山峽，歷龍不灣，右岸入清水河縣境，左有小水，自西南來入之。又屈曲南流，歷喇嘛灣。又南，左岸清水河合紅水河來注之，蒙古名烏籃木倫河。河水又南，入偏關縣境。又西南，又南過老牛灣，又南至河曲縣西入塞。河長一百三十五里，方向為南偏東約十二度。河行兩山之間，下至保德，可通輕舟。

按水經注云：河水南入楨陵縣西北緣胡山，歷沙南縣東北，兩山二縣之間而出。查即今河口以下之河道。又云：河水於二縣之間，濟有君子之名。魏桓帝幸榆中，東行代地。洛陽大賈齎金貨隨帝後行，夜迷失道，往投津長，曰子封，送之渡河。賈人卒死，津長埋之。其子尋求父喪，發塚舉屍，資囊一無所損。其子悉以金與之，津長不受。事聞於帝，帝曰：君子也。即名其津為君子津。查即湖灘河溯渡口，今曰龍不灣。又云河水又〔東〕南，左合一水，西流注於河。河水又南，樹頹水注之。查即今清水河。

河套黃河，計自青銅峽起，過橫城堡出塞，歷石嘴山、磴口、烏拉河口、西山嘴、昭君墳、南海子、河口鎮等處，至河曲縣西入塞，河道成一弓形，共長二千二百八十五里。

（乙）賀蘭山麓寧夏諸水及寧夏河東之山水河

西河　源出寧夏河西塞，至平羅縣北，長凡三百五十里。蓋清、唐、漢、惠諸渠溉地餘水洩於湖，群湖之水則匯而洩於西河，由西河入於黃河。

高台寺湖　在寧夏東十五里，又東五里有沙湖，又巽湖在縣東南三十五里。

月湖　在寧夏縣北三十五里，以形似名。

金波湖　在寧夏縣東北清陽門外，沿岸垂柳蔽日，中有芰河，為一方之勝。

三塔湖　在寧夏縣東北三十里。

千金波　在寧夏縣南。元和志：在靈武縣北四十二里，長五十里，闊十里。

觀音湖　在寧朔西九十三里，乃賀蘭山水聚於山下大水口成湖。

長湖　在寧朔縣南十五里。

蒲草溝　在平羅縣西北二百里。明弘治十一年（一四九八），制臣王越分兵討賀蘭山後叛寇，北哨擊賊於花果園，南哨至蒲草溝，賊從沙窩遁去，合兵追至大把都城，又敗，追之於柳溝兒，寇遂西遁。

大鹽池　在寧夏西北四百里，小鹽池在南七十里，其鹽皆不假人力，自然凝結。按大鹽池即吉蘭泰鹽池，在賀蘭山西阿拉善境。小鹽池即花馬池，在黃河東，今鹽池縣境。

山水河　在靈武縣，源出環縣仙城驛，西北流經鎮戎縣，至紅古窯入黃河。水道提綱洛浦河，即此。

（丙）河套鄂爾多斯諸水

庫葛爾黑河　在鄂旗西南二百三十里，源出庫（葛）爾黑泉，南流入邊，又西北出邊入河。明統志：黑水河在寧夏衛城東，番名哈喇兀速，西流，注於黃河。

托蘇圖河　小托蘇圖河，蒙古名巴哈托蘇圖，在鄂旗西五十里，源出巴歡泉，西北流，會大托蘇圖河，蒙古名伊克托蘇圖，在鄂旗西北一百里，源出布海扎喇克之地，合注博木池，西流入黃河。水道提綱：大小托蘇圖河合注博木池，自東南注於河，即此。

車根木倫河　在達旗西北三百七十里，源出撒爾齊喇之地，東流入黃河。

烏爾巴齊河　在達旗西北三百十里，源出平地，東流入黃河。

黑河　在達旗西北二百五十里，蒙古名伊克土爾根，源出虎虎冒頓之地，東流至烏拉孫鄉入黃河。又有小黑河，在旗西二百四十里，東流入黃河。

兔毛河　在達旗西一百二十里，蒙古〔名〕陶賴崑兌，源出敖柴達木，西北流入黃河。

柳河　在達旗西一百一十里，蒙古名布爾哈蘇台，源出察漢拖羅海岡，北流入黃河。

喀賴河　在達旗西五十里，源出朱爾漢虎都克，北流入黃河。

西都喇虎河　在達旗西（三）〔二〕十五里，源出五烈泉，東北流入黃河。

坎台河　在達旗東十二里，源出布木巴泉，東北流入黃河。

虎蘇台河　在達旗東北，與準旗分界處，源出準旗南，西北流入黃河。

崑兌河　在準旗東北七十里，蒙古名伊克崑兌，源出平地，東南流入黃河。又旗東南八十里有小崑兌河，蒙古名巴哈崑兌，東南流入黃河。

布林河　在準旗東八十里，源出查木哈克泉，東南流入黃河。

塔爾（吾）〔奇〕爾河　在準旗東七十里，源出噶克（義）〔叉〕冒頓，東流入黃河。

哈岱河　在準旗東南八十五里，源出賀爾博金坡南平地，東南流入黃河。

芹河　在準旗東二十五里，蒙古名伊克西喇爾几台，源出杜爾伯特拜（金）坡東平地，南流入邊城，為府谷之清水川。

小芹河　在準旗東五十五里，蒙古名巴哈西喇爾〔几〕台，源出得勒蘇台坡南平地，西南流會芹河。

克丑河　在準旗東五里，源出噶克（義）〔叉〕冒頓東平地，東南〔流〕會芹河。

西河　在準旗南三十里，源出科爾口，東流會芹河。

葦爾圖河　在準旗南四十里，源出古爾板多博坡南平地，南入邊城。

獐河　在準旗西南一百二十里，蒙古名西爾哈，源出常樂堡，合葫蘆海，南流入紅石峽。

博羅哈爾几圖河　在準旗西南一百四十里，源出平地，南流入邊城。按此〔水〕及獐河，即府谷之九股水也。

布喀河　在準旗西三十四里，源出博羅巴爾哈〔孫〕東平地，西南流會紫河。

陀索圖河　在準旗西六十里，源出得勒蘇台坡西平地，南流會布哈河。

舒貴河　在準旗西八十里，源出翁公坡南平地，南流會布喀河。

紫河　在郡旗東二十五里，蒙古名烏蘭木倫，源出台石坡西平地，西南流入邊城。

緜額爾吉河　在郡旗東六十二里，源出緜額爾吉坡南平地，西南流會哈楚爾河。

哈楚爾河　在郡旗東五十八里，源出哈楚爾坡西平地，西南流會紫河，〔流〕入神木縣，為屈野河。

上稍兒河　在烏審東南一百四十里，源出緜布里都，南流入邊城。

席伯爾河　在烏審南九十里，源出蟒哈圖虎爾虎之地，南流會西克丑河入邊城，為榆林之榆溪。

阿爾塞河　在烏審南一百七十里，源出恩多爾拜山南平地，西南流會席伯爾河。

哈柳圖河　在烏審西南一百八十里，源出虎喇虎之地，東南流，合細河、金河二水，入榆林邊，至波羅營，會西來之額圖渾河，為無定河。按此即榆林無定河之別源，古黑水也，亦名吃那河。元朱思本河源記：吃那河源，自古宥州東南流，過陝西省綏德州，凡七百里，與黃河合。

細河　在烏審西南二百十里，蒙古名納林河，源出托里泉，南流會哈柳圖河。

金河　在烏審西南二百九十里，蒙古名西喇烏素，源出磨虎喇虎之地，南流會哈柳圖河。

石（膏）〔窯〕川河　在烏審西南三百六十里，蒙古名額圖渾，源出賀通圖山北平地，東南流，合數小水，入橫山縣邊，為恍忽都河。又折東北至波羅營，會哈柳圖河，為無定河。按此即古奢延水也。

赤沙河　在杭旗西一百三十里，蒙古名烏蘭，源出赤沙泉，東北流入鍋底池。

兔河　在杭旗南一百二十里，蒙古名陶賴，入鍋底池。

黃水河　在杭旗西南一百四十里，蒙古名西喇木倫，源出馬陰山北平地，東北流入古爾板泊。

鄂爾吉虎池　在杭旗所駐。其西六十里，有古爾板(崇)〔道〕圖池，因有三池，故名。

鍋底池　在杭旗西九十里，周圍二十餘里，產鹽，赤沙河、兔河二水注入其中，即漢時朔方縣鹽澤，唐時名胡洛鹽池者也。今土人名喀喇莽奈〔腦兒〕。

喀西拉(虎)〔克〕河　在達旗東五十里，源出(巴)〔色〕泊呼勒泉，東北流入奈馬代泊。奈馬代泊在達旗東四十三里。

魚河　在達旗東一百十里，蒙古名折克蘇台，源出托諾克托羅海山，東北流入捕魚池。捕魚池在達旗東一百(四)十里，蒙古名(喀喇烏蘇)〔折克蘇台〕。

蒲河　在達旗東一百四十里，蒙古名呼魯蘇台，源出插漢拖羅海岡，東北流入蒲池。

巴哈池　在準旗所駐。又哈達圖池在旗東北三十里。

摩多圖插漢池　在準旗西一百三十里。又忒默圖插漢池，在旗東五十里；五楞池，在旗西南三百里。

紅鹽池　在準旗西南三百里，蒙古名五楞池。明成化中，總督王越敗套寇於紅鹽池，即此。延綏志：榆林東有長鹽池、紅鹽池，在其西北三百五十里。

清湖　即青山湖，在郡旗西南三百五十里，近榆林寧塞堡北，蒙古名佟哈拉克腦兒，清水河注其內。清水河在旗南三百九十里，源出邊外，北流入佟哈拉克池。又有彬草湖，在寧塞堡西北；莜麥湖在磚井堡邊外；(名)〔明〕沙湖，在鹽場堡北邊外赤木墩西。

西拉布里都池　鄂旗所駐。又二折圖池，在旗東二十五里；西黑圖池，在旗南二百九十里。

(太)〔大〕鹽(上)〔土〕祿池　在鄂旗東北四十二里。

(丁)陰山南麓及勾注西北諸水

騰格里池　在杭旗西北阿拉善分界處，即古窳渾屠申澤。水經注云「河水又北迤西，溢於窳渾縣故城東。

其水積為屠申澤，澤東西一百二十里」，即此。又有哈爾哈納河、阿爾坦河，均南流注於澤。

柳河　在烏拉特旗以下簡稱烏旗西北三百里，蒙古名布爾哈圖，源出陽山東平地，西南流，會敖泉入五加河。五加河即故黃河北道。

哈柳圖河　在烏旗西北二百里，源出席（勤）〔勒〕山北平地，南流，會席（勤）〔勒〕河，（注）〔經〕馬神（河）〔山〕，又西南折入五加河。

烏爾圖河　在烏旗北一百里，源出雪山，西南流入黃河。

舍忒河　在烏旗北八十里，源出敖西喜山，西流經大青山入黃河。

崑都倫河　在烏旗東四十里，源出烏孫土祿之地，西南流入黃河。

五達河　在烏旗東南一百二十里，源出布當圖山，西南流入黃河。

大黑河　源出殺虎口外鑲（籃）〔藍〕旗察哈爾東北七十里海拉蘇台坡，名喀喇烏蘇。西北流，會東北山來之納扎海河、安達河、朱喇馬台河。又西，受北來之德布色黑河水。又西南，合東來之哲（布）〔爾〕德河，始名伊克土爾根，即大黑河也。折正西流至歸化城南，有巴哈土爾根，即小黑河也，自東北山西南流，經城西南，會扎達海河。又西流，有西喇烏蘇河、呼圖克圖河，源出殺虎口北山，西北流（來），合而來會。又西〔流，有〕哈爾几河、黑勒庫（庫）河、多羅圖河、察蘇齊河諸水俱自大青山來注之。又西南，匯為黛山湖，又西入黃河。

烏蘭木倫河　上源曰兔毛河，源〔出〕平魯縣西南，北流至殺虎口西出邊。折向西流，有察漢音圖河、弩衡格爾河、虎虎烏蘇河，俱自察哈爾西南流來會。循邊城而西，舊名神水河。又西至烏蘭巴哈爾孫城，西入黃河。今曰清水河，即古中陵、樹頹二水。

白應泉水　由東來，經河會營南，而西注於黃河。

測量黃河　附圖二十至二十八

廣狹深淺 河水出青銅峽入河套，北行少東，約五百里，地勢平緩，河面甚寬。至石嘴子，始入兩山之中，北行百餘里，河面為極狹。至牛家溝，出山峽，歷磴口，又北少東，右岸山脈綿綿，三百四十餘里至烏拉河口，河面由狹而漸寬。自烏拉河口折向東行少北，過土城子。又東少南，四百五十餘里至西山嘴，地勢平衍，河面為最寬。又東行少南，歷昭君墳，過南海子，六百三十餘里，地亦平緩，河面由寬而狹。至河口，復入兩山之間。又南少東，二百三十餘里出套入塞。至河曲，河面又為極狹。土人謂河之狹者為石河，寬者為坡河。大抵河面寬闊處，中洪較淺，狹隘處較深，又凡迴水灣處甚深。茲分別段落，將河寬狹深淺表明於下：

各段		河面	寬狹（公尺）	深淺
青銅峽	石嘴子	甚寬	三百七十至二千八百八十	一公尺六至六公尺四
石嘴子	牛家溝	極狹	一百九十至三百	二公尺至五公尺七
牛家溝	烏拉河	漸寬	三百至一千七百二十	一公尺至五公尺七
烏拉河	西山嘴	最寬	五百至四千六百	一公尺至五公尺
西山嘴	河口鎮	漸狹	三百八十至一千一百五十	一公尺六至四公尺八
河口鎮	河曲縣	極狹	一百九十至三百	二至五公尺七

漲落情形 河水漲落，約分五季：陽曆四月，河冰初開，暴漲一次，謂之春水。然為時甚暫，過此水面漸落，至五月而極。六月，上游山林冰雪融化，河水盛漲，謂之熱水。以後時漲時落。至七、八、九月，值上游雨季，水源源而來。在七、八月者為伏水，八、九月者為秋水。以後水勢漸落，至十月水勢甚平。

然冰凝以前，又漲一次，謂之冬水。五季之水，以伏、秋為最高，春水次之，熱水、冬水又次之，最低時為五、六月之間。茲將測驗各站水位，分別五等，表明於下：

等次＼站位	石嘴子	磴口鎮	南海子	河口鎮
最高時河深	六公尺五	十公尺六	五公尺八	五公尺四
次高時河深	五公尺五	九公尺三	五公尺五	四公尺四
中等時河深	四公尺六	八公尺一	四公尺九	三公尺七
次低時河深	三公尺八	六公尺九	四公尺五	三公尺三
最低時河深	三公尺一	五公尺九	三公尺七	二公尺七

流量流速　流速各段不一，大約每秒時由六公寸至一公尺又七公寸，而在石河，竟有三公尺至四公尺之間。流量在青銅峽每秒最大有二千四百立方公尺，最小約八百立方公尺。下游漸次減小。至河口鎮，每秒最大時約一千二百立方公尺，最小五百餘立方公尺。茲將各站流量分別表明於下，但中、次三級，係於民國八年（一九一九）測驗而得，最高最低，係詢明土人，測其水位推算之略數，用備參考。

各級＼各站	石嘴子	磴口鎮	南海子	河口鎮
最高每秒時流量（立方公尺）	一千九百九十四	一千九百五十八	一千六百二十六	一千六百二十三
次高每秒時流量（立方公尺）	一千五百三十二	一千五百零六	一千一百九十三	一千一百九十九

續表一

各級＼各站	石嘴子	磴口鎮	南海子	河口鎮
中等每秒時流量（立方公尺）	一千一百八十二	一千一百五十三	九百零九	九百零八
次低每秒時流量（立方公尺）	八百六十三	八百四十九	七百六十	七百五十九
最低每秒時流量（立方公尺）	六百一十	六百零五	五百三十四	五百三十一

含沙成分　通常水量平緩時，每河水千分，含沙三四分至五六分。春、熱、冬三季漲水，每千分含沙六七分至八九分不等。惟伏、秋大汛，上游雨水入河，含沙最多，每千分由四五十分至七十分之多。凡初漲時，沙量尤多。蓋上游地土鬆燥，遇雨水剝蝕，輒沙泥並下；又灘嘴流緩，易於沉澱，河灣流速，刷沙力強。茲就民國八年（一九一九）沿途測驗各站，推算每立方公尺水量所含沙量成分，以立方公寸表明於下：

測站	測驗日期	含沙成分（立方公寸）	測站	測驗日期	含沙成分（立方公寸）
南海子	六月四日	九	磴口	七月四日	七
召灣	六月五日	三	牛家溝	七月六日	七
義和渠口	六月十一日	五	靈沙堡	七月十三日	六十八
強家渠口	六月二十九日	七	青銅峽	七月十四日	六
纏金渠口	六月三十日	五			

河套新編卷之七

河套内外諸山考

（一）賀蘭山系寧夏諸山及寧夏河東横山西北塞内諸山

賀蘭山　在寧朔縣西六十里，自首至尾，延亙五百餘里，寬三十六里。山之陰為阿拉善厄魯特部遊牧所在，漢人多居其陽。蒙古名阿拉善，漢人名曰賀蘭，而山陰山陽異名，實一聲之轉也，元和郡縣志：「賀蘭山在保靜縣西九十三里，樹木青白，望若駮馬，北人呼駮為賀蘭，故以此名其山。與河東望雲山形勢相接，迤邐向北，經靈武縣，又〔西〕北經保靜西，又西北經懷遠縣西，又北經定遠城西，又東〔北〕抵河。其抵河之處亦名乞伏山。從首至尾，有像月形，南北約〔長〕五百餘里，真邊城之巨防。山之東，河之西，有平田數千頃，可引水灌溉，如盡收地利，足以贍給軍儲也。」舊志：山在寧夏城西六十里，峰巒蒼（萃）〔翠〕，崖壁險峭，邊境倚以為固。上有廢寺百餘，並元昊故宫遺址，自來為居人畋獵樵牧之場。明弘治中，北虜為患，遂奏焚之。山麓有黄安峽、赤木等口，舊皆疊石置驛。

莎羅模山　在寧朔縣西南一百里，近賀蘭山〔之〕靈武口有水自地湧出，旱禱多應。

卑移山　在寧朔縣西北。漢書地理志：在廉縣西北。

石嘴山　在平羅縣北。明統志：在寧夏衛東北二百里，山石突出如嘴，故名。

麥垛山　在平羅縣北。劉吉寰宇通志：在寧夏衛東北二百里，山勢高聳如麥垛。

西瓜山　在平羅縣北。明統志：在寧夏衛東北二百八十里，以形似名。

黄草山　在平羅縣北。明統志：在寧夏衛北二百八十里，其山草色多黄。

省嵬山　在平羅縣東北。舊志：在寧夏衛東北一百四十里，有省嵬口，為防禦要地。酈道元水經注：河水逕石崖山西，（崖）〔山石〕之上，自然有文，盡若（戰）〔虎〕馬之狀，粲然成著，類似圖焉，故亦謂之畫石山。蓋即省嵬山也。山在黄河東崖，今土名紅崖子。

老虎山　在平羅縣東北。舊志：在平羅所東北一百八十里，黄河岸上。九邊考云：自老虎山而西，為長流水、蒲草泉等險，距寧夏衛境可數百里，皆可收為外險。

黑山　在平羅縣西北。朔方志：山在寧夏衛東北二百里，賀蘭山尾，其形如虎（距）〔踞〕。

峽口山　一名青銅峽。在寧朔縣南。兩山對峙，河水經焉，中有禹王廟，又有古塔一百八座，不知所始，或云昔人厭勝之具。有新月白黿、美女彈箏諸峰，複壁森峭，奔流湍駛，泛舟其間，雖盛夏六月，寒神凄骨，亦塞上一偉觀云。

撻狼山　在靈武縣東。明統志狼山，即此。套虜由韋州南犯鎮原、平涼之道也。按靈武縣即舊靈州。

磁窯山　在靈武縣東六十里，為陶冶之所，出石灰。明成化九年（一四七三），築磁窯堡於此。

三山　在韋州堡東一百里，三峰列峙。

金積山　在金積縣，産文石，山土色如金，故名。山北崖石下，水滴如雨。

大蠡山　在韋州堡西二十五里。層巒疊嶂，蒼（萃）〔翠〕如染，以其峰如蠡，故名。又有小蠡山，在大蠡山南，亦曰螺山。套虜入寇，嘗駐牧。

平山　在靈武縣東北八十里。以山頂平，故名。

囉龐山　在靈武縣西。乾道六年（一一七〇），夏相任得敬脅其主仁孝，分西南路，即靈州囉龐嶺與之，即此。

歡喜嶺　在靈武縣東。明成化中，虜入靈州東永隆墩，官軍追敗之於此。

（二）套内鄂爾多斯諸山

夾山　在準噶爾旗東南六十五里，蒙古名和岳爾喀喇拖羅海。遼天祚失國，東遁入夾山，疑即此。按準噶爾即左翼前旗，以下簡稱準旗。

黑山　在準旗東南六十五里，蒙古名喀喇賀邵。

退諾克拖海山　在達拉特旗東南一百四十五里，其西曰拜圖拖羅海。按達拉特即左翼後旗，以下簡稱達旗。

恩多爾拜山　在烏審旗南二百二十里。按烏審即右翼前旗，以下簡稱烏審。

總材山　在烏審東南一百四十里，蒙古名摩多圖。

巴因山　在烏審西南三百一十里。

錦屏山　在烏審西南三百九十里，蒙古名巖靈。

蘇海阿魯山　在鄂托克旗南三百六十里。康熙二十二年（一六八三），松喇布以牧地狹，請移牧蘇海阿魯，遣侍郎阿喇尼〔往〕勘，奏〔稱〕距定邊興武營邊外或五六十里，非邊内可耕之地，應允其移牧。按鄂托克即右翼中旗，以下簡稱鄂旗。

賀佟圖山　在鄂旗南三百七十里，俗名回回墓山，與寧塞堡邊界相接。

色爾騰山　在鄂旗西一百三十里。

黃草山　在鄂旗西北一百一十里，蒙古名庫（克）〔勒〕爾齊。

哈伯（義）〔叉〕齊山　在鄂旗西北一百二十里。

鄂蘭喀喇拖羅海山　在鄂旗西北一百二十里。

邵龍山　在鄂旗西北一百二十五里。

色爾蚌喀喇山　在鄂旗西〔北〕二百四十里。

馬陰山　在杭錦旗西一百四十里，蒙古名阿克塔賀邵。按杭錦即右翼後旗，以下簡稱杭旗。

巴漢得石峰　在準旗北四十里。

得石峰　在準旗西北六十里。

敖西喜峰　在郡王旗所駐，平地突起一峰。按郡王即左翼中旗，以下簡稱郡旗。

伊克翁公岡　在達旗南四十里。

巴哈翁公岡　在達旗南四十里。

察漢拖羅海岡　在達旗東南一百三十里。

吳列鄂博拖羅海岡　在杭旗東南九十里。

達爾巴哈岡　在杭旗西（北）〔南〕八十里。

（三）陰山系黃河以北附近河套諸山

陰山　在烏拉特旗西北，蒙古名葛扎爾。史記秦始皇本紀：三十三年（公元前二一四），自榆林並河以東屬之陰山，以為三十四縣。注：徐廣曰：「在五原北。」漢書匈奴傳：侯應曰：北邊塞外有陰山，東西千餘里，草木茂盛，多禽獸。漢（書）名臣奏云：漢得陰山，匈奴長老過之，未嘗不哭也。後漢書郡國志：五原縣西安陽北有陰山。唐書地理志：安北都護府，北至陰山七十里。九邊考：陰山在中受降城東北，自陰山而北，皆大磧，磧東西數千里，南北亦千里，無水草，不可駐牧。中國得陰山，乘高而望，寇所出沒，蹤跡皆見，為禦邊要地。按烏拉特，以下簡稱烏旗。

烏拉山　在烏旗界。水經注：河水又南，逕馬陰山西。疑即今烏拉山之西山嘴也。

居延山　在烏旗東三十五里，蒙古名崑都倫。

狼山　在烏旗西，蒙古名綽農拖羅海。

牛頭朝那山　在烏旗東九十里，蒙古名雞藍拖羅海。

宿嵬山　在烏旗東一百一十里，蒙古名扎拉。按遼史西夏傳：冠後垂紅纓，自號嵬名，〔以嵬〕為纓。蓋本諸此。①

河套山　在烏旗北四十里。

雪山　有二，蒙古名乂蘇台，一在烏旗北九十里，一在烏旗西北二百五里。

大青山　在烏旗西北七十里，蒙古名莫喀喇。

赤城山　在烏旗西北一百里，蒙古名烏蘭拜星。

峨博圖喀喇山　在烏旗西北一百六十里。

莫墩峨博圖山　在烏旗西北一百七十里。

阿爾柴山　在烏旗西北一百九十里。

連山　在烏旗西北一百九十里，蒙古名和岳爾喀喇峨博。

馬神山　在烏旗西北一百九十里，蒙古名翁公。

陽山　在烏旗西北二百里，蒙古名洪戈爾。史記：蒙恬渡河據陽山。後漢書：侯應曰，陽山在河北。

巴爾哈山　在烏旗西北二百四十里，山高（六峰二）〔大，東西〕百餘里。

拂雲堆　在烏旗西北一百九十里，蒙古名烏朱爾插漢。唐書：堆有拂雲祠，突厥將入寇，必先（詰諸）〔詣〕祠祭（酹）〔酹〕求福，因牧馬營兵，候（水）〔冰〕合渡河。

高闕山　水經注：河水又屈而東流，為北河，東逕高闕南。史記：趙武靈王既襲胡服，自代並陰山下，

---

① 此處大誤。遼史西夏傳原文作「冠後垂紅結綬。自號嵬名，設官分文武」。

〔至〕高闕為塞。山下有長城。長城之際，連山刺天，其山中斷，兩（峰）〔岸〕雙闕，〔峨然〕雲舉，〔望若闕焉〕。即狀表目，故有高闕之名。自闕北出荒中。

（四）勾注山系黃河以東附近河套諸山

火山　在河曲縣西七里。山上有孔，以草投其中，煙焰上發，可熟食物，草木不生。上有硇砂窟，下有氣砂窟，黃河經其下，似遇覆釜，而河為之曲。山後有大石，有禹廟，水不能浸。宋名火山軍，以此。

韓家嶺　在河曲縣西北四十里。

赤崖　在河曲縣西北四十里，即河會村，古名赤崖。村土色赤，窯窨數十，上有蛤蚌腐甲。

北峰岩　在偏關縣西北五十里，高百仞，臨黃河岸上有石洞數十，相傳僧北峰棲此。

常勝山　在偏關縣北六十里，右連老牛灣，左棲滑石澗，匪直雄視塞外，抑亦俯瞰黃河，故以常勝名。

丫角山　在偏關縣東北，接大同之丫角，而西為草垛、明燈台、紫荊山以至老牛灣，而西盡於河。

河套新編卷之八

河套軍事考

河套兵爭，夏、商以前尚矣。歌詠所垂，自南仲築城朔方始，時則殷之季世也。其後尹吉甫逐玁狁於太原之外，晉文公遷戎翟於〔河〕西（河）圁、洛之間。戰國時，趙（代句注）西略翟地至榆中，又攻中山，至九原、雲中。秦惠王既拔義渠戎二十五城，昭王時，宣太后誘殺義渠戎王於甘泉，遂滅義渠。趙武靈王時，胡服騎射，北破林胡，接長城。秦走太原訖北地，魏走上郡訖固陽，趙走代訖高闕，列戍置防。秦滅六國，始皇帝使蒙恬將十萬眾北擊胡，悉收河南地，渡河取高闕、陶山、陽山、北假中。三十六年（公元前二一一）復使恬將三十萬眾鎮上郡，自此以為常，匈奴不敢南下。然中國苦戍役，天下怨叛。楚漢之際，諸秦所徙適者復去。冒頓（桑間）〔南〕并樓煩、白羊河南王，連收秦所奪匈奴故地，遂侵燕、代，困高帝於白登，時侵盜雁門、雲中。孝文帝十四年（公元前一六六），匈奴大入寇，候騎至甘泉，於是大發兵擊匈奴，然逐出塞即還，不能有所殺。匈奴益驕，歲歲入塞，殺掠雲中、遼東最甚。後四年（公元前一六〇），復大入上郡、雲中，漢使三將軍屯北地、句注、飛狐口，堅守（如）以備胡。景帝中六年（公元前一四四），匈奴入雁門，至武〔泉〕（眾），入上郡，取苑馬，吏卒戰死者二千人。當是時，匈奴建龍城於漠南，控弦之士近百萬。其單于庭直代、雲中，密邇河套；而右王將居西方，直上郡以西，接氐、羌，則據有全套之地。故自漁陽、上谷以外，隴西、北地、上郡、河西、雁門、代郡、五原、雲中、定襄，並當其入犯之衝。武帝即位，慨然欲復周、秦之舊宇，自王恢馬邑之計不行，匈奴寇當路塞，盜漢邊益急，於是鋭意用兵，使將軍衛青將三萬騎出雁門，李息出代郡擊胡。其明年，衛青復出雲中以西至隴西，擊胡之樓煩、白羊〔王〕於河南。於是漢遂取河南地，築朔方，復繕故秦時蒙恬所為塞。是歲漢之元朔二年（公元前一二七）也。匈奴右賢王怨漢奪其地，數為寇盜邊，及入河南，侵擾朔方，殺略吏民甚眾。元朔五年（公元前一一八）春，上令青將三萬騎出高闕，衛尉蘇建為遊擊將軍，左內史李沮為強（努）〔弩〕將軍，太僕公孫賀為（車）騎將軍，代相李蔡為輕車將軍，皆領屬車騎將軍，俱出朔方。右賢王以為漢兵不能至，飲醉。漢兵夜至，圍右賢王，右賢王驚，夜遁。得右賢裨王十餘〔人〕，男女萬五千餘人，畜數（十）〔千〕百萬。單于怒昆邪王、休屠王居西方為漢所殺虜數萬人，欲召誅之。昆邪王殺休屠王，並將其眾降漢。於是漢得昆邪，則隴西、北地、河西益少胡寇。元〔狩〕（朔）四年（公元前一一九），大將軍衛青出定襄，票騎將軍霍去病出代，並深入絕幕，單于遠遁，漠南無王庭。元鼎六年（公元前一一一），遣故太僕公孫賀將軍五千騎出九原二千餘里，至浮苴井，從票侯趙破奴萬餘騎出令居數千里，至匈奴河水，皆不見虜而還。是時，天子巡邊，自雲陽北歷上郡、西河、五原，出長城，北登單于臺，至朔方，臨北河，勒兵十八萬，旌旗經千餘里，使使風告單于。單于不報。漢乃益北廣田，至眩雷為塞，匈奴終不敢以為言。蓋自漢擊匈奴，萃其全力，經營朔方，以規復陰山，至是而功效始著。宣帝甘露二年（公元前五二），呼韓邪單于款五原塞，請入朝。明年（公元前五一）正月，朝天子於甘泉宮，留長安月餘，遣歸國。單于請留居光祿塞下，有警，保漢受降城。光祿塞者，武帝太初三年（公元前一〇二）光祿勳徐自為所築，出五原塞數百里，遠者千里，築城障列亭至盧朐。初，匈奴詹師盧單于立，年少，好殺伐，國中多不安。左大都尉欲殺單于，使人告漢，漢令因杅將軍公孫敖築受降城，而使浞野侯趙破奴將二萬騎出朔方北二千餘里，期至浚稽山而還。至期事覺，單于誅之，浞野侯引還，未至受降城四百里，為匈奴所得，因遣兵攻受降城，不能下，乃侵入邊而去。宣帝順呼〔韓〕邪（王）〔單于〕之請，遣長樂衛尉高昌侯董忠等將〔萬〕六千騎送單于，留衛單于，力誅不服。竟寧元年（公元前三三），單于復入朝，元帝以後宮良家子王昭君賜之。單于驩喜，上書願保塞上谷以西至敦煌，請罷邊吏士卒，以休天子人民。漢用侯應議，優詔卻之。自是南匈奴遊牧近塞下，為漢北藩，百餘年間，河套晏然，中國以寧。及東漢初年，徙南單于部落於塞內，而河套復失。初，匈奴北部大人共議立日逐王比為呼韓邪單于，款五原塞，願永為藩蔽，扞禦北虜。建武二十六年（五〇）冬，五骨都侯子將其眾三千人歸南部，北單于使騎追擊，獲其眾。南單于遣兵拒之，逆戰不利。於是復詔單于徙居西河美稷，令西河長史歲將騎二千、弛刑五百人，助中郎將衛護單于。南單于既居西河，亦列置部王，助為扞戍，使韓氏骨都侯屯北地，右賢王屯朔方，當于骨都侯屯五原，呼衍骨都侯屯雲中，皆領部眾，為郡縣偵邏耳目。於是孝武以來，經營墾闢之跡，悉淪於遊牧。然終漢之世，匈奴〔北〕南既分，形禁（世）〔勢〕格，故不能大為過患。明帝永平（八）〔六〕年（六三），北單于欲合市，遣使求和親。八年（六五），遣越騎司馬鄭眾北使報命。而南部須卜骨都侯等〔知〕漢與北虜交使，懷嫌怨，欲叛，密因北使，令遣兵迎之。鄭眾上言：「宜置大將屯衛，以防二虜交通。」由是始置度遼營，以中郎將吳棠行度遼將軍事，副校尉來苗，左校尉閻章，右校尉張國，將黎陽虎牙營士屯五原曼柏。又遣〔騎〕都尉秦彭將兵屯美稷。其年秋，北虜果遣二千騎候望〔朔方〕，作馬革船，欲渡迎南部叛者，以漢有備，乃引去。其後竇憲出朔方雞鹿塞，擊北匈奴，至燕然山，北匈奴遠遁，由是二虜交通之機永絕，邊患稍益矣。然中世以後，羌胡之勢自西而東，漸及於套南諸郡。安帝永初五年（一一一），羌叛，二千石令長多請內徙，以避寇難。朝廷從之，百姓隨道死亡，喪其大半。順帝永和間，又內徙，朔方以西障塞多不修，南單于憂恐，上言求復障塞。順帝從之，增置緣邊諸郡兵，列屯塞下，教習戰射。其後又用虞詡言，復北地、上郡還舊土，然不久復入於戎。桓、靈之世，羌胡大擾定襄、雲中、五原、朔方、上郡等五郡。魏黃初二年（二二一），又遷并州於嶺南以避寇，於是河套內外阨塞之地，盡淪於左衽，戎狄猾夏之勢成矣。

晉惠帝永興元年（三〇四），劉淵僭號，自是中原鼎沸，劉、石、苻、姚忽起忽滅，皆領有套地。然其兵爭則在河、洛、汾、渭之間，河套一隅，不當衝要。自拓跋魏都盛樂，赫連勃勃據夏州，而河套始紛然多事矣。劉衛辰者，赫連勃勃之父也，初降於苻秦，又叛附於代，秦將鄧羌討擒之木根山，既而復使統所部。晉太元二年（三七七），衛辰患代之逼，引秦兵擊代，遂定代地，分代民為二部，自河以東屬別部大人劉庫仁，自河以西屬劉衛辰。衛辰於是督攝河西諸郡，屯代來城，遂盡有朔方之地，控弦之士三萬八千。太（原）〔元〕九年（三八四），苻秦亂。十一年（三八六），諸部共推拓跋珪為主，復居定襄之盛樂，遂襲五原屠之，又追縕紇提至跋那山。太（原）〔元〕十六年（三九一），魏主珪討劉衛辰，直抵其所居悅跋城，執衛辰殺之。勃勃奔於姚興，興以勃勃為五原公。二十年（三九五）秋，燕慕容垂遣子寶伐魏，拓跋珪悉徙部落畜產，西渡河千餘里以避之；燕軍至五原進臨河，珪亦治兵河南，與燕軍隔河而壘，又使拓跋虔將五萬騎屯河東，拓跋儀將十萬騎屯河北，拓跋遵將七萬騎塞燕南，相持久之，燕軍夜遁。時河冰未結，寶以魏兵必不能渡，不設斥堠，會暴風冰合，珪引兵濟河，追敗寶於參合〔陂〕（波），死者十餘萬人。已復叛秦，襲殺沒奕於高平，而併其衆。義熙三年（四〇七），自稱大夏天王，既而破鮮卑薛干等部，進攻秦三城以北諸戍，侵略嶺北諸城，又西擊秃髮傉檀於枝楊，敗之於陽武下峽，多殺士卒，積其屍為京觀，號髑髏臺。姚興遣其將齊難來伐，勃勃退如河曲。難以去勃勃既遠，縱兵野掠，勃勃潛軍覆之，難引軍而退。勃勃復追擊於木城，拔之，擒難，俘其將士萬有三千，戎馬萬匹，嶺北夷夏降附者數萬。勃勃又與興將張佛生、楊佛嵩等戰於青石原，皆敗之。於是發嶺北夷夏十萬人，於朔方黑水之南，營起都城。勃勃自言：朕方統一天下，君臨萬邦，可以統萬為名。劉裕之定關中也，留其子義真守之，自引兵還。勃勃大喜，因進兵略定關中，群臣勸都長安，勃勃曰：朕豈不知長安累帝舊都，有山河四塞之固！但荊、吳遠僻，勢不能為人之患。東魏與我同境壤，去北京（栽）〔裁〕數百餘里，朕在長安，北京恐有不守之憂。朕在統萬，彼終不（數）〔敢〕濟河，諸卿適未見此耳。乃於長安置南臺，還居統萬。當是時，拓跋氏鼎盛，太宗（元）明〔元〕

帝漸有潼、衛、河、洛諸州，然北鄙方有柔然之患，故未遑修怨於夏。魏太宗泰常八年（四二三）二月，築長城於長川之南，起自赤城，西至五原，延袤二千餘里，備置戍衛。是年太宗殂，柔然紇升蓋可汗將六萬餘騎入雲中，攻拔盛樂宮。魏主燾輕騎討之，射殺其大將。欲乘虛再攻統〔萬〕，捨輜重，以輕騎三萬，倍道（先）〔兼〕行，分兵伏於深谷。昌出戰，大潰，奔上〔邽〕（卦），套地盡為魏有。然魏自孝文遷洛以後，形勢隔絕，河套又多事，六鎮首相抅難。明帝四年（五一九），柔然入寇懷朔、沃野，所在叛亂，統萬勃勃種人與相結合，夏州刺史（時）〔源〕子雍嬰城固守。時饑饉迫切，子雍留子延伯居守，〔自〕率羸弱，向東夏運糧。因求援於大行臺北海〔王顥〕（五灝）。（灝）〔顥〕給子雍兵馬，子雍轉鬥而前，九旬之中凡數十戰，卒平東夏，徵税租粟，運於統萬。於是二夏復寧。未幾，魏分為東西，宇文泰出於武川，高歡出於懷朔，皆套東北之人也。泰初鎮夏州，遂併關中。歡統六鎮降眾，建牙陽曲川。文帝大統二年（五三六），歡自將萬騎襲夏州，不火食，四日而至。縛矟為梯，夜入其城，擒刺史斛拔俄彌突，因而用之，留其將張瓊、許和守之。未幾，張瓊、許和以夏州降。自周迄唐，柔然衰而突厥起，河套復多事。

突厥既滅柔然而據其地，雄長漠北，控弦數十萬，中國憚之，周、齊爭結姻好，傾府藏以事之。（惰）〔隋〕高祖受禪，待之甚薄，北夷大怨。開皇元年（五八一），遣司農少卿崔仲方發丁三萬，於朔方、靈武築長城，東至黃河，西距綏州，南出勃嶺，綿亙七百里。明年（五八二），帝復令仲方發丁十五萬，於朔方以東緣邊險要築數十城，以遏寇虜。開皇二年十二月（五八三），突厥沙鉢略可汗悉眾自木硤、石門兩道來寇，入上郡、弘化，〔帝〕命衛王爽等為行軍元帥，分八道出塞擊之。爽督總管李充出朔州道，與沙鉢略遇於白道。充帥精騎五千掩擊突厥，大破之。沙鉢略棄所服金甲而遁。其軍無食，粉骨為糧，加以疾疫，死者甚眾。其後沙鉢略迭為阿波、（連）〔達〕頭等所困，遣使請和，並請將部落度漠南寄居白道川，詔許之。開皇十七年（五九七），上欲離間北夷，以宗女安義公主嫁沙鉢略子染干，時號突利可汗，居北方，特厚其禮賜。都藍可汗雍虞閭聞之，怒曰：「我大可汗也，反不如染干乎！」於是數為邊患。十八年（五九八），突利奏都藍攻大同城，在今吳喇忒旗，唐天德軍西南。詔蜀王秀出靈州道以擊之。明年（五九九），又遣漢王諒為元帥，左僕射高熲率將軍王詧、上柱國趙仲卿並出朔州道，右僕射楊素率柱國李徹、韓僧壽出靈州，上柱國燕榮出幽州，以擊之。雍虞閭〔與玷厥舉兵攻染干，盡殺其兄弟子侄，遂度河，入蔚州。染干〕（於）夜以五騎與隋使長孫晟歸朝。拜為啟民可汗，於朔州築大利城以居之。今歸化城西。部落歸者甚眾。雍虞閭又擊之，上復令入塞。雍虞閭侵掠不已。用長孫晟言，徙五原，以河為固，遷於夏、勝二州之間，東西至河，南北四百里，掘為橫塹，令處其中。於是突厥復居套內，一如東漢南匈奴故事。仁壽元年（六〇一），代州總管韓洪為虜所敗，詔楊素為雲州道行軍元帥，率啟民北征。斛、薛等姓初附於啟民，至是而叛。素軍河北，值突厥阿勿思力俟斤等南渡，掠啟民男女六千口，雜畜二十（八）〔餘〕萬而去。素率大將軍梁默輕騎追之，轉戰六十餘里，大破俟斤，悉得人畜以歸〔啟民〕。兵既渡河，賊復掠啟民部落，素率驃騎范貴於窟結谷東南奮擊，復破之，追奔八十餘里。煬帝大業三年（六〇七）四月，帝北巡，次榆林，啟民及義（城）〔成〕公主來朝。秋七月，詔發丁男百餘萬，築長城，西距榆林，東至紫河。八月，車駕發榆林，親巡雲內，（沂）〔泝〕金河而東北，幸啟民所居。啟民奉觴上壽，跪伏甚恭。帝大悅，賞賚優渥。明年（六〇八）四月，帝如五原，遂巡長城。是歲，啟民死而始畢立，始有輕中國之心。大業十一年（六一五）秋八月，帝巡北邊，始畢率精騎十八萬謀襲乘輿，車駕馳入雁門，突厥引騎急攻，矢及御前，詔發諸郡兵赴行在，援軍至，始〔畢〕引去。由是朝貢遂絕。值隋末亂離，中國人歸之甚眾，遂大強盛。如薛舉、劉武周之倫，皆北面稱臣；而梁師都據夏州，郭子和據榆林，皆倚突厥以自固，並受其封號。唐高祖起晉陽，畏突厥躡其後，遣府司馬劉（又）〔文〕靜往聘，與始畢連和。初，隋五原太守張長遜率所部五城附虜，及唐舉義兵，以郡降。武德元年（六一八），郭子和獻款。惟梁師都倔強於夏州，屢導突厥寇邊。隱太子建成議廢豐州，並割榆中地，於是處羅子（都）〔鬱〕射設以所部萬帳入處河南，以靈州為塞，並攻拔鹽川郡。帝會群臣問所以備邊者，將作大匠于筠請五原、靈武置舟師於河，扼其入。中書侍郎溫彥博曰：魏為長塹遏匈奴，今可用。帝使桑顯和塹邊大道，召江南船工大發卒治戰艦。武德六年（六二三），師都為延州總管段德操所破，其將賀宗周以所部十二州降。德操悉兵攻之，拔東城，師都保西城不敢出，求救於突厥頡利。頡利以勁兵萬人赴之，遂往朝頡利，教使南略。後突厥政亂，太宗以師都寖危，乃諭以書，使歸朝，不從。詔夏州長史劉旻、司馬劉蘭經略之。貞觀二年（六二八），詔柴紹、薛萬均併力，〔令〕劉旻以勁卒直據朔方東城。頡利來援，會大雪，羊馬死。紹逆戰，破之，進屯城下。其從父弟洛仁斬師都降，夏州平。先是，突厥頡利聞薛延陀真珠可汗入朝，大懼，遣使稱臣，請尚公主。上以頡利既請和親，又援梁師都，乃詔并州都督李世勣出通漠道，李靖出定襄道，左武衛將軍柴紹出金河道，靈州大都督任城〔郡〕王道宗出大同道，幽州都督衛孝節出恒安道，營州都督薛萬淑出暢武道，凡六總管，師十餘萬，皆受靖節度以討之。道宗戰靈州，俘人畜萬計。李勣出雲中，戰於白道大路，破之。貞觀四年（六三〇）正月，李靖進屯惡陽嶺，夜襲頡利，頡利窘，走保鐵山，兵猶數萬。靖又襲擊之，盡獲其眾。頡利得千里馬，獨奔沙鉢羅，行軍副總管張寶相禽之。沙鉢羅設蘇尼失以眾降，其國遂亡。突利既降，帝用（文）〔温〕彥博議，以突利為順州都督，令率其下就部。未幾，突利弟結杜率作亂，乃立阿史那思摩為乙彌泥孰俟利苾可汗，賜姓李，悉徙突厥還故地。思摩憚薛延陀，不肯出塞。上賜延陀書，令各守疆土。薛延陀陽雖奉詔，陰思乘隙攻之。會帝幸洛陽，將封泰山，真珠可汗乃遣其子大度設勒兵二十萬，南絕漠，壁白道川，率一兵得四馬，擊思摩。思摩走朔州，言狀，且請師。詔遣李世勣等分道討之。大度設次長城，思摩已南走，大度設度無所得，乃遣人乘長城罵之。會勣兵至，行壒屬天，遽率眾走赤柯，度青山，然道廻遠，勣選敢死士與突騎（經）〔徑〕臘河，趨白道，追及大度設。大度設渡諾真水，列陣以待。先是，薛延陀擊沙鉢羅及阿史那社爾，皆以徒戰勝，至是卻騎不用，率五人為伍，一執馬，四前鬥，令曰：「勝則騎而逐，負者死，沒其家以償戰士。」及戰，突厥兵退，延陀騰逐，勣救之，延陀縱射，馬輒死。勣乃以步士（五）百人為隊，擣其罅，虜潰，部將薛萬徹率勁騎先收執馬者，故延陀不能去，斬首數（十）〔千〕級，獲馬萬五千。大度設亡去，萬徹追弗及。殘卒奔漠北。會大雪，眾皸踣死者十八。貞觀十九年（六四五），詔執失思力屯金州，領突厥扞薛延陀。延陀兵十萬寇河南，思力示羸，不與確，賊深入至夏州，乃整陣擊敗之，追躡六百餘里。是歲，帝將伐遼，高麗莫離支令靺鞨以厚利啗真珠可汗，欲與連和。真珠可汗不敢發，亦會病死，子多彌可汗立，是時王師猶在遼，因寇邊。帝遣江夏王道宗屯朔州，代州都督薛萬徹與左驍衛大將軍阿史那社爾屯勝州，左武侯大將軍薩（孫）〔孤〕吳仁屯靈州，執失思力與突厥犄角塞下，虜知有備，乃去。自是薛延陀寖衰，而突厥車鼻可汗復強。車鼻者，亦阿史那族，而突利部人也。初居金山之北，西葛邏祿，北結骨，皆並統之，時時出掠延陀人畜。思摩眾既南渡，車鼻乃盜有其地。帝遣右（武）〔驍〕衛郎將高偘發回紇、僕骨兵擊之，獲車鼻，獻京師。於是北荒悉為封內，始置瀚海、單于二都護府。高宗麟德初，徙故瀚海都護府於古雲中城，號雲中都護府，磧以南諸州悉隸焉。雲中者，義成公主所居也，頡利滅，李靖（徒）〔徙〕突厥（一）羸破數百帳居之，以阿史德為之長，眾稍盛，即建言（領）〔願〕以諸王為可汗，遙統之。帝曰：「今可汗，古單于也。」乃改雲中府為單于大都護〔府〕，以殷王旭輪為單于都護。調露初，單于府大酋溫傅、奉職二部反，立阿史那泥孰匐為可汗，二十四州酋長皆叛應之。乃拜禮部尚書裴行儉為定襄道行軍大總管，率兵三十萬捕擊反者。行儉與戰黑山，大破之，其下斬泥孰匐，以首降，禽溫傅、奉職以還，餘眾保狼山。永隆中，溫傅部又迎頡利族子伏念於夏州，走渡河，立為可汗，諸部響應。遂寇原、慶二州。復詔行儉為大總管以討之。逾年，行儉虜伏念送京師，斬東市。伏念既死，其族骨咄祿走總材山，（沿）〔治〕黑沙城，有眾五千，盜九姓〔畜〕馬，稍強〔大〕，乃自立為可汗。寇單于府北鄙，殺嵐州刺史王德茂，執豐州都督崔知辯。詔右武衛將軍程務挺為單于道安撫大使備邊。嗣聖、垂拱間，連寇朔州，右鷹楊衛大將軍黑齒常之與戰黃花堆，虜敗，追四十里，遯過磧。天授初，骨咄祿死。其弟默啜自立為可汗，始攻靈州，多殺略士民。武后以薛懷義為朔方道行軍大總管，統十八將軍兵出塞，雜華蕃步騎擊之，不見虜而返。未幾，虜復攻靈、勝二州，縱殺略。自是歲入邊，戍兵不得休，乃高選魏元忠為靈武道行軍大總管，備虜。默啜剽隴右牧馬，又寇鹽、夏，掠羊馬十萬，攻石嶺，遂圍并州。中宗初即位，入攻鳴沙，靈武軍大總管沙吒忠義與戰，不勝，死者幾萬人，虜遂入原、會，多取牧馬。乃詔左屯衛大將軍張仁願為朔方道大總管屯邊。仁願既至，寇已去，引兵踵擊，夜掩其營，破之。始，朔方軍與突厥以河為界，北厓有拂雲祠，突厥每犯，必先謁祠禱解，然後料兵度而南。時默啜悉兵西擊突騎施娑葛，仁願請乘虛取漠南地，於河北築三受降城，絕虜南寇路。中宗從之。三壘相去各四百〔餘〕里，又於牛頭朝那山北置烽候千八百所。自是歲損費億計，減鎮兵數萬。自隋開皇、大業間，突厥遊牧河套內外，散處於靈、夏、豐、勝、朔、代之間，啟民、始畢、頡利、突利、車鼻、骨咄祿、默啜之儔，叛服靡常，朔方被兵無寧歲。至張仁願三受降城築，突厥不敢踰山牧馬，朔方無復寇掠之患。然自開元以後，黨項、回紇、吐蕃又相繼寇擾。終唐之世，河套諸郡縣多罹於兵革矣。玄宗開元中，設十節度以備邊，朔方節度使治靈州，以禦北狄，以張說為朔方軍節度大使。先是，蘭池州胡康待賓誘諸降戶同反，朔方大總管王晙等討擒之。其黨潛與黨項通謀，攻銀城、連谷，據其倉庾。張說將步騎萬人掩擊，大破之。追至駱駝堰，黨項更與胡戰，胡眾潰走。說安集黨項，使復其居業。因奏置麟州，以鎮撫黨項餘眾。未幾，待賓餘黨康願子復反，自稱可汗。說既受命至朔方發兵，討擒〔之〕，其黨悉平。徙殘胡五萬口於許、汝等州，空河南朔方千里之地，奏罷戍二十餘萬使歸農。天寶八載，朔方節度使張齊邱，於中受降西二百餘里之木喇山築城，號（模賽）〔橫塞〕軍及安北都護府。詔郭子儀為軍使，俄苦地偏不可耕，徙築永清，號天德軍，子儀以軍使兼九原太守。十四載，安祿山反，詔子儀充朔方軍節度，率本軍東討。子儀收靜邊軍，斬賊將周萬頃，擊高秀岩於河曲，敗之，遂收雲中、馬邑，開東陘。將與李光弼趨范陽，會肅宗即位靈武，詔班師。子儀與光弼率步騎五萬同赴行在。時朝廷草昧，眾單寡，軍容闕然，及是國威大振。房琯陳濤（斜）之敗，眾散略盡，故帝唯倚朔方軍為根本。賊將阿史那從禮以同羅、僕骨騎五千，誘河曲九府、六胡州部落數萬迫行在。子儀以回紇首領葛邏支擊之，執獲數萬，牛羊不可勝計，河曲平。其後朔方一軍，遂收復二京，轉戰涇、渭、河、洛之間。然邊兵內調，軍鎮（穹）〔空〕虛，重以僕固懷恩反於靈武，誘回紇、黨項、吐蕃、吐谷渾分道入犯，關中大震。會懷恩至鳴沙病死，諸虜皆引去，然朔方益殘破矣。代宗大曆九年十二月（七七五），回紇千騎寇夏州，州將梁榮宗破之於烏水。十一年（七七六），增朔方五城戍兵，以備回紇。是時吐蕃勢漸張，吐蕃於安、史之亂，兼併河、隴，其境域東北抵賀蘭山，與套西南諸州縣接壤。永泰、大曆間，四寇靈州，塞（攻秦）漢、御史、〔尚書〕三渠以擾屯田。郭子儀言於代宗曰：「朔方，國之北門，西禦犬戎，北虞獫狁，五城相去三千里。開元、天寶中，戰士十萬，馬三萬匹，僅支一隅。自先帝受命靈武，戰士從陛下征討無寧歲。頃以懷恩亂，痍傷彫耗，亡三分之二，比天寶中〔止〕十（分）之一。今吐蕃兼吞河、隴，雜羌、渾之眾，勢逾十倍，與之角勝，豈易得哉？願於諸道料精卒滿五萬者，列屯北邊，則制勝可必。」帝從之。德宗貞元二年（七八六），吐蕃尚結贊攻鹽、夏，刺史杜彥光、拓拔乾暉不能守，悉其眾南奔，虜遂據其地。又寇銀、麟。麟州素無城壁，人皆奔散。詔馬燧為綏銀麟勝招討使，駱元光經略鹽、夏。結贊得鹽、夏，皆戍以兵，自屯鳴沙。然饋餉數困。於是駱元光、韓遊瓌濱塞而屯，馬燧次石州，跨河相犄角。結贊大懼，屢請盟，天子不許，乃以貴將論頰熱厚賂乞和於馬燧。燧以為請，自入見天子。諸將以燧入朝，皆守壁不戰。結贊還走，馬多死，士不能步，有饑色。及平涼劫盟，虜仍戍鹽、夏。涉春疫大興，皆思歸。結贊以騎三千迎之，火二州廬舍，頹郛（埭）〔堞〕而去。鹽州既燬，塞防無以障遏，而靈武單露，鄜、坊侵迫，寇日以驕，數入為邊患。貞元八年（七九二），虜寇靈州，陷水口，塞營田渠。發河東、振武兵，合神策軍擊之，虜引還。帝乃下詔城鹽州，使涇原、劍南、山南深入窮討，分其兵，毋令專向東方。詔朔方河中晉絳邠寧兵馬副元帥渾瑊、朔方靈鹽〔豐〕夏綏銀節度都統杜希全、邠寧節度使張獻甫、右神策〔軍〕行營節度使（刑）〔邢〕君牙、夏綏銀節度使韓潭、鄜坊丹延節度使王栖曜、振武麟勝節度使范希朝合兵三萬，以左神策將軍胡堅、右神策將軍張昌為鹽州行營節度使，操板築之，役者六千人，餘皆陳城下。九年（七九三）始栽，閱二旬訖功，（兩）〔而〕虜兵不出，遂以（燕）〔兼〕御史大夫紇（于）〔干〕遂與（燕）〔兼〕中丞杜彥光戍之。由是套西南部之防守稍完。十四年（七九八），韓全義破虜於鹽州。十六年（八〇〇），靈州破虜於烏蘭橋。十七年（八〇一），虜寇鹽州，陷麟州，殺刺史郭鋒，湮湟墮陴，係居人，掠黨項諸（屯）〔部〕。憲宗元和元年（八〇六），虜以五萬騎入振武拂鵜泉，萬騎至豐州大石谷，鈔回鶻還國者。是年三月，夏綏留後（王）〔楊〕惠琳拒命，詔河東、天懷軍討之。河東節度使嚴綬遣牙將阿跌光進及弟光顔將兵赴夏州，斬惠琳，傳首京師。十二年（八一七），虜寇宥州，與靈州兵戰定遠城，虜不勝，斬首二千級。十四年（八一九），吐蕃節度論二摩、宰相尚塔藏、中書令尚（倚）〔綺〕心兒總兵十五萬圍鹽州，為飛梯、鵝車攻城，刺史李文悅拒之，城壞輒補，夜襲其營，晝出戰，破虜萬人，積三旬不能拔。朔方將史敬奉以奇兵繞出虜背，大破之，解圍去。穆宗初即位，虜引兵入屯靈武，靈州兵擊卻之。長慶元年（八二一），聞回紇和親，犯清塞堡，為李文悅所逐。又以壯騎屯魯州，靈州節度使李進誠與戰大石山，破之。乃遣使者乞盟，詔許之。由是寇抄寖希。宣宗大中元年（八四七），河東節度使王宰將代北諸軍，以沙陀朱邪赤心為前鋒，自麟州濟河，大破吐蕃於鹽州。朱邪赤心者，沙陀朱邪執宜之子。初，沙陀叛降吐蕃，久之，為吐蕃所疑，乃率衆三萬，轉戰而東，款靈州塞。詔處之鹽州，以執宜為府兵馬使。沙陀（來）〔素〕健鬥，靈州節度使范希朝欲藉以捍虜，為市牛羊，廣（言）〔畜〕牧，休養之。（議）希朝鎮太原，因詔執宜舉軍從之。希朝乃料其勁騎千二百，號沙陀軍，置軍使。執宜死，子赤心嗣。開成四年（八三九），回鶻（經）〔徑〕磧口抵榆林塞。節度使劉沔以沙陀兵擊回紇於殺胡山。會昌元年（八四一），回紇為黠戛斯所破，帥其衆抵天（懷）〔德〕塞下求内附，且請借振武一城以居，又請假天（懷）〔德〕軍，皆不許。回紇烏介可汗大恚，進略大同川，轉戰攻靈州，逼振武。三年（八四三），劉沔遣（后）〔石〕雄帥沙陀朱邪赤心三部，襲其牙帳。雄至振武，鑿城為十餘穴，引兵夜出，直襲可汗牙帳，烏介驚，引去。雄追北至殺胡山，烏介被創走。由是沙陀之名益著。及隨王宰攻吐蕃，沙陀常深入，（寇）〔冠〕諸軍。赤心所向，虜輒披靡，曰：「吾見赤（烏）〔馬〕將軍火生頭上。」始，沙陀臣吐蕃，其左老右壯，溷男女，略與同，而馳射趫悍過之，虜倚其兵，常苦邊。及歸國，吐蕃遂衰。宣宗賜赤心氏李，名國昌。未幾，進大同軍節度使。回紇寇榆林，擾靈、鹽，詔國昌為鄜延節度使。又寇天〔德〕（懷），乃徙節振武。未幾叛，與黨項相持，大同川吐渾赫連鐸襲振武，盡取其貲械。國昌窮蹙，與其子克用舉宗奔達靼。會黃巢之亂，克用反正，封晉王，鎮太原，遂兼有套東北之地。石晉時，遼太祖破振武軍，又渡河襲黨項，破天（懷）〔德〕軍，盡獲其吏民以歸。拓拔夏者，故黨項部戎種也，長慶、大中之世，屢侵盜，宣宗用向敏中為制置使以鎮撫之，始就安帖。迄後唐明宗長興三年（九三二），樞密使范延光，言自靈州至邠州，使臣及外國入貢者多為黨項所掠，請發兵擊之。乃遣靜難節度使藥彥稠、前朔方節度使康福將兵七千討之，破其族十九，俘二千七百人。四年（九三三），定難節度使李仁福卒，軍中立其子彝超為留後，朝廷以彝超為彰武留後，安從進為定難留後。彝超不奉詔，遣其兄阿囉王守青嶺門，集境內黨項諸胡以自救。藥彥稠等進屯蘆關，彝超遣黨項抄糧運及攻具，官軍自蘆關退保金明。安從進攻夏州，州城赫連勃勃所築，堅如鐵石，斸鑿不能入。又黨項萬餘騎徜徉四野，抄掠糧餉，官軍無所芻牧，山路險狹，關中民輸斗粟束藁，費錢數緡，民間困竭，功卒不成。自是夏州輕朝廷，每有叛臣，必陰與之連，以邀賂遺。

宋太平興國三年（九七八），王師伐北漢，李繼筠遣其將率蕃漢兵渡河，略太原境。五年（九八〇），李繼捧入朝，獻銀、夏、綏、宥四州地，自陳願留京師。初，繼捧之入也，弟繼遷出奔地斤澤，與其黨赴夏州，誘殺都巡檢曹光實於葭蘆川，因襲據銀州，後破會州，遂圍三族砦，砦將折過乜殺監軍使者，與繼遷合。時都將田仁朗行次綏州，請益兵，留月餘俟報。時繼遷乘勝進攻撫寧砦，仁朗聞之，喜曰：戎人常烏合寇邊，勝則進，敗則走，不可窮其巢穴。今繼遷嘯聚數萬，盡銳以攻孤壘，撫寧小而固，非浹旬所能破，我俟其困，以大兵臨之，分遣強弩三百，邀其歸路，虜成擒矣。部署已定，仁朗欲示閒暇，縱酒摴蒲①，副將王侁等媒孽之。帝聞三族已陷，大怒，征仁朗還。是月侁等出銀州，破悉利諸砦，遂與所部入濁輪

① 摴（chū）蒲，亦作「摴蒱」。古代博戲名。漢代即有之，晉時尤盛行。以擲骰決勝負。後爲擲骰的泛稱。

川，斬首五千級，繼遷遁去。端拱元年（九八八），復以李繼捧為定難節度使，鎮撫夏州。淳化二年（九九一），繼捧與繼遷戰安慶澤。五年（九九四），用鄭仁寶議，禁鹽池以困繼遷，又用呂蒙正言，墮夏州城。至道二年（九九六）夏四月，李繼遷率眾萬餘圍靈武，呂端請發兵出麟府、鄜延、環慶三道以擣平夏，襲其巢穴，則靈武之圍自解。帝從之，命李繼隆出環，丁罕出慶，范廷召出延，王超出夏，張守恩出麟，五路進討，直趨平夏。諸軍期以八月進抵烏白池，惟范廷召與王超依期而至，大小數十戰，互有勝負，餘皆不見虜而還。繼遷攻靈州益急。真宗咸平五年（一〇〇二），以張齊賢為涇原諸路經略使禦之。先（足）〔是〕，李至請棄靈州，移朔方軍於環州，保固邊境，帝不決。時齊賢亦言靈武孤城，必難固守，徒使軍民六七萬陷於危亡之地，無益。通判永興軍何亮復上安邊書，言靈武地方千里，表裏山河，棄之有三患，請築溥樂、耀懷二城，以通河西之糧道。靈武居絕域之外，不築此二城為唇齒，與舍靈武無異。帝乃以王超為西面行營都部署，將步騎六萬援靈州，未至，靈州陷。六年（一〇〇三）夏，繼遷攻麟州，敗去，轉攻西涼，中流矢死。子德明立。詔令審圖去就，知鎮戎軍曹瑋上言：繼遷擅河南地二十年，兵不解甲，使中國有西顧之憂，今其國危子弱，不即捕滅，後更強盛，不可制矣。願假臣精兵，出其不意，擒德明送闕下，復河南為郡縣，此其時矣。帝欲以恩致德明，不報。於是河套一隅，終宋之世，不復隸於版圖，而鄜、延、環、慶、原、渭，並為重鎮，守在關內矣。

仁宗明道元年（一〇三二）十一月，夏王德明卒，遣使立其子元昊為西平王。元昊雄毅多大略，數諫其父勿臣宋，襲封後以兵法勒諸部。昊既盡併朔方、河西地，仍居興州，依賀蘭山為固，置十二監軍司，分統其眾。自河北至午臘蒻山（五）〔七〕萬人，以備契丹；河南洪州、白豹、安、鹽州、羅洛、天都、惟精山等五萬人，以備環、慶、鎮戎、原州；左廂宥州路五萬人，以備麟、府、鄜、延；右廂甘州路三萬人，以備西蕃、回紇；賀蘭駐五萬、靈州五萬、興州興慶府七萬為鎮守，總五十餘萬人。而苦戰倚山訛。山訛者，橫山羌，平夏不及也。又選豪族（苦）〔善〕弓馬五千人，分六班迭（置）〔直〕。鐵騎三千，分十部。規畫既定，乃遣使詣五臺供佛，以窺河東道路。及還，與諸酋歃血，遂反。寶〔元〕（慶）元年（一〇三八）冬十月，元昊僭稱帝，建國號曰大夏。二年（一〇三九）十一月，夏人寇保安，巡檢指揮使狄青擊敗之。康定二年（一〇四一）春正月，元昊寇延州，知延州范雍聞元昊且至，懼甚。元昊詐遣人通款於雍，雍信之，不設備。既而元昊盛兵攻保安軍，鄜延副總管劉平、石元孫屯慶州，夜以書召之，平與元孫趨土門。元昊既破金明、安遠、塞門、永平諸砦，乘勝至延州城下，雍閉門堅守。平與元孫聞之，督騎兵晝夜倍道而前，轉鬥三日，王師敗績，平與元孫皆沒於陣。會大雪，賊解去，延州得不陷。時著作佐郎張方平上平戎十策，其略以為宜屯重兵河東，示以形勢，賊入寇，必自延、渭，而興州巢穴之守必虛，我師自麟府渡河，不十日可至，此所謂攻其所必救，形格勢禁之道也。宰相呂夷簡見而韙之。秋八月，除范仲淹龍圖閣直學士，與韓〔琦〕（畸）並為陝西經略安撫副使。仲淹以延州諸砦多失，請自行，詔仲淹兼知延州。仲淹大閱州兵，得萬八千人，分六將領之，日夜訓練，量賊眾寡，使更出禦敵。又以民遠輸勞苦，請建鄜城為軍，以河中府、同、華州中下戶租稅就輸之。春夏徙兵就食，可省糴十之三，他所減不與。詔以為康定軍。仲淹又修承平、永平等砦，招還流亡，定（保）〔堡〕障，通斥堠，城十二砦，於是羌漢之民相踵歸業。九月，元昊寇三川砦，連陷乾溝、乾福、趙福三堡。韓琦使環慶（福）〔副〕總管任福等領兵七千，聲言巡邊，部分諸將，夜趨七十里至白豹城，平明克之，破四十一族，焚其積聚而還。時塞門諸砦既陷，鄜州判官种世衡言，延安東北二百里，有故寬州，請因廢壘而興之，以當寇衝，右可固延安之勢，左可致河東之粟，北可圖銀、夏之舊。朝廷從之，命世衡董其役。夏人屢來爭，世衡且戰且城。然處險無泉，勢不可守，鑿地百五十尺，遇石横亘，工辭不可穿。世衡命屑石一畚酬百錢，卒得泉。城成，賜名青澗，以世衡知城事。慶曆元年（一〇四一）正月，帝以元昊勢益猖獗，遣翰林學士晁宗慤即陝西問攻守之策，范仲淹主守，韓琦主戰，議不決。會元昊遣高延德還延州，與仲淹約和。韓琦聞之曰：「無約而請和者，謀也。」命諸將戒嚴，而自行邊。二月，琦至高平，元昊果遣眾寇渭州，逼懷遠城。琦乃趨鎮戎軍盡出其兵，又募勇士萬八千人，命環慶副總管任福將之，命自懷遠〔城〕趨（德）〔得〕勝砦，至羊牧隆城，出敵之後。諸砦相距纔四十里，道近糧餉便，度勢未可戰，即據險置伏，要其歸路。福違琦節制，輕進逐利，至好水川，墮賊伏中，大敗，死之。〔將校〕士卒死者萬三百人，關右大震。秋七月，元昊寇麟、府，州將繼閔敗之。八月，寇金明砦，破寧遠砦，進圍豐州，孤城無援，州遂陷，分兵屯要害，以絕麟州餉道。楊偕請棄河外，保合河津，帝不許。會管勾麟府軍馬事張亢擊賊琉璃堡，破之；又戰於柏子砦及兔毛川，皆敗之。遂築建寧等五堡十餘柵，河外始固。冬十月，分秦鳳、涇原、環慶、鄜延為四路，以韓琦知秦州，王沿知渭州，范仲淹知慶州，龐〔籍〕（籍）知延州。時延州城砦，焚掠殆盡，（藉）〔籍〕至稍葺治之。戍兵十萬（藉），無壁壘，皆散處城中，畏（藉）〔籍〕莫敢犯法。（藉）〔籍〕命部將狄青將萬人，築招安砦於橋子谷傍，以斷寇出入之路。又使周美襲取承平砦，王信築龍安砦，悉復所亡地，築十一城，延民以安。仲淹至慶州，以西北馬鋪砦當（復）〔後〕橋川口，在賊腹中，欲城之，度賊必爭，密遣其子純〔祐〕（佑）與蕃將趙明先據其地，引兵隨之。諸將不知所向，行之柔遠，版築皆具，旬日城成，即大順城也。賊覺，以三萬騎來戰，佯北，仲淹戒勿追，已而果有伏。大順既城，而白豹、金湯皆不敢犯，環慶自此寇盜益少。二年（一〇四二）閏九月，元昊大舉入寇，攻鎮戎軍。王沿使副總管葛懷敏督諸砦兵禦之，分諸將為四路，趨定州砦。賊毀橋斷其歸路，四面圍之，懷敏突圍走，遂大潰。懷敏馳至長城，濠路已斷，與將校十四人死焉。元昊乘勝直抵渭州，焚廬舍，掠民畜，自邠、涇以東，皆閉壘自守。范仲淹自將慶州蕃漢兵援之，虜乃退。自元昊跳梁，王師三敗，天子旰食，屯二十萬重兵於西鄙，只守界壕，中夏之弱，前世未有。然元昊雖數勝，死亡瘡痍，財力不給，國中怨之。三年（一〇四三），始乞和，廷議評書為夏國〔主〕（王）。四年（一〇四四），上誓表，而元昊帝其國中自若也。是歲納遼人夾山族，遼兵十餘萬伐之，遼主宗真自將出金肅城，又分兵出南路、北路，三路濟河長驅入夏境，不見敵，據德勝寺南壁以待。北路蕭惠敗元昊兵於賀蘭山，元昊請和，遼主進次河曲，元昊屢退以誘之，退必赭其地，遼馬無所食，因返攻，大破之。八年（一〇四八），元昊卒，子諒祚立，自是朔方兵爭暫息。然不及二十年，种諤復綏州，而套南戰端復起。夏將嵬名山部落在故綏州，其弟夷山先降，將青澗。守將种諤使人因夷山以誘之，賂以金盂。名山少將李文喜受之，陰許歸款，而名山未之知也。諤即以聞，且欲因復河南地，不待報，悉起所部長驅而前，圍其帳。名山舉衆從諤而南，將酋領三百、戶萬五千、兵萬人。夏主諒祚乃詐為會議，誘知保安軍楊定等殺之。神宗熙寧三年（一〇七〇）秋八月，夏人大舉入環、慶，攻大順城、柔遠砦、荔原堡，多者號二十萬，少者不下一二萬，屯於榆林，遊騎至慶州城下。宰相韓絳自請行邊，乃以絳為陝西宣撫使，授以空名告敕，得自除吏。絳素不習兵，開幕府於延安，措置乖方，選蕃兵為七軍，復以种諤為鄜延鈐轄，知青澗城，信任之，諸將皆受其節制。蕃兵皆怨望，諤謀取横山，帥師襲敗夏人於囉兀，因以衆二萬城焉。自是，夏人日聚兵，為報復計。四年（一〇七一）三月，种諤進築永樂川、賞逋嶺二砦，分遣都監趙璞、燕達築撫寧故城，及分荒堆三泉、吐渾川、開光嶺、葭蘆川四砦。已而夏人來攻順寧砦，遂圍撫寧，折繼昌、高永能等擁兵駐細浮圖，去撫寧咫尺，囉兀兵勢尚完。諤在綏德節制諸軍，聞夏人至，茫然失措，欲作書召燕達戰，悸不能下筆，顧運判李南公，涕泗不已。於是新築諸堡悉陷，將士千餘人皆沒，遂詔棄囉兀城。是時方復河湟，宦者李憲經制熙河，帝鋭意開邊。元豐四年（一〇八一）六月，夏人幽其主秉常，知慶州俞充揣帝意旨，屢請伐夏。秋七月，詔李憲等會陝西五路之師，大舉伐夏。憲出熙河，种諤出鄜延，高遵裕出環慶，劉昌祚出涇原，王中正出河東，分道並進。又詔吐蕃首領董氈集兵會伐。九月，憲敗夏人於西市新城，復襲女遮谷，破之，遂復古蘭州，城之，請建為帥府。既而种諤克米脂城，高遵裕復清遠軍，王中正以河東兵入宥州，劉昌祚率蕃漢兵五萬進須磨移〔隘〕（溢），遇夏衆十萬扼險，大破之，遂薄靈州城，圍之十八日，不能下。夏人決黄河七級渠以灌營，復抄絶餉道，士卒凍溺死，遂潰而還，餘軍纔萬三千而已。种諤留千人守米脂，自帥大衆進攻銀、石、夏州，遂破石堡城，進至夏州，駐軍索家平。會大校劉歸仁以衆潰而軍食又乏，值大雪，乃引還，死者不可勝計。王中正自宥州行至柰王井，糧盡，士卒死者二萬人，亦引還。初，詔憲帥五路兵直趨興、靈，憲總師東上，營於天都山下，焚夏之南牟内殿並其館庫，追襲其統軍新都喇卜丹，敗之，次於葫蘆河，遂班師。時諸路兵皆至靈州，獨憲不至。先是，夏人聞朝廷大舉，母梁氏問策於廷，諸將少者盡請戰，一老將獨曰：「但堅壁清野，縱其深入，聚勁兵於靈、夏而遣輕騎抄絶其餽運，可不戰而困也。」梁氏從之，故師卒無功。五年（一〇八二）三月，鄜延路副總管曲珍敗夏人於金湯。四月，曲珍將兵援綏德城，討葭蘆塞羌落。六月，曲珍等敗夏人於明堂川。環慶經略司遣將與夏人戰，破之，於是李憲乞再舉伐夏，會知延州沈括議，欲盡城横山，下瞰平夏，使虜不得絶磧為寇。种諤自以西討無功，遂上其策於朝，且言興功當自銀州始。帝遣侍中徐禧、内侍李舜舉往議。禧請於銀、夏、宥之界築永樂城。永樂接宥州，附横山，為夏人必爭之地。永樂依山無水泉，种諤言不可，禧率諸將竟城之，賜名銀川砦，以兵萬人屬曲珍守之。禧等既退還米脂，九月，夏人來攻，珍使報禧，禧乃挾李舜舉等來援，而夏兵至者號三十萬。翌日，夏兵漸逼，禧乃以七萬人（陳）〔陣〕城下，夏人縱鐵騎渡河，珍曰：「此『鐵鷂子軍』也，當其半濟擊之，乃可有逞，得地則其鋒不可當也。」禧不聽。鐵騎既濟，震盪衝突，大衆從之，禧師敗績，將校十餘輩及士卒八百人盡没。曲珍收餘衆入城。夏人圍之（者）〔厚〕數里，且據水砦，珍士卒晝夜血戰，城中乏水已數日，掘井不及泉，渴死者十六七，至絞馬糞飲之。括與李憲援兵及饋餉皆為夏大兵所隔。夜半，夏兵環城急攻，城遂陷，禧與舜舉等皆死之，惟珍裸跣走免。自熙寧用兵，得夏葭蘆、吴堡、義合、米脂、浮圖、塞門六堡，而靈州、永樂之役，官軍、（熱）〔熟〕羌、義堡死者六十萬人，銀穀銀絹不可勝計。秦、晉困耕，天下企望息兵。永樂敗報聞，帝臨朝痛悼，始知邊臣不可倚信，深自咎悔。而夏人亦凋弊矣。六年（一〇八三）五月，夏人寇麟州神堂砦。七年（一〇八四）九月，圍定州城。哲宗元祐六年（一〇九一）九月，（夏人寇麟州神堂砦。七年九月，圍定州城。六年九月），夏人寇麟府。十月寇環州。紹聖三年（一〇九六）冬十月，夏主乾順奉其母，率眾五十萬，大入（麟）〔鄜〕延，西自順寧、招安砦，東自黑水、安定，中自塞門、龍安、金明以南，二百里間相繼不絕，至延州北（百）〔五〕里。自長城一日馳至金明，列營環城，乾順母子親督桴鼓，縱騎四掠。知麟州有備，復還攻金明砦，陷之。帝初聞有夏寇，泰然笑曰：「五十萬〔衆〕深入吾境，不過數日，即勝不過得一二砦即去。」已而果破金明引退。七年（一〇〇〇）夏四月，知渭州章〔楶〕（楶）上言城葫蘆河川，據形勢以逼夏。朝廷許之。遂合熙河、秦鳳、環慶、鄜延四路之師，陽繕理他砦數十所以示怯，而陰具板築守戰之備，出葫蘆河川，築二砦於石門峽江口好水川之陰。夏人聞之，率眾來襲，〔楶〕（楶）迎擊敗之。二旬又二日城成，賜名平夏城、靈平砦。元符元年（一〇九八）冬十月，夏人圍平夏，章〔楶〕（楶）禦之，獲其勇將嵬名阿埋、西壽、監軍妹勒都逋，斬獲甚多。（楶）〔楶〕在涇原日久，創州一，城砦九，屢敗夏人。而沿邊諸路相繼築城於要害，凡五十餘所，進逼夏境。及是，有平夏之捷，夏人不復振。徽宗崇寧四年（一一〇五）三月，復銀州，是月夏人寇塞門砦。政和五年（一一一五），秦鳳經略使劉仲武將兵出會州，至清水河，築城屯守而還。九月，夏人大掠蕭關。是時蔡京當國，用童貫領六路邊事。宣和元年（一一一九）三月，貫使熙河經略劉法取朔方，法不欲行，強遣之，乃引兵二萬出統安城，與夏兵遇，戰敗死之。四月，貫以种師道、劉仲武、劉延慶將鄜延、環慶兵入西界，至蕭關，大破夏人，取永和砦、割踏砦、鳴平其三城，又破之於震威軍。五月，敗夏人於靈武。初，夏人恃橫山諸族帳強勁善戰，故用以抗中國。慶曆間，姚嗣宗首發收橫山之議，范仲淹用之，既而元昊納款。元豐間，种諤亦以為言，故興靈州之師。及王師失利之後，李憲又獻進築之議，神宗厭兵，不克行。童貫本出憲之門，欲成憲志，政和以來，合諸路兵出塞進築，遂得橫山。夏國失所恃，乃因遼人納款請和，且以誓表進，前次所未有也，朝議許之，因詔童貫罷兵。宋、夏三戰爭，至是始息，而套南獲安。然不及三年，完顏氏勃興，套東北部戰爭又起。宣和四年（一一二二）夏六月，金破遼兵，遼主走陰山，夏將李良輔將兵三萬救遼，次天德軍境，金兵敗之於宜水，追至於野谷，澗水暴至，夏人漂沒者不可勝計。五年（一一二三）夏五月，夏主李乾順遣使請遼主臨其國，遼主從之，遂渡河，次金肅軍。金兵趨天德，遺書於夏，使執送遼主，且許割地。六年（一一二四）春正月，夏遣使如金奉誓表，以事遼之禮，稱藩於金，且受割賜之地。黏沒喝承制，割下寨以北、陰山以南，乙室（邪剌）〔耶刮〕部吐祿濼西之地與之。欽宗靖康元年（一一二六）春，金遣宗翰如夏，許割天德、雲內、金肅、河清四軍，及武州等八館之地，約攻麟州，以牽河東之勢。夏人許之，遂渡河盡取諸地，因掠麟府，攻震威城，陷之。既而粘罕遣將希尹，以數萬騎陽為出獵，奄至天懷，逐夏人，復奪所割天德、雲內、河東八館，武州惟金肅、河清二軍在大河西，不能取之。夏人雖怨而不敢報，及婁室定陝西，乃分陝北地與夏，於是金、夏不交兵者亙八十年。寧宗嘉定二年（一二〇九），蒙古主入河西，大敗夏軍，乘勝進薄中興府，引河水灌城。夏主安全求救於金，金主衛紹王新立，不能救，夏人怨之，因納女請降於蒙古。三年（一二一〇），遂侵金葭州，金慶山奴擊敗之而去。四年（一二一一）冬，夏人連陷邠、涇，金人禦之，獲牛馬千餘。五年（一二一二）春三月，夏人犯金葭州。六年（一二一三）夏六月，夏破金之保安州及慶陽府，冬十一月，夏攻金會州。七年（一二一四）八月，夏侵金延安，金詔有司移文責問。八年（一二一五）春正月，夏人攻金環州。冬十月，夏人入保安，都統完顏國家奴破之，攻延安，又為戍將所敗。九年（一二一六），金延安兵敗夏人於安塞堡，又戰於鄜州之倉曲谷，勝之。十年（一二一七），夏人犯綏德之克戎寨，都統羅世暉逆擊卻之。是年冬十二月，蒙古圍夏興州，夏主遵頊出奔西涼，命其子居守。十一年（一二一八）夏五月，夏人自葭州入鄜延，金元帥承立敗之馬吉峰。十二年（一二一九）閏七月，夏人破葭州之通秦寨，元帥完顏合達出安塞堡以擣其巢，至隆州，夏人逆戰，守軍擊之，眾潰，進薄城，陷其西南隅，會日暮乃還。十三年（一二二〇）二月，元帥慶山奴攻夏宥州，圍神堆府，穴其城，士卒有登者，援兵至，擊走之，斬首二千，俘百餘人，獲雜畜三千餘。九月，夏人圍綏平寨、定安堡。是月，夏遣使至宋，促會師。先是，夏屢以書至四川，議夾攻，安撫使（使）丁焴許之。至是，夏人遣其樞密院〔使〕甯子寧率眾二十萬，圍金鞏州，宋四川安撫司命都統張威等分道進兵，克金來遠鎮，又克鹽州鎮，進攻定邊城。會夏師攻金鞏州不克，諸將乃引還。自金、夏以小故生釁，搆難十年，一勝一負，遂至精鋭俱盡，兩圍皆弊，蒙古乃乘勢進擊，夏益不支。十四年（一二二一）冬十月，蒙古木華黎由東勝涉河，破金葭州，進攻延安，夏將野蒲甘卜率所屬降於蒙古。十六年（一二二三），蒙古兵攻夏，破賀蘭山，夏主遵頊傳國於其子德旺。理宗寶慶元年（一二二五）冬十月，蒙古主鐵木真伐夏，取甘肅、西涼等州，進次鹽州。二年（一二二六）冬十一月，蒙古主進攻夏靈州，夏遣嵬名令公以十萬眾來援。蒙古主渡河擊夏師，敗之，還次六盤山。夏人堅守中興，蒙古主遣察罕入城，諭以禍福。三年（一二二七）春正月，蒙古主留兵攻夏王城，自率兵渡河攻金積、石州。夏六月，蒙古鐵木真盡克夏城邑，其民穿鑿土石，以避鋒鏑，免者百無一二，白骨蔽野。蒙古主避暑於六盤山，仍命阿求魯等總兵與夏大戰於刺合察兒之地。逾月，夏國主晛力屈出降，遂縶以歸。夏立國凡二百餘年，抗衡宋、遼、金、元四國，偭鄉無常，視四國之強弱以為異同，至是乃亡，河套遂無建國者。後歷二百三十四年，而明代有套寇之患。元末王保保鎮河套，總制關、陝。明太祖洪武元年（一三六八），保保據定西為邊患。三年（一三七〇）春，以徐達為大將軍，出西安，擣定西，大破之於沈兒谷口。是時，大將軍湯和已破察罕腦兒，獲猛將虎陳，定東勝。明年（一三七一），元兵入寇武朔，掠白登、保德、河曲，詔李文忠等備西北邊。文忠自東勝進兵，敗敵於大石崖，又敗之於豐州，於是諸部遁河外居漠北。二十七年（一三九四），城東勝，設衛以轄十二縣，因河以守，延綏諸邊不被兵革之禍者，垂六十年。景皇帝之二年（一四五一），韃靼部長孛來立脫脫不花子麻兒可兒，號小王子，與其屬毛里孩等雄視部中，以征瓦剌為名，往來塞下，始乘隙寇掠。憲宗成化元年（一四六五）秋，孛來散掠延綏，冬復大入，渡河曲，圍黄甫川堡，官軍力戰，乃引去。初，韃靼之來也，或在遼東、宣府、大同，或在寧夏、莊浪、甘肅，去來無常，為患不久。景泰初，始入河西，犯延慶。然部落少，不敢深入。英宗天順六年（一四六二），有斡羅出者，率屬潛入河套居之。是時東勝之衛已撤，套地孤懸，邊備廢弛，於是孛來與小王子、毛里孩等先後繼至，擄中國人為鄉導，抄掠延綏無虛日，遂為邊境門庭之害。成化二年（一四六六）夏，虜大入延綏，分兵散掠平涼，入靈州及固原，長驅寇寧靜、隆德諸處，冬復入延綏，參將湯胤勣戰死。三年（一四六七）冬，寇延綏。明年（一四六八）春，再入，守將泙寧等輒擊敗之；冬，復糾三衛入寇延綏、榆林。是年二月，別部（別）乩加思蘭、孛羅忽亦竊入河套。乩加思蘭舊居土魯番，後稍引而東，與諸部相雄長，殺斡羅出，併其眾，而結元孽滿（都）魯（都），踞套中為久居計。十二月，乩加思蘭寇榆林。五年（一四六九），孛羅忽、乩加思蘭寇延、寧。六年（一四七〇）七月，孛羅忽入榆林塞，延綏告急，帝命撫寧侯朱永為大將軍，禦之，而以都御史王越參贊軍務。永至，數以捷聞，越等皆陞賞論功，永世侯。而敵據套自如，因敕越總關中軍務，議搜河套，復東勝。越奏言河套水草甘肥，易於駐紮，腹裏之地，道路曠遠，難於守禦。孛羅忽、乩加思蘭等糾率醜類居套，出入數年，雖嘗阻於吾師，然未經挫衄，終不肯退。乞命廷臣共議，得一爵位崇重、威望素著者，統制諸軍，往圖大舉。朝廷從其議，乃以武靖侯趙輔為將軍，悉節制諸路。未幾召還，以寧晉伯劉聚代之。聚亦無功，仍命王越以總督視師。越令諸將分軍各守營堡，自與太監恭、太監恒統軍萬二千有奇，軍於榆林，分東西二路夾之，繼與西路左都督劉玉、東路右都督劉聚擊虜於墩索尖。先是，文臣視師者，從大軍後，出號令行賞罰而已。至越始多選驍勇跳蕩武騎，將而與虜戰，探虜所聚，或其零騎，伺怠邀殺之，用是多成功。七年（一四七一）春，永上戰守二策，廷議以糧匱馬乏，難於進剿，請命邊將慎守禦以圖萬全。於是吏部侍郎葉盛巡邊，偕延綏巡撫余子俊等議築邊牆，設立營堡，而罷搜套之説。九年（一四七三）秋，滿都魯、孛羅忽、癿加思蘭三酋並寇韋州，總督王越偵知其老弱盡巢於紅鹽池，可取也，乃與總兵（評）〔許〕寧、遊擊將軍周玉等各率輕騎，晝夜馳三百里，天未明，至其廬穴，焚殺無遺。又分兵千餘，伏於他所。比午，滿〔都〕魯（都）等聞警引歸，悉力趨戰。越結陣徐行，督諸將禦之。方戰，伏兵忽從後呼噪進擊，虜見腹背受敵，遂驚潰。自寇據河套以來，無歲不深入，殺掠人畜至數千百萬，邊將擁兵，莫敢誰何，徹所遺老弱，及殺平民以上功冒陞賞。三遣大將朱永、趙輔、劉聚出師，亦效邊將故習，以是寇益驕，內地且危。廷臣日議搜套，聚兵八萬，糜資儲無算，而師竟不出。及是捷，賊內失其孥，相與悲泣，渡河北去。十年（一四七四）閏六月，巡撫延綏都御史余子俊奏修築邊牆，由是陝北之防禦稍固。未幾，諸部自相仇殺，強酋死亡略盡，邊人稍得息肩。然其殘餘之部落，仍出沒無常，糾眾盜邊。孝宗弘治八年（一四九五），北部亦卜剌因王等復擁眾入套駐牧，小王子及脱羅干之子火篩，與之相倚，日益強大。九年（一四九六），宣大、延綏諸境俱被殘。十一年（一四九八），王越率輕兵襲敵於賀蘭山後，破之。十二年（一四九九）十月，火篩入榆林塞。十三年（一五〇〇），火篩入榆林，平江伯陳鋭無功，以保國公朱暉代之。十四年（一五〇一）秋，朱暉率五路之師，從江城子墩出塞，乘夜擣虜巢於河套，虜已先覺，徙家北遁，毀其廬帳，斬老弱百餘級而還。未幾，小王子以十萬騎從花馬池入，散掠固原、寧夏境，三輔震動，戕殺慘酷，人髮多縈罥宿草間。十二月，火篩復入套。十五年（一五〇二）夏，掠偏頭關。十六年①春，敵三萬騎圍靈州，踰月解去，散掠內地，指揮仇鉞、總兵李〔祥〕（禪聚）〔擊〕走之。夏，虜入榆林塞，千戶湯璽力戰死之。武宗正德元年（一五〇六）春，敵入鎮夷所，指揮劉經死之。更自花馬池毀垣

① 明史韃靼傳作「明年春」，即成化十八年（一五〇五）春，詳見中華書局點校本第二十八册第八四七六頁，一九七四年。

入，掠隆德、靜寧、會寧諸處，歷兩旬乃退，關中大擾。命巡撫楊一清總制陝西延綏等處邊務，兼督馬政，一清上經略三疏。時劉瑾用事，監軍皆閹人，一清旋得罪去職，文貴、才寬相繼受事。二年（一五〇七）冬，才寬禦敵於花馬池，中伏死。而總兵馬昂與別部亦孛來戰於木瓜山，勝之。十年（一五一五）八月，套酋自榆林直犯米脂、綏德、無定河大川，至黄河西岸，大殺掠。十一年（一五一六）二月，又入榆林塞。十二年（一五一七）冬，小王子以五萬騎自（玉）〔榆〕林入寇。（屢）帝幸陽和，親部署。總兵王勛等遇敵於應州，敵圍之，帝督諸將往援，眾殊死戰，敵稍卻，會暮止營。明日，敵來攻，自辰至酉，戰百餘合，敵引而西，追至平虜、朔州，值大風黑霧，晝晦，帝乃還。十三年冬（一五一八）十月，帝自（編）〔偏〕頭渡河，幸榆林。〔十〕四年（一五一九）二月，自榆林還京師。嘉靖元年（一五二二），套騎二萬自井兒堡撤牆入固原、平涼、涇州，殺指揮楊洪、千戶劉端。十二月，寇固原、環、衛間，殺傷以萬計。五年（一五二六）秋，小王子以數萬騎入寧夏塞。八年（一五二九）十月，寇榆林塞，總督王瓊擊卻之。十一年（一五三二）春，小王子乞通貢，未得命，怒，遂擁十萬騎入寇。總制唐龍請許之，帝不聽。龍連戰，頗有斬獲。時套內外諸部落惟小王子為最強，控弦十餘萬，多蓄貨貝，後稍厭兵，乃徙幕東方，所分諸部落在西北邊者甚眾。而曰吉囊，曰俺答者，於小王子為從父行，吉囊復併火篩之眾，專據套內，俺答居套外東北之地，二人皆雄黠喜兵，為諸部長，相率躪諸邊。十二年（一五三三）春，吉囊擁眾將犯延綏，邊臣有備，不得間，乃突以五萬騎由野馬川渡河，徑入西海，襲亦不剌、卜兒孩兩部，大破之，收其部落大半，歸於套內。十三年（一五三四）秋，吉囊入榆林塞，分兵由花馬池入犯，遊擊梁震敗之於定邊。十四年（一五三五），吉囊入榆林，掠內郡，參將魏祥死之。十五年（一五三六）夏，吉囊以十萬眾屯賀蘭山，寇涼州及寧夏邊。秋，入延綏黑河墩、蒺藜川等處，官兵四戰皆捷，斬首百餘級。十八年十二月（一五四〇），套酋入榆林塞，殺守將宋隆。十九年（一五四〇）三月，套酋入榆林，破清平堡，掠米脂，總兵周尚文邀擊於狄青原，以捷聞。秋，虜數入安邊、定邊，陝西總制尚書劉天和使總兵周尚文率精兵九千與戰黑水苑，大破之。吉囊子號小十王者，驍果善戰，率其勁卒三十餘人馳衝營中堅，為我軍所殲，虜眾奪氣，遂遁去。二十二年（一五四三），虜三萬騎犯延綏，遊擊張鵬力戰卻之。二十四年（一五四五）秋，虜兵二萬餘騎結營邊外，榆林總兵吳瑛偵知之，與副總兵李琦併兵出禦。時總督張珩住花馬池防秋，聞報，即發所部延綏、固原、陝西、寧夏四將軍兵往擊之。虜由寧塞營穿牆入，遊擊張鵬避不與敵，虜南馳，無復顧忌。而李琦自清平堡至靖邊營值虜，殊死戰，延綏、固原兵適至，虜解去。陝西、寧夏兵故逗遛後期。虜乃趣利，直抵園林驛、岔洛川諸處，縱兵肆掠，踰保安，犯安塞，留十餘日，復自寧塞營穿牆出，不見我軍一人。巡按曹邦輔劾奏總督以下七將軍，皆論如法，惟李琦以力戰獲賞。二十五年（一五四六）秋，俺答以十萬騎西入保安，掠環、慶，總督三邊侍郎曾銑率參將李珍等，直擣敵巢於馬梁山後，斬首百餘級，敵始退。銑請復河套，條為八議，計萬餘言。大學士夏言主之，帝方嚮用言，令銑圖上方略，以便宜從事。銑乃會同陝西、延綏、寧夏三巡撫及三鎮總兵，議復套方略，條列十八事，請先修邊牆，次謀後套。事下廷臣集議，俱可施行。銑於是鳩兵繕塞，銳意破敵。二十六年（一五四七）夏五月，曾銑出塞襲套部，勝之，虜移帳漸北，間以輕騎出掠。銑復督諸軍驅之，遂遠遁不敢近塞。會嚴嵩與夏言不協，且欲躐首首輔，因災異疏陳缺失，指言、銑開邊誤國，帝意中變，遂罷言，逮銑詣京。二十七年（一五四八）春，俺答踏冰踰河入套，將謀犯延寧，聲勢甚張。巡撫延綏楊守謙以聞，嵩激上怒，謂俺答合眾入套，皆曾銑妄開邊釁所致，兵部侍郎萬鎮、咸寧侯仇鸞復交章劾奏，言與銑竟得罪論斬西市。虜聞之益驕。當是時，吉囊已死，諸子狼台吉等散處河西，勢既分，惟俺答獨盛，歲擾延綏諸邊。未幾，俺答移駐咸寧海子，悉力東侵，而宣、大、幽、薊諸邊無寧宇，京師戒嚴者三，猶復不時分兵掠西塞。三十一年（一五五二）冬，犯寧夏。明年（一五五三）春犯延綏，夏犯甘肅，秋入鄜延，駐兵二十日，延慶諸城屠掠幾徧，乃移營中部，以瞰涇原，會久雨乃去。三十三年（一五五四）春，套酋寇高家堡，副總兵李梅死之；夏犯寧夏。三十四年（一五五五），吉囊子吉能犯建安、柳樹會、葭州，至府谷，參將楊璘死之。三十五（一五五六）年，俺答犯陝西環、慶諸邊。三十六年（一五五七），套酋犯榆林，副總兵陳鳳戰死。時妖人趙〔全、丘〕富、（丘全）等在俺答所，招集亡命，居古豐州，築城自衛，構宮殿，墾水田，號曰板升。板升，華言屋也。三十九年（一五六〇）秋，大同總兵劉漢與參將王孟夏等擣豐州，擒斬一百五十人，焚板升略盡。是歲，敵寇延綏諸邊無虛日。明年（一五六一）春，敵自河西踏冰入寇，四月犯鎮靖堡，殺掠二千餘人；冬掠陝西寧夏塞，十一月犯榆林，南下攻背干川大牆，至米脂，守備謝世勳戰死。四十一年（一五六二）冬，俺答犯寧夏。延綏總兵趙岢分部鋭卒，令裨將李希靖等東出神木堡，擣敵於半坡山，徐執中等西出定邊營，擊敵騎於莜麥湖，皆勝之，共斬首一百十九級。四十二年（一五六三）七月，套酋陷黃甫川堡，把總高秉鈞死之。四十三年（一五六四）正月，套酋入塞，總兵趙岢帥師出榆林邊至黑灘，克之。四月，虜陷黃甫川堡。九月，犯鎮靖堡，參將魯聰戰死。四十五年（一五六六）六月，虜陷筆架城；七月，薄安塞縣，分騎掠延安北關及東西兩川；八月，入甜水堡，總兵郭江等戰死。穆宗隆慶元年（一五六七），俺答率衆數萬分三道入井坪、朔州、老營、偏頭關諸處，邊將皆不能禦，遂長驅至汾隰，山右大擾。自俺答逆命，爭戰三十餘年，諸邊困弊。俺答老而佞佛，亦厭兵，時兵部侍郎王崇古鎮西邊，備禦頗固，勢漸衰。至孫把漢那吉來求降，督撫王崇古、（弟賓兔丙兔）方逢時等，令縛漢奸趙全等來獻，俺答遂歸命封順義王，西部吉能及其侄切盡等亦就撫，因開貢市。俺答既就市，事朝廷甚謹。〔萬曆〕十年（一五八二），（悒）〔把〕漢那吉死。子黃台吉襲爵。又三年死，子撦力克嗣。其妻號三娘子，歷配三王，主兵柄，為中國守邊，衆畏服之，敕封順義夫人。自宣、大至甘肅，不用兵者二十有餘年。神宗萬曆中，撦力克西行遠邊，而套部莊禿賴等據水塘，卜失〔兔〕（免）、火落赤等據莽刺、捏工兩川，並事寇抄。十九年（一五九一）冬，別部明安、土昧分犯榆林邊，總兵杜桐禦之，斬獲五百人，殺明安。明年（一五九二）春，寧夏哱拜亂。拜，韃靼種也。嘉靖中亡抵朔方，屢立戰功，授職副將，復為巡撫黨馨所裁抑，怒而殺之，攖城叛，命其黨徇玉泉、中衛、廣武，皆下之，攻平虜，踰月不能克，又渡河款取靈州，賫金帛，誘套部著力兔等，許以花馬池一帶聽其駐牧，勢大猖獗，全陝震動。三月，套部千騎薄卲剛堡，千總汪汝漢發三矢殺三人，乃解去。著力兔、打正等引控弦三千騎，馳入金貴堡，又攻平虜堡。哱拜欲自出與套部合，會都御史葉夢熊至靈州，分五軍圍寧夏，隔哱拜，不得與套部相勾結。套部不得拜，遂不敢渡河深入。六月，套部莊禿賴與卜失兔合部落（王）〔三〕萬，先使土昧、弭糾雷等犯定邊小鹽池，而打正以萬騎從花馬池西沙湃入，總督葉夢熊檄（德）〔總〕兵麻貴偵擊，以牽打正，別遣董一元乘虛出塞，擣土昧巢穴，斬獲三千餘級。套部驚，引去。未幾，著力兔以八百騎入鎮北堡，又擁衆萬餘入李剛堡，分部渡河。總兵李如松遣裨將李寧等馳入黃峽口擊之，行至張亮堡，遇敵搏戰，會麻貴、李如璋等亦至，張左右翼夾擊，大敗之，追奔至賀蘭山，盡走出塞。九月，總督葉夢熊、提督李如松等諭諸將急攻寧夏，破之，哱拜自焚死，寧夏平。而套東西各部亦乞款，惟卜失兔倔強。二十二年（一五九四）秋，卜失兔入固原，遊擊史見戰死，延綏總兵麻貴禦之，閱月始退。冬，東部炒花犯鎮武堡，總兵董一元與戰，大破之。明年（一五九五）春，松部宰僧等犯陝西，總督葉夢熊擊卻之。二十四年（一五九六）春，總督李〔旼〕以勁兵分三道出塞，襲卜失兔營，共斬首四百九級，獲馬畜器械數千計。秋，著力兔、阿赤兔、火落赤、永邵卜、炒花等合謀犯西邊，守將皆嚴兵卻之。是時套部分四十二枝，各相雄長，卜失兔〔徒〕建空名於上。西則火落赤最狡，要挾無厭；中則擺言太以父明安之死，無歲不入犯；東則沙計爭為鹽市，與炒花明逞。別有延綏部猛克什力者，亦以挾賞故，常抄掠沿邊。多者三四千騎，少者一二千騎，部落既分，勢漸不競。四十二年（一六一四），猛克什力自懷遠堡入寇延綏，總兵官秉忠等禦卻之。四十三年（一六一五），吉能挾討王封金印等十大事，不許，大舉入犯大柏油孤山，中軍劉聚死之。十二月，沙計、歹成等謀犯雙山堡，〔總兵〕官秉忠出塞擊破之。四十四年（一六一六），沙計寇高家堡，都司簽書王國安死之。是年，總兵杜文煥數破套部猛克什力於延綏邊，東西諸部皆懼，先後來請貢市。熹宗天啟元年（一六二一）秋，吉能犯延綏邊，杜文煥擊敗之。明年（一六二二）春，復大掠延安黃花峪，深入六百里，殺掠居民數萬。三年（一六二三）春，銀定糾眾再掠西邊，官軍擊敗之。四年（一六二四），清兵襲破炒花，所部皆散亡，半歸於插漢。時卜失兔益衰，號令不行於諸部，惟（東）部長（千）〔干〕兒罵等仍歲犯延綏諸邊。湣帝崇禎元年（一六二八）春，命安置降丁於延綏等處。初，兵部請置之山海關三屯營，不許，於是流賊與套酋相勾結，屢犯涇陽、延綏、黃甫川堡，為巡撫洪承疇、總兵杜文煥所破。三年（一六三〇）十月，王嘉引陷清水營，殺遊擊李顯宗，遂破府谷。十二月，神一元破寧塞據之，殺參將陳三槐，勾西人四千騎圍靖邊，遂陷柳樹澗、保安城。四年（一六三一）二月，杜文煥合軍圍保安，神一魁突圍出，復糾賊數萬劫寧夏。五年（一六三二）三月，套酋以三百騎近塞，稱插漢求款，千總李世科陣歿，曹文詔等隔之，乃不得入。六年（一六三三）夏，插漢聞清兵且至，盡驅部眾渡河遠遁，套部為插漢所逼，火落〔赤〕（太）及古魯部來降。秋七月，插漢自高家堡入犯，焚掠至石窯溝；九月，插漢入延、鄜。未幾，插漢部眾盡為清兵所俘，而套部仍歲入寧夏、甘、涼諸邊，巡撫陳奇瑜、總兵馬士龍、督師洪承疇等輒擊敗之，部長干兒罵亦為總兵尤世祿所斬。其留遺者，是為鄂爾多斯諸旗。套寇之禍，至此始已，而明社亦墟。

清太宗天聰八年（一六三四），明崇禎七年也。清兵追察哈爾至歸化城，林丹汗走死於青海之大草灘，其子額哲在套。先是，套部苦林丹汗之虐，糾合喀喇沁、阿（己）〔巴〕噶諸部，敗察哈爾兵四萬於土默特之趙城。九年（一六三五），清軍將渡河西追額哲，鄂爾多斯先邀與盟，攘其部眾，而獻千戶於清，遂為清藩屬。順治初，出兵隨英親王剿流賊於陝西，康熙中，會剿叛賊王輔臣，皆有功。康熙三十四年（一六九五）春，王師三路征準噶爾，命大將軍費〔揚〕古出歸化城，振武將軍孫思克等率陝甘兵出寧夏，邀噶爾丹歸路。二月，思克等循賀蘭山而北，越兩郎山與費揚古會師，大破準夷於照莫多，噶爾丹遠遁。七月，車駕還次歸化城，勞西路凱旋之師。三十五年（一六九六）秋，上聞噶爾丹窮蹙，欲降之。九月，車駕再幸歸化城，駐蹕鄂爾多斯，諸扎薩克渡河朝御營獻馬，請設驛饋運、出兵扈蹕。上嘉其俗龐土沃，牲牣獵嫻，周覽形勢，謂扎薩克等曰：「明人議河套，畏爾蒙古如榻側臥虎，亦其時無人耳。若今日大軍且逾陰山、賀蘭山，出其背後，其奈我何！」諸扎薩克稽首曰：「今天下一家，上奈何出此驚人之語耶？」三十六年（一六九七）春二月，車駕復渡黃河，自定邊幸寧夏，命馬思哈、費揚古兩路進兵，將循賀蘭山出邊，親征準噶爾。會噶爾丹仰藥死，費揚古馳奏，遂自河套回京師。是時鄂爾多斯諸部及西套厄魯特部，皆荷戈從戎。西套厄魯特者，初為準噶爾所破，避居大草灘，求達賴剌麻表請甘州東北之龍頭山，蒙古語謂之阿拉山，即古賀蘭山之陰，賜其遊牧，以距邊六十里為界。詔許之。其後常與青海厄魯特部相連結。雍正二年（一七二四），王師定青海，以阿拉山屏蔽寧夏，和碩特舊遊牧以後，近歲或徙山前，敕扎薩克郡王阿寶部眾歸山後，乃與青海分部。乾隆中，大軍剿準、（四）〔回〕二部，及討蘭州石峰堡逆回，輒以所部為軍鋒，故阿拉山兵稱虓雄，晉爵親王。自是賀蘭山東西諸部，永為清不侵不叛之臣，河套內外諸州縣，不罹兵革之慘者，垂二百有餘年。至同治朝，而有馬化龍踞金積堡之事。馬化龍者，回酋也。同治元年（一八六二），陝回煽變，遣黨四出勾結，於是靈州之同心城，鹽茶廳之預望城，伏莽滋起。而馬化龍亦據金積堡，設碉卡，納亡命，反側鴟張，虎視一隅。十月，靈州（四）〔回〕起，陷州城，而寧夏漢回互鬥，回夜襲州城，陷之。寧夏既陷，其酋赫姓使使迎馬化龍入城，群回跪道左，咸聽命焉。三年（一八六四）春三月，固原提督雷正綰偕陶茂林、曹克忠會師援甘，將軍都興阿統寧夏軍駐靈州之花馬池。五月，雷正綰、陶茂林復平涼瓦亭、固原，進兵張家川。四年（一八六五）三月，雷正綰克（里）〔黑〕城子，曹克忠復鹽茶廳城，餘回併入李旺堡、同心城，而寧夏回掠鹽場花馬池。上慮都興阿兵單，飭雷正綰撥兵赴定邊，顧後路。時曹克忠方攻同心城，雷正綰攻預望城。五月，正綰克預望下馬關，進攻靈州。曹克忠下同心城，進駐寧安堡，聲言渡河援中衛，乃徑趨金積堡，屯強家沙窩。雷正綰由靈州進兵，與相聯。六月，兩軍均薄金積堡，回預伏馬隊萬餘，自十里外圍抄，雷營先挫，傷亡二千餘人，曹克忠軍亦敗退，營官周有貴等戰死。是時甘省荒蕪，將帥徵餉不至，士卒忍饑苦戰，又遭挫敗，諸軍皆嘩潰，於是回勢益張，自西安至蘭州，千里烽火相望。總督楊岳斌馳驅於慶陽、蘭州間，久無功。五年（一八六六）正月，金積堡回窺延、鄜，北山、定邊均有回蹤。十月，西捻偪潼華，走朝邑，將與回合。楊岳斌乞休，詔移閩浙總督左宗棠為陝西總督，授為欽差大臣。未至，回走慶陽，分黨擾鄜州、膚施、安塞、甘泉。六年（一八六七）八月，甘回掠鄜州宜君，劉厚基敗之羌村。（四）〔回〕復掠米脂，犯榆林。是時捻陷延川，破綏德，土匪扈、彰踞保安、安定間，眾數萬人，董福祥踞花馬池，眾數十萬，潰卒遊勇，互相結連，而回之遁入慶陽寧州、正寧、鎮原、清水者，絡繹奔赴，套南諸州縣寇氛殆遍。十一月，劉厚基克延川，劉松山、郭寶昌克綏德。七年（一八六八）正月，劉厚基克鄜州。四月，劉厚基擊回於延安，部將劉文華、甘彰輝敗死，士卒傷亡過半。五月，魏光燾、劉厚基進宜川，攻雲岩鎮，下之，俘斬五千餘人，誅其酋張大有等八人，燬北山寇巢殆盡。七月，金順敗回榆林，土匪扈彰詣劉厚基乞降。八月，金順、劉馨集擊回於綏德，大破之，燬回堡十餘，殲二千餘人。九月，回襲綏德，成定康擊卻之。

同治七年（一八六八）十月，左宗棠自京師還抵西安，部分諸將屯要害，檄劉松山征捻之師，由茅津北渡入山西，乘冰橋赴陝。土匪董福祥犯綏德，窺榆林，金順自榆林迎擊於五龍山，大破之，匪遁邊外。金順追至禿尾河，要擊於金雞灘，敗之，而邊外回窺神木、府谷，乃引兵還榆林。十一月，劉松山軍次綏德，擊回於大小理川，大破之，下匪巢以百數，俘斬八千餘人，進屯安定，北攻隆腰鎮，匪竄鎮靖堡。鎮靖堡者，董福祥老巢也，其眷屬則竊踞靖邊。松山軍抵鎮靖，董福祥之父董世有乞降，松山受之。先是，陝北土、回各匪，叢聚北山，此剿彼竄，諸軍久不得要領。而陝回之遁入甘邊者，集於慶陽，以董志原為巢穴，北通金積，東走陝疆，往來無阻。董福祥既降，松山方事安插，而分駐綏德之十營叛踞州城。松山聞變，馳還清澗，戮叛卒百二十七人，凡旬日而事定，於是搜斬延綏所屬遊勇潰卒之變名溷跡者，北山漸謐。宗棠乃檄諸軍漸次入隴，尅期大舉，誓破董志原。回聞恟懼，棄董志原，併入金積堡。黃鼎、雷正綰等移駐焉。八年（一八六九）二月，黃鼎追回於環縣，雷正綰追回於議河，皆敗之，殲回二萬餘，獲騾馬萬計。涇州、慶陽所屬肅清，回由固原分竄蕭河、預望、半角等城。四月，邊外回犯花馬池，金順部將富勒琿擊卻之。回自烏拉搶渡，竄扎薩旗，金順自將出邊，回已遁，乃率諸軍道扎薩、郡王、答拉旗，由包頭迤西渡河追之。而董志原餘孽之竄寧夏者，寧回導之北援蒙古旗地，由鄂爾多斯入烏拉特，河東七旗，蹂躪殆遍，遂道磴口趨阿拉善牙帳。阿拉善親王遣其台吉、長史、佐領率蒙古擊之，回燒磴口廬帳，掠沙金托海，毀台站，殺官弁，進圍定遠營，燬其親王園第塚墓。適張曜軍次蘭扇，要擊於察漢淖爾，大破之。而紅柳樹伏寇頓起，張曜、烏爾〔圖〕那遜奮擊敗之，追至廣宗寺，定遠之圍始解。六月，金順自昭君墳渡河，屯什巴爾〔台〕（吉）。張曜軍抵纏金，偵寧夏西舉，自石嘴山至中衛，陝回麕集，遣將要擊之，回輒引去，遂復寧夏。未幾，金順、張曜會師沙金托海，方由中灘鼓行西進，而寧夏回復叛，圍郡城，乃兼程赴援，擊叛回於寧夏城外，大破之。時左宗棠駐涇州之瓦雲驛，檄劉松山北趨定邊、花馬池，直搗金積；黃鼎、簡敬臨由固原北進。八月，劉松山軍抵靈州，回踞吳忠堡，決秦渠以阻官軍。松山分軍修渠，自以大軍擊破回巢十餘，遂偪吳忠而壘。九月，河北陝回竄入賀蘭山，張曜敗之福因寺。阿拉善王以聞，飭左宗棠兼顧蒙邊。張曜、金順乘勝擊陝回於漢渠，大破之，回走納中閘。張曜、金順分屯漢渠東南，燬回寨四，已而復進攻王家疃，斬其酋趙五阿渾，下馬泰、納洪兩寨。上以寧夏距金積近，飭劉松山與金、張兩營聯絡。是時松山已克靈州，雷正綰、周蘭亭等復鹽茶廳附近諸城堡，進攻張恩堡，簡敬臨、張福齊亦自韋州來，分駐秦渠內外，距金積遠者十餘里，近者七八里。自九月迄十二月，松山圍攻金積，戰無虛日，破其旁近堡寨大半。馬化龍首鼠兩端，陽哀詞乞撫，而陰嗾他股襲定邊，擾北山，冀斷劉松山糧道。九年（一八七〇）正月，馬化龍遣其黨馬正剛等出惠安堡，分由寧州、正寧入陝西之三水，另股竄甘泉，與延綏土匪合，定邊回復陷安定，進掠寧條梁，陝北大擾。松山攻金積益急，自督兵燒馬五寨，飛礮中左乳，薨於軍。宗棠急檄松山從子劉錦棠統其師。馬化龍兇焰復熾，分黨四出，以牽動圍師，乃上（規）〔窺〕峽口，下瞰下橋、永寧洞，將據秦、漢兩渠以自固。於是雷正綰新築之三壘皆陷，（陜）〔峽〕口亦失，周蘭亭、張福齊以糧盡退屯鳴沙州。二月，回傾巢大出，騎隊趨板橋，步隊決渠水南趨。金運昌阻於水，錦棠分三路鳧水與之合，黃萬友發劈山礮輪擊之，回始退。劉錦棠等傍壘築堤，北抵董渠，南接金積里許，其高丈餘，闊三丈，濬深溝，資堵洩。回計大窘，乃傍山水溝築三壘，錦棠等攻破之。分黨犯靈州，錦棠襲之於王銀柵，復大破之。又以悍黨數百渡黃河，劫廣武、中衛糧運，黃萬友設伏待之，殲殺殆盡。後遣陳林襲陷花馬池，大掠而返，劉錦棠伏兵靈州，斬黨魁楊興隆。自是戰爭歷六閱月，錦棠盡平其東南北三面四寨，築壘逼東關，瞰回巢，回益悔懼。八月，雷正綰、黃鼎奪還峽口，破古靈州城。劉錦棠、金運昌掘濠築牆以困賊。十月，錦棠增兩壘於東門，築砲台俯擊回巢，堡中精銳殆盡。十一月，馬化龍等窮蹙，詣劉營乞降，錦棠開壁納之。十年（一八七一）正月，磔馬化龍父子於軍營，安置餘眾於化平川。於是平涼以北、寧夏以南，土、回餘黨，搜斬無遺。自陝回肇事，關、隴群凶率視金積為向背，金積既下，群回瓦解。馬化龍以一隅之地，抗衡大兵者九年，多隆阿盤錯於盩厔，楊岳斌遲回於環、慶，左宗棠率湘中名宿，老師糜餉，任事三載，始能克之。此固宗教之信仰使然，毋亦金積地勢左山右河，背倚河套，其險有足恃歟？綜計自周迄清三千年中，建國於河套者有二；梟雄草竊，叛卒悍民盤踞一地，以抗朝命者有六；雄主親臨以耀武卻敵者有七；竄入套地及侵掠套地之種人有四：其由北竄入者，為匈奴、突厥、黨項、韃靼。由東北侵掠套地者，為拓拔、（槖）〔柔〕然、契丹、女真。由東北及西北征服套地者，為清之太宗，蒙古之太祖。由西南侵掠套地者，為西羌、吐蕃。惟正南與東南，則為華夏經營全套之路。而劉、石、姚、苻、慕容氏、高齊宇文氏，或為胡、羯，或為鮮卑，或為氐、羌，或自北入，或自南進，或即長生套地之人民，皆異種人也。匈奴、突厥、回鶻，回種也。赫連夏為匈奴之苗裔，亦回種也。鮮卑、（槖）〔柔〕然、拓拔黨〔項〕、契丹、女真、前清，出自肅慎。而拓跋夏李繼遷本屬平夏黨項，亦東胡、肅慎裔也。韃靼部落及今之伊克昭盟諸旗，蒙古族也。氐、羌、吐蕃，皆西藏、唐古特種也。惟漢、唐盛世，全為華夏人所據有，然為時不足三百年耳。若夫套外四週之重鎮，則西南自寧夏以迄花馬池，古興、慶、靈、鹽之地也，東北自横山以東經榆林、綏〔德〕而迄神木、府谷，古上郡、麟、銀之地也，東北自清水河以迄歸綏、和林格爾、托克托諸城，古雲中、定襄、盛樂、振武、東勝、東受降城建郡設治之地也，正北自包頭西經烏拉特以迄纏金，古五原、金肅、雲內、大同、天德、中西二受降城之地也，纏金以西，古高闕、雞鹿之塞也，皆戰爭之要會也。惟夏州居中控制，實為套南北之樞紐，（墮）〔隳〕廢以後，千餘年來，其遺跡已不可考矣。此諸郡都會，若失其一城一地，則以一指而牽全身，一城覆則全套皆震，全套覆則九邊皆震，固不僅出套則犯宣大，入套則擾陝甘已也。昔人謂此地安則東與西皆安，豈不然哉！愚故歷記周、秦以來迄於清末，河套所經兵革與夫南北種人強弱之原，歷代謀畫得失之跡，俾來世籌邊者有所考鏡焉。

河套新編卷之九

河套歷代墾殖考

中國河套殖民，實始於秦。秦始皇帝三十二年（公元前二一五），蒙恬悉收匈奴河南地，乃築三十四縣臨河，徙適戍以充之。三十三年（公元前二一四），蒙恬又渡河取高闕、陽山、北假中，築亭障以逐戎人，徙謫，實之初縣。三十六年（公元前二一一），遷北河榆中三萬家。是時套内富實，類關中，故亦號新秦。漢武帝元朔二年（公元前一二七），衛青、李息等復收河南地，興十餘萬人，築衛朔方，轉漕甚遠，自山東咸被其勞，費數十百鉅萬，〔府庫並虛〕。乃募民〔能〕入奴婢得以終身復，為郎增秩，及入羊為郎。① 主父偃盛言朔方地肥饒，外阻河，蒙恬城之以逐匈奴，内省轉輸戍漕，為廣中國攘外狄之本。事下公卿議，皆言不便。偃盛言其便，上竟用主父計，立朔方郡。元朔五年（公元前一二四），漢已得渾邪王地，隴西、北地、河西益少胡寇，徙關東貧民，處所奪匈奴河南新秦中以實之，而減北地以西戍卒半。元狩三年（公元前一二〇），山東被水，民多饑乏，遣使虛倉廩以賑，猶不足，又募富人假貸，尚不能相救，乃徙貧民關西、朔方、

① 引自漢書食貨志，顏師古注曰：「庶人入奴婢則復終身，先爲郎者就增其秩也。一曰入奴婢少者復終身，多者得爲郎，舊爲郎者更增秩也。」

新秦中七十餘萬口，皆仰給縣官，數歲貸與產業，使者分護，費以億計。史記河渠書載：朔方、西河、河西、酒泉皆引水及川以溉田，塞下墾殖之業稍稍盛焉。東漢安帝永和中，五原、朔方皆為羌胡所擾，二千石、令、長多內地人，怯於戰守，皆爭上徙〔郡縣以〕避寇難。百姓隨道死亡，喪其大半。自西漢以來，屯墾實邊之計畫，為之盡隳。順帝永建初，西河、上郡、朔方皆殘破。四年（一二九），虞詡上疏請復安定、北地、上郡三郡，略謂：「禹貢雍州之域，厥田惟上，且沃野千里，穀（價）〔稼〕殷積，又有龜茲上郡龜茲縣，有鹽官。今榆林地。鹽池以為（官）〔民〕利，水草豐美，土宜（畜）〔產〕牧，牛馬啣尾，群羊塞道。北阻河山，乘阸據險，因渠以溉，水舂河漕，用功省少而軍糧饒足。故孝武皇帝及光武築朔方，開西河，置上郡，皆為此也。而遭元元無妄之災，眾羌內潰，郡縣兵荒，二十餘年。夫棄沃壤之饒，損自然之財，不可謂利；離山河之阻，守無險之處，難以為固。」順帝從之，詔復北地、上郡還舊土，乃使謁者郭璜於富平境內，激河浚渠，為屯田，省內郡費億計。魏晉以後，其地淪於夷狄。惟北魏太宗朝，備置戍衛於五原郡，因河溉田。薄骨律鎮將刁雍上表，請開富平西艾山舊渠，通河水，於是溉公私田四萬頃，官民均獲其利。唐初既破突厥，取河南地，置豐、勝等州。永淳中，突厥圍豐州，朝廷議棄豐保靈、夏。唐休璟上疏曰：「豐州控河遏寇，號為襟帶，自秦、漢以來，常郡縣之。土地良美，宜耕牧。隋（唐）〔季〕喪亂，不能堅守，乃遷就（靈）〔寧、慶〕，戎（狄）〔羯〕得以乘利而交侵。唐初，募人實之，西北一隅得以（寬）〔完〕固。今而廢之，則河（防）〔傍地〕復為賊有，非國家利也。」高宗從之。其後憲宗元和六年（八一一），韓重華為振武軍轉運使，出贓罪吏九百餘人，給耒耜與牛，使耕其旁近便地，為之奔走經營，相原隰之宜，指授方法，連歲大熟，吏得償所亡失四十萬斛。因益募人為十五屯，屯置百三十人，而種百頃。令各就為堡，東起振武，轉而西過雲州界，極於中受降城，出入河山之際六百餘里，屯堡相望，寇來不能為暴，人得肆耕其中，歲省度支錢千三百萬。穆宗長慶初年，李聽節度靈、鹽，境內有故光祿渠，廢塞已久，聽復開浚以溉田；又於靈州西開特進渠，溉田六百頃。宋初，地入於夏。宋史夏國傳云：真宗時，有唐龍鎮，地勢險峻，東至黃河二十里，河東曰東〔躔〕（纏），河西曰西〔躔〕（纏），騎兵所不能及。番部有來、義二族，曾持兩端事契丹〔及夏國〕，後為契丹所破，二族來歸，朝廷憫其窮而優容之。①仁宗時，為夏元昊所併，俱廢在河套。又謂興、靈有古渠，曰唐渠，曰漢源，皆支引河水，故饒灌溉之利，無旱澇之虞。其時河東、河北之地，則分屬於遼。遼亡，夏、金為八館之爭，搶攘紛紜，幾無寧宇，漢、唐屯墾遺規，至是殆盡漂沒。又按种世衡傳：世衡既城青澗，開營田二千頃，募商賈，通貨利，城遂富實。元〔史〕郭守敬〔傳〕曰：西夏有古渠在中興者，一名唐來，其長四百里；一名漢延，其長二百五十里。他州正渠十，皆長二百里，支渠大小六十八，灌田九萬頃。兵亂以來，廢壞淤淺。守敬相度形勢，皆復其舊。至於寧夏以東，則未暇經理。蓋元人之有國日淺，故雖有守敬之精於水利，亦但及於寧夏一隅耳。明洪武中，既城東勝，撥千戶劉寵屯榆林莊，莊北由河套至黄河千有餘里，改寧夏路，設寧夏府。府廢，徙其民，改置寧夏衛，遷五方之人實之。又增前後中左右共五屯衛，隸陝西行都司，延綏一帶，屯戍耕牧之利漸興。至中葉以後，河套内外悉入蒙古，為遊牧地，其勢力範圍，為明人所不敢問。故除寧夏、榆林二衛之外，不復有屯墾之跡焉。蓋明臣之論河套者，大抵以增營堡，築墩臺，修邊廧②為言，鮮有為屯墾計者。如兵部尚書程信謂河套地曠遠無水草，興師十萬，則餽糧加倍，自古禦戎，來者拒之，去者勿追而已。吏部侍郎葉盛謂河套沙深水淺，難以住牧，春遲霜早，不可耕種。都御史余子俊謂修葺垣廧墩堡，增築草場界至，時加巡察，敢有越出塞垣耕種，及移徙草場界至者，俱治以法。以此觀之，其於河套屯墾計畫全未見及，概可知矣。後總督王越謂守險拒敵，防其深入，於榆林及新設城堡，各計其屯田歲入之數，留兵屯守，而移置其多餘之屯於定邊營要害之地，委謀勇將官統之，如此則虜不敢深入。總督王瓊謂榆林東、中二路，大邊六百五十六里，當修者三百十里；

① 此段引文出自武經總要前集卷十八下，略有改易，非引自宋史夏國傳。

② 廧，古同「墻」。

二邊六百五十七里，當修者二百四十八里。二邊乃成化中余子俊所修，因山為險，屯田多在其外。大邊乃弘治中文貴所修，防護屯田，中間率多平地，築牆高厚不過一丈，可壞而入。今當先修大邊，必使岸塹深險，牆垣高厚。此雖言及屯田，猶非河套計畫也。惟總督曾銑請復河套疏，籌畫精詳，最為卓識。略謂：河套古朔方地，三代以來，悉隸中國。漢武取河南地為朔方郡，築城繕塞，因河為固，後世稱之曰雄才大略。唐初，朔方軍以河為境，嗣是張仁願取河南地，於河北築三受降城，突厥不敢踰山牧馬，朔方亦無寇，歲損費億計。至宋，李繼遷叛，走地斤澤，進陷靈、肅，河套復為虜有，率不能制。我太祖高皇帝順天應人，薄海內外，皆入版圖，豈界河套已乎。後以東勝孤遠，撤之內守，復改榆林為鎮城。方初徙時，套內無虜，土地沃膏，草木繁茂，禽獸生息，當事之臣，不以此時據河為守，乃區區於榆林之築。此時虜勢未大，猶可為也，失此不治。弘治八年（一四九五），虜編筏渡河，剽掠官軍牧馬。十二年（一四九九），擁眾入寇。自後常牧套內，侵擾中原，孝廟、武廟常欲復之而未能。故使虜酋吉囊得以據為巢穴，出套則寇宣、大三關，京師震恐；入套則寇延、寧、甘、固，生民荼毒。夫河套自三代以迄於今，中國所守，以界夷夏，又我聖祖之所留也，一統故疆，三邊沃壤，其理宜復。又謂：將套中之地，預為踏撥，多立魚鱗籍冊，以防日後弊端。每軍民一戶，給田二頃，俾歲耕一頃，閑一頃，是謂閑田，以養餘力。其沿邊軍民，亦出召募，有欲守邊者，皆給以田，引黃河之水，為大小之渠，渠以溉田，可備旱澇，高黍下稻，任土所宜，數年之後，套地可盡墾。而又仿井田之意，廣溝洫之制，吾民易於稼穡，勇於驅馳，既臨河設險，夏秋決難侵犯，我得耕稼矣。比及河凍，農事已竣，乃於講武之時，為禦虜之計，民不告勞，農不告費，行之既久，則河湟之地，不異中州。此規模節目之大略也，有明一代論河套者，未有深切於此者也。清初河套內屬，尤禁私墾。及康熙三十六年（一六九七），松喇布奏邊內民出耕車林塔拉、蘇海阿嚕地，乞勿禁。從之。其地去興武營邊外方五六十里。四十七年（一七〇八），同知王全臣於寧夏漢、唐二渠之間，開鑿大清渠，溉田一千一百二十餘頃。五十二年（一七一三），復於平羅縣開清塞渠。自後靈、夏全境，自秦、漢以來諸渠，均經重修改建，水利以興。雍正四年（一七二六），隆科多奏，略謂：寧夏賀蘭山前，自察漢托輝至石嘴子，中間百里，其野廣平，土脈肥潤，籽種易生。其地性暖，可引水。如西河、六洋河，並古渠。大溝、黑龍口、倒流河、〔新河〕①、黄泥河、董家河，悉前人引水分水故道，以年久多淤塞，然形跡尚存。今若更建渠壩及放水閘，其兩岸可以墾田萬頃。又甘肅巡撫石文焯亦以前議奏聞，復經議政大臣等議覆曰：察漢托輝（至）〔自〕漢及唐為靈州地，當時廣置屯田。元至正間，置屯田萬戶所。明時，套夷為患，渡河而西，侵據內地，葫蘆河之東，居民不得耕種，實始棄之。又按寧夏衛志，漢、唐二渠之支流，有百家、良田、滿達拉等渠，舊在察漢托輝左右，若倣其遺制，開渠建閘甚善。等情，具奏。上從之，特頒帑金三十萬，命大理寺卿通智，會同督臣岳鍾琪，至察漢托輝相度形勢，經理剏濬惠農、昌潤二渠，各溉田數千頃，並增置新渠、寶豐二縣。是時合境漢、唐、清、惠、昌五大幹渠，溉田二萬一千七百餘頃。同時秦、晉貧民亦展轉外徙，租種蒙地，延及邊牆以外各數十里。其一部由土默特遷遞大河左右，道光之後，蔓延至於後套。光緒二十九年（一九〇三），命貽穀督辦蒙旗墾務，並設五原、東勝等廳。至是各旗私墾之地，一律呈報墾局丈量給領，先後計在後套升科地七千七百九頃，永租地二千頃，前套升科地一萬九千九百九十二頃，而鄂爾多斯、烏拉特、土默特、阿拉善旗地，編分如故也。河套屯墾之沿革，大略如是矣。

① 據清實録第七册第六四六二頁補，中華書局影印本，一九八六年。

河套新編卷之十

河套歷代渠工考

河套地平土堿，農田引河以溉種，不問雨水，可獲豐稔。諺有「黄河百害，惟富一套」，以此。然墾套不引河，堿性大發，仍有種無收，此套地所以重渠工也。漢民之種套，三代以前不可考，可考者，自秦始。史記：始皇三十二年（公元前二一五），使蒙恬北擊胡，悉收河南地，築三十四縣臨河，徙適戍以充之。漢武帝元朔二年（公元前一二七），使衛青收河南地，立朔方郡，用主父偃計，募民徙之，於朔方、西河皆引河及川以溉田。太初三年（公元前一〇二），遣光禄勳徐自為築五原城障。順帝永建初，朔方、西河殘破。四年（公元前一〇一），虞詡疏請復郡。從之，及使謁者郭璜於富平浚渠為屯田。水經注：河水東北逕富平縣故城西，所在分裂，以溉田圃。又云：河水又北，逕臨戎縣故城西。又北，〔有〕枝渠東出，謂之銅口。東逕沃野縣故城南，枝渠東注以溉田，所謂智通在我。河水又北，屈而〔為〕南河出焉。又云：河水又東，枝津出焉。又東，逕（固）〔稒〕陽縣故城南。又東南，枝津注焉。水上承大河於臨沃縣，東流七十里，北溉田，南北二十里，注於河。水經東漢人作，後魏酈道元注，所云故城，秦、漢之城。以今地理考之，黄河出青銅峽入套，在寧夏北流，在後套、三湖灣均東流，過三湖東南流，又南過托城至河曲縣西出套。富平應在寧夏境，秦、漢俱隸北地郡。沃野在後套附近黄河北流東轉處，古南河之南，漢隸朔方郡。臨沃在包頭西三湖灣附近，漢隸五原郡。由此以觀，套部以寧夏、後套、三湖灣等處，自古以來，為渠墾之區。

寧夏古渠，今存者，曰秦渠，在河東；曰漢渠，一在河東，一在河西，其在河西者，後人修之，因名漢延。漢有光祿、御史、百家諸渠，亦在寧夏河西，光祿徐勳自為開，唐靈州大都督長史李聽修之，因名唐渠，即唐來，而御史、百家無考。元史郭守敬傳曰：西夏有古渠，在中興者，一曰唐來，其長四百里；一曰漢延，其長二百五十里。他州正渠十，皆長二百里；支渠大小六十八，溉田九萬頃。兵亂以來，廢壞淤淺，守敬相度形勢，皆復其舊，更立閘堰，今漢、唐二壩是也。舊以薪木，明(簽)〔僉〕事汪文輝易以石，工益固。清康熙四十七年（一七〇八），水利同知王全臣以寧夏漢渠之西，唐渠之東，有地為二渠灌溉所不及，請於二渠之間另開一渠，七日而工成，由督臣奏聞，賜名大清渠，溉陳俊等九堡田地。雍正四年（一七二六），公舅舅隆科多奏，略謂：寧夏阿拉善山前察漢托輝地，土脈肥潤，籽種易收，可引水。如西河、六羊河，並古渠。大溝、黑龍口、倒流河、新河、黃泥河、董家河，悉前人引水故道，以年久淤塞，然形跡尚存，若更建閘壩，其兩岸可溉田萬頃。經議政大臣等議覆曰：察漢托輝至漢及唐為靈州地，當時廣置屯田。元至正間，置屯田萬戶所。明時，套夷為患，實始棄之。又按寧夏衛志，漢、唐二渠之支流，有百家、良田、滿達拉等渠，舊在察漢托輝左右，若仿其遺制，開渠建閘甚善。等情；具奏。上從之，特頒帑金三十萬，命大理寺卿通智會同督臣岳鍾琪，至察漢托輝相度形勢開渠：一名惠農，溉夏、平二縣四十九堡田地；一名昌潤，溉平羅埂外田地。更仿漢、唐二渠之制，建設閘壩。自是以來，寧夏一區遂有漢延、唐來、大清、惠農、昌潤五大幹渠，溉田二萬餘頃。

後套自唐以後，淪為異域，歷五代、宋、金，滄桑幾變，古跡蕩然，銅口枝渠，已不可考。相傳清初復經大震，地域沉淪，乾隆間河勢南遷，始行涸出。漢族漁人足跡其地者，初於近河桔槔取水，試耕獲利。至道光三十年（一八五〇），河溢，北決一河，名曰塔布河。其水自行地中，水過之處，悉成腴田。於是相繼支引灌溉，人民之來歸益日眾。於是有甄玉、侯應奎、郭敏修、王同春輩，迭出經營，父子相替，卒開大小幹渠數十，溉田無算。惟渠道私人經營，此疆彼界，規畫未能周詳。及光緒二十九年（一九〇三），督辦蒙旗墾務大臣貽穀奉命經營渠墾，各地戶乃將渠道報效入官，設局勘估，給與代價，並將各渠加寬浚深，廣開支渠。由是後套一區，計有永濟、剛目、豐濟、永和、義和、通濟、長濟、塔布等八大幹渠，墾地萬頃，灌溉之利，幾與寧夏相爭衡矣。至於三湖灣，古臨沃枝渠，亦因河流之變遷，早經失考。晚近新開，亦僅合哨、史家、墾務小渠三道而已。今將全套渠工，分紀如下：

（甲）寧夏

唐來渠

唐來渠一曰唐渠，賀蘭山東第一道大渠也。自青銅峽開口，接引黃河出峽之水，繞石山之麓，西北過唐壩堡，又經寧夏城西、寧朔城東、平羅城東南，至上寶閘堡入西河。本漢光祿渠，唐靈州大都督長史李聽復浚，後沿此稱。元時廢壞，河渠提舉郭守敬復修之，更立閘堰。舊制以木，明隆慶六年（一五七二），河西道汪文輝易以石，工益固。渠口初在觀音堂下，寬十八丈，深七尺；繼因渠身增高，納水不暢，漸不敷用。清康熙四十七年（一七〇八），水利同知王全臣於河中築𡓝，逆流而上，直沖峽口，至百八塔寺下，劈分黃河五分之二，以為渠口，名曰迎水𡓝。𡓝長四百五十丈，寬約二丈，高一丈六七尺不等，用柳圈內貯石子，排列兩行，中填石塊柴薪，疊疊築起，高於水面，下用大石襯固𡓝基。𡓝成，藉挽河流東注之勢，西折入渠，水位既高，納流乃暢。歷二十年，渠底又淤。至雍正九年（一七三一），侍郎通智重修，設立底石，上刻「準底」二字，置石渠底，春工修濬，須見底石為度。乾隆四年（一七三九）寧夏道鈕廷彩、四十二年（一七七七）寧夏道王廷贊、嘉慶十七年（一八一二）寧夏道蘇成額、道光四年（一八二四）寧夏道瑞慶，均奏請發帑重修。

渠口自迎水（湃）〔𡓝〕起，下游有滾水壩一道，又下右岸有旁閘四座，又下乃為正閘，地名唐壩堡。閘共五空，東四空為正閘，西一空為貼渠閘。貼渠閘原係二空，今廢一空。正閘之旁，有水表一，高十八份，每份約五寸，水至十二份則遞開旁閘減水。各壩閘附近，又有護岸𡓝七，以防河流之沖刷。計自百八塔匣捐局迎水拼起，至唐壩堡正閘止，長凡二十三里零，是為渠口。

渠身約分五段：由正閘起，西北至玉泉橋為一段，長五十里，寬八丈，深三五尺不等；又東北微轉而西，至良田渠口為一段，長七十里，寬七丈，深五六尺；又西北至寧夏西門橋為一段，長四十里，寬六丈，深七尺；又西北至站馬橋為一段，長六十里，寬六丈，深七尺；又北至上寶閘堡為一段；又至渠梢入西河，長一百里零，寬三丈，深四尺。計由正閘至渠梢，共長三百二十里零，兩旁排植榆楊，既固堤根，復供薪採，皆取給不盡。通渠橋十二道，以通耕牧往來。尾閘一座，以為蓄洩機關。此舊制也。今渠身淤淺，水量甚微，無到梢之日，此項尾閘，轉同虛設。大支渠二十餘道，其與正渠相接，設有陡口，大小計四百四十六道，溉寧夏、寧朔、平羅三縣所屬之三十三堡田五千七百六十三份。

貼渠二道，與唐渠同口異閘，蓋唐渠之附庸也。一曰舊貼渠，溉唐渠東岸高地，自南迤北，至漢壩堡入漢渠，長二十四里，陡口三十一道，溉田一百二十三份。一曰新貼渠，由舊貼渠分水，自南迤北，至清渠正閘上架飛槽，用溉清渠東岸高地，長五十六里，陡口二十八道，溉田三百九十七份半。

所有唐渠大小支渠，暨新舊二貼渠，共計溉田原額六千二百八十二份半，每份約合六十畝，即四千七百八十九頃。今渠道受淤，納水不暢，溉田僅一千八百餘頃。

大支渠計約二十道，共長約七百七十里，渠名如下，小者不與焉。

大新渠，在寧夏城南，由東而北，長七十六里。

紅花渠，在寧夏城東南，北流，長二十八里。

良田渠，在寧夏城西，北流，長七十九里。

滿達拉渠，在寧夏城西北，轉東北流，長六十里。

白塔渠，在桂文堡，長六十九里三分。

新濟渠，在鎮朔堡，長六十五里。

大羅渠，在洪廣堡，長二十五里。
小羅渠，在常信堡，長二十里。
果子渠，在高榮堡，長二十三里三分。
和集渠，在周澄堡，長十七里。
柳新渠，在平羅縣，長九里。
黑沿渠，在平羅城，長十五里。
亦的小新渠，在張亮堡，長二十里。
柳郎渠，在平羅城，長二十里半。
曹李渠，在平羅城，長十里。
他他渠，在靖益堡，長十五里。
掠未渠，在豐登堡，長十八里。
羅哥渠，在常信堡，長六十里。
高榮渠，在高榮堡，長二十里。
湛恩渠，在靖益堡，長一百里。

正閘一座，計四空：中二空，各寬九尺六寸；外二空，各寬一丈一尺五寸二分。上建橋房十三間，碑亭一座，旁房三間。

旁閘四座，曰關邊，曰安瀾，曰匯暢，曰謐安，均四空，每空寬八九尺至一丈。

貼渠閘，計一空，寬一丈五寸六分。

尾閘一座，計二空。

滾水壩一道，長三十丈。

迎水垪一道，在青銅峽，長四百五十丈。

護岸垪七道，曰賈家河溝垪，曰大灣垪，曰馬神廟垪，曰王祥垪，曰張貴垪，曰陳俊垪。

底石三塊，正閘下一，大渡口一，西門橋一。

水表二枝：一在正閘，高十八份；一在西門橋，高十五份。

水手四十名，每名額田一份，不征錢糧草束。

委官無定數。

額夫六千六百六十五名零五日。

顏料額征草十二萬七千二百七十三束，樁十萬一千四百十四根。

大清渠 大清渠一名清渠，賀蘭山東第二道大渠也。自唐壩堡馬關嵯開口，至宋澄堡稍入唐渠。清康熙四十七年（一七〇八），水利同知王全臣開，分溉唐渠東岸高地，以助唐渠水利所不逮。九月初七日興工，十三日工竣，稱神速焉。雍正十二年（一七三四）及乾隆四年（一七三九）、四十二年（一七七七），均重修。

渠口上距唐渠二十五里，寬八丈，深五尺。渠口下十三里設正閘一座，旁立水表；正閘上游右旁，設旁閘三座，滾水埧一道，迎水埧一道，是為渠口。

渠身約分三段：上段三十里，寬四丈，深六七尺；中段三十里，寬三丈，深五尺；下段十五里二分，寬一丈六尺，深五尺。計由正閘起至渠梢止，共長七十五里二分。正閘上架飛槽一道，引貼渠水澆東岸高地。渠底暗洞二道，以洩渠西之湖水。橋六道，支渠十餘道，陡口一百二十八道，灌溉陳俊、蔣定、漢埧、林皋、瞿清、邵剛、玉泉、李俊、宋澄等九堡田一千九十六份，即一千二百十三頃。今祇溉田二百餘頃。

支渠在東岸者八道，在西岸者六道，計十四道，子渠不與焉。

魏家渠、鴨子渠、長行渠、台埧渠、大小邊渠、董渠、紅廟渠，以上東岸。

地八渠、姜家渠、曹家渠、羅家渠、蔣家渠、李家渠，以上西岸。

正閘一座，計二空，每空寬一丈五寸六分。上建橋房五間，旁房三間，碑亭一座。其碑已移至寧夏城內四渠龍王廟，碑上刊有河渠圖。

旁閘三座，曰盈寧，曰永清，曰底定，均二空，每空寬一丈左右。

滾水垻一道。

迎水湃一道。

護岸湃二道，一曰楊家河湃，一曰施家湃。

暗洞二道：一在漢垻堡，曰漢垻暗洞；一在宋澄堡，曰宋澄暗洞。

飛槽一架，在陳俊堡，跨正閘而過，渡舊貼渠水東行。

底石一塊，在正閘下。

水表一枝，在正閘旁。

額夫九百十二名零九日。

水手二十名，每名額田一份。

顏料額徵草二萬五千一百一十束，椿一萬七千六百九十根。

漢延渠 漢延渠一曰漢渠，賀蘭山東第三道大渠也。自陳俊堡四道河開口，西北過漢垻堡，經寧夏城東，至王澄堡入西河，漢郭璜所開。宋時曰漢源，元稱漢延，郭守敬修之。後設閘埝，明汪文輝易之以石。清順治十五年（一六五八）巡撫黃圖安、康熙四十年（一七〇一）河西道鞠宸均重修。雍正九年（一七三一）、乾隆四年（一七三九）及四十二年（一七七七），均與唐渠同修。光緒三十年（一九〇四）六月初八日，河水異常泛漲，自馬關嵯以下，河水奪流，渠身淪為支河，舊渠口則土石填塞，不可復浚，乃改口於菖蒲溝。惟水勢遷徙不定，頻年更易，隨時補苴而已。三十四年（一九〇八），知府趙維熙仿王全臣之法，用紅柳編製大筐，中盛石子，壓迎水𢪷五里之遥，既納河流，亦殺水勢，於是渠流順軌，即今之四道河新口云。

渠口距唐渠口下三十里，地勢低下，直迎河流，水勢易入。口門寬三十一丈，深七尺五寸。渠口有石子雙𢪷，以接引河流，兼以禦河水泛漲波濤之沖激。𢪷以下滾水壩一道，又下旁閘三座，又下正閘在漢壩堡，距渠口十二里，旁設水表。其他一切制度，均與唐渠同。

渠身約分三段：由正閘起北至唐鐸橋止為一段，長六十五里，寬五丈，深六七尺；又西北至張政橋止為一段，長七十五里，寬四丈五尺，深六七尺；又北至王澄堡渠梢止為一段，長五十五里，寬三丈，深五六尺。計自正閘起至渠梢止，共長一百九十五里，通身橋十九道，暗洞五道，飛槽六道，大支渠十三道，陡口四百五十六道，灌寧夏、寧朔二縣二十一堡田地五千六百九十份，即三千七百九十七頃。今溉田地祇一千四百餘頃。

大支渠十三道，共長三百五里六分，小者不與焉。

水磨渠，在葉升堡，長二十里。

大北渠，在葉升堡，長十五里。

菓子渠，在任春堡，長四十九里三分。

寫渾渠，在王洪堡，長二十三里。

南皋渠，在王洪堡，長十九里三分。

北皋渠，在王洪堡，長二十五里。

大營後渠，在鎮河堡，長二十五里。

畢家渠，在金貴堡，長三十里。

各陡渠，在金貴堡，長十六里。

座，旁房三間。

小營後渠，在金貴堡，長十六里。

大高渠，在潘昶堡，長二十九里。

南毛渠，在潘昶堡，長十九里。

北毛渠，在潘昶堡，長二十九里。

正閘一座，計四空：左三空，每空寬一丈五寸六分；右一空，寬九尺六寸。上建橋房九間，碑亭一

旁閘三座，曰安定，曰平泰，曰永寧，或為三空，或為六空，每空寬八九尺至一丈。

滾水壩一道。

迎水𪨗一道，長約五里。

護岸𪨗五道，曰晏子𪨗，曰晏公外河𪨗，曰銅青𪨗，曰野虎𪨗，曰城牆𪨗。

暗洞五道：一在林皋堡，曰林皋暗洞；一在唐鐸堡，曰唐鐸暗洞；一在魏信堡，曰魏信暗洞；

一在張政堡，曰張政暗洞；一在王澄堡，曰王澄暗洞。

底石五塊，一在正閘下，一在龍泉閘下，一在李俊閘下，一在玉泉閘下，一在板橋下。

水表二枝，一在正閘旁，一在張政橋旁。

水手四十名，每名額田一份，不徵錢糧草束。

額夫四千八百七十二名又十二日。

顔料渠草十二萬一千八百九十二束，樁九萬二千四百五十七根。

惠農渠　惠農渠一曰惠成渠，或曰黃渠，賀蘭山東第四道大渠也。自陳俊堡東南開口，過龍門橋，經寧夏治東，平羅治東，至尾閘堡梢入黃河。清雍正四年（一七二六），以察漢托護地方有腴田萬頃，為漢、唐二渠餘波所不及，命侍郎通智、寧夏道單疇書相度形勢，開濬渠道，以資澆灌。渠成，賜名曰惠農。渠

初在余家嘴花園灣開口，與唐渠並行而北，至平羅縣西河堡入西河，長三百里，用帑銀三十萬兩。乾隆五年（一七四〇），地震塌陷，復移渠口於通潤橋。九年（一七四四），改修渠尾至市口堡。十年（一七四五），又改口於寧朔縣林皋堡朱家河。三十九年（一七七四），河流東徙，又改口於剛家嘴。以後均與唐渠同修。光緒二十七年（一九〇一），河流西刷，於渠口外築埽二十餘里。後屢修屢圮，渠工大壞。三十一年（一九〇五），知府高維喆改道於陽和堡之東，今所謂陽和新工者是也。

渠口寬二十丈，深七尺。正閘一座，旁閘四座，迎水埽一道，正閘旁設水表。所有渠口一應建治，均與唐、漢二渠同。

渠身由正閘起北行，至渠梢尾閘止，長二百六十里，寬十三丈，至尾收至五丈，深一丈二尺至五六尺不等。渠梢尾閘一座。渠之東，築長堤凡三百二十里，以障黃流。渠身橋十一道，飛槽六道，暗洞七道，大支渠十餘道，陡口一百三十六道，澆寧夏、平羅二縣四十九堡田地四千五百二十九分半，即四千五百二十九頃零。今祗溉田六百餘頃。

大支渠計十六道，共長二百九十九里六分，渠名如下：

六墩渠，在六中堡，長十里。

泮池渠，在通福堡，長十四里。

交濟渠，在交濟堡，長二十五里。

仁義渠，在六羊堡，長十五里。

隆業渠，在沿河堡，長十里。

仁吉渠，在沿河堡，長十五里。

寶閘渠，在通平堡，長二十里。

惠威渠，在惠威堡，長二十五里。

小三渠，在長渠堡，長十九里。

滾珠渠，在北長渠堡，長十八里六分。

官四渠，在渠中堡，長五十里。

普潤渠，在西河堡，長十七里。

元元渠，在西河堡，長十六里。

萬濟渠，在萬寶屯堡，長十五里。

永祥渠，在李祥堡，長二十里。

黄楊溝梢渠，在河西寨，長十里。

正閘一座，在龍門橋，計五空，空共寬六丈三尺。上建橋房九間，碑亭一座，旁房三間。

旁閘四座，曰滌閘，曰建瓶，曰平濤，曰寧瀾，均四空，空寬九尺至一丈一尺。尾閘一座，計二空，左空寬一丈四尺，右空寬一丈二尺五寸。

迎水𪨊一道。

護岸𪨊一道，名曰將軍𪨊。

暗洞六道，洩河西寨以上湖水之不入西河者。在葉升堡二，曰永暢暗洞，曰美利暗洞。在任春堡一，曰永涵暗洞。在王洪堡一，曰永弘暗洞。在陽和堡一，曰通和暗洞。在河西寨一，曰通寧暗洞。

飛槽六架，均渡漢渠水，溉惠渠以東高地。在葉升堡一，曰水磨渠飛槽。在任春堡二，曰三水渠飛槽，曰菓子渠飛槽。在王泰堡三，曰南皋渠飛槽，曰北皋渠飛槽，曰瀉畢渠飛槽。

底石二塊，一在正閘下，一在通濟橋下。

水表一枝，在正閘旁。

水手四十四名，每名撥給靈州營灘廠地一分，不徵錢糧草束。

額夫三千九百七十二名又十二日。

顏料渠草八萬七千五百四十九束，椿五萬九千五百八十六根，芀苫七千七百八十六束。

昌潤渠 昌潤渠者，賀蘭山東第五道大渠也。在寧夏縣東通吉堡開口，北行至平羅縣永屏堡，與惠農渠同時開浚。初為惠農渠之支渠，地居惠農渠之末，到水甚少，不敷澆灌。乾隆五年（一七四〇），復因地震塌陷，渠過廢壞，後於平羅縣通富堡另開一口，與惠農渠別行，以納水不暢。又移口上至通義堡，仍無濟。三十年（一七六五），寧夏府知府張維旂詳准受水民戶之請，自備夫料，另由寧夏縣通吉堡溜山子開口，乃能暢通。四十二年（一七七七）、嘉慶十七年（一八一二）、二十一年（一八一六），及道光四年（一八二四），均重修。

渠口設正閘一座，旁閘四座，迎水堺一道。渠口一切建置，均與唐、漢二渠同。

渠身由正閘起至渠梢止，長一百三十六里，寬七丈，至梢收為三丈，深三四尺至七尺不等。設分水閘一座，分水以入旁渠者也。支渠二十餘道，陡口一百十三道，灌平羅縣埂外田地一千六百九十七分半，即一千六百九十七頃零。今祇溉田二百餘頃。

大支渠計十七道，共長二百一十七里，渠名如下：

暗洞渠，長十五里。

克家渠，長十五里。

宋家渠，長十二里。

永惠渠，長十五里。

孟家渠，長十里。
官三渠，長十七里。
穆家渠，長十五里。
貼五渠，長十六里。
田家渠，長十五里。
西邊渠，長十里。
白茨渠，長十里。
天生渠，長十里。
西官渠，長十二里。
貼六渠，長十二里。
小六渠，長十里。
五大支渠，長十里。
西七渠，長十三里。
正閘一座，計五空，碑亭一座。
旁閘四座，曰裕昌，曰福昌，曰靜瀾，曰平波，均五空。
分水閘一座，計二空。
迎水㨨一道。
水手二十名，每名額田五十畝，不徵錢糧草束。
額夫二千二百五十九名。

顔料渠草四萬九千五百十八束，椿三萬三千八百八十五根，芀苫四千五百十八束。

寧夏五大幹渠，以唐來居黄河上游，次大清，次漢延，惠農，最末昌潤。各渠口皆與黄河斜交，乘勢以引河流，旁以亂石椿柴建築迎水⿰土非，音擺，即埧、垻也。長數十丈或四五百丈，伸入河中，逼水入渠。距渠口一二十里，跨渠建置石閘，名曰正閘。是為一渠咽喉要道，旁設水表，以五寸為一分，總以十二分為率。正閘上游渠右岸，各建旁閘二三四座，水小則閉之使高，盡入正閘，水大則啟之，使水入河。設水手以為司理，隨時報告水勢。旁閘上游，迎水⿰土非之下，用石堆砌一壩，名曰滾水壩，長三五十丈或七八十丈，低於堤岸數尺。入水多則從滾壩溢流，正閘之水，祇循分寸入渠。沿岸居民鑿小渠以引水入田者，名曰支渠，大者長百餘里，小者數里，各建小閘，或木或石，以便溉田，名曰陡口。其有此渠之高地，因彼渠隔斷而不能得水者，則架木筧以渡之，名曰飛槽。其渠水灌入稻田，復從稻田澄出之清水，放入各湖，如唐渠東岸之解面、楊家、洛洛，清渠東岸之葦子、張喇，漢渠西岸之平則、老鶴、雙塔，東岸之明水、龍太，惠渠西岸之黑渠、塔橋諸湖，坎坎相連，名曰十二連湖，皆所以蓄水也。湖水既盈，則洩入西河而歸黄河。有被大渠所阻者，則於渠底甃石為洞以通之，名曰暗洞。舊戶田以六十畝為一分，新戶田以百畝為一分，每田一分，除田賦正供外，例納草四十八束，後改二十四束，每束重十六斤；又椿十五根，每根長三尺，向由水利同知於十一月間征齊存儲，以備來春修理閘壩、⿰土非岸之用，後改七本三折色。蓋以工程用品，有時需用紅柳、白茨、芀苫、石塊、石灰等物，故於草、椿內收折色三分，以便採買，總名之曰顔料。每年河凍之時，用草閉塞渠口，名曰捲（掃）〔埽〕。至清明日，按田一分撥夫一名，挑濬渠身，加疊⿰土非岸，以一月為期，名曰春工。工作之時，官司親臨董率，委派紳民練習達渠務者分段監工，名曰委管。各段渠底，設有底石，上刻「準底」二字，春工挑濬，須至底石為正。立夏日，掣去所捲之埽，放水入渠，名曰開水。開水之時，先將上段陡口閉塞，逼水到梢，取渠梢民戶澆灌滿足甘結，名曰封水。封水之際，將各陡口酌留二三分水，名曰俵水。至是乃開上游各陡口，任其澆灌，既已普及，又逼令到梢封與俵，周而復始，上下段皆獲及時澆灌。其設制如此。

五大渠之外，又有旁渠。初為昌潤之支渠，由分水閘分昌潤渠水，以溉昌潤之東田地。道光五年（一八二五），始於溫家橋另開一口，承接黃河之流，至東永潤堡中閘子，復分兩梢，至渠陽堡，共長六十里，灌渠口等堡田地四百四十四分。又有河溝官渠、河溝西渠、天水渠，皆小渠也。共計溉田五千餘頃，今祇一千餘頃。渠由民戶自修。

綜計寧夏渠道，除由民戶自修小幹渠不計外，所有五大幹渠，共長六百六十六里，在昔溉田一萬九千二百七十七分半，即一萬六千二十五頃；額夫一萬八千六百八十名，即五十六萬零四百工；渠草芟苫四十二萬三千八百二十一束，樁三十萬四千九百五十一根。今溉田五千頃。派夫征料，初無一定，每年由委員到工估計，分別支配，料少工多，自難如願，所以渠工日漸敗壞也。

該區地勢，西南高東北下，古人因地之利，引河灌地數萬頃，其利溥矣。在昔水利工程之學，未見昌明，而前人經畫，具見匠心。各渠正閘，是為一渠納水之咽喉，度澆灌區域之大小，定閘門之廣狹，雖無當於水理算式，要亦不甚相遠。旁設水表，勻刻分劃，其外有旁閘，以時驗水表水面所至之分劃啟閉旁閘，以洩其有餘，而補其不足。設水手以司之，使水量無太過、不及之弊。至於惠渠東岸，地高不能引用惠渠水，則於渠上駕飛槽，渡漢渠水以濟之。惠渠西岸低地，溉地餘水，積澇為害，則於惠渠之底，設暗洞以洩之。恐修濬之不力也，設底石以為制，補偏救弊，煞費心思。而唐渠之口，直衝峽溜；清渠之跳，橫障河心；漢渠之旁閘完備，宣洩便利；惠渠之渠身整齊，水流暢通；相傳為四大特色。而春工修濬，征料派夫，灌溉田園，按輪封俵，各有條規，傳流永久，法至善矣。惜乎相沿既久，百弊叢生，以致春工挑濬，不盡所淤，詢之土人，不見底石已數十年矣。即如唐渠西門橋水表，在二十年之前，尚係七分行水，九分旺水；今渠底已淤至水表十分，每分五寸，其淤高於底石五尺可知。他渠亦然。現在渠口納水之量，雖不足二萬頃灌溉之需，然亦不僅數千頃，乃以渠身填高，不能容受，所入之水，旋從滾壩退出，到地甚少。額地五千頃，尤時虞不濟。夫以二萬方里之地域，六七百里之幹渠，溉地僅數千頃，養民祇十數萬，昔所謂「寧夏富庶，甲於江南」，即今觀之，亦不過虛有其說而已。查從前渠道，由水利同知司責，尚能履行規章，歲時修洗。自同知裁撤後，道署兼辦各渠務，局長則委科員，而道署科員大都習於行政，初無水利工程之經驗，以之辦理渠工，是以渠工大壞。現任道尹陳必淮君，初牧靈州時，曾於青銅峽下秦、漢二渠之旁，臨河建築石堤，頗著成績。自任道尹，兼辦渠工，設使下車伊始，著手整頓，掃除積習，必有起色。乃沿之日久，情面難除，渠工敗壞至此。陳君曾有計畫，擬於青銅峽建設鐵閘，逼水使高以入唐渠，俾唐渠為總渠口，而閉塞其他各渠口，用為唐渠之支渠。業經勘測，事屬可行。至於渠身淤淺，亦須大事疏通；支渠、陡口之洩量，須與正渠按比分配，調勻水速，以減沖刷淤澄之力，以保持渠身之常度。而管理渠務，尤宜慎選廉明，於水利工程之學有經驗者為之；書差役吏種種積弊，永遠革除，重整規章，實行遵守，規復灌溉，自是易易。否則積習相沿，渠工之壞，不知伊於胡底矣。參觀附圖第二十六第二十七。

（乙）後套及三湖灣

永濟渠

永濟渠原名纏金渠，地商甄玉所開。清光緒二十九年（一九〇三），報效入官，經墾務大臣貽穀重修，改名永濟，為後套諸渠中之最大者，施工亦最多。渠口當黃河北流東折之衝，形勢順而水流頗旺。自渠口起東北至五加河渠梢止，計分四段，由上而下：第一段長一萬四千四百丈，寬四丈八尺，深五尺五寸；第二段長一萬八百丈，寬三丈，深四尺；第三段長一千四百四十丈，寬二丈，深三尺；第四段至渠梢止，長二千一百六十丈，寬一丈八尺，深三尺。共長兩萬八千八百丈，合一百六十里。其支渠之大者凡五道，曰舊東渠，曰樂善堂渠，曰西大渠，曰中子渠，曰新東渠。共溉達旗永租地七百七十一頃。

剛目渠　剛目渠一名剛目河，渠口在纏金渠口下六十里，其梢至祥泰魁而止，不入五加河。地商劉步雲開，清光緒二十九年（一九〇三）報效入官，經墾務大臣貽穀重修。全渠自口至梢計分三段：第一段長三千六百丈，寬三丈，深四尺五寸；第二段長四千五百丈，寬二丈，深三尺五寸；第三段至渠梢止，長三千六百丈，寬一丈八尺，深三尺。共長一萬二千六百丈，合七十里。在後套八大幹渠中為最小，溉達旗永租地二百五十五頃。

豐濟渠　豐濟渠原名中和渠，一曰協成渠，光緒二十六年（一九〇〇）地商王同春開。二十九年（一九〇三）報效入官，經墾務大臣貽穀重修，更名豐濟渠。渠口在剛目渠口下五里，東北行，中經古城，梢入五加河。由上而下，計分三段：第一段長七千二百丈，寬三丈六尺，深五尺；第二段長五千四百丈，寬三丈，深四尺；第三段至渠梢止，長三千六百丈，寬二丈，深三尺。共長一萬六千二百丈，合九十里，溉達旗永租地三百一十五頃。

永和渠　永和渠原名沙河渠，清光緒二十七（一九〇一）年地商王同春開，二十九年（一九〇三）報效入官，經墾務大臣貽穀重修，更名永和渠。渠口在豐濟渠口下七十五里，東北行，過五原縣城西而東北，入五加河。由上而下，計分六段：第一段長六十丈，寬四丈一尺，深七尺；第二段長一千四百四十丈，寬四丈七尺，深二尺五寸；第三段長一千一百零四丈，寬四丈七尺，深四尺；第四段長六千零七十二丈，寬四丈七尺，深四尺五寸；第五段長四千三百五十六丈，寬三丈七尺，深四尺：第六段至渠梢止，長二千一百一十二丈，寬二丈二尺，深三尺。共長一萬五千一百四十四丈，合八十四里零，溉達旗永租地二百七十頃。又五原縣城基地五百四十頃，亦用此渠溉種，現時水不敷用，尚宜另開新渠。

義和渠　義和渠，光緒十五年（一八八九）地商王同春開，二十年（一八九四）改修渠口，二十九年（一九〇三）報效入官，經墾務大臣貽穀重修。渠口在永和渠口下二十里，由渠口東行三里，左經土城子，又東北經五原縣城南，又東北梢入五加河。由上而下，計分三段：第一段長一千三百六十丈，寬四丈六尺，深五尺；第二段長一千一百丈，寬三丈四尺，深三尺八寸；第三段至渠梢止，計長一萬二千五百丈，寬四丈，深四尺八寸。共長一萬四千九百六十丈，合八十三里零，溉達旗永租地八十二頃。梢入五加河，復循五加河東行，約百里至烏拉特西公旗地，澆什拉胡魯素、紅門圖地一千七百三十一頃。該渠水勢頗旺，原定為烏旗專渠，上游不得截水，故溉達旗地僅八十餘頃。而渠水經過五加河，面積過廣，且經行二三百里，沿途蒸發滲漏，消耗過多，至抵烏旗，水勢已微，不敷應用，故所溉不過十之一二，地畝荒蕪甚多。該處水利局計畫另開專渠，而以該渠祇澆杭、達二旗之地云。

通濟渠　通濟渠原名老郭渠，一曰老郭河。清同治八年（一八六九）地商郭敏修開。初定渠口僅一丈八尺，十二年（一八七三）改修，加寬加深。光緒二十九年（一九〇三）報效入官，經墾務大臣貽穀重修，更名通濟。渠口在義和渠口下五里，自渠口東北行，過賈放驢店折而東，渠梢入長勝渠。由上而下，計分三段：第一段長五千八百四十丈，寬三丈六尺，深四尺；第二段長七千二百三十丈，寬二丈七尺，深三尺五寸；第三段至渠梢止，長五千三百八十丈，寬二丈，深二尺五寸。共長一萬八千四百五十丈，合一百零二里半。溉達旗永租地四十五頃，餘水入長勝渠，溉四成補地。民國八年（一九一九），水利局長王用舟重修，渠口移下一里，渠口寬四丈四尺，深六尺，動工款三萬兩。河水盛時，每晝夜溉田二十頃。

長濟渠　長濟渠原名長勝渠，清咸豐七年（一八五七）地商侯應奎開。初溉地五十四淖爾，每一淖爾，三三五頃不等。「淖爾」蒙語，譯言湖蕩也。光緒二十九年（一九〇三）報效入官，經墾務大臣貽穀重修，移改渠口，直衝河流，水勢乃暢，更名長濟。渠口距今通濟渠口下二里，自渠口東行，梢入五加河。由上而下，計分七段：第一段長一千五百六十丈，寬三丈四尺，深七尺；第二段長二百四十丈，寬三丈四尺，深四尺五寸；第三段長六百六十丈，寬三丈四尺，深六尺；第四段長四百三十二丈，寬五丈，深四尺；　第五段長三千零七十六丈，寬三丈四尺，深四尺；　第六段長九千九百一十二丈，寬三丈四尺，深四尺；　第七段至渠梢止，長三千七百四十八丈，寬三丈，深二尺。共長一萬九千六百二十八丈，合一百九里零。溉達旗永租地二百十二頃。又受通濟、長勝二渠餘水，合溉四成補地一千四百二十頃。

塔布渠　塔布渠原名塔布河，清道光三十年（一八五〇）河水沖決而成，因而修之為渠，而為後套渠工之祖。光緒二十九年（一九〇三）入官，經墾務大臣貽穀重修。渠口在長濟渠口下四里，自渠口東行至才喇叭，旁支與長濟渠通，又南渠梢入烏梁素海子。由上而下，計分五段：　第一段長八千七百六十丈，寬二丈九尺，深二尺；　第二段長三千七百二十丈，寬二丈五尺，深三尺；　第三段長一千六百三十二丈，寬二丈，深二尺；　第四段長一千八百丈，寬二丈，深一尺五寸；　第五段至渠梢止，長一千六百八十丈，寬二丈，深一尺。共一萬七千五百九十二丈，合九十七里零。溉達旗永租地五十頃，餘水溉四成補地。

永租地戶承包八大幹渠花名及地畝。

永濟渠承包花戶王恩湛，租地二百五十五頃。

剛目渠承包花戶周大，租地二百零五頃。

豐濟渠承包花戶興盛成王在林，租地二百三十八頃。

永和渠承包花戶楊滿倉，租地二百七十頃。

義和渠承包花戶義和社，租地八十二頃。

通濟渠承包花戶通濟社，租地四十五頃。

長濟渠承包花戶張建元、張拴維，租地二百頃。

塔布渠承包花戶俞子信、李效，租地五十頃。

以上八大幹渠，由各承包人按照大渠寬深尺寸，遵章接續包辦三年，三年之後，照原丈尺寸繳還水利局勘收，如有淤澄，承包人照章賠修。
永濟舊東渠西梢花戶傅秉仁，租地二十五頃。
永濟樂善堂渠花戶吴祥，租地三十二頃。
永濟西大渠花戶維厚堂，租地二十頃。
又　陳喜林，租地四十五頃。
又　王大鶴，租地十頃。
永濟中子渠花戶陳阿漁，租地六十三頃。
永濟新東渠花戶王恩〔湛〕（堪），租地二百五十頃。
永濟渠阿林河花戶趙魁元，租地二十五頃。
又　張立禮、張世華，租地十六頃。
永濟舊東渠花戶楊茂林、公益成，租地二十五頃。
永濟渠梢花戶袁安春，租地五頃。
剛目哈達淖花戶蘇德潤，租地十二頃五十畝。
又　五福堂，租地十二頃五十畝。
剛目賈家界花戶佟清泉，租地二十五頃。
豐濟廠汗淖花戶楊玉璽，租地五十頃。
又　彭少林，租地十八頃。
長濟達拉淖花戶趙二鎖，租地十二頃。
阿林河花戶李永膺、岳雲生，租地九頃。

以上十八戶，均由各花戶自行出資挖修支渠，或承接退水，或修洗舊渠，亦遵章認修三年，地畝不得短少。

通共永租地二十六段，計地二千頃，即自民國六年（一九一七）為始，每年額徵銀三萬兩整。由六年八月開徵，各交租銀一半，次年二月底掃數交清，租至民國八年（一九一九）秋割為限。

小幹渠　二十餘道，淤塞甚多。現在可用灌溉者有十九道，共長七百零二里，溉杭旗糧地四千一十八頃，但洋人渠、達拉渠溉地未計。渠名如下：

鹽鎖爾渠，長九十五里。

五大（古）〔股〕渠，長二十五里。

魏羊渠，長四十里。

強家渠，長三十里。

土默渠，長二十五里。

吳祥渠，長十二里。

戶口地渠，長十五里。

劉三地渠，長十五里。

天吉太渠，長十五里。

舊灶火渠，長三十里。

新灶火渠，長八十里。

黃家渠，長五里。

烏魯格圖渠，長二十五里。

鄔家渠，長四十里。

阿善渠，長五十里。

十大〔股〕（古）渠，長三十五里。

錦綉堂渠，長十里。

洋人渠，長五十五里。

達拉渠，長五十五里。

教堂各渠　教堂地內幹渠三道，共計長約二百六十里，溉地二千頃。渠名如下：

楊家河子，長約七十里。

中格爾渠，長約六十里。

黃圖拉垓河，長約一百三十里。

渠工經費　後套渠工，初由地商私人濬治，經費向無統計。及光緒二十九年（一九〇三）貽穀辦墾，設立渠局，動用公款，始有會計，即自是年六月起，截至民國元年（一九一二）九月止，計分兩期，所有開支各款目如下：

（一）杭、達兩旗渠工經費

土方工資，三十一萬八千零十九兩七錢六分一厘。

地商報效渠道賞給七萬二千零七十八兩三錢八分一厘。

渠夫工食，四萬七千八百五十一兩二錢三分一厘。

車價、馬乾、津貼、設局器具、運腳、修橋等雜費，七萬零六百九十八兩四錢五分一厘。

（二）烏拉特前旗渠工經費

渠道垻工土方工資，二萬七千五百十二兩三錢三分四厘。

渠夫工食，一千八百九十八兩一錢零三厘。

薪津、車價，二千零七十五兩五錢五分四厘。

局所器具、運腳等雜費，二千八百八十六兩五錢二分三厘。

以上為第一期，由光緒二十九年（一九〇三）六月開辦起，截至三十四年（一九〇八）四月十一日止，統計開支庫平銀五十四萬三千零二十兩零三錢三分八厘，係貽穀任內辦理後套渠工之用，經將軍信勤開單咨送法部有案。

（三）光緒三十四年（一九〇八）各局渠工經費

西盟總局，三千四百二十五兩零八分二厘。

達旗長濟局，一萬三千九百零八兩五錢四分八厘。

達旗隆興長局，六千七百六十兩二錢七分三厘。

達旗豐濟局，六千二百十三兩七錢一分九厘。

達旗剛目局，六千零二十五兩九錢一分八厘。

達旗永濟局，一萬一千三百十七兩八錢七分七厘。

杭旗三段局，七千四百五十四兩八錢一分六厘。

杭旗四段局，三萬零一百二十二兩九錢九分九厘。

烏拉垻工局，七千六百五十九兩一錢五分九厘。

（四）宣統元年（一九〇九）各局渠工經費

西盟總局十五兩四錢三分一厘。

達旗長濟局，七千六百十四兩四錢零三厘。

達旗隆興長局，一萬五千六百九十五兩六錢一分八厘。

達旗豐濟局，五千二百六十九兩零四分七厘。

達旗剛目局，七百二十四兩四錢七分三厘。

達旗永濟局，三千二百四十七兩六錢六分三厘。

杭旗三段局，六千一百五十五兩六錢八分二厘。

杭旗四段局，六千四百二十七兩零六分二厘。

烏拉壩工局，二萬二千七百四十三兩九錢六分六厘。

（五）宣統二年（一九一〇）各局渠工經費　是年九月底，烏拉壩工局裁撤。

西盟總局兼管二分子公所，一百八十二兩九錢七分八厘。

達旗長濟局，七千一百九十四兩七錢零七厘。

達旗隆興長局，一千六百四十九兩四錢四分九厘。

達旗豐濟局，二千三百七十兩零零二分。

達旗永濟局，一萬一千六百九十九兩一錢三分六厘。

杭旗三段局，六千四百二十兩八錢一分六厘。

杭旗四段局，九千一百八十七兩八錢七分七厘。

烏拉壩工局，二千三百四十三兩六錢九分六厘。

（六）宣統三年（一九一一）各局渠工經費　是年正月一日起，將杭旗三段局改為杭旗東分局，四段局改為西分局，達旗隆興長、長濟兩局改併為達旗東分局，永濟、豐濟兩局改併為達旗西分局。

西盟總局兼管二分子公所，六千三百七十兩三錢五分二厘。
杭旗東分局，六千四百二十五兩三錢八分六厘。
杭旗西分局，七千零四十八兩一錢一分五厘。
達旗東分局，一萬四千九百九十兩四錢七分三厘。
達旗西分局，一萬四千三百三十六兩二錢六分三厘。

（七）民國元年（一九一二）各局渠工經費

西盟總局兼管二分子公所，八百零六兩六錢六分一厘。
杭旗東分局，七百九十一兩三錢二分七厘。
杭旗西分局，一千零五十四兩三錢一分五厘。
達旗東分局，一千七百七十二兩五錢八分四厘。
達旗西分局，一千八百四十三兩五錢零九厘。

以上為第二期，由光緒三十四年（一九〇八）四月十二日起，截至民國元年（一九一二）九月底止，計信、瑞、桂、堃各將軍任內，共開支庫平銀二十五萬七千二百六十九兩三錢九分七厘。兩期統共支庫平銀八十萬零零二百八十九兩七錢三分五厘。此項支款，均照墾務公所表冊填列，至元年（一九一二）九月以後，渠道改歸民戶修理，各局一律裁撤。

（八）達旗永租由光緒三十年（一九〇四）起，截至宣統三年（一九一一）止，應徵渠地租四十九萬九千八百六十七兩五錢二分一厘，照章以二成為渠工經費，計應劈八萬九千九百七十三兩五錢零四厘。

（九）杭、達兩旗渠租，由光緒三十一年（一九〇五）起，截至宣統三年（一九一一）止，應徵四萬五千三百七十六兩三錢四分七厘。

（十）烏拉特西公旗渠租，由光緒三十三年（一九〇七）起，截至宣統三年（一九一一）止，應徵二千四百零七兩一錢九分三厘。

（十一）杭、達、烏三旗永租，由光緒三十二年（一九〇六）起，截至宣統三年（一九一一）止，應徵一萬二千二百零六兩二錢六分。

以上渠租、永租，截至宣統三年（一九一一）止，應共徵庫平銀十四萬一千九百六十三兩三錢零四厘，與支出渠工經費比較，不敷為六十五萬八千三百二十六兩四錢三分一厘。此項不敷之款，固屬於渠工基金居多，而辦事人管理不善，亦難辭責。至於宣統三年（一九一一）以後，民國元年（一九一二）起，改定章程，將八大幹渠交由民戶承包，每年澆地以二千頃為限，繳渠地租庫平銀三萬兩，其餘每頃繳水利經費銀一兩二錢，以充水利局經費。

後套有大幹渠八道，永濟渠居黃河上游，剛目次之，豐濟、永和、義和、通濟、長濟又次之，至塔布渠為最下。渠口皆西南承接河水，渠梢則東北入五加河，灌溉杭、達、烏三旗田地，方向皆杭受其源，達承其尾。惟義和一渠，則梢入五加河後，復徧五加河，輸注於烏旗。五加河原係黃河北流故道，由義岱魁以西早經淤塞，以東經梅令廟復南折至烏梁素海子，長約四百三十里。河身尚完整，以故各渠退水，莫不以五加河為委焉。

各渠原由地商自開，及光緒二十九年（一九〇三），清政府特命大臣貽穀督辦蒙旗墾務，所有蒙地一律飭令報墾，各地商所種之地，亦一併呈請官廳丈放，渠亦難為己有，遂以渠道報效入官。經貽穀大臣派員勘收，估計工程，酌賞渠費，一面派員勘工設局修洗。開工之始，將長勝渠改名長濟，纏金渠改名永濟，集人夫數萬，從事疏濬；又開支渠以分水勢，其老郭、沙河、義和、豐濟、剛目等各渠以次興修。彼時據當事者報告政府，可溉田一萬頃，又以五加河尾閭湮塞，水無歸宿之處，往往淹沒田禾，復籌用挖泥機由烏梁素海子起而南至黃河次第開通，以興渠利。事未及行，適貽穀被參去職，繼後則歷任綏遠城將軍兼辦，雖有墾局之存留，不過一承轉機關，而於渠務亦祇敷衍了事。計自光緒二十九年（一九〇三）起，截至民國元年（一九一二）九月底止，計支出渠工經費凡八十萬餘兩，而渠租、永租預計每年可徵六萬餘兩。後以渠水不足，澆地無多，收入太減。查自開辦起，至宣統三年（一九一一）止，共計收渠租、永租不足十五萬兩，與預算相差甚遠。將軍堃岫任內，奏請將幹支各渠改歸民戶修理，溉地以二千頃為額，每年由民戶包繳渠地租三萬兩。其餘升科地，每頃改征水利經費銀一兩二錢，如用官渠水，則每頃四兩五錢。所有水利各分局，一律裁撤。此辦法由民國元年（一九一二）實行。

八大幹渠合長為七百九十六里，合以小幹渠，共長約為一千五百里，灌溉區域，除教堂地不計外，原定澆杭、達、烏三旗地一萬餘頃。查最盛之時，祇光緒三十三年（一九〇七）澆七千餘頃，其餘皆在五六千頃。自入民國，蒙匪滋擾，盧匪繼之，墾戶逃避，千里為墟，原有渠道無人修洗，節節淤澄，渠工大壞。迄至民國五年（一九一六），全區祇澆五千頃，六年（一九一七）減至四千頃，七年（一九一八）又減至三千五百頃。由此以言，則自光緒三十三年（一九〇七）以後，渠工廢壞，年甚一年。今惟纏金、義和二渠納流尚順外，其餘淤塞過半，而老郭、長勝淤澄幾等平地矣。八年（一九一九）春，水利局長王用舟君，慨渠務之廢弛，力求整頓，以民國元年（一九一二）所訂水利章程迄未實行，乃遵章令各渠民戶舉定正、副社長，擇其淤澄者，自八年（一九一九）夏起，先籌資三萬兩，由老郭渠入手疏濬。繼後工款如何，尚無把握。

後套渠工，始於民戶，各自為謀，初無統籌全局之計，所開渠道，錯綜交雜，墾地亦不成片段。故渠道雖多，而灌溉範圍未廣，蓋以各渠口自承河流，由纏金而下，河勢已衰，既降之水，不能挽之使上，稍高之地，即為灌溉所不及。且河面既降，入渠之水，運行平緩，最易淤澄，而河流散漫，遷徙無常。幸而渠口所在，河岸坍塌，引流尚盛，設或口外生灘，則泥沙噴塞，不易疏通，又須另籌新口，以資補救，屢年挑濬，不勝其勢。從前各渠為民戶自有，身家性命，俱在於渠，歲時興修，保其常度。及歸官辦，亦只因勢利導，未為從長規劃，乃貽以欽差威望，在事人員尚不敢玩視要公，及貽被參去職，後任事者因循苟且，至今渠工敗壞已極。水利局現在規劃，擬實行民國元年（一九一二）所訂官督民修之制，將各渠修洗，恢復原狀，成功之後，溉田萬頃以上。

後套地域，截長補短，東西四百里，南北百里，計地二十萬頃，間去其砂礫不毛之地，其可耕者，約有六萬頃，其中除賠教地二千頃（實有萬頃），再除達旗永租地四千頃，烏拉西公之什拉胡魯素地一千七百頃，達旗報效五原縣城基地五百頃，又共約萬頃，可耕者尚有四萬頃。查其地勢，可添開幹渠四道，（一）籃鎖爾渠西，（二）永濟、沙河二渠之間，（三）什拉胡魯素，（四）皂（大）〔火〕渠之西，計四渠之費，約五十萬元，再於舊有八大幹渠，二十小幹渠，大事疏濬，所費又五十萬元，共計祇百萬元，則四萬頃膏腴，可立致也。按現行渠租，每頃四兩五錢，可加至八兩，計在二三年之後，則此項濬渠之工費，即可收回。惟地戶不習灌溉之法，當一絕大平原，普遍放水，乃至低窪之處，深已數丈，高處尚無涓滴。是宜從事教導，設法改良，使其分別高低，界以土埂，高水以澆高地，低水以澆低地，因勢利導，俾得各盡其利，水無虛糜之水，而地亦無荒曠之地。至蒙人不肯報墾之說，蓋虛語耳。重利以誘之，信約以將之，立法簡當，示之以誠，彼蒙古將趨赴之不遑，顧安得有不肯報墾之說耶？此王君同春之計畫也。王君字浚川，土人以渠道大王稱之，直隸邢台縣人，生於前清同治元年（一八六二）。自八歲隨其先人入套。初為人墾牧，三十以後，即經營渠墾，於河套地理、蒙情、渠墾興敗利弊，知之最審。民國三年（一九一四），當由農商部聘為顧問，並請給四等嘉禾章，政府優遇其為人才識，概可見矣。

據右說，水利局祇在修洗故渠溉地萬頃，王君則以擴張範圍恢復之外，加溉四萬頃，徵之實地，確可擴充。惟王君所云，新開四渠，不可不研究已往之利害關係，統籌全局，作惟一之計畫。按地理水功之學，擇適當之地，另開幹渠，計灌溉面積之大小，需用水量幾何，然後規定渠身廣狹淺深，更參照寧夏渠工規模，建設閘垻、飛槽、暗洞，以調劑之，而資永固，則後套渠墾之利，可操左券矣。參觀附圖第二十八、第二十九。

（丙）三湖灣

三湖灣，係黃河與三湖河夾成之低灘，地勢西高東下，引三湖河水澆灌，形勢極順。惟該處墾闢較晚，渠工未見發達，及今計之，僅有西公合哨、史家、墾務三渠，皆自三湖河決出者也。合哨居上游，長約十六里，梢至蘇木兔。史家在河哨之東十里，長約十里，梢至王卦營子。墾務在史家之東二里，長約二十五里，梢至柴腦包。三渠共長五十餘里，形勢由西北而東南，澆地甚少，於東公報墾之地二千四百頃，尚待另開新渠，現正由烏拉特旗墾局籌畫，於丈放地畝內，每頃帶征渠費銀三十兩，以資興辦云。

全區除沙堿不計外，可耕之地約七千頃，三湖河納流亦甚暢，若再於河口建設閘壩調劑之，則水量充足，用力少而收功多，蓋半出天然也。

河套新編卷之十一

河套墾務調查記 附圖十三至十六

河套墾地，約分二類：一為鹹土，必得河水浸灌，始能播種，名曰渠地，收穫極豐；不得河水，則棄為石田，如寧夏、後套、三湖灣是也。一為砂土，不用河水浸灌，得日光蒸曬汽化之作用，夜寒凝為水分，使土地潤濕，亦可種植，名曰旱地，收穫較少，如前套之地是也。茲就其土地畫為四區，分別述之。

（甲）寧夏

寧夏 自漢徐勳開光祿渠，引河溉田，水利以興，遂易斥鹵為沃壤。由是以後，歷魏而唐，迄於西夏，代有經營。及元，溉田至九萬頃，人民利之，此所以有天下黃河富寧夏之諺也。惟明中葉，套夷為患，侵據察漢托護在今平羅縣東北境。為遊牧地，漢民遷避，屯田遂壞。及至清初，寧夏三衛一所，存地僅有萬頃。雍正四年（一七二六），奏復察漢托護，命侍郎通智規復屯墾。彼時計開墾地不下二萬二千頃。迄道、咸以降，渠道敗壞，墾地因之荒蕪。據宣統年之調查，全區僅存地六千頃而已。茲將寧夏、寧朔、平羅三縣地畝貢賦額數比較，列表如下：

寧夏地畝額數表

縣別	地別	原額(頃)	今額(頃)	附記
寧夏	屯地	七，二二八，三二一	一，七二一，二八四	招墾查出入額屯地在内，以下屯地均同。
	馬廠地	五〇三，一四七	三〇，四九三	舊寧夏府屬之廠地，今歸寧夏縣。
	馬廠地	八二九，八七〇	二三六，五三三	
寧朔	屯地	四，一五一，三五九	一，六四九，六八八	
	更名地	二三六，〇一四	一二四，一七五	
平羅	屯地	八，四五七，八六七	二，五六五，六五六	
	馬廠地	三二六，七二五	二〇六，〇四一	
合計		二一，七三三，三〇三	六，五三三，八七〇	
說明		招墾查出入額屯地計五百三十一頃八十七畝三分，附入今額地内，此項地畝不徵銀糧。		

寧夏貢賦額數表

額	類別＼各縣	寧夏	寧朔	平羅	合計	附記
原額	地丁（兩）	二，五〇六，七八八	二，七四一，九一八	四，五七〇，八九六	九，八一九，六〇二	
	糧（石）	四二，六一八，五三一	四〇，七五三，六七四	三二，二八四，一四四	一一五，六五六，三四九	
	草（束）	一六六，〇六八，一三〇	一五九，九八六，三六〇	四六，八六〇，〇六〇	三九二，九一四，五五〇	
	廠地租	無考	無	無考		地租無考
今額	地丁（兩）	六四九，二六二	一，四七一，七三三	一，三〇四，九四四	三，四二五，九三九	耗羨銀附入
	糧（石）	一六，五八五，九四八	一五，六三六，八七五	一四，九四八，六〇四	四七，一七一，四二七	耗羨糧附入
	草（束）	四五，九六三，四一四	四九，四二二，四一〇	二二，九九三，三四五	一一八，三七九，一六九	
	廠地租（兩）	一，二一九，五七八	無	九一四，五四九	二，一三四，一二七	

（乙）後套

後套自土默特歸化後，山、陝北部貧民，日以西漸。地商向蒙人租種墾地之數，初無統計。貽穀督辦墾務，飭令蒙旗報墾，於是後套地商私種之地，一律歸公，渠道亦先後呈請報效墾局，償以代價，收入官有，因而修理之。所有墾地，派員丈量，招戶承領，除達拉特旗永租地另有規定外，其餘墾地照章升科，歸民戶永遠執業。計自光緒三十年（一九〇四）以後，後套一區，實墾之地，約有萬頃。茲將各旗墾務情形，分述於下。

達拉特旗 永租地，達旗報墾時不肯推讓所有權，惟課歲租，不收荒價，地仍蒙地，故謂之永租地，即永租不放之意。前清光緒二十九年（一九〇三），該旗呈請先儘長勝、纏金兩處開渠放墾，其餘各地段，以任便陸續開渠，渠至何處，地即開至何處。所得租銀，以七成歸公，三成歸旗。是為達旗報墾之始。惟達旗所報之地，遠在河北，依渠為命，故開濬渠道尤為達旗放墾之要件。先是，達旗各地，於未經報墾之先，即租種於各地商，如老郭、沙河、義和、剛目、豐濟各處，均為地商開渠租種之地，其後各地商報效渠道，地亦歸墾局所有。自二十九年（一九〇三）以後，即由墾局修渠招租，並詳定徵租章（租）〔程〕，按地之肥瘠，區分等則，上上地每頃每年納租四十兩，上次地三十兩，中地二十五兩，下地二十兩。所收租銀，提取二成作為渠工經費，其餘分為十分，以七成歸公，三成歸旗。至三十一年（一九〇五），復規定除提二成渠費外，另提綏遠城將軍、歸化城副都統公費銀三千六百兩，再按十成分劈，蒙三我七。歷年以來，給蒙旗租銀，亦有但照每年每頃五兩核給，而不按三成者。蓋豐濟、老郭、義和、剛目等處地畝，曾經各地商向蒙旗私租，每年每頃例交銀五兩，故亦照地商給租之例。至該地租出於民，每年地數多寡無定，全視河水大小，渠道通塞為衡。計由光緒三十年（一九〇四）起，至宣統三年（一九一一）止，每年租地及徵收歲租如左表：

光緒三十年（一九〇四） 租地九十七頃四十八畝四分，歲租二千四百四十二兩零六四。
光緒三十一年（一九〇五） 租地二千零零六頃十三畝四分，歲租六萬一千九百六十二兩五七零。
光緒三十二年（一九〇六） 租地二千零三十三頃五十畝零二分，歲租六萬八千八百二十兩七六零。
光緒三十三年（一九〇七） 租地三千一百二十二頃五十一畝九分，歲租九萬五千九百八十九兩五三二。
光緒三十四年（一九〇八） 租地二千五百三十三頃十五畝二分，歲租三萬六千五百七十一兩三一七。
宣統元年（一九〇九） 租地一千五百六十六頃四十五畝六分，歲租三萬一千三百三兩零七四。
宣統二年（一九一〇） 租地一千九百二十八頃五十一畝八分，歲租五萬零六百四十四兩一二四。

宣統三年（一九一一）　租地二千四百六十四頃零八畝六分，歲租六萬二千一百三十四兩零八零。

達旗報墾，於開辦時實丈過之地，在隆興長局九百餘頃，大有公局七百餘頃，黃惱楼局即老郭三百餘頃，（詳）〔祥〕泰魁局四百餘頃，協成地局七百餘頃，纏金局八百餘頃，六局丈見之數，凡四千頃。然查歷年租地之數，衹光緒三十三年（一九〇七）過三千頃，其餘皆在二千頃之數，不實不盡可知。良由此項永租地畝，辦法係按歷年招戶承種，夏秋之際，勘丈清苗，辦事人員可以上下其手。且地戶春出冬歸，居住無定，拖欠地租，數至（距）〔鉅〕萬。將軍堃岫察知利弊，於是改定辦法，將地包給民戶，以二千頃為定額，每頃年租十五兩，以五年為限滿；渠道則歸民戶自行修理，每年收入為三萬兩，其劃分章程仍舊。此辦法於民國元年（一九一二）實行。是年五月，達旗呈請退回原租地自辦，經蒙藏事務局議，將從前蒙三我七之案改為蒙五我五，舊提將軍、副都統公費均由公家所劈五成收入內開支；地畝仍歸原佃承種，不得退還，佃戶仍照原數完租。經政府批准在案。民國五年（一九一六），地戶包租限滿，由六年（一九一七）起，又續包三年，餘仍照舊辦理。此項永租地，在五原縣境，租銀由墾務局徵收。

達旗四成補地　初，包頭附近自黃河改道，北岸涸出地一段，達拉特與土默特旗各欲據為己有，相爭不決。經前清欽差大臣紹祺勘斷，以六成歸土默特，四成歸達拉特，於是歸土默特者曰六成地，歸達拉特者曰四成地。光緒二十八年（一九〇二），達旗因教案發生，議定賠款，無力籌措，願以四成地交西路公司承領，繳價十四萬兩，以付賠款。二十九年（一九〇三）勘丈，除沖塌不計外，僅丈出一千二百三十五頃二十二畝，不足原數。該旗允將後套長勝渠口地段撥補，故名其地為四成補地。然其地遠在黃河之北，必須開渠引水灌溉，方能播種，需費不資。西路公司要求加增地畝，以償不足。該旗允與加增，以一千四百頃交公司承領轉售。地價則分四等，上地每頃一百兩，上次地九十五兩，中地九十兩，中次地八十五兩。三十一年（一九〇五）派員勘丈，計放出上地八百零八頃五十六畝九分，上次地三十頃二十三畝，中地四百零四頃七十五畝五分，中次地一百六十八頃四十四畝六分，共計放地一千四百二十頃，應徵地價銀十三萬五千二百三十四兩六錢一分。歲租分三等，上地每畝徵銀二分二釐，中地一分八釐，下地一分四釐，計上地八百零八頃五十六畝九分，中地（上次地併入）四百四十二頃九十八畝五分，下地（即中次地）一百六十八頃四十四畝六分，應徵歲租銀二千八百十二兩四分九釐，統於前清光緒三十三年（一九〇七）起徵。此項歲租歸五原縣徵收，全係正供，並無分給蒙旗。

達旗報效五原縣城基地　此地係達拉特旗所報效者，（座）〔坐〕落在隆興長附近義和渠西北，寬長各十里。光緒三十四年（一九〇八），由墾務大臣批歸五原廳今改為五原縣管理，除劃留衙署、城垣、壇廟、營局各地址外，由五原廳呈請招放，所收荒價，即留為各項建置之用。此項地畝在未經招放之前，按照墾局租地章程，招人租種，於秋後丈驗清苗，核收短租。計自三十三年（一九〇七）以後至民國元年（一九一二），統計收入短租銀一萬二千一百九十七兩，二年（一九一三）後陸續丈量，計五百四十頃。此地用沙河渠水，不敷澆灌，尚待另開新渠，故餘地未領甚多，地價未能繳齊，無從統計。

杭錦旗　杭旗報墾，初派梅令棍布指報杭蓋地一段，既而該旗貝子不認，不肯出交印文，經墾務大臣貽穀奏參，革去盟長之職，始於光緒二十九年（一九〇三）冬，將中、東兩巴噶地報墾。其地西至王文善舊渠北，東、北均界達拉特，南界黃河，東西長約二百三十里，南北寬由二十里至九十里不等。三十年（一九〇四）冬，續報黃圖拉亥河東畔地一段，其地東界藍鎖爾，西界黃圖拉亥河，南界黃河，北界達拉特旗，南北長約九十里，東西寬二三十里不等。先後均由墾務大臣派員勘收。所有界內各召廟地畝，斟酌劃留，大召每面撥給五里，中召四里，小召二里，歸各召自行經理。至界內戶口地畝，一律收回，另撥給沿河一帶地，東自姚家塞起，西至黃圖拉亥河止，長二百十五里，寬二里至六里不等，作為該旗牧廠。

該旗報墾，原議永租不放，祇收渠地租不收押荒，所收渠地租，除提二成渠費外，其餘一半歸公，一半歸旗。所定渠地租，上地每頃三十八兩至三十二兩，中地二十六兩，下地二十兩，此三十年（一九〇四）之辦法也。是年計租出中地九百九頃四十二畝四分，下地六百十八頃五十二畝三分，合計租地一千五百二十七頃九十四畝七分，應徵渠地租三萬六千十五兩四錢八分四厘。嗣後議定每年包給蒙旗租銀六千兩，公費銀三千兩，渠水大小，澆地多寡，杭旗不問，如有盈餘，悉數歸公，而辦法一變。然未實行也。

三十一年（一九〇五），杭旗請以地四千頃交西路公司承領，改徵押荒，經墾務大臣批准，飭令西路公司備價承領，每頃勻計以七十兩，共繳銀二十八萬兩。公司承領後，轉放於民戶，地價則分五等：上地每頃銀一百兩，上次地九十五兩，中地九十兩，中次地八十五兩，下地八十兩。於光緒三十二、三十三（一九〇六、一九〇七）兩年，轉放上地六百六十五頃七十八畝五分，上次地八百一十九頃零八畝六分，中地五百八十五頃六十畝，中次地八十六頃六十八畝七分，下地二百頃零零九畝七分，共放地二千三百五十七頃二十五畝五分，應徵地價銀二十二萬零四百七十一兩八錢二分五厘。

三十四年（一九〇八），貽案發生。四月，查辦大臣奏明取銷公司所收地價，一律歸公；其未經售出之地，改地價為押荒，歸西盟局招戶丈放，而辦法三變。其押荒等則分五等：上地每頃九十兩，上次地八十五兩，中地八十兩，中次地七十五兩，下地七十兩。於宣統元年（一九〇九）經西盟局續放上地五十四頃九十六畝二分，上次地三十四頃九十二畝三分，中地八十八頃七十五畝二分，中次地一百零九頃八十四畝四分，下地一百九十三頃七十六畝四分，共續放渠地四百八十二頃二十四畝七分，應徵押荒銀三萬六千八百一十七兩一錢四分五厘。

原報交由西路公司之四千頃，除兩次丈放外，下餘之地，距渠較遠，則由西盟局稟定，改照旱地章程出放，而辦法四變。所定旱地押荒等則：上地每頃五十兩，上次地四十兩，中地三十三兩，中次地二十兩，下地十兩。於宣統三年（一九〇九）經西盟局續放旱上地七百三十六頃三十六畝五分，上次地二百二十六頃六十二畝四分，中地八十六頃八十八畝五分，中次地一百二十頃六十八畝一分，下地一百零七頃九十七畝五分，共續放旱地一千一百七十八頃五十三畝，應徵押荒銀四萬七千九百八十三兩一錢。

統計杭旗前後三次放地四千零一十八頃三畝二分，應徵押荒、地價銀三十萬五千二百七十二兩一錢。所收荒價，除提二成渠費外，餘以一半歸公，一半歸旗。至於歲租，原定渠地分三等，上地每畝徵銀四分五厘，中地四分，下地三分五厘。嗣於光緒三十一年（一九〇五）五月，復奏請改定租章，上地每畝二分二厘，中地一分八厘，下地一分四厘；至續放旱地，上地一分六厘，中地一分二厘，下地一分。計渠上地七百二十頃七十四畝八分，渠中地（上次田併入）一千五百二十八頃三十六畝二分，渠下地（中次田併入）五百九十頃三十九畝二分，旱上地五百九十頃三十六畝五分，旱中地（上次地併入）二百一十三頃五十畝零九分，旱下地（中次地併入）二百二十八頃六十五畝六分，共渠、旱二地四千零一十八頃三畝二分，應徵歲租銀六千八百二十六兩二錢九分七厘。此項歲租均於丈放之次年起徵，所收歲租，除提二成渠費，以備修渠之用，其餘一半歸公，一半歸旗。於歸公項下，動用一成經費。所放之地，凡用渠水，每年每頃繳渠租銀四兩五錢，作為渠工經費，渠水未到者免徵。至宣統三年（一九〇九），經將軍堃岫奏定，每年衹攤交水利經費一兩二錢，所有幹支各渠，歸民戶自行修理。

烏拉特西公旗　西公旗報墾地之在後套附近者，一為什拉胡魯素，其地南界南大渠，西界五加河，東界山水大壩，北界大（余）〔佘〕太附近；一為紅門圖，其地東界舊壩，南界山水大壩，西界五加河，北界什拉胡魯素。此二地在墾務大臣貽穀任內，飭由西路公司承領，每頃地價一律定為八十兩。公司轉售於民戶，則分四等：上上地每頃一百二十兩，上地一百一十兩，中地一百兩，下地九十兩。由光緒三十三年（一九〇七）起至三十四年（一九〇八）四月公司截止，共計放上上地五百九十八頃八十一畝六分，上地四百七十二頃五十六畝一分，中地三百三十四頃五十七畝二分，下地二百四十八頃六十四畝二分，共放地一千六百五十四頃五十九畝二分，應徵地價銀一十七萬九千六百七十四兩七錢。

光緒三十四年（一九〇八），貽案發生，四月公司裁撤。所有什拉胡魯素未經放完之餘地，於宣統元年（一九〇九）將軍信勤任內，飭令西盟墾局接續招墾，改地價曰押荒，計續放渠下地二十二頃一十六畝八分，應徵押荒銀一千七百七十三兩四錢四分。

什拉胡魯素地，於兩次丈放外，其餘地畝於民國元年（一九一二）將軍堃岫任內，徇西盟局之請，按照杭旗續放旱地之例，丈放招墾。所定押荒：上地每頃五十兩，中地三十兩，下地十兩。計放旱上地八十四畝九分，中地一頃零九畝三分，下地五十頃零一十九畝六分，共續放旱地五十二頃一十三畝八分，應徵荒價銀五百七十七兩二錢。

統計什拉胡魯素、紅門圖二地，前後三次所放，渠、旱等地一千七百二十八頃八十九畝八分，應徵押荒、地價銀一十八萬二千零二十五兩三錢四分。所收荒價，渠地除提二成渠費，旱地除提三成經費外，均以一半歸公，一半歸旗。至歲租，渠地分三等：上地每畝二分，中地一分六厘，下地一分二厘。每畝帶徵附捐二成，均於宣統二年（一九一〇）起徵。其旱地歲租亦分三等：上地每畝一分六厘，中地一分二厘，下地一分。無論各地戶曾否繳完荒價，一律於丈放給領之次年升科。所有烏旗之什拉胡魯素、紅門圖二地，計渠上地（上上地併入）一千零七十一頃三十七畝七分，渠中地三百三十四頃五十七畝二分，渠下地二百七十頃八十一畝一分，旱上地八十四畝九分，旱中地一頃零九畝三分，旱下地五十頃一十九畝六分，共地一千七百二十八頃八十五畝八分，應徵歲租三千零五十五兩九錢零八厘；帶徵二成租捐六百一十一兩一錢八分二厘。此項歲租全歸蒙旗。其地屬五原縣所放，渠地每頃每年徵渠租四兩五錢，上中下三則均歸一律，渠水未到者免。至民國元年（一九一二），將軍堃岫改定渠歸民修，每年每頃但令民戶繳水利經費銀一兩二錢，渠租免徵。該地用義和渠水。

西公旗已報未放之地　西公報墾之在後套，除什拉胡魯素、紅門圖二地外，復於民國三年（一九一四）報墾恩克托垓地一段。經綏遠都統派員勘驗，其地東界、北界均至哈拉濠賴河，南界王同春地畔，西界劉鎮子地畔，東西長約四十里，南北寬約十四五里至六七里、三四里不等，地勢平坦。惟此地須先行開渠，引水浸灌，方能播種，故至今未見丈放。蓋未經開渠，無人領種也。

烏拉特中公旗已報未墾之地　中公報墾地之在後套附近者，為舊高爾蘇、烏蘭搗包之地。民國三年

（一九一四）經綏遠都統派員勘驗，其地東界至腦包，西界至地埝，南界至哈拉濠賴河，北界至山麓，東西長約三十里，南北寬二里餘。地勢北高南下，開渠工程不易。今尚無人領種。

教堂地　漢民之至後套者，自乾隆時始，至道光、咸豐間，愈聚愈眾，開渠墾地，幾同秦、晉。自墾務改歸官辦，但知横徵暴斂，不恤民艱，民力不支，棄地而遁。天主教徒乘機竄入，佔地耕種，黠者乘勢趨附，奉為護符，以故勢力漸張。適有教案發生，勒令蒙旗賠款，遂於後套西偏割地二千頃。教士又復逐漸引伸，私向蒙人租種地畝，接連阿拉善蒙古三聖公一帶。於是黄楊木堵以西，凡杭、達二旗西境百餘里，皆入洋人勢力範圍，雖蒙古王公，亦皆俯首聽命。今沿黄河西岸，有渠十數道，灌溉頗廣，雖所墾地不可考，然觀其土地平沃，渠道縱横，村林櫛比，其為二千頃，斷乎不止。噫！中國膏腴之地，不自墾闢，而淪為外人之殖民地，設不及早整理，則洋人勢力漸以擴張，西北一隅，其能長保乎？

綜計後套内外，杭、達、烏三旗墾地為九千七百餘頃九十一畝零，地價除永租地、五原城基地不計外，共六十二萬二千五百三十二兩零，歲租除五原城基地不計外，共四萬三千三百兩零。

後套墾地荒價歲租統計表

各旗	地段	地數	地價	歲租	附記
達拉特	永租地	二、〇〇〇頃、〇〇〇	無	三〇、〇〇〇兩、〇〇〇	
	四成補地	一、四二〇頃、〇〇〇	一三五、二三四兩、六一〇	二、八二二兩、四九〇	
	報效五原城基地	五四〇頃、〇〇〇	未經放竣	無從核計	
杭錦	中、東兩巴噶及黄圖拉亥河東畔	四、〇一八頃、一二〇	三〇五、二七二兩、一〇〇	六、八二六兩、二九七	

續表

各旗	地段	地數	地價	歲租	附記
烏拉特西公	什拉胡魯素及紅門圖	一、七二八頃、八九八	一八二、〇二五兩、五三四	三、六六七兩、〇九〇	二成捐在內
合計		九、七〇六頃、九一八	六二三、五三三兩、二四四	四三、三〇五兩、八七七	

後套已報未放之地段表

各旗	地段	說略	
達拉特	永租地一段	原定界內任便開渠，渠至何處，地即墾至何處。前已丈過四千頃，今祇種二千頃，餘地約二萬頃，宜仿照各旗作同一辦法，將此等地畝一律繳價升科放墾。	
杭錦	中、西兩巴噶地一段	長二百三四十里，寬二十里至九十里不等	以上二段均於光緒二十九年（一九〇三）報墾，已丈放過四千十八頃零，其餘可耕之地尚有一萬八千餘頃。
	黃圖拉垓河東畔地一段	長九十里，寬二三十里不等	
西公	恩克托垓地一段	長四十里，寬三里至十五里不等。民國三年（一九一四）報墾，已經勘驗有地一千五百餘頃，至今未丈放。	
中公	烏蘭搗包地一段	長三十餘里，寬二里餘。民國三年（一九一四）報墾，已經勘驗，至今未丈放。其地約三百餘頃。	

（丙）前套

前套地勢高下不平，中有砂山，綿亙至數百里。砂山中之盆地，水汽不通，豬為鹹湖，或為鹽澤，皆屬不毛。其為可墾之地，皆在斜坡諸小川左右，及黃河、長城附近為多。決渠灌溉之說，但就大河附近行之，引伸可數百頃。內部砂梁高出黃河水面一千尺以上，渠墾不可行。第地層係土砂兼雜，得日光蒸曬汽化之作用，夜寒凝為水分，禾稼（籍）〔藉〕以滋生，故當日出時，視地面有雲氣，其下必潤濕，皆可耕之地。該處墾務起於前清康熙季年。初，晉北貧民由土默特展轉渡河而西，私向蒙人租地耕作。而陝、甘邊氓，亦復逐漸闢殖，於是鄂爾多斯七旗境內，凡近黃河、長城，所在有漢民足跡。至光緒二十九年（一九〇三），貽穀奉命督辦蒙旗墾務，飭令各旗報墾，於是各地戶所墾之地，呈由官廳陸續丈放，給照升科。前後計放地三萬餘頃，茲分述於下。

郡王旗　郡旗報墾始於光緒三十年（一九〇四），初報者東南、東西兩段地，嗣後添報南段新地，即石灰廟喇嘛所報，書會廟地在內，續報為灶火鹽道地，計五段。經貽氏派員勘收，設局丈放，押荒分三等：上地每畝三錢，中地二錢，下地一錢。自開辦起至三十三年（一九〇七）年底止，計放上地二百一十三頃二十一畝二分，中地七百五十六頃六十三畝二分，下地八千六百六十九頃九畝九分，共放地九千六百三十八頃九十四畝二分，應徵押荒銀十萬零八千二百一十九兩九錢九分。所徵押荒，除提三成經費外，以一半歸旗。歲租分三等：上地每畝徵銀一分四厘，中地一分，下地八厘，後改為六厘。於丈放給領之次年，無論領戶繳完押荒與否，一律升科。計地九千六百三十八頃九十四畝二分，應徵歲租六千三百五十兩一錢四分二厘。所徵歲租以二成歸公，二成存儲，其餘六成撥給郡旗。此項歲租歸東勝縣徵收。

郡旗劃撥戶口地　郡旗劃撥戶口地，計丈放四百八十九頃三十畝零三分，應徵押荒銀五千三百五十二兩八錢五分。所徵押荒，郡旗得一半。歲租無考。

王愛召地　王愛召為郡旗一喇嘛廟，一稱廣智寺，其地界於郡、達兩旗之間，周圍三十里，蓋蒙旗王公施捨之香火地也。前清光緒二十九年（一九〇三），該召喇嘛呈請以該召東畔地放墾，經西蒙墾務局派員丈放。所定押荒分四等：上地每畝四錢，中地三錢，中下地二錢，下地一錢。計丈上地二百五十七頃二十二畝一分，中地二百四十五頃八十一畝一分，中下地一百五十三頃六十五畝六分，下地六百一十頃零四十四畝。三十二年（一九〇六），該喇嘛復呈以該召西畔地放墾，經西盟墾務局於宣統二年（一九一〇）丈放，計丈上地三頃七十四畝八分，中地八頃五畝六分，下地一百三十八頃七十九畝三分。尚有餘地，因地質稍次，未經放竣。總計前後兩次，共放地一千四百一十七頃七十二畝五分，應徵押荒銀二萬八千五百零二兩一錢八分，所徵押荒以一半歸該召，一半充墾局經費。該地係屬廟產，照章不給部照，但發給督辦與將軍會印執照，以資信守。其歲租分四等：上地每畝二分，中地一分六厘，中下地一分二厘，下地一分。召西畔地，上地照中地完納，中地照中下地完納。計地一千四百一十七頃七十二畝五分，應徵歲租一千八百五十七兩零二分三厘。召東畔地於光緒三十二年（一九〇六）起徵，召西畔地於宣統二年（一九一〇）起徵，所徵歲租提取一成經費外，其餘分為十成，以二成歸公，一成歸郡旗，七成撥歸該召。此項歲租由薩拉齊縣徵收。

扎薩克旗　扎旗報墾地凡二段，一為黑牌子地，一為報效地。黑牌子地係光緒三十二年（一九〇六）所報，經貽大臣派員設立烏扎墾務分局丈放，所定押荒：上地每畝三錢，中地二錢，下地一錢，沙城下地一錢。計放上地一百一十頃一十六畝六分，中地二百一十二頃三十六畝四分，下地九百四十一頃七十七畝七分，沙城下地三百四十三頃六十九畝五分，共放地一千六百〔零〕八頃二分，應徵押荒銀二萬零四百零六兩九錢八分。所收押荒，除提三成經費外，其餘一半歸公，一半歸旗。歲租上地每畝徵銀一分六厘，中地一分二厘，下地一分。升科年限，無論曾否繳完荒價，於丈放給領之次年，一律升科。沙城下地，俟三年後察看情形，再行核辦。除沙碱下地不計外，所有黑牌子地上中下三則，應徵歲租一千三百七十二兩八錢八分，所徵歲租二成歸公，二成存儲，其餘六成撥歸該旗。宣統元年（一九〇九），據西盟局東勝縣會詳，將歲租核減：上地每畝一分四厘，中地一分一厘，下地六厘，經將軍署批准在案。此後歲租為九百五十二兩八錢九分八厘。此地在東勝縣境內。民國元年（一九一二），將歲租所提二成存款歸旗，自是以後，歲租二成歸公，八成歸旗。

扎旗報效地　此地扎旗報效公家者，於光緒三十三年（一九〇七）由烏扎墾務分局丈放，押荒等則與黑牌子地同。計放上地五頃七十九畝，中地一百一十四頃六十五畝五分，下地二百八十二頃九十畝二分。沙城下地不計外，所有報效地應徵歲租三百一十兩七錢五分二厘，核減後，歲租為一百九十四兩五錢六分七厘。此項歲租全係正供，並不分給蒙旗。至於沙城下地，至今尚未升科。以上地畝均在東勝縣境內。

扎旗已報未放之地　扎旗報墾之地凡四段，所丈者惟黑牌子地及報效地兩段。此外如光緒二十九年（一九〇三）所報之喀喇牌界地，其地距神木縣邊，東界郡王旗，南界邊牆，西界烏審旗，北界喀喇界牌，南北長一百二三十里，東西寬七十里至百里不等。又光緒三十年（一九〇四）所報之郡、扎四六公地，即扎四，郡六之公共地也。其地東界三個鄂博，西界烏拉特干木隆周圍，北界莫錫哩，南界舊牌子，東西寬三十四里，南北六七十里不等。此二地均因土質稍次，尚未丈放。

準噶爾旗　準旗報墾，由於數教案發生，洋堂需索賠款，無以應付，乃請將軍衙門代墊城平銀二萬七千兩，而以河套川地報墾作抵。其地北至朝濠，東至乾濠，南至黃河，西至四六成地，西南至殷家窯子洋堂地界，南北寬約五六里，東西長由三十里至七十里不等。嗣因地段內貧戶居多，不便開放，且不敷賠款，乃改其地按年由托克托縣以取租銀扣抵賠款。光緒三十一年（一九〇五），該旗續報黑界地一段，其地西界水坑博羅，南界河套川地，北界該旗遊牧戶口地，東西長二百一二十里，南北寬七里至十餘里不等，由包頭墾局丈放。嗣因催索三十年（一九〇四）舊租，們肯吉雅聚眾鬧戶，而丹丕爾之獄起，墾務亦因之停頓。至丹丕爾伏法，始於光緒三十二年（一九〇六）夏續行開辦。所定押荒分四等：上地每畝六錢，中地四錢，中下地三錢，下地二錢。計丈上地二百三十四頃五畝八分，中地七百七十五頃七十五畝八分，中下地四百零九頃一十畝九分，下地一百七十八頃七十二畝五分五厘，共放地一千五百八十八頃二十五畝零五厘，應徵押荒銀六萬零三百三十九兩五錢八分。所徵押荒先提三成經費外，其餘一半歸公，一半歸旗，所有墊付賠教二萬七千兩之款，由此一半歸蒙押荒內扣還。歲租分四等：上地每畝二分，中地一分六厘，中下地一分二厘，下地一分。計地一千五百八十八頃二十五畝五厘，應徵歲租二千三百五十九兩七錢零五厘。所收歲租提取二成存款，其餘八成撥歸該旗。此項歲租由府谷、河曲二縣徵收。

準旗已報未放之地　準旗報地凡四段，所丈者僅黑界地一段。其餘如河套川一段，雖經勘收，並未丈放；續報之白界地一段，及三品命婦愛新覺羅氏所報之柳清梁戶口地一段，並未丈放。

烏審旗　烏審墾務，在墾務大臣貽穀任內兩次派員招放，均因蒙眾抗墾而罷。至前清宣統元年（一九〇九），將軍信勤派委延榆綏道穆特賀總辦烏審墾務，設局招放。該旗始報墾地一段，其地在黃河以西，什拉烏素河以南，與靖邊、懷遠今改橫山兩縣相近。所定押荒：上地每頃三十兩，中地二十兩，下地十兩。計丈上地四十頃，中地三百四十九頃五十畝，下地一千零六十三頃，共放一千四百五十二頃五十畝，應徵押荒銀一萬八千八百二十兩。所收押荒，除提三成經費外，其餘一半歸公，一半歸旗。歲租上地每畝一分六厘，中地一分二厘，下地一分，由宣統元年（一九〇九）升科。計地一千四百五十二頃五十畝，應徵歲租一千五百四十六兩四錢。所收歲租，先提經費一成，其餘分作十成，二成存儲，八成撥歸該旗。此項歲租由橫山、靖邊二縣分段經徵。

烏審報效祝嘏地　坐落在黃河以西，五道河東北，與榆林縣相近，亦係宣統元年（一九〇九）派員丈放，押荒與報墾地同。計丈上地九頃一十五畝四分，下地五百二十六頃六十二畝五分，共放五百三十五頃七十七畝九分，應徵押荒銀五千五百四十兩八錢七分。所徵押荒，除提三成經費外，其餘悉數解交練兵處。歲租等則，與報墾地同。計地五百三十五頃七十七畝九分，應徵歲租五百四十一兩二錢七分一厘。此項歲租，全係正供，並不分給蒙旗，由榆林縣經收。

烏審已報未放之地　烏審報墾，前後凡七次，地凡九段，而丈放者，祇什拉烏素河南地，及報效地兩段，其餘如光緒二十九年（一九〇三）所報之舊牌子地，其地南界邊牆，北界牌柵，東至扎薩克，西至鄂托克，長四百餘里，寬八十餘里。又新牌子地一段，其地南界舊牌子，北界新牌子，東界扎薩克，西界鄂托克，長四百二三十里，寬十餘里。三十年（一九〇四）所報之南邊地一段，其地南至邊牆，東鄰扎薩克，北界舊牌子土堆，西連西達木周圍東邊。又西邊地一段，其地東自阿哥鼐之庫特格起，西至鄂托克界，寬八九十里，百里不等，北自鄂托克界，南至前報之地，長一百二三十里不等。三十一年（一九〇五）所報之無定河一稱紅柳河，蒙人稱什拉烏素河西之三十五里地，及哈拉爾身蓋生地、白界外舊伙盤地，長三百餘里，寬十餘里。計凡七段，均未丈放，其中新牌子、舊牌子兩段，業已派員勘收。以上參觀附圖第二十三。

鄂托克旗　鄂旗報墾，始於光緒二十九年（一九〇三），至三十一年（一九〇五），始設鄂旗分局，派員丈放，先從黃河附近所報之五堆子、陶樂湖灘、月牙湖數處辦起。所定押荒分四等：上地每畝四錢，中地三錢，中下地二錢，下地一錢。自三十二（一九〇六）年二月起，至三十三年（一九〇七）止，計丈上地一十九頃一十一畝九分，中地七十四頃一十六畝四分，中下地五十五頃三十六畝四分，下地二十六頃六十畝七分。光緒三十三年（一九〇七）撤局以後，所有墾務歸併平羅縣兼辦。三十四年（一九〇八）據平羅縣詳報，續丈上地七頃。民國二年（一九一三），又據報續丈中地一頃，中下地九頃五十畝，下地九頃一十畝。前後三次，共放地二百零一頃九十三畝四分，應徵押荒銀四千九百五十四兩八錢三分。所徵押荒，除提三成經費外，以一半歸公，一半歸旗。歲租上地每畝銀二分，中地一分六厘，中下地一分二厘，下地一分。計地二百零一頃九十三畝四分，應徵歲租銀二百八十兩零一錢二分四厘。所徵歲租，提取二成存款，其餘八成撥歸該旗。此項歲租平羅縣經收。

鄂旗已報未放之地　鄂旗所報之地甚多，丈放者僅平羅接近黃河沿地數處而已。此外若光緒二十九年（一九〇三）所報之東南地一段，其地東至烏審旗相連之城，西界巴漢馬，中長二百里，南北寬三四十里不等。又東北地一段，其地東界杭錦旗，地名塔拉汗鄂羅木，西界乾溝，對岸即磴口村，北界黃河，南界大山，東西約八十餘里，南北寬十里至三十里不等。三十年（一九〇四）所報之巴格習、克爾鄂博、格托果里木三處鹽淖及巴彥城淖並西北黃河邊灘地一段，其地南界察漢沙，西至黃河支流，東界沙灘，北至搭布格堆，長六十餘里，寬十里至二十里不等。三十一年（一九〇五）所報西南熟地一段，其地南界烏審旗交界柴濟城，北至撓查城，東至舊設堆子，西至邊牆，長四百里，寬四五十里不等，與陝、甘兩省毗連，民居櫛比，無異內地。以上諸地，均已報未經丈放。

鄂旗質押與洋堂地　質押與洋堂地計二段：一為烏蘭莫多山地，係該旗賠洋堂款一萬兩，將地質押。其山形勢由東北而至西南，其地東自塔板胡蘆山下小溝哆羅奇起，西抵下拉古勒溝止，長約二十餘里，南由克公嘉自溝起，北抵黃河支流止，寬約二十餘里，自山麓至山頂，高約二三百仞，中有礦質。一為巴音達庫木地，係借用洋堂本銀二千二百五十兩，以該地質押。其地東北界德勒蘇，西南界白泥井堆子，東南界梁子，西北界察汗托果哩木，長三十里，寬十餘里不等。此二地迄未收回。

烏拉特西公旗　該旗墾地，除所報什拉胡魯素、紅門圖二段已詳後套外，嗣續報河西噶嚕台地一段。其地在黃河之南，東界中、東兩旗，南界達拉特，北界黃河，距包頭甚近。前清光緒三十三年（一九〇七），由西路公司承領轉放。地價分十則：　上上等上上地每頃一百五十兩，上地一百二十兩，上等上地一百兩，上中地八十兩，上次地六十兩，中等上中地五十兩，中地四十兩，中次地三十兩，下等中下地二十兩，下下地十兩。至公司裁撤止，計丈上上等上上地二十五頃六十六畝二分，上地一十三頃三十六畝五分，上等上地三十七頃五十三畝一分，上中地一十頃三十六畝九分，上次地五十四頃九畝八分，中等上中地一百一十一頃二十畝九分，中地三十七頃三十畝三分，中次地五十二頃八十一畝二分，下等中下地六十五頃七十畝五分，下下地二十七頃七十五畝，共四百三十五頃八十畝四分，應徵地價二萬三千五百一十兩零一錢三分。公司裁撤後，仍由西盟局續放，改徵押荒，分為六等：　上地每頃一百四十兩，上次地一百兩，中地七十兩，中次地四十兩，下地二十兩，下下地十兩。計丈中地十頃，中次地三十三頃七十八畝一分，下地一頃一十九畝七分，下下地一頃六十一畝四分，共四十六頃五十九畝二分，應徵押荒銀二千零九十一兩三錢二分。總計兩次放地四百八十二頃三十九畝六分，應徵押荒地價銀二萬五千六百零一兩四錢五分。所報押荒，提取二成渠費外，以一半歸公，一半歸蒙。歲租分四等：　上地每畝一分八厘，中地一分四厘，下地一分，下下地九厘。計地四百八十二頃三十九畝六分，應徵歲租銀五百六十三兩八錢零二厘，所收歲租，(金)〔全〕歸蒙旗，並帶徵租捐二成，專款存儲。其地屬五原縣。

烏拉特東公旗　東公報墾地一在三呼灣，一在河北坤都倫，二地另詳外，其在前套者，則為紅全灣地。其地東界土默特，南界達拉特，西界西公、中公二旗，北界黃河，東西長二十餘里，南北寬十里至二里不等，與西公所報之噶嚕台相距甚近，由西路公司承領轉放。地價分八等：　上上等上上地每頃一百兩，上地八十兩，上中地五十兩，中等中上地四十兩，中地三十兩，下等中下地二十兩，下下地一十兩。計自三十三年(一九〇七)九月起，至三十四年(一九〇八)四月公司裁撤止，丈出上上等上上地一十二頃五十六畝七分，上地二十四頃三十一畝二分，上等上中地四十五頃一十九畝八分，中等中上地二十二頃四十一畝九分，中地五十三頃四十二畝七分，下等中下地三頃五十五畝九分。共放一百九十二頃九十九畝八分，應徵地價銀九千九百二十三兩二錢七分。其餘未放之地，將軍信勤任內復由西盟局接放，改徵押荒，定為六等：　上地每頃七十兩，上次地(八)〔六〕十兩，中地五十兩，中次地四十兩，下地二十兩，下下地十兩。計丈中次地一百一十五頃八十七畝，下地一百二十八頃零零六分，下下地三十三頃零一畝一分，共放地二百七十六頃八十八畝七分，應徵押荒銀七千五百二十五兩零三分。總計前後二次放地四百六十九頃八十八畝五分，應徵荒價一萬七千四百四十八兩三錢。所徵荒價〔銀〕，除提三成經費外，以一半歸公，一半歸旗。歲租分四等：　上地每畝一分八厘，中地一分四厘，下地一分，下下地九厘。計地四百六十九頃八十八畝五分，應徵歲租五百一十三兩六錢一分六厘，於宣統元年（一九〇九）起徵。所徵歲租，全數歸旗；另帶徵租捐二成，專款存儲。其地屬五原縣。

台站地　殺虎口台站，係前清康熙三十一年（一六九二）設立，在土默特者凡六處，曰河東六站，另詳後章。其在鄂爾多斯境內者，亦凡六處，曰河西六站，一曰河西六台：曰東素海站，即頭台，在準噶爾旗界附近，今屬托克托縣轄地；曰吉克素站，即二台，亦在準噶爾旗界附近，今屬薩拉齊縣轄地；曰巴彥布拉克站，即三台，在達拉特、郡王二旗界，今屬五原縣轄地；曰阿魯烏爾圖站，即四台，在扎薩克、郡王二旗界；曰巴彥素海站，即五台，在烏審旗界，均屬東勝縣轄地；曰察罕扎達垓站，即六台，在鄂托克旗界，今屬平羅縣轄地。當初定制，每站由各蒙旗撥披甲兵丁五十名，隨帶戶口地，遊牧供差。其後兵丁間有絕亡，而地多被附近民人私墾。貽穀任內，奏准設立台站墾務局，將此項地畝丈量，交由西路公司認領轉放給各民戶。所定押荒：頭、二台上地每畝六錢，中地四錢，中下地三錢，下地二錢；三、四、五台上地三錢，中地二錢，下地一錢。於光緒三十三年（一九〇七）三月起，至三十四年（一九〇八）四月止，計丈頭、二台上地一百六十九頃五十八畝五分，中地二百四十五頃五十七畝五分，中下地四百五十一頃九十一畝，下地八百一十頃七十八畝六分；三、四、五台計丈上地五十五頃，中地二百五十三頃九畝八分，下地四千九百九十七頃五畝六分。共放地六千九百八十三頃二十一畝，應徵荒價銀十萬零六千四百三十七兩六錢四分，公司經放；另徵加價銀十萬零六千二百零六兩八錢八分二厘。又丈各台草灘地三千三百二十八頃七十六畝八分，此項草灘地，不收押荒，祇收地價，計應徵地價銀一萬零三十八兩三錢九分五厘。總計河西各台站，除六台未經丈放外，所有頭、二、三、四、五等五台，共丈站地草灘地為一萬零三百一十一頃九十七畝八分，應徵荒價銀二十三萬一千七百零二兩九錢一分七厘。此項荒價，在貽穀任內未經收齊，適貽案發生，墾務停頓，認領各戶，終未補價。迨至宣統二年（一九一〇）冬，經綏遠城將軍瑞良奏准，將已丈各台站地改辦官租，仍以原領之戶承墾。其等則：上地每頃每年三兩，中地二兩五錢，下地二兩；其四、五台地質較次，酌減官租，定為四台中地八錢，下地七錢，五台中地九錢，下地八錢。計前所丈，除草灘地不計外，每年額徵官租銀一萬零八百五十三兩，由宣統三年（一九一一）起徵。凡從前已繳荒價者，准按年攤抵五成租金，至截抵清後為止，並刊發永租新照，以資遵守。所有從前認墾照票，飭令繳（消）〔銷〕，所收官租，提取經徵費一成，其餘撥歸各站整理驛務，年終冊報將軍衙門備查。此項官租，由托克托、薩拉齊、五原、東勝等縣所經收，至民國元年（一九一二），改由站兵直接向民戶徵收，所有換照事宜，均經辦理完竣。

前套已墾地段及地數荒價歲租表

各站旗	地段	地數（頃）	荒價（兩）	歲租（兩）	附記
郡王	東西、東南二段地及書會廟、皂火、鹽道地	九，六三八，九四二	一〇八，二一九，九八〇	六，三五〇，一四〇	
	劃撥戶口地	四八九，三〇三	五，三五二，八五〇	無	
	王愛召地	一，四一七，七五二	二八，五〇二，一八〇	一、八五七，〇二三	
扎薩克	黑牌子地	一，六〇八，〇〇二	二〇、四〇六，九八〇	九五二，八九八	
	報效地	五七五，三五五	六，〇一五，九〇〇	一九四，五六七	
準噶爾	黑界地	一，五八八，二五〇	六〇，三三九，五八〇	二，三五九，七〇五	
鄂托克	巴音托輝、紅山嘴、五堆子地	二〇一，九三四	四，九五四，八三〇	二八〇，一二四	

續表

各站旗	地段	地數(頃)	荒價(兩)	歲租(兩)	附記
烏審	什拉烏素	一,四五二,五○○	一八,八二○,○○○	一,五四六,四○○	
	報效地	五三五,七七九	五,五四○,八七○	五四一,二七一	
西公	河西噶魯台地	四八二,三九六	二五,六○一,四五○	六七五,五六二	歲租内另加二成捐
東公	紅洞灣地	四六九,八八五	一七,四四八,三○○	六一六,三三九	仝右
台站	頭、二、三、四、五各台站地	一○,三一一,九七八	二三一,七○二,九一七	八,二三○,六○一	
合計		二八,七七二,○四九	五二七,九○五,八三七	五三,六○四,八三三	

前套已報未放之地段表

各站旗	地段	說略
扎薩克	喀喇牌界地一段	長約一百二十里寬,約八十里,光緒二十九年(一九○三)報,在神木縣境。
	郡扎四六公地一段	長約六十里寬,約三十里,光緒三十年(一九○四)報,其地南接舊牌子。

續表一

各站旗	地段	說略
準噶爾	河套川地一段	長約五十里，寬約五里，光緒三十年（一九〇四）報，在今托克托縣境。
	白界地一段	光緒三十年（一九〇四）報
	柳青梁戶口地一段	三品命婦愛新覺羅氏所報
烏審	舊牌子地一段	長約四百里，寬約八十里，光緒二十九年（一九〇三）報，已經派員勘收。其地南近邊牆。
	新牌子地一段	長約四百二十里，寬約十里，光緒二十九年（一九〇三）報。其地南界舊牌子，業經派員勘收。
	南邊地一段	光緒三十年（一九〇四）報。其地南界邊牆。
	西邊地一段	長約一百二十里，寬約八十里，光緒三十年（一九〇四）報。
	無定河西三十五里地一段 哈拉爾力蓋生地一段 白界外舊伙盤地一段	長約三百里，寬約十里，光緒三十一年（一九〇五）報。

各站旗	地段	說略
鄂托克	東南地一段	長約二百里，寬約二十里，光緒二十九年（一九〇三）報。其地東近烏審旗。
	東北地一段	長約八十里，寬約二十里，光緒二十九年（一九〇三）報。在磴口附近。
	巴格習、克爾鄂博、格果里木鹽淖三處 巴彥城淖一處 黃河邊灘地一段	長約六十里，寬約二十里，光緒三十年（一九〇四）報。其地西至黃河。
	西南熟地一段	長約四百里，寬約四十里，光緒三十一年（一九〇五）報。其地西南至邊牆，接陝甘界。
	烏蘭莫多山地一段	長寬各約二十里，鄂旗教案賠款以地質押銀一萬兩，其地北至黃河，應備價贖回。
	巴音達庫木地一段	長約三十里，寬約十里，鄂旗借洋堂銀二千二百五十兩，將地質押，即應贖回。
台站	察罕扎達垓站即六臺地一段	河西六台已丈五台，此台亦應丈放。其地在鄂托克旗界。

（丁）三湖灣 附綏屬各旗墾務情形

三湖灣因河灌溉，形勢天然，號稱沃壤。在前清山西巡撫胡聘之任內，即擬將該地開放，未及實行。及民國二年（一九一三），綏遠城將軍張紹曾行文該旗，令將三湖灣地報墾。西公不可，乃另報台梁地一段，其地不堪耕種，後又改報恩克托亥地一段，其地在後套附近，另詳後套，三湖灣迄未肯放。民國三年（一九一四），東公旗貝子拉什納木吉勒多爾濟將三湖灣地畝報墾三分之一，西公旗又力為梗阻，以為三湖灣並非東公旗所有，何得越境私報？而東公旗所持之理由，則謂烏拉特三公旗本係一家，向未分清界址，凡處三公之地，即為公共之產，但以三分之一報墾，何得謂之私報！彼此爭執，各不相下。綏遠都統迭經派員交涉，延至民國八年（一九一九），事乃得行。尋飭由烏拉特三公旗墾局勘收，計地二千四百三十頃，現正在丈放招戶承領。其地價分三則：上地每頃三百元，中地二百七十元，下地二百四十元，每頃帶徵渠工經費銀三十兩，丈費一元。其應徵地價及歲租若干，因該地未經放竣，難以統計。

烏拉特東公旗所報之坤都倫召東牌界地　此地於民國三年（一九一四）報墾，經墾務公所派員勘收，除于該召西面劃留寬三里、長十二里之地，以為該召牧廠外，其餘在貽穀任內，丈放六百零三頃有奇，應徵荒價銀二萬七千二百三十八兩零。此地在三湖河東，黄河以北，用坤都倫河水澆灌，水租由蒙人自收之。若善為經理，墾地尚可加五六百頃。其地屬五原縣。

烏拉特中公旗　中公旗墾地之在河北者，曰干支汗卯獨。其地距包頭西四十里，貽穀任內，由西路公司轉售六十九頃二十畝八分；宣統元年（一九〇九）將軍信勤任內，放地八百六十九頃五十七畝一分。計前後二次共丈放九百三十八頃七十七畝九分，應徵荒價四萬四千零三十五兩零。其地屬五原縣。

四子王旗　四子王於光緒三十二年（一九〇六）報墾察漢依魯格圖地一段，南北長四十餘里，東西寬一里至十里不等，在墾務貽大臣任內，兩次招墾，均因地質較次，迄未放出。至宣統元年（一九〇九），將軍信勤復飭令設局招放，計放地二百二十八頃。此外有地商報地二段：一為萬億號所報，其地在大青山後忽濟爾圖地方，係四子王因債作抵者，於宣統元年（一九〇九）丈放，計放出地一千七百四十一頃有奇。一為舉人通泰所報，其地亦在大青山後蘇濟地方，係該舉人通泰買之四子王旗者，宣統元年（一九〇九）計放出一百零一頃。共計放出二千零七十頃有奇，應徵荒價三萬二千四百二十七兩零。此地在武川縣境内。

達爾罕旗 前清光緒三十二年（一九〇六），報墾西邊卓克蘇拉塔地一段，其地東至奎素，西至哈拉哈少，南至烏蘭〔挑〕〔桃〕力蓋，北至邊牆，寬長均約十五里。三十三年（一九〇七）五月，由墾務大臣派員丈放，至三十四年（一九〇八）四月放竣，計放出熟地九百九十八頃有奇，應徵押荒〔銀〕二萬三千五百五十七兩零。此地〔在〕武川縣境内。

茂明安旗 前清光緒三十二年（一九〇六）報墾小壕帳房塔地二段，是年五月起至三十四年（一九〇八）四月止，計放地六百九十一頃有奇，應徵押荒銀一萬五千四百六十七兩零。此地在武川縣境内。

土默特地 土默特在有明之末，為察哈爾林丹汗所滅，地已非其所有，前清太宗平定察哈爾，令土默特頭目居之，故其地遂為土默特所有。其地南界邊牆，北至烏蘭察布盟，西界黄河，東至察哈爾，長廣各四百里，歸綏、薩拉齊、〔和〕林格爾、托克托、清水河五縣所治之地，皆其地也。除原有糧地、綏遠米地、台站地、公主府地外，餘皆歸十二參領管理。當初土默特人祗知遊牧為生，及康熙以後，蒙漢接近，交相往來，漸習漢民之耕作，乃與漢民同化。於是其地租種建築，展轉典售，始則旗與民，繼則民與民，一約數主，糾葛不清，而訟獄滋起矣。光緒三十年（一九〇四），該旗十二參領呈准將土默特地畝清理，經墾務貽穀大臣奏明，於三十二年（一九〇六）設立土默特查地局，規定章程，大致戶口地典與漢民，得過地價者，准漢民補交押價升科，永遠執業；戶口地自種者，照舊管業；此外官灘、絕戶、牧廠各地，一律歸公，另放升科。計自三十二年（一九〇六）十月起，至三十四年（一九〇八）正月止，計丈放土默特十一佐民佃官灘、絕戶各地，計九千九百八十五頃有奇，應徵地價二十二萬二千一百三十六兩零。此項地價，在貽穀任內未經交齊，旋以貽案發生停止。迨民國三年（一九一四），綏遠都統潘矩〔楹〕（盈）任內，復行設局清理，時值地方不靖，難以進行。五年（一九一六），蔡都統繼續辦理，今仍在積極進行。查土默特兩翼計六十佐，前此清丈，僅十一佐之地，丈出已九千餘頃，按此推之，預估六十佐清丈結果，當在五萬頃左右。即以官灘地言之，據各佐報告，有一萬四千三百七十五頃有奇。貽穀任內，僅丈過一千四百五十三頃零，僅十分之一耳。

綏遠城八旗馬廠地　此地在大青山後，乾隆三年（一七三八）由土默特地內劃給，原係東西長三百里，南北寬二十里。後因籌旗民孤孀養贍錢糧，先後三次丈放七千三百頃外，其餘之地，累以界劃不明，多生糾葛。光緒二十九年（一九〇三），土默特參領等呈請清理，經貽大臣親往勘丈，按里合頃，共丈為三萬二千餘頃，除已升科之七千三百頃不計外，實已增多。貽遂根據舊案，劃草地二萬零一百四十一頃十畝，其餘退返土默特，奏明在案。此項馬廠地放墾，自二十九年（一九〇三）起，至三十四年（一九〇八）止，計放地二千四百九十三頃有奇，徵收荒價〔銀〕二萬九千五百三十二兩零。其中有一千五百六十三頃係由民戶掛號認領，僅繳掛號費九千二百兩零，所欠正價尚巨。自後將軍瑞良及堃岫任內，將此項民戶掛號認領之地，改放伴種，計畝分糧，補苴旗丁口糧之用。至租地若干，收糧若干，無憑查考。民國二年（一九一三），將軍張紹曾任內復設局丈放，計放廠地一千二百三十四頃有奇，應徵荒價〔銀〕三萬六千六百七十三兩。查此項馬廠地，除已放之外，餘地尚多。

河東台站地　河東六站，在歸綏縣境者，曰歸化站，曰薩祿慶站，曰杜爾格站；在和林格爾縣境者，曰和林格爾站，曰新店子站，曰八十家子站。貽穀任內，設立台站墾務局，派員勘丈，交由西路公司承領。自光緒三十二年（一九〇六）三月起，至三十四年（一九〇八）四月止，計丈放河東六站地，及歸化、和林二站房基地，二共一千四百十八頃，應徵站地押荒及房基地地價五萬三千九百三十七兩零。貽〔穀〕任內祇收過一萬一千五百十六兩零，其餘未收之價，經將軍瑞良奏准改辦官租。所有台站緣由，及丈放繳價、改辦官租各情形，俱詳前套。又按烏盟之四子王、達爾罕、茂明安三旗，及土默特之部，計自民國五年（一九一六）以後，六、七兩年，經綏遠墾務局陸續丈放地約三萬頃。大青山後武川縣轄境遼闊，官廳管理大有鞭長莫及之勢，綏遠政府現擬於武川、五原二縣之間分設一縣，名曰稒陽，已設局籌備云。

按寧夏一區，三縣所屬地畝，原額二萬一千七百三十三頃三十畝有奇，貢賦除馬廠地租無考不計外，徵地丁銀九千八百一十九兩零，糧一十一萬五千六百五十六石零，草三十七萬二千九百一十四束。現在墾地六千五百三十三頃八十六畝有奇，徵地丁銀三千四百二十五兩零，糧四萬七千一百七十一石零，草一十一萬八千三百七十九束；馬廠地租銀二千一百三十四兩零。核計實已荒蕪地畝一萬五千一百九十九頃四十三畝零，皆因渠水灌溉不遍之故，即宜將渠道整理，墾地自可規復原額。再以貢賦言之，除馬廠地租原額無考，不與比較外，其餘損失為地丁銀六千三百九十三兩零，糧六萬八千四百八十四石零，草二十七萬四千五百三十束。此項錢糧草束，按今折算，計值頗巨，將來地畝規復，即此賦稅，當增國課不少。

後套已墾之地，凡九千七百六頃九十一畝有奇，地價除永租地及五原城基地二千五百四十頃不計外，收銀六十二萬二千五百三十二兩零；歲租除五原城基地五百四十頃不計外，收銀四萬三千三百五兩零。查已墾地畝與後套全區比，已佔少數。近復以渠道淤減，水不敷用，已墾之地，逐漸荒蕪。民國五年（一九一六）澆地僅五千頃，六年（一九一七）減至四千頃，七年（一九一八）又減至三千三百頃，其墾務之敗壞，概可見矣。八年（一九一九），水利局邀集紳商等資三萬兩修（竣）〔浚〕老郭渠，預計是年多種千頃。將來他渠亦計次遞興修，但能否籌到底款，尚無把握。即便幸成事實，然就全區論之，亦僅小補。蓋後套可耕之地，實有五萬頃，曩以二千里之渠，不能溉萬頃地，可知推廣後套墾務，斷非修洗原有渠道所能成功，必須統籌全局，作根本之計畫，精施測量，改良渠道，方為有濟。否則因陋就簡，沾沾於升斗之利則可，若就全局言之，未敢云治。又查已墾除永租地不計外，升科之地僅七千頃，整理之後，此項永租地亦應升科，合計為四萬三千頃，地價尚可增加。即以前價為比較，所收除劃給蒙旗外，餘為整理渠工，作墾務之基金，有餘無不足也。再以歲租分別規定，剔除積弊，所增國課甚多。

前套凡七旗五站，已丈放之地為二萬八千七百七十二頃四畝零，應徵荒價銀五十二萬七千九百〔零〕五兩，歲租二萬三千六百兩零。惟台站地荒價二十三萬七千餘兩，在貽穀任內未經收齊，後經將軍瑞良奏准改為官租，不收荒價，將從前認墾照票繳(消)銷，已繳之價准予攤抵租金，另發永租執照。故此項台站地畝，至今仍係民佃性質。查徵收官租，易滋流弊，莫如繳價升科為是。其餘已經報墾而未丈放之地，凡十有七段，質押洋堂地二段，台站地一段，計二十段。據所報長寬里推算之，不下九萬方里，即以四成為可耕計，亦二十萬餘頃。此外私墾未報之地甚多，尚待詳查，茲不計及。所有已報未放之地，及已丈之台站地，約共二十一萬頃，可一律繳價升科。

三湖灣已經報墾二千四百三十頃，現正報戶承領，預計徵收地價六十萬元，渠工經費十萬餘元，共七十萬餘元。查已報之地僅佔全區三分之一，若相度形勢，開浚渠道，引水澆灌，所餘悉成腴田，計當增五千頃可以繳價升科之地。

總計河套全部四區，已墾渠地一萬八千六百七十頃零，永租地二千在內，此項永租地未升科。旱地二萬八千七百七十二頃零，內有台站地一萬三百一十一頃未升科，又後套放墾有旱地，其實與此性質不同，故列入渠地內。共四萬七千四百四十二頃零。整理之後，預計可增渠地六萬餘頃，旱地二十萬餘頃。此其大略也，餘詳計畫篇。至於河東河北，以及大青山前後各旗墾務，非屬本編範圍以內，故僅陳大概，用備參考云。

河套新編卷之十二

河套農林調查記

河套氣候、地質，與內地迥然不同，大抵恃水為生，苦旱不苦潦，信水告時。賀蘭、大青諸山林木，既遭兵燹，水澤益失其調節之助，故欲有事於墾闢，則開渠植林，為當務之急矣。畜牧、城池諸業，亦河套天然之利也，加以人工之改善，產量且十倍於今。今將各項現狀分述如下：

氣候 河套拔出海面三千尺，氣候較寒。隆冬之季，地凍深約二三尺。內地春草滿山，河套尚在殘冬。世謂蒙地只有冬夏而無春秋，其說誠過，惟春秋較短耳。立春以後非春，以春分時節代立春；立冬以前非秋，以秋分代立冬。計冬令半年，春秋每一月有半而強，夏令不足三月也。故凡農事播種於春分起，成熟至秋分止；但負山臨河，人煙廣衆之地，略有不同。以前套與後套比，則以後套冬令較短，後套與寧夏、包頭、綏遠比，則寧夏、包頭、綏遠冬令又各較短。蓋地經墾闢，人煙稠密，上下之氣交通，轉為溫和，非草昧未開、地氣封固者可比。故改良河套氣候，必自墾植始。前套不第冬令嚴寒，即夏令熱度，亦往往過於內地，緣林木絕少，沙漠熱度易於反射，至夜則溫度低降。故土人所着老羊皮裘，雖盛夏之時，亦不敢輕於棄置。記者於民國八年（一九一九）九月中旬旅行是地，去白露後纔四日，早、夜已見濃霜，華氏表降至三十六度，午後復升至八十八度，一日至差五六十度，其變化如此也。

風　冬春之交，時有颶風，席捲塵沙，扶搖而上。夏秋和風。冬多西北風，速度每秒時一二至五六公尺，迎風方向，飛砂撲面，喈喈有聲，行旅苦之。土人卜居嶺下，或就山鑿穴，藉避風沙。

雨　河套雨水稀少，一歲之中，僅有數見，然為量亦甚少，故農田專恃引渠灌溉。雨季秋多於春，暴雨多在秋末。寧夏、綏遠等處，雨水甚調。

雪　秋分以後，春分之前，在河套皆為冬令，故在此期間，降水成雪。而大青、賀蘭等山，雖夏日雨後，遙視山巔，雪白如銀，蓋愈高愈寒，北陰之處，且終年積雪。春夏亦時有雹，然禾苗初出，與農田無損。

霜　普通霜期，在秋分之後，前套白露後，亦時見之。包頭農會報告，十年前該地秋分有霜，晚近必至霜降前後始見。昔人論河套春遲霜早，不宜耕種，不知地土一經耕種，人煙漸多，空氣轉移，化霜為露。觀於包頭農會之報告，推測將來氣候，亦未始不可以人為改造。

冰　小雪結冰，春分解凍，通常冰期，年計四閱月。凡在冰際，黃河舟楫斷絕來往，車駝載重，出入河套，履冰而渡，如行平地。土地凍結，故麥豆播種，多在晚春，與南方隔年下種者大異。

綏遠城近三年每月平均溫度表（攝氏）

月＼年	民國五年	民國六年	民國七年
一月	負八・〇	負一四・〇	負一〇・六
二月	負七・二	負六・一	負六・九
三月	負一・八	〇・六	二・六
四月	八・三	八・七	八・八
五月	一四・九	一四・六	一四・四
六月	一九・六	二二・〇	一九・三
七月	二三・二	二三・二	二五・三
八月	二二・一	二三・六	二一・九
九月	一六・三	一五・七	一六・〇
十月	八・三	九・四	八・六
十一月	負一・二	負〇・九	
十二月	負一一・五	負一一・二	負一一・三

綏遠城近三年每月降水量統計表（公厘）

月＼年	民國五年	民國六年	民國七年
一	二五·五	○·○	○·○
二	二二·八	一六·二	五·二
三	○·○	○·○	一○·三
四	五·二	五·五	一一·六
五	一八	一八·七	二三·七
六	四六·六	四六·九	六五·九
七	四三·七	一○五·二	四○·○
八	五七·四	一一·○	一四四·五
九	七四·八	四七·一	二三·一
十	二五·五	一四·二	七·九
十一	二三·一		
十二	○·○	○·○	○·○
合計	三三一·七	二六四·八	三三一·一

五原（隆興長）每日溫度表（華氏），民國八年（一九一九）六、七月

六月日	最高	最低	七月日	最高	最低	七月日	最高	最低
十六	七九	七○	一	八三	七六	十六	八○	七六
十七	八七	七二	二	八二	七二	十七	七八	七四
十八	八六	七○	三	八四	七八	十八	八二	七六
十九	八七	七三	四	八六	八○	十九	八○	七四
二十	八五	七五	五	八二	七八	二十	七八	七二
二十一	八六	七三	六	八○	七六	二十一	八○	七四
二十二	八八	七二	七	八二	七九	二十二	八二	七八
二十三	八二	七四	八	七四	七○	二十三	八三	七六

續表

六月日	最高	最低	七月日	最高	最低	七月日	最高	最低
二十四	七二	七〇	九	七六	七〇	二十四	七八	七四
二十五	七八	七二	十	八六	七四	二十五	八〇	七三
二十六	八六	七四	十一	七八	七三	二十六	八四	七九
二十七	八〇	七二	十二	八〇	七五	二十七	八〇	七二
二十八	七八	七二	十三	八〇	七〇	二十八	七八	七〇
二十九	七六	七二	十四	八四	七八	二十九	八三	七二
三十	七八	七二	十五	八〇	七六	三十	七九	七〇
						三十一	八四	七九

五原（隆興長）降水量記載表（公厘）

民國八年六月二十日降水一〇・五
二十四日降水四・五
七月七日降水六〇・五
十五日降水一〇・五
二十七日降水六二・〇

按五原溫度雨量記載，於民國八年（一九一九）六月十六日起，設置於隆興長水利局內，商由王濟若局長，派該局書記趙子傑君記載。據寄來者表之，餘俟續列。

農事　河套春遲霜早，農田收穫，歲祇一季。然亦有夏秋之別，大致夏田播種由春分起，至立夏止；收割由小暑起，至立秋止，如大小麥、油麥、豌豆、扁豆、蠶豆、胡麻之類是也。秋田播種，由立夏起，至夏至止，收割由處暑起，至秋分止，如糜子、穀子、高粱、綠豆、青豆、馬鈴薯、蕎麥之類是也。大凡植物生長，由八十日至一百二十日，夏秋二田，自種至割，不過費時六個月，此後則無所事事，所謂半年辛苦半年閑。種戶之春來秋往，視田廬如傳舍，農墾之不發達以此。後套農民，有地戶、種戶之別。地戶即地商，每戶有地數百頃，少亦數十頃，衣租食稅，遂以套地為家焉。種戶則晉北貧民，每年春分以後，陸續前來，領地耕種，其牛種家具亦皆賃於地戶，秋收之後，所獲糧穀，除納租稅之外，其餘必賤價出售，以作歸計。工人皆直、魯籍，尤以天津為最多，每年不下數千人，亦及春而至，專營修洗渠道工作之事，工作約以夏至為止。蓋自夏至以前，得水浸灌之地，尚可耕種。水分五季，清明前河冰初開，水必暴漲一次，謂之春水。此時渠道若能通流，則水夾冰塊，隨流而下，洗刷泥沙，渠身深受其利。如義和、纏金二渠，不易淤塞，皆冰塊刷沙之力。夏至前上游山林冰雪溶化，河水亦必盛漲一次，謂之熱水。大暑前為伏水，立秋後為秋水，立冬前為冬水，皆上游雨季源源而來。據農民報告，五季之水，及期而至，不過大小略有分別，故又謂之信水。各地年前以澆過伏、秋大水為最佳，冬水次之，及春耕種，是為夏田。用本年春水及熱水浸灌之地，是為秋田。不得水者，則不能耕種，必待伏秋浸灌，以為來年之計。至於禾稼生長，以熱水、伏水、秋水期內，潤濕三四次，每次約需水厚一尺上下。又後套湖蕩甚多，自河勢南遷後，涸成田地，惟土性多鹹，蘆（获）〔荻〕叢生，但伏、秋大水，一經浸灌，即成良沃，來年雖一歲無水，亦操豐收之獲。且需水量深必四五尺，是時正下游患水之秋，河套灌溉容瀦，實有相因為益之勢。

前套農民，皆晉北、陝、甘沿邊各縣人，初以租種蒙地，展轉外徙，日以已成土著。其在大河沿近膏腴，雖為地商所攬，然已墾者村墟錯落，樹木暢茂，蔚然富庶，農事之餘，兼習牧養，以及其他普通工作、商販等事，與內地約略相同。接近蒙人，亦與同化，耕作之業，漸有可觀。惟地勢較高，所墾多屬旱地，產量不多耳。

寧夏農民以耕為本，畜牧、園藝為輔，普通工作，亦兼有之。區內雨水稀少，種地之家，以渠為重，按頃派夫，每歲清明到工，立夏為止，工作一月。其餘支、子各渠，亦必在此期内修理之。地畝年前浸灌者，及春播種，謂之夏田；春水溉種者，謂之秋田。禾稼生長，普通用水三次，深各約一尺，與後套約略相同。第一次得水以立夏後十日為及時，大小麥、豌豆、扁豆、蠶豆、胡麻、早糜子、早穀子及瓜菜之類，必得此而生長，水遲半月，即減收成，二十日或一月始得水，秋收大歉矣。小滿後種穀子，芒種前後種稻，夏至種糜子、青豆、綠豆，皆為第二次水。故第二次水以夏至前為及時，小暑、大暑稻田不可一日絕水。其餘豆、麥、果、蔬，亦正需灌溉，故三次水大暑前為宜。立秋後衹秋田需水，至白露夏田已割，秋田已熟，惟水留三二分，養蕎麥、晚糜子、冬菜之屬，餘水放入夏田，霜降封倲，立冬後須灌足，來春方可下種。此後水無所用，則按地派夫，用柴草堵塞渠口，名曰捲埽，使渠身乾涸，以便來春工作。一歲農事，至是已畢。各種豆麥，大抵以得水四次大獲，三次亦豐收，二次減半，一次或過遲則無濟矣。種稻需水最多。然夏、朔二縣，地多低下，易生堿性，種麥、豆三四年必輪種稻一次，以消堿氣。

河套農產種割節期表

種類	每畝產量(斗)	種籽(升)	播種節期	收割節期	附記
大麥	六至十八	六	清明	小暑	
小麥	五至十二	五	仝右	大暑	
油麥	五至十	四	仝右	大暑	
豌豆	六至十二	七	仝右	小暑	
扁豆	四至六	三	仝右	夏至	
蠶豆	六至十二	八	仝右	小暑	
胡麻	六至十	一	穀雨	立秋	

續表

種類	每畝產量(斗)	種　籽(升)	播種節期	收割節期	附　記
糜子	六至十六	一	清明、夏至、大暑	小暑、秋分、霜降	得水後隨時可種
穀子	六至十二	一	清明、小滿	小暑、處暑	有早晚二季
稻	十至四十	六	芒種	寒露	惟寧夏有之
高粱	十四至二十二	三	小滿	秋分	
綠豆	八至十二	四	夏至	白露	
青豆	八至十二	五	芒種	秋分	
馬鈴薯	二十至二十八袋	一袋	夏至	秋分	
蕎麥	八至十二	四	大暑	寒露	隨時可種

此表以寧夏為標準，後套約遲十數日，前套約遲二十日，但收割期約略相同；產量寧夏與後套相若，前套則僅三四成至六七成。

農產　河套農產，六穀俱全，豐熟之年，輸出甚多，尤以油麥為大宗。園蔬果品不敷需要，藥材約三十餘種，以甘草為最，他如叢生草類之白茨、芀苦，皆內地所未經見者。茲分述如左。

（一）六穀　有大麥、小麥、油麥、豌豆、蠶豆、扁豆、胡麻、糜子、穀子、稻、高粱、玉米、綠豆、青豆、黑豆、黃豆、豇豆、芝麻、蕎麥之屬，而油麥、糜子、豌豆、扁豆、胡麻為大宗。油麥粒細而長，製為餅食，最能耐饑，塞上勞工，非此不飽。然油麥實不含油質，蒙古地志作莜麥，爾雅所謂雀麥，即燕麥是也。糜子，蒙人用製炒米，備瓦器貯之，以供朝食，所需其廣。考糜即古人所謂黍，有黏者曰黏黍，或曰黍子，不黏者曰糜黍，或曰穄子。稻產寧夏，水粒細小，灰質較多，不及江南所產。然塞外民食，仰賴於此，亦西北之特色也。扁豆即赤小豆，入藥，又為洗粉之原料。豌豆供給馬料。胡麻專為榨油。高粱、穀子造（油）〔酒〕。高粱，南方謂之蘆稷，屬稷類。穀子即小米，周禮曰粱，是。大抵所產穀子類，除本地需食外，每年輸出甚多。

（二）園蔬　有劈蘭、老蒜、萊菔、白菜、葱、韭、芹、菠、筒蒿、椒、茄、萵苣、芫荽、紅薯、馬鈴薯、山藥、東瓜、番瓜、筍瓜、黃瓜、西瓜之屬，而劈蘭、老蒜、萊菔、馬鈴薯及瓜類為最。馬鈴薯為下等主要民食，所種甚多。塞上果品甚少，而西瓜獨甘美，中秋佳節，獨用此以相贈，送禮多貽。惟早春蔬菜缺乏，由京、津運來者，貴同肉價。野生者有蘑菇，以齒白者佳，紅者劣。又有沙菜，生明沙中，味美，但不多。薤亦生砂地，甚多，味惡，土人間亦採之，俗名砂韭菜。

（三）果品　有桃、李、杏、棗、沙果、葡萄之屬，春季時遇狂風，多花而不實。

（四）藥材　有甘草、山豆根、蓯蓉、枸杞、柴胡、大黃、黃柏、青木香等，約有三十餘種。甘草產鄂托、杭錦、寧夏諸砂地，新採者每斤約值銀一分，隨地有草商設莊收買。分別削去皮節者，謂之粉甘草，其餘分門別類，（栽稍）〔裁梢〕去節，晾乾之後，捆之成束，運往托城行棧，歲約五百船，各二萬餘斤，每百斤售價約二十兩左右。又有鐵心甘草，其草心有瘢似血，可治吐血病。大者徑寸許，長三四尺，可為手杖，但不多見。蓯蓉產平羅縣北境、阿拉善，其狀若魚而無苗，視土墳起處，（拙）〔掘〕而得之，每斤值銀一兩上下。枸杞宜於砂礫之地，粒大如小棗，惜不知培植，任供鳥食。中衛有枸杞園，前清寧夏知府謝保靈退官時所倡辦，每年有福建商人到此收買，獲數千金。

（五）草類　白茨、芨芨、蒿柴、酥油草，皆套地之特產。白茨、芨芨質堅如竹木，渠工埽埧多取材於此。芨芨高三四尺，織為簾子，用於門窗，較竹製者尤為美觀。明嘉靖十五年（一五三六），有芨芨灘之捷。而字彙、正字通無芨芨二字，蓋土語也。康熙字典增芨字，註曰野芨草，治痞滿；而芨字未增。查芨菩苗柔軟，幼時可製紙及草帽辮之類，古人用萁草製盛箭之器，疑即此。昔人謂塞外草白，亦不盡然，色白之草，僅白茨、芀蒿數種，然亦可見其生植之廣矣。蒿柴生沙漠中，科本之大者，可數百莛，高三四尺，其味辛鹹，惟駝喜食，他畜惡之；蒙古名什巴，可供柴薪。酥油草，馬牛食之易肥。餘不知名者甚多。水草則蒲荻，蒲生河灘甜水中，用作蒲扇帽包之類；荻生湖蕩城土內，為農田之害草。莛高二三尺，根深過之，繁衍難除，必伏、秋河水浸滅之。又有毒草不知名，生賀蘭山，其形似艾而莖較軟，誤弄之，立刻腫痛不可忍。遊此山者，遇奇花異草，不可輕以手觸云。

森林　塞上森林，以楊柳為多，故古人有羌笛何須怨楊柳之句；其次榆、槐、松、杉之屬。楊有青楊、白楊，柳有紅柳、白柳。青楊木本高矗，抽出樹叢，遠視形如寶塔，然栽種者不多。白楊產寧夏村墟間，及沿渠左右，凡河套造船，皆取材於此。柳生黃河兩岸，白柳科本較高，蒙人取以支架廬舍；紅柳則用製羊圈及筐籃等件，餘柳以供柴薪，取給不盡。船戶每納磚茶十數塊，給與所在蒙人，則隨便砍（筏）〔伐〕，不計重輕，但以滿載一船為度，約計有三萬斤，運至包頭，獲利十倍。至於榆、槐、松、杉，沿邊皆產，所謂榆林、榆關，昔因榆而名其地也。賀蘭山古為林產之區，明季防套夷，始焚之。他如大青、烏拉等山，清初尚有巨木，築城綏遠，建造衙署，悉於此山取給。乃光緒間二山相繼被火延燒三月，所有森林，俱成灰燼，此後遂濯濯無復萌蘖之生矣。或謂蒙人以牧為重，牲畜散佈陵谷間，有樹則礙目，不便瞭望，故縱火以除之。今惟托城東南，民有林約三百方里，合圍共把，林級不齊。其造林之法，俱用插條，於秋後葉落，冬芽出現時，即剪伐埋置土中，至春季樹液未流通時取出，將樹枝（栽）〔裁〕截成二尺許，移植異地，僅露梢末，一經雨澤，萌芽叢生，留其優者，使成樹株。若於寧夏、後套、前套各沙礫埋沒、不適耕作之地，畫為林區，興造林業，其成績當不在托城之下。

畜牧　套地遍野青蒼，牛羊縱牧，生機既暢，滋殖衍繁，所在蒙人，以此為業，大抵中人之家，牧羊五百，牛二十頭，駝馬數匹，則衣食恒足矣。漢人業此者，凡蒙旗草地，皆可任便牧放，每歲由蒙官收水草租錢，計牛馬每頭約三百文，羊約三十文。又有分配蒙人代牧者，給以乳酪氈毛之利，不須工資，主人至其家，婦女老幼皆尊禮之。畜以駝、馬、牛、羊，而漢人所居，則六畜俱全。

（一）羊　羊有二種，一曰山羊，其肉供食，惟毛革不佳；一曰青羊，即綿羊，剪毛下羔，以易茶糜布帛。故所畜者，青羊十居八九，山羊十僅一二耳。使用期間，在二歲至六歲。交配在十月及十一月之間，牡羊十二，可配牝羊百頭。每年降羔，除死殤外，百牝中可得羔羊七十。羔皮每張經製，可值銀一兩七八錢，行銷所謂西口貨，即此地之出產。老羊每年剪毛二次，每羊可得二斤半，每斤約售一錢。老羊皮則供土人之衣，口外嚴寒，非此不可。又有灘羊皮，為寧夏之特產。蓋寧夏洪廣營地方有酥油草宜羊，故所牧羔羊，毛潔而長，通梢九曲，惟每年所產僅二千之數。若此項草種，能分別培植，推廣牧廠，誠塞外之美利也。

（二）牛　牛有食肉食乳二種，漢人所牧，則以為耕田。使用期間，牡牛由三歲至八歲，牝牛由三歲至十歲。交配之期，在四月及六月之間，牡牛一頭，可配牝牛十頭。覓食則自出自歸，乳脹則尋主人取吸，性質馴良，主人絕愛重之。

（三）馬　塞上素稱產馬之區，軍用取給焉。明隆慶五年（一五七一），設馬市於清水營，市馬多在秋季。使用期間，牡馬由四歲至十歲，牝馬由四歲至十二歲。交配之期，在四月至六月之間，牡馬一匹，可配牝馬十匹。鄂托草地，去水甚遠，惟馬善走，不憂饑渴，可以多牧。

（四）駝　駝體高大，適於載重。食樹葉草根，不擇鹹淡，一飽可數日不食，能苦行沙漠，故稱旱船。發育甚晚，八歲以外，始可負重，壽約五十歲。性情溫和，載人必伏地，任其上下。負重之力，以三百五十斤至四百斤，力不能勝，雖施以鞭笞無益也。行畏暑，夏季無駝載，有之亦須夜間。故自五月即剪毛，放入草場，交配生產，亦在此際。九月收回，馱載之先，須絕食數日，否則肥胖不勝載重。近年駝絨價貴，每駝絨毛，年可售銀四五兩；每駝值銀五十餘兩云。

河套畜產，以馬、牛、羊為最，而羊種品格優美，莫若寧夏。嘗聞有日人某於此購運回國牧養，數年之後，生息彌蕃，羊體亦轉壯，毛色鮮明，今且遠勝我寧夏所產者。蓋我國牧畜之家，夙不講求血統與遺傳之關係，且水草不調，隆冬之際，草枯雪深，芻秣無備，聽其凍餓，疊受大創，甚至傷生，所以不甚繁衍，日趨退步。境内如鄂托荒原，往往數里無一人家，皆以去水較遠，不知挖井，棄為廢墟。寧夏亦有大段不適耕作之地，然青草茸茸，去賀蘭山約一二十里。查賀蘭山各口泉源甚多，惟及麓而伏，若建設水池，用管導引，則此等地面皆可開為牧廠。有石君寅生者，皖人。嘗歷宦甘肅，於實業深有研究，現悉出資財，於寧夏西偏購地長八十里，廣二十里，試辦墾牧，已畜羊千餘隻。其計畫以普通牝羊每百用牡羊十二，謂牡羊太少，瘠弱之病所由來，今增為十五，亦改良之要點也。駝、馬、牛各數十，墾地亦在進行。林木如洋槐、松、杉、榆、柳各樹數千，先行試辦。後套則有西通墾牧公司，地學會長張蔚茜君所倡辦者也。

附西通公司墾牧事業概算書

本公司以牧為主，以墾為輔，募集資本洋五萬元，分作五百股，每股一百元。茲將分年進行計畫概算如下：

第一年設備項下

甲、羊價牧地

牝羊	一〇〇〇〇頭	每頭二元五角	計洋二五〇〇〇元
牡羊	二〇〇頭	每頭四元	計洋八〇〇元
（按牡羊一頭可配五十頭牝羊）			
牧地連渠道		一〇八〇頃	計洋三〇〇〇〇元
租山口地價			計洋三〇〇元

乙、物項

栽樹　（預備二年後柳圈之用）　計洋二〇〇元

柳圈　二十一個　每個十一元零　計洋二四一元

（按每圈能容羊五百，每羊十枝，每枝三文）

牧舍　二十一間　每間十元　計洋二一〇元

辦事室　八間　每間五十元　計洋四〇〇元

廚房及倉庫二十間　每間二十元　計洋二四〇元

大車　一輛　計洋七〇元

牛　三頭　每頭三十元　計洋九〇元

馬　二頭　每頭三十元　計洋六〇元

馬鞍　二付　每付六元　計洋十二元

牧夫雨衣　五十八件　每件二元　計洋一一六元

丙、墾地　本年先開二百頃，招人承種，由公司收籽，以養一切員役，及為次年牧事進行之費，並本年股東利息分配費。但須納年租於蒙旗及其他之人工、水費。

年租　二百頃　每頃七元五角　計洋一五〇〇元

水費　二百頃　每頃九元　計洋一八〇〇元

人工　二百頃　每頃三元　計洋六〇〇元

丁、雜用

各項設備不足費

共三萬五千二百三十九元

第一年支出項下

經理	一名	每月一百五十元	計洋一八〇〇元
會計兼管理	一名	每月二十元	計洋二四〇元
墾務長	一名	每月八元	計洋九六元
獸醫兼牧夫長	一名	每月十六元	計洋一九二元
買辦	一名	每月八元	計洋九六元
牧夫	五十名	每名每月四元	計洋二四〇〇元
夫役	四名	每名每月四元	計洋一九二元
園丁	二名	每名每月四元	計洋九六元
廚工	四名	每名每月四元	計洋一九二元
車夫	二名	每名每月四元	計洋九六元
藥料			計洋一〇〇元
伙食	(除糧食計)	每人月計一元五角	計洋一二〇六元
草地年租	約一百六十頃	(每頃銀一兩)	計洋三四〇元
羔羊飼料	六千頭	(每頭銀五分)	計洋四五〇元
雜費			計洋五〇〇元

共計洋七千九百九十六元

第一年收入項下

本年收租糧四千石(每頃可得糧五十石,佃戶得三十石,地主得二十石,計田二百頃,可得糧四千石),提出四百石作為員役之月食,及羔羊六千頭之飼料,尚餘三千六百石,每石以三元核計,共估洋一萬零八百元。

本年共產小羊六千頭（因本年所購牝羊一萬頭，孳生不能一律，故以六千計算）外，尚可得殤羊皮一千張，估洋三百元，作獎勵金之用（以後殤羊皮用法均如此，概不加入收款項下）。

本年收入羊毛二萬零八百五十斤，每斤值銀一錢，共合銀二千零八十五兩，折洋二千九百八十元。

本年股本，除用去四萬三千二百三十五元，尚存洋六千七百六十五元，又加收入一萬三千七百八十元，合存洋二萬零五百四十五元。

提存公積金一千元，次年牧羊進行費八千元。

次年年租、水費、人工等項七千元。

得總分配金四千五百四十五元，按股均分，每股百元應得洋九元零九分。

第二年設備項下

甲、物項

雨衣	二十二件	每件二元	計洋四八元
柳圈	二十箇	每箇十一元零	計洋二三〇元
羊池	二箇	每箇約百元	計洋二〇〇元
倉庫	十間	每間二十元	計洋二〇〇元
牧舍	二十間	每間十元	計洋（一）〔二〕〇〇元

乙、墾地　本年開地較第一年加百五十頃，共三百五十頃。

年租	三百五十頃	每頃七元五角	計洋二六二五元
水費	三百五十頃	每頃九元	計洋三一五〇元

人工　三百五十頃　每頃三元　計洋一〇五〇元

共計洋七千七百零三元

第二年支出項下

添牧夫　二十名　每名每月四元　計洋九六〇〇元

添牧夫　二名　每名每月四元　計洋九六元

添夫役　二名　每名每月四元　計洋九六元

伙食　（除糧食計）　每人月計一元五角　計洋四三二元

藥料　計洋六十元

草地年租（加一頃）　計洋一五〇元

羔羊飼料　計洋二九元

舊額開支　計洋七九九六元

共計洋一萬零八十元

第二年收入項下

本年收租糧七千石，提五百石作為員役之月食，及羔羊一萬零四百頭之飼料，尚餘六千五百石，每石三元，可得洋一萬九千五百元。

本年可售羊三千頭，每頭以二元五角核計，可得洋七千五百元（因第一年所產六千小羊，除去三千頭為牝羊外，其餘三千頭牡羊，本年即可售出）。

本年共產小羊一萬零四百頭。

本年收殤羊皮一千六百張，估洋四百八十元，用法與第一年同。

本年收入羊毛三萬三千五百五十斤，合洋四千七百九十三元。

本年共收入三萬一千七百九十三元，除用去一萬七千七百八十三元，尚餘一萬四千零十元，合上年提存金一萬五千元，共得二萬九千零十元。提存公積金一千元，次年牧羊進行費一萬元。次年年租、人工、水費等項九千七百五十元。得總分配金八千二百六十元，按股均分，每股百元應得洋十六元五角二分。

第三年設備項下

甲、物項

圩牆			計洋六〇〇元
牧舍	三十間	每間十元	計洋三〇〇元
倉庫	十間	每間二十元	計洋二〇〇元
雨衣	三十二件	每件二元	計洋六四元
柳圈	三十箇	（第一年所栽之樹，至本年已可為柳圈之用，故不計價）	
羊池	二箇	每箇約百元	計洋二〇〇元

乙、本年開地較第二年又加一百五十頃，共五百頃。

年租	五百頃	每頃七元五角	計洋三七五〇元
水費	五百頃	五頃九元	計洋四五〇〇元
人工	五百頃	每頃三元	計洋一五〇〇元

共洋一萬一千一百十四元

第三年支出項下

添牧夫	三十名	每名每月四元	計洋一四四〇元

添廚司	二名	每名每月四元	計洋九六元
添夫役	二名	每名每月四元	計洋九六元
藥料			計洋一〇〇元
草地年租	約一百頃		計洋一五〇元
羔羊飼料			計洋二〇〇元
伙食（除糧食計）			計洋六一二元
警長	一名	每月十二元（伙食在內）	計洋一四四元
巡警	四名	每月每名六元（伙食在內）	計洋二八八元
警服	四襲	每襲五元	計洋二〇元
洋槍	二十枝	每枝三十元	計洋六〇〇元
彈子			計洋四〇〇元
舊額開支			計洋一〇八〇元

共計洋一萬四千四百零六元

第三年收入項下

本年收租糧一萬石，提七百石作為員役之月食，及羔羊一萬四千五百六十頭之飼料，尚餘九千三百石，每石以三元核計，共估洋二萬七千九百元。

本年可售羊五千二百頭，每頭以二元五角核計，應得洋一萬三千元（第二年所產之牡羊）。

本年共產小羊一萬四千五百六十頭。

本年收入殤羊皮二千一百張，計洋六百三十元，用法亦與前同。

本年收入羊毛四萬八千六百三十斤，應得洋六千九百四十元（以羊至秋後剪毛再賣計算，後類此）。

本年共收入洋四萬七千八百四十元，除用去二萬五千五百二十元，尚餘二萬二千三百二十元，合上年存一萬九千七百五十元，共洋四萬二千零七十元。

提公積金一千元，次年牧羊進行費一萬元，次年年租、人工、水費等項九千七百五十元。

得總分配金二萬一千三百二十元，按股均分，每股百元應得洋四十二元七角。

第四年設備項下

甲、物項

牧舍	二十間	每間十元	計洋二〇〇元
雨衣	二十二件	每件二元	計洋四四元
柳圈	二十箇	（說明見第三年）	
羊池	二箇	每箇約百元	計洋二〇〇元

乙、墾地

各費均與第三年同，計洋九千七百五十元。

共計洋一萬零一百九十四元。

第四年支出項下

添牧夫	二十名	每名每月四元	計洋九六〇元
添廚子	二名	每名每月四元	計洋九六元
添夫役	二名	每名每月四元	計洋九六元
藥料			計洋一〇〇元
伙食（除糧食計）		每名每月一元五角	計洋四三二元

草地年租　約一百頃　計洋一五〇元

羔羊飼草　計洋三〇〇元

舊額開支　計洋一四四〇六元

共洋一萬六千五百四十元

第四年收入項下

本年收租糧一萬石，提八百石作為員役之月食，及羔羊二萬零三百八十四頭之飼料，尚餘九千二百石，每石以洋三元核計，共估洋二萬七千六百元。

本年可售羊一萬二千二百八十頭，每頭以二元五角核計，應得洋三萬零七百元（第三年所產牡羊七千二百八十頭，又第一年老羊五千頭）。本年共產小羊二萬零三百八十四頭（以本年老羊產小羊後再賣計算，第五年仿此）。

本年收入殤羊皮三千張，計洋九百元，用法亦與前同。

本年收入羊毛六萬七千八百七十四斤，應得洋一萬零二百五十元。

本年共收入洋五萬八千五百五十元，除用去二萬六千七百三十四元，尚餘三萬一千八百十六元，合上年存一萬九千七百五十元，共洋五萬一千五百六十六元。

提公積金一千元，次年牧羊進行費一萬元，次年年租、人工、水費等項九千七百五十元。

得總分配金三萬零八百十六元，按股均分，每股百元應得洋六十一元六角三分零。

第五年設備項下

甲、物項

牧舍　二十間　每間十元　計洋二〇〇元

雨衣　二十三件　每件二元　計洋四六元

柳圈	二十箇	（說明見第三年）	
羊池	二箇	每箇約百元	計洋二〇〇〇元

乙、墾地

各費均與第三年同，計洋九千七百五十元。

共計洋一萬二千九百六十元。

第五年支出項下

添牧夫	二十名	每名每月四元	計洋九六〇元
添廚夫	二名	每名每月四元	計洋九六元
添夫役	三名	每名每月四元	計洋一四四元
藥料			計洋二〇〇元
草地年租	約一百五十頃		計洋二二五元
羔羊飼料			計洋五〇〇元
舊額開支			計洋一六五四〇元

共洋一萬八千六百六十五元

第五年收入項下

本年收租糧一萬石，提九百石作為員役之月食，及羔羊二萬四千五百三十六頭之飼料，尚餘九千一百石，每石以洋三元核計，共估洋二萬七千三百元。

本年可售羊一萬五千一百九十二頭，每頭以二元五角核計，應得洋三萬七千九百八十元。

本年共產小羊二萬四千五百三十六頭。

本年收殤羊皮三千五百張，計洋一千零五十元，用法仍與前同。

本年收入羊毛八萬六千一百三十斤，應得洋一萬二千三百零四元。

本年共收入洋七萬七千五百八十四元，除用去三萬零六百二十五元，尚餘四萬六千九百五十九元，合上年存一萬九千七百五十元，共得洋六萬六千七百零九元。

提公積金一千元，次年牧羊進行費一萬元，次年年租、人工、水費等項九千七百五十元。

得總分配金四萬五千九百五十九元，按股均分，每股百元應得洋九十一元九角一分零。

尚餘羊五萬零四百零八頭，共值洋十二萬六千零二十元。又公積金五千元，又次年進行費一萬九千七百五十元，除支資本五萬元，淨存利益洋十萬零七百七十元。

以下歷年贏餘較第五年更多，然本公司計畫擬使基礎既固，即大購美利奴羊，為實行改良羊種之計，其贏餘利益，較蒙羊尤當倍之。

漁業　大黑河北源武川，南源涼城，經歸綏、薩拉齊二縣，至托城則瀦為湖澤，終年不涸，雜魚孳生其中，魚舟款款，終日不絕。鯽魚、鮒魚為出產之大宗，而價格則以鯉魚為最貴。黃河鯉魚甚多，大者十數斤，但漁者不多見，即有亦不過垂釣而已。蓋蒙人迷信宗教，相戒不食魚鱉，漢民之捕魚者，往往為其禁阻。上游有鴿子魚，鮮美異常，甘省黃河之特產，生石峽中。

獵產　射飛逐走，本蒙人之專長，每年霜降之後，由各旗王公徵調所部箭丁，（背）〔臂〕鷹牽犬，出獵圍場，每獲熊豹狼鹿狐貉鵰鶻，則獻之王公，獐麅貛兔黃羊野豕，則留為已有，此舊制也。今套內林木絕少，鳥獸遁避，惟餘黃羊、貛、兔之屬。黃羊毛之色黃，產鄂托，常棲息山谿之間，千百成群，至曠野（覽）〔覓〕食，視聽奔走之力皆強，非家畜之羊可比。相傳為李存勖放之沙陀者，其出就食，必有一二登高瞭望，苟有危疑，亦必高鳴以告同類。或曰羱羊，即此。鹿產大青、烏拉等山，有一部僑民以獵鹿取茸為業，每年產茸甚多。惟取一茸，每傷一鹿，獲茸多而鹿益少，鹿少而茸減，恐不為遠久之利耳。查俄人取茸之法，圍繞山曲，使鹿繁衍其中，每年採取其茸，而不戕其命。故鹿日孳而益多，茸日取而益廣，輸入中國，歲額甚巨，其能取之不竭者，職是故也。

鹽池　套內鹽池甚多，其大者在杭錦界，周約三十里，曰喀喇莽奈諾爾，一名大鹽海子，即古金蓮鹽澤。其鹽色紅，歲產約一萬餘石，名曰私鹽。五原有官鹽局，銷行寥寥。蓋蒙漢雜居，私鹽充斥，無法可禁。又近邊牆曰花馬池，花、定之間，鹽池甚多，有鹽根生池底，掘深數尺，及見其體，正方如骰子，每面約一分，大者二三分，注水池中，無煩人工，自然凝結，以竹(爬)〔筢〕捞之，色純潔，歲產約三十萬擔，名曰池鹽。由花定榷運局運行甘省，例食口岸。其在套外阿拉善蒙古者，曰吉蘭太大二兩池，其鹽自霜降後冰結池中，挖鹽之法，先去湖面泥沙，掘鑿鹽塊。湖屬阿拉善王產，每年以五萬石租售於晉北榷運局，湖租八千兩，今增為一萬兩，而於磴口設榷運分局，驗收轉運各地，名曰吉鹽。清會典乾隆五十六年(一七九一)，准阿拉善地方造鹽船五百隻，每船鹽四十石，石七百斤，運至山西例食口岸。蓋即指吉鹽也。

附續租吉鹽合同　晉北榷運局與阿拉善王續租吉(來)蘭太鹽合同，民國七年(一九一八)續訂，以三年為限。

阿拉善王與晉北榷運局為續訂租鹽湖議定合同事。查吉蘭太大二兩鹽湖，前由晉北榷運局與阿拉善王查照宣統三年(一九一一)舊案，於民國三、四年暨五、六年，兩次續租，議定合同，各在案。現因瞬(屆)〔屆〕限滿之期，經阿拉善王提議加租，彼此議定加租數目、租期年限，訂立合同，並明此次租定三年，期滿之後，再續租時，非每年挖運五萬石以外，不得加租。如鹽湖歉產，或應維持而不維持，以致不能足額時，仍可議減，由晉北榷運局往復商訂。茲將民國七、八、九年公同議訂續租吉蘭太大二兩鹽湖合同條款開列於左。

第一款　吉蘭太大二兩鹽湖之鹽，前於民國五年(一九一六)一月起，租與晉北榷運局試辦二年，應於民國六年(一九一七)底限滿。現仍查照前案，接續議定合同，自民國七年(一九一八)一月一號起，至九年(一九二〇)年底止，租與晉北榷運局，再行試辦三年。每年議定照前合同八千兩，現因蒙民生計艱難，加租銀二千兩，計每年湖租包平斗分銀一萬兩，分為三次收使，由晉北榷運局所屬之包頭運銷局就近交付，由阿拉善王處給與收據為憑。租定期內，所有大二兩湖之鹽，統由晉北榷運局隨時自由派員開湖挖收，運往行銷區域發售，不准別人私收私運。限內不得加租，亦不准徵稅，並不得另立名目，額外需索。俟租期屆滿，再議續租合同，但續租時之租價，如議加減，應照前敘案由核定。

第二款　晉北榷運總局派員在磴口設局收鹽，公平交易：蒙、滿駄戶，由吉蘭太大湖載至磴口，腳價每斗付銀一錢三分；湖上挖鹽人等工價，每駄付銀三分三厘。蒙漢駄戶人等，不准勒捐，如不駄，官員人等不得需索分文，如有以上情事，均由本旗承當辦理。

第三款　派赴磴口鹽湖蒙員二員，每月各支薪水銀八兩、工食銀六兩；跟役二名，每月各支工食銀三兩；管兩處鹽湖達木爾四名，每月各支工食銀一兩，共三十八兩。此為催蒙漢運交磴口之鹽，及幫查私運等事。所有薪工飯食銀兩，亦自民國七年（一九一八）一月一號起支，至民國九年（一九二〇）年底止，統由磴口按月發給。

第四款　磴局所派收鹽人等，將駄載兩湖之鹽用斗量時，不准勒扣阻滯，運鹽腳價一律付給現銀，不攙貨物，並不加入鉛銅。其各蒙挖運人等，應先由阿拉善王出示曉諭，嗣後務須較前踴躍，以每年運交磴口足五萬石為額，不得再有短少阻滯。倘仍前誤運，應由晉北榷運局查明情形，函請阿拉善王諭知印房，從嚴辦理，決不寬貸。

第五款　吉蘭太大二兩湖，今既租與晉北榷運總局承辦，仍照前次合同，統由官局隨時自由派員開挖收運，無論銷往何處，統歸晉北榷運局主持，蒙旗不得干預。在租期內如有蒙漢人等，非晉北榷運局所派人員，或未經晉北榷運局之認可，而私往挖運，一經查出，除將鹽石及附屬之駄隻等物一律充公外，仍由官局會同印房，將該私販按照現行私鹽法治罪。

第六款　督運督挖，最關緊要。磴口及鹽湖設局用人，凡關於鹽務或派人催運，或在沿邊稽查，或商派人照料之處，悉由晉北榷運局酌量合宜辦理，統由蒙旗保護。倘原派蒙員中有辦事不力，或不適用之處，准駐磴、駐湖委員指名移請阿拉善王更換，另派委員照料，以重運務。至駐磴、駐湖委員，不准由阿拉善王查看優劣，如有不合之處，得移知晉北榷運局酌量撤換。

第七款　本合同係按照前訂民國五年（一九一六）、六年（一九一七）合同大旨，酌量議定，自民國七年（一九一八）一月一號起，至民國九年（一九二〇）年底止，以三年為租定期滿之限。

第八款　本合同照繕四分，於印押後，一呈鹽務署，一存阿拉善王處，一存晉北榷運局，一存磴口分局。倘以後有疑難（辨）〔辯〕論之處，彼此就近在磴口查對合同，以漢文為憑。

碱湖　套內堿湖大小十數，其出堿最富者，一在杭錦界，一在鄂托界。在鄂托者，湖周約三十里。清光緒十七年（一八八六），鄭萬福君倡辦，修湖用費銀三千兩，歲納湖租七百兩。初辦成績不佳，二十餘年，虧耗三萬餘金。現在每歲出堿約一百萬斤，行銷平涼、蘭州、西安等處，就地計值，約銀一萬兩。取堿之法，每年在十月以後，湖水乾涸，堿凝結於湖中，其厚約一尺，先挖去上面沙土，以重十餘斤之大钁頭，掘成大塊即得。在杭錦者，初於光緒八年（一八八二）某洋行經辦，每歲出堿五十船，每船約三萬斤。由商人包運，每船洋行售價七十兩，運至包頭，則售銀一百六十兩。此從前辦法也。繼後經風災移沙，將堿湖損壞，出產迭少，洋行遂拾去之。由是王同春君拾而修理，現在歲出堿約三十餘船，每船售銀二百兩，運至托城，轉銷於太原、大同等地。取堿之法，亦在霜降之後，堿自結晶，以竹（爬）〔笆〕撈出，納於布袋，加牛背上負之以行。歷二日，水分盡去，堿則凝為堅塊。計兩處共產約二百萬斤，尚有未經舉辦者。查此項堿質，化學家謂之曹達，其用與石堿同，若加以提煉，除去雜質，則透明如晶，較洋堿有過無不及也。願塞上商人，早組公司，因天然之豐，而推求自然之利，於民生裨益多矣。

河套新編卷之十三

河套交通調查記

河套區域遼闊，水道阻塞，歷代惟因軍事關係，始與內地有往來。今若移民數百萬，墾田數萬頃，人工之往來，貨物之轉運，因非駝馬騾車所能勝任，故墾殖之先，尤當注意交通。今將套內外交通之種類，分述於下。

台站 河套鄂爾多斯及烏拉特各旗驛道由殺虎口。前清康熙三十一年（一六九二），於口外設立台站十二，每站由各蒙旗撥派披甲兵丁五十名，隨帶戶口地，在站遊牧，專供傳送公文、保護往來行旅等事。計此項台站，在土默特境內凡六，謂之河東六站；在鄂爾多斯境內凡六，謂之河西六站，一曰河西六台。由殺虎口而北，曰八十家子站，曰新店子站，曰和林格爾站，均在今和林格爾縣；曰薩祿慶即薩爾沁，或曰薩里沁。站，曰歸化站，均在今歸綏縣。是為北路五站，計程約二百一十里。其烏拉特三旗，即由歸化達之。向西曰杜爾格即土爾根站站，在土爾根河附近，今屬歸綏縣；曰東素海站，即頭台，在今托克托縣；曰吉克素站，即二台，在今薩拉齊縣，均附準噶爾旗界；曰巴彥布拉克站，即三台，在今五原縣，附達拉特旗界；曰阿魯烏爾圖站，即四台，在今東勝縣，附郡王旗界；曰巴彥素海站，即五台，亦在今東勝縣，附烏審旗界；曰察罕扎達垓站，即六台，在平羅縣，附鄂托克旗界。是為西路七站，由此以達寧夏，共計約一千二百七十里。改革後，所有各蒙站職員，仍照前清原制，並設台站管理處，直隸蒙藏院，並受各地方長官節制。將來京綏鐵路告竣，此項台站，似應裁撤。

走湖灘河朔即托城至寧夏。於康熙三十五年（一六九六）設立十三塘，曰烏蘭巴哈爾孫，曰呼蘇台，曰哈什拉克，曰克冷烏黑禮，曰白塔，曰察罕齊老圖，曰鄂爾濟圖蘇麥，曰達布素諾爾，曰托素果兒，曰穆色，曰尚索爾，曰拜圖，曰齊它特布拉克。由齊它特布拉克至横城驛三十里，横城驛至寧夏四十里。

道路

（一）往河套之路　走北京往河套，則自西直門京綏鐵路附火車至豐鎮，計程七百六十七里，祇需一日。再由豐鎮，向西四十一里。馬王廟、四十二里。壩底、四十一里。蘇計、四十四里。廠汗不浪、四十三里。水磨、四十五里。二十家子、三十五里。搗黑郎、二十九里。歸化城，實測計三百二十里，土人稱三百六十里，車行四日，騎行三日。途中有鹽海子，在壩底附近，長七八十里，寬二三十里，產鹽甚多，土人呼為代哈，屬涼城縣。水經注云「沃水東北流，注鹽池」，即此。又蘇計之西，廠汗不浪之東，有嶺子，土人呼為小壩子，高出海面約六千五百尺，崎嶇難行。故京綏路線自豐鎮改向北行，繞道平地泉、卓子山等處，然後以達綏遠。又由歸化、二十八里。台格木、四十二里。畢克齊、三十八里。察素齊、四十九里。討斯號、三十六里。莫達召、三十四里。薩拉齊、四十八里。沙爾沁、二十九里。包頭，實測計三百零四里，土人稱三百六十里，車行四日，騎行三日。路沿大青山南麓，地勢平坦，人煙稠密，富庶景象，蔚然可觀，行旅稱便。由包頭向南十五里，至南海子渡河，即河套鄂爾多斯。餘如甘肅、陝西、山西、綏遠沿邊各縣，出入河套均有道。

（二）河套週回之路　走包頭、向西四十里。麻池、西過坤都倫河三十里。馬淖、西渡三湖河，入三湖灣，四十里。大木蘇台、三十里。蘇布圖、三十里。丈化、六十里。哈拉烏蘇、西北過三湖河，出三湖灣，繞西山嘴入後套，四十里。烏拉河、二十里。留雲、六十里。合野門、二十里。白家地、三十里。隆興長、五里。五原城，計四百五里，或云四百八十里，車行六日，騎行四日。惟夏秋各渠放水灌田，節節艱阻，行旅不順。

走五原、向西南四十里。慢格素、三十里。烏家地、四十里。哈不特、五十里。強油坊、二十里。西豐社、五十里。黄楊木堵、六十里。過烏拉河，入阿拉善，向南至大中灘、八十里。三聖堂、一百里。磴口，計程四百七十里，車行六日，騎行四日。由五原至黄楊木堵，夏秋各渠澆地，行旅不利。黄楊木堵以南多沙，車行尤為困苦。

走磴口、向南八十里。烏蘭木堵、一百里。石嘴子、十八里。尾閘堡、四十五里。黄渠橋、三十四里。平羅城、四十三里。姚伏堡、二十九里。李剛堡、二十九里。謝保堡、二十九里。寧夏城，計程三百九十八里，車行五日，騎行四日。石嘴子以北多沙難行，餘皆便利。

走寧夏、向東南，四十里渡河至横城堡、三十里。紅山堡、五十里。清水營堡、七十里。毛卜喇堡、四十里。興武營、六十里。安定營、六十里。花馬池、即鹽池縣，三十里。鹽場堡、四十里。定邊縣、向東，四十里。磚井堡、三十里。安邊營、向南，四十里。柳樹澗、東南，四十里。寧塞堡、東，四十里。靖邊縣、東北，四十里。鎮羅堡、四十里。鎮靖堡、四十里。龍州城、三十里。清平堡、四十里。威武堡、四十里。横山縣、四十里。波羅堡、四十里。響水堡、四十里。保寧堡、三十里。榆林縣、北，十里。紅山市、東北，三十里。常樂堡、四十里。雙山堡、四十里。建安堡、四十里。高家堡、四十里。柏林堡、四十里。大柏油堡、四十里。神木縣、四十里。永興堡、四十里。鎮羌堡、四十里。孤山堡、四十里。木瓜園、三十里。清水營、十五里。黄甫川、二十里，渡黄河至河曲縣，計自寧夏至河曲沿邊共一千五百里。

走河曲、向北，六十五里。老牛灣、一百五里。喇嘛灣、西北六十五里。托克托、四十里。雙龍鎮、二十五里。毛代鎮、五十里。薩拉齊、西七十七里。包頭，計自河曲至包頭四百二十七里。

綜計河套由包頭向西北經五原，又西南磴口，又南石嘴子、平羅、寧夏，又東南鹽池、定邊、靖邊，又東北經横山、榆林、神木、河曲，又北托城，又西北薩拉齊，又西至包頭，週回路線三千二百二十里。

（三）河套内之道路　走石嘴子、向東，三十七里。兀庫里度宮、有井一口，無居人。三十里。什拉葛圖、有澗水南流。蒙人設帳一座，漢人設帳三座。二十三里。迪兒頂、有澗水西南流。漢人設帳一座。四十七里。克舌、即開怗勒，有井二口，深三十餘丈。漢人設帳一座。四十六里。新召、鄂托克旗之家廟，有喇嘛住房百餘所，井二口，池一方。七十里。召蘇諾爾、有井二口；城湖一方，周約四里。蒙人設帳二座。路向東北，二十七里。巴彥七里圪烏蘇、有井二口。蒙人設帳三座，板申一所，甲克氣所居。二十三里。烏蘭吉里木、有喇嘛廟一所，二百餘間，喇嘛二三百人，種地二十頃。二十二里。達拉罕道勞、有井四口，五尺見水。蒙帳三四座，皆去井五六里。鄂托與杭蓋分界處。二十三里。圪達子烏蘇、有井二口，移沙甚多。十三里。哈他土、蒙人板申四五所，居沙窩中。井二口。其東北杭蓋營盤。十二里。托賴敖拉、即托賴河，西北流，水苦不能飲。四十九里。格打拉格烏蘇、蒙帳三座、板申一所，德佈心甲克氣所居。水向西北流，可飲。十五里。察罕陀羅海岡、高出海面五千七百尺。自此蒙漢雜居，墾地甚多。十里。布爾哈蘇台召、布爾哈蘇台河北流入黃河。沿溝北行，五十六里。拉斯長林召、路折向東北，過恩格池溝。二十八里。包庫頭、過黑那坤兌河，移沙成山。二十九里。五塊兔路、地勢平坦，有才登海子，水淺，涉之而過。三十二里。道勞罕欽、過坎泰河。四十一里。紅仝灣、三十里。南海子，實測六百六十三里，土人稱七百里，駝行十一日。套內草鹹，騾馬不宜食。杭錦一帶，浮沙陷足，車馬不可行。故此路往來，以駝為便。

走南海子、向南，四十里。達拉特營盤、六十里。萬盛隆、六十里。東勝縣、六十里。郡王營盤、東南七十里。後補連、六十五里。愛拉古拉拐梁、二十五里。神木縣，計程三百八十里，行六日。

走神木、向西，五十里。俄爾几和泉、四十里。塔拉泉、七十里。摩都圖湖、八十里。俄欽湖、七十里。俄都海、七十里。察罕扎達垓、西南七十里。西拉布里都、六十里。博羅扎喇克井、六十里。賽默井、六十里。阿克舒爾井、六十里。拜圖井、五十里。齊它特泉、四十里。橫城口，計程七百八十里，行十三日。自神木至察罕扎達垓五十家驛路中，水草柴薪無誤，行道多沙；自察罕扎達垓至橫城口，路平，惟水略少。

走寧夏、向南，四十七里。王宏堡、四十九里。葉升堡、三十四里。漢壩堡、四十五里。唐壩堡、二十里。青銅峽，實測一百九十五里，土人稱一百四十里。

走青銅峽、河路，向東北，一百八十里。橫城堡、北，三百二十里。石嘴子、二百四十里。磴口、二百里。烏拉河口、東，三百五里。義和渠口土城子、一百五十里。西山嘴、二百六十里。召君墳、九十五里。南海子、東南，三百里。河口、即大黑河口，去托城五里。南二百三十五里。河曲縣，計水程二千二百八十五里，舟行下水八九日，上水四十餘日。青銅峽下游數十里，石嘴子下游一百數十里，河口下游二百餘里，河身逼仄，水流湍急。石嘴子上游，西山嘴上游，各百數十里，河勢散漫如織，且多流沙，故上行船隻俱不便。又五原水道，則由義和渠至土城子出口入黃河，計七十里。

津渡 河套黃河津渡，凡在寧夏道境內十有二處，綏遠道境內二十二處，雁門道境內四處，共計凡三十八處，如下：

峽口渡 在青銅峽，為金積、中衛二縣往來要津。

右計一渡，河西屬寧朔縣境，東屬金積縣境。

任春渡

王洪渡 寧夏、靈武二縣往來要道。

橫城渡 寧夏通鹽池及邊內各縣之要道。

右計三渡，河西屬寧夏縣境，東屬靈武縣境。

楊萬年渡

五堆子渡 平羅通榆林、神木等縣大路。

紅崖子渡 西去平羅縣城六十里，為平羅（柱）〔往〕鄂托及包頭等處之要道。

石嘴子渡 寧夏往包頭之要道。又為鄂托出入要津，設有邊官，凡往來牲畜及食物等項，均抽收錢文。

右計四渡，在平羅縣境，及所轄河東鄂托克旗。

二子渡 杭錦旗設，與鄂托同。

磴口渡 阿拉善出入要道，並為吉鹽出口之處，蒙古設總管、邊官等員。

毛老漢渡

羅畔召渡 一名渡口堂。

右計四渡，平羅縣所轄河西阿拉善旗、河東鄂托克旗。以上寧夏道。

棋盤柳子渡 其東，古紅水驛。

黃家壕渡

馬覓（免）〔兔〕渡

惠德成渡

同心堂渡 河南十五里有堿諾爾。

董牛河頭渡 河南二十里奎蘇。

右計六渡，屬五原縣所轄杭錦旗。

大木蘇召渡

召君墳渡

黃草凹渡

右計三渡，屬五原縣所轄烏拉特旗。

南海子渡 即尹渡口，北去包頭十五里，南至達拉特旗及東勝縣治，西通石嘴子、寧夏等處之要津。

東壩上渡

黑豆濠渡

炭廠子渡

右計四渡，屬薩拉齊縣所轄土默特故地。

二忙子渡　北去薩拉齊縣城四十里，為薩縣入套之要津。

紅眼窯子渡

倉溝窯子渡

右計三渡，屬薩拉齊縣所轄河北土默特故地，河南達拉特旗。

高龍渡

盟坑渡

廠汗不浪渡

河口鎮渡

普灘柵渡　北去河口鎮二十里，通邊關要道，疑即古君子津。

右計五渡，在托克托縣所轄河東北之土默特故地，及河西南之準噶爾旗。

喇嘛灣渡

右計一渡，河東係托克托縣所轄之土默特故地，河西係清水河縣所轄之準噶爾旗。

焦家坪渡

娘娘灘渡

羊圈子渡

唐家會渡　在偏關西七十里，陝西往來要津。

右計四渡，屬偏關、河曲二縣，以上雁門道。

電信　綏遠電報，由大同接線入境，至綏遠城；又西經薩拉齊、包頭、隆興長即五原。至磴口，入甘肅界，經平羅、寧夏，西至蘭州。此為幹線，所經各站，均設有電報局或報房，而包頭、五原、磴口、平羅、寧夏皆接近河套，故電政消息，尚屬靈通。支線則有歸化、武川線。至於電話，綏遠、歸化已經創行，電燈亦將興辦矣。

郵政　郵政除邊内不計，其在邊外者，北路屬山西，西路屬甘肅。北路由豐鎮起，向西陸路經天成村、祥和地、涼城、和林格爾、薩祿慶、歸化城、畢克齊、薩拉齊、沙爾沁、包頭、大佘太、隆興長、即五原。黄楊木堵至磴口，是為山西郵區。由磴口經石嘴子、黄渠橋、平羅、姚伏堡、寧夏、横城堡、靈武、金積等處至蘭州，是為甘肅郵區。至於托城，則由歸化達之。而河套附近之托城、包頭、五原、磴口，皆係二、三等局，可通郵匯。

鐵道　京綏鐵道第一大段名京張鐵路，由京南之豐台與京奉線接，過北京西直門，穿居庸關、八達嶺，過宣化而抵張家口。第二大段由張家口繞西南，經天鎮、陽高而至大同。第三大段由大同北出得勝口之西至豐鎮，沿途有孤山子、祁王墓之險工，山岩壁立，時有疏沙墜石，是以修理為最難之工程。塞北三區，惟以豐鎮先得鐵路之利。第四大段由豐鎮北過紅沙壩至平地泉。豐、平之間，業於民國八年（一九一九）秋先通貨車，將來由平地泉西經桌子山入歸綏至包頭，若引長至寧夏、甘、涼、鎮、迪，則交通益便矣。

附京綏路各站里數價目表

站名	里數	價目		
		一等	二等	三等
豐台	起			
廣安門	一四·〇〇			
西直門	二七·〇〇	〇·六〇	〇·四〇	〇·二〇

續表一

站名	里數	價目		
		一等	二等	三等
清華園	三七·〇〇			
清河	四七·〇〇			
沙河	六六·〇〇			
南口	一〇一·〇〇	二·四〇元	一·六〇元	〇·八〇元
青龍橋	一三三·〇〇			
康莊	一五五·〇〇	三·六〇	二·四〇	一·二〇
懷來	一七六·〇〇			
沙城	二一七·〇〇			
新保安	二三三·〇〇			
下花園	二六二·〇〇			
宣化	三〇八·〇〇			
沙嶺子	三三四·〇〇			
張家口	三六七·〇〇	八·七〇	五·八〇	二·九〇
孔家莊	三九九·〇〇			

續表二

站名	里數	價目 一等	二等	三等
郭磊莊	四二九.〇〇			
柴溝	四五四.〇〇			
西灣堡	四八一.〇〇			
永嘉堡	五一〇.〇〇			
天鎮	五四二.〇〇	一二.九〇	八.九〇	四.三〇
羅文皂	五六八.〇〇			
陽高縣	五九六.〇〇			
王官人屯	六二五.〇〇			
聚樂堡	六四九.〇〇			
周士莊	六七一.〇〇			
大同	六九九.〇〇	一六.八〇	一一.二〇	五.六〇
孤山子	七二三.〇〇			
保子灣	七五五.〇〇			
豐鎮	七八一.〇〇	一八.六〇	一二.四〇	六.三〇

續表三

站名	里數	價目		
		一等	二等	三等
新安莊	八一〇.〇〇			
紅砂壩	八四七.〇〇			
官村	八七二.〇〇			
蘇集	九〇一.〇〇			
平地泉	九三〇.〇〇			

汽車　自京綏鐵路開抵豐鎮以來，西北商旅往還，多取道綏遠，而豐、綏間及綏西各路，行旅商貨，限於車駝，轉運維艱，動費時日，商旅咸感不便。近有商人王用舟等，集資五十萬元，創設西北汽車有限公司，業已呈請該管各部註冊立案。所定路線，自豐鎮起至新疆止，全線計分三段：第一段由豐鎮經綏遠至包頭，第二段由包頭經五原至寧夏，第三段由寧夏經蘭州至新疆為止。第一段路線凡六百餘里，業已興辦，分為三大站、三小站，又分綏豐、綏包兩段，每日開車四次，頭等客車一輛，載客五人；二等客車二輛，載客二十人；每人准帶行李二十五斤為限。其綏包間已於民國八年（一九一九）秋後通車，將來第二段、第三段依序興辦。惟路線尚未勘測，使果全線駛行，殊有便於行旅。惟腳價太昂，不合於中下社會之用；且車輛無多，未便運輸貨物，為遺憾耳。茲附該公司概算如左：

附西北汽車公司概算書　第一段豐包間

創辦費用

一、修治車路費　第一段全路工程，計壩工二處、橋工六處、土工二十處，共約需洋七萬元。

一、購汽車費　訂購汽車二十五輛，每車平均八十馬力，價洋每車平均八千元，共需洋二十萬元。

一、築房屋費　豐、綏、包三大站建築車房、油庫、機器房、站長辦公室、候車室、工匠住室，計一百一十三間；桌子山、討斯號、薩拉齊三小站，計築房十五間，共計築房一百二十八間。每間計價五十元，共需洋六千四百元。

一、購地費　約共需洋一萬一千六百元。

一、應用器具費　修機器具五千元，修路及測量器具三千元，雜用器具四千元，共需洋一萬二千元。

以上各項，事屬創辦，用費較多，綜共需洋三十萬元。股本總額五十萬元，其餘二十萬元，充作他段之用。

營業收支

收入項下按日預計如左：

一、每日計開車四次，第一次由綏至豐，第二次由豐至綏，第三次由綏至包，第四次由包至綏。每次計開頭等車一輛、二等車二輛。豐綏頭等客票每票十三元，二等每票八元；綏包頭等客票每票十二元，二等每票七元。第一、二兩次，計頭等票十張，二等票四十張，計收九百元。第三、四兩次計頭等票十張，二等票四十張，計收八百元。綜計每日收客票洋一千七百元。

一、貨票暫不發售，俟將各貨釐定妥協，呈請核准後，再售貨票。此項入款，暫不虛擬，以昭核實。

以上客票每日共計收入洋一千七百元。

支出項下按日預計如左：

一、薪金費每日平均約需一百二十元。

一、車路房屋碎修費，每日平均約需三十元。

一、公司及各廠站辦公、印刷等費，每日平均約需二十元。
一、碎修車費，每日平均約需五十元。
一、行車燃燒費，每日平均約需五百十元。
一、汽車二十五輛，價二十萬元，計用二年，每日應消耗車價二百七十八元。
一、各項器具計一萬二千元，每日應消耗家具費一百六十七元。
一、股份暫按三十萬元計息，按常年六厘核計，每日需六十元。
一、設遇狂風、暴雨、大水，或其他原因，不能行車，全年計減去四十日，每日平均攤一百九十元。

以上九項，每日計支洋一千四百二十五元。

出入兩項比較，每日計盈餘得二百七十五元。

騾車　為北方所通用者。塞外除駝載外，凡往來行人貨物，亦以此項車輛為常用，故又有貨車與轎車之別。轎車專載行客，近道用騾子一隻，名曰單套車；遠道須用二隻或三隻，名曰雙套車或三套車。亦有用馬，但馬不若騾子之強，故不多見。每車一夫駕駛，平均每小時速率七千二百餘步，約合九里半；每次行以五六小時須休息，加給草料，故每日行程以六七十里至百里為最多。土人里較小，約合八九折不等，車價每百里均三元五角上下。設行客有箱籃、行李等物件，則用大車，每車須騾馬四五隻，二夫駕駛，載重七八百斤，速率亦可與轎車同，但車價約加四分之一。貨車則單套居多，載重約八百斤，一夫駕駛，三四車魚貫而行，日僅一站，約四五十里，運費每百里需銀一兩二錢上下。

駝　套內沙深草鹹，車馬遲行，多有未便。惟駝能載重，苦行沙地，喜食鹹草，此亦造物之特產者，西人名之曰旱舟，有以也。冬春之季，河凍舟停，行商往來，皆以駝載，絡繹於途，以其取徑較捷，少費時日也。故鄂爾多斯草地，亦西北交通之要道。駝載之法，有駝轎、駝載二種。駝載之法，先令駝臥地，以棕薦內裝絨毛，長可四尺，厚約三寸。二塊置於駝背，夾住駝峰，又將貨物綁紮於木（匡）〔框〕之上，木（匡）〔框〕

以兩箇為一連，加於棕薦之上。若用載人，亦照此辦法。大約一人隨身行李箱籃三件，一駝足可勝任。駝轎則於木（匡）〔框〕之上另加橫木，兩端各置一器，綁紮寬固，人可安坐其中，名曰駝轎，實即駝擔也。其行以七駝為一連，魚貫而進，速率每小時四千三百餘步，約合八里弱。每日行以六七十里至八九十里，但水站遠近不一，雖四五里或百餘里，亦必趕站而息。每駝載重約四百斤，運價每連百里約銀四兩。所謂一連者，蓋以一人之力，能引七駝，凡僱駝七隻以內，即二三隻亦必一人牽引，故用駝僱價以一連為單位，七隻以外，十四隻以內，則按二連計算，多則類推。又駝性畏暑，夏秋不勝馱載，即有亦必夜間。故凡在夏至以後，霜降以前，皆駝放廠之期，無處覓僱，旅行斯地，不可不知。駝戶皆回族，由包頭至寧夏，中經鄂爾多斯之路，惟回民最熟，故此路稱為回回大道。

台車　有吳某者，擬仿照西伯利亞台車之制，集資二萬五千兩，倡辦台車。其車四輪，上輕下重，每車可載一千斤。沿途每五六十里設站，站畜騾馬，台車到站，則易馬以行，車不停駛，每日可三百里。以寧夏出口貨計六百七十萬斤，每日須開台車二十輛，運至包頭，祇須四日，轉輸之便，亦不無小補。然以寧夏扼西口之要衝，號曰四塞之腴壤，北臨蒙古，南接平涼，西連甘肅，東達榆、延，地形之險，出產之富，他日邊墾發達，商賈往來，其交通之盛，豈僅此區區數十台車而已哉！

帆船　河套黃河較下游平緩，帆船往來，絡繹不絕。船以柳板為之，笨拙無比，形勢長倍寬，合二船成正方式。蓋即古舫船之義。考後魏孝文太和七年（四八三），詔平高、統萬等四鎮出車五千乘，運穀五十萬斛赴沃野鎮，以供軍糧。時刁雍為薄骨律鎮將，上表略謂：臣鎮去沃野八百里，道遠沙深，每車載穀二十五斛，百餘日一返，一歲不過二運，五十萬斛，乃經三年，車牛艱阻，大廢民生耕墾之業。求於（笄）〔牽〕屯山河水之（水）次，造船二百艘，二船為一舫，〔一船〕勝〔穀〕二千斛，一運二十萬斛，舫船順流，五日而至，自沃野牽上，十日還到。世祖善之，詔永以為式。① 蓋河套之通航，以此始也。清高宗乾隆五十六年（一七九一），戶部奏准阿拉善地方，每年准造鹽船五百隻，每船鹽四十石，石七百斤，計二萬八千斤，運至山西例食口岸。據最近調查，此項裝鹽運貨之帆船，在河套共計約八百隻，船戶皆回籍。船普通有二類：一名高幫船，長約三丈，寬丈五，吃水二尺，下水載重二十噸，上水六七噸；一名五棧船，長約四丈，寬二丈，艙深五尺，吃水三尺五寸，下水載重三十噸，上水十噸。上水係用六七人拉牽，日行四五十里，遇順風能行百餘里；下水隨波逐流，日行一二百里不等。由包頭至寧夏，水程凡一千五百里，下水十餘日，上水恒在四十日左右。需時既緩，故上行貨物以舟載者僅少，往往空舟返棹，所以上行舟價極廉，每次約銀二三十兩，下行則在百兩左右云。

革筏 自蘭州以下，黃河水勢迅急，然尚可通舟。惟沿途所經，險隘堪虞，行之者少，有之，但過青銅峽，其舟則不復返矣。故自蘭州下行貨物，經過河套，至於托城，皆用革囊代運，俗稱筏子。用囫圇牛皮，肉裝煙草諸體輕之物，嚴封其口，連合數十編為一排，排上仍裝載他種貨物，祇須二三人駕駛，順流而下，無虞擱淺觸礁之患，極為穩便。運至行銷地點，原用牛皮，即行折裝，駝載以歸。亦有用羊皮者，其理同，但祇盛物於內，上面不加貨物。後套出產糧食，大都用此運行出口。

汽船 河套水道交通，利用革筏、帆船，由來已遠，若汽船則自前清宣統年間比人某創始之。船名飛龍，未及開駛，其人卒，其船擱置已多年。及民國七年（一九一八），始有船商蔡質夫出資向比人林阿德租借行駛。船係明輪，吃水深三尺五寸，長約五丈，普通艙高四尺，中艙高六尺。又蒯壽樞由求新廠購置快船二艘，一名探源，一名摩斗，機器形式頗美觀，但欠堅實。惟需燒汽油，每小時二桶，日計油費不下百金，已不合算。且官艙只能容載四人，全船不過載十人。吃水二尺五寸，馬力六十匹，速率二十里，甘省

① 此段引文沿太平寰宇記卷三十六之誤。據魏書刁雍傳，事在魏太武帝太平真君七年（四四六）。太武帝廟號世祖。

軍民兩長，用備遞送公文者，不載行客。查黃河上游沿河產煤，價廉物美，頗合汽船燃燒之用，今舍近產之煤，而求油於數千里外，豈非根本錯誤？記者民國八年（一九一九）六月至包頭，正汽船待油停駛之期，而飛龍亦在塢修理，水道仍以帆船上行，頗不便利。茲錄飛龍船行駛河套經過情形之報告及李君昭觀振興黃河上游航業之計畫如下。

竊飛龍輪船於民國七年（一九一八）七月二十九日早八時，自寧夏屬之橫城開往下游，至清水堡。八月二日早，抵石嘴山。因加僱水手，並購辦木料，在該埠停泊兩日。初五日早，復向前途開行。至十三日午後抵包頭，緣沿途添煤，且行且止，致稽時日，尚非船行濡滯之咎也。十五日正午，復由包頭開至石拐子，停泊約三時許，五時半開行，甫七時抵五勝營，停泊過宿。次早十時開行，午前十二時抵河口。計自包頭至河口，陸路二百四十里，水程則三百有奇，然亦僅費六小時已達，航行速率，於此可知。計此行由橫城達河口，共一千五百餘里，毫未因水淺流急，發生何等障礙，旋復往返一次，亦從無擱淺及一切阻滯情事。蓋黃河上游，當冬初水淺落時，最淺之處，亦有三尺，且已祇有石嘴山以上之尾閘、磴口以下之永湖江等處，其長均不過二三十丈。至普通水深，恒在五六尺以上，果使駕駛得人，雖在月夜，亦可通行。若每年正月以後，九月以前，則為漲水時期，於通航尤便。此在民國七年（一九一八）以前，即查勘兩次：一為五年（一九一六）三月初旬，由托克托河口起行，至中衛登岸；一為六年（一九一七）九月中旬，由寧夏屬之橫城啟行，至河口登岸，均係乘坐小舟或木排，沿途調查，尤為切實。故復試行淺水快輪，然前後所費，已達四千元以上，不可謂不鉅云。

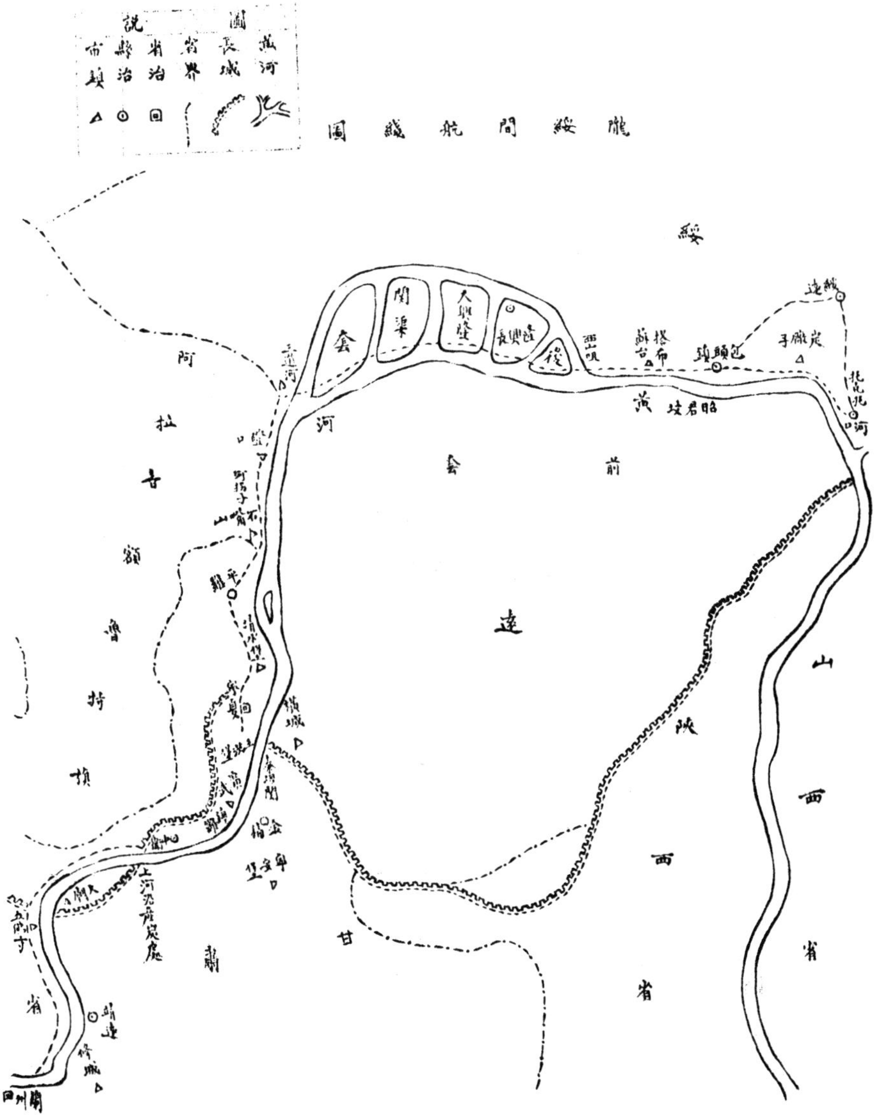
隴綏間航綫圖
圖說
黃河
長城
省界
省治
縣治
市鎮
綏
阿拉善額魯特旗
前套
達
陝西省
山西省
甘肅省
後套
包頭鎮
昭君墳
河口

圖說

竊查黃河可行輪船之處，自綏遠屬之托克托河口起，溯流上行，計水程三百二十里至包頭。包頭市場距河十五里，近年因鐵道已至綏遠，商務漸臻繁盛。由包頭經三道河、磴口至石嘴山九百五十里，有隆興長一市，距河七十里，在三道河之下，包頭之上，為近年新墾之地，開渠引灌，地頗饒沃。蓋自隆興長至三道河，皆河套故地，隆興長墾地無多，三道河則為天主堂、福音堂所佔有，幾有擴充之勢。臥榻之旁，他人鼾睡，殊為可恥。自三道河起，為甘肅境，河流至石嘴山，身稍狹，水亦稍急，以兩岸漸有石質也。自石嘴山經平羅至寧夏，水程二百三十里。平羅、寧夏縣治均距河三十里。寧夏對面河岸曰橫城，向為泊船之所，商貨多於此上下，然市場則在寧夏城中。自寧夏至秦壩關一百五十里，金積縣所屬，距縣治五里。自秦壩關至中衛縣三百五十里，中衛距河五里。自中衛至靖遠縣六百里，自靖遠至條城二百里，自條城至蘭縣一百二十里，條城以上為石峽，水流湍急，帆船上駛極難。蓋自河口至蘭縣，水程二千九百二十里，以寧夏為適中，貨產亦多萃集於此云。

航線經過各埠名稱及里程表

頭包		
90	子廠炭	
320	230	口河

磴口							
120	三道河						
210	90	關渠口					
310	190	100	大興隆				
370	250	160	60	隆興長			
450	330	240	140	80	西山嘴		
630	510	420	320	260	180	搭布蘇台	
690	570	480	380	320	240	60	昭君墳
770	650	560	460	400	320	140	80
860	740	650	550	440	410	230	170
1090	970	880	780	780	640	460	400

武 廣							
80	關墻秦						
170	90	堡洪王					
230	150	60	城 橫				
300	220	130	70	堡水清			
370	290	200	140	70	羅 平		
460	380	290	230	160	90	山嘴石	
550	470	380	320	250	180	90	子拐河
640	560	470	410	340	270	180	90
760	680	590	530	460	390	300	210
830	750	660	600	530	480	390	300
950	870	780	720	650	580	490	400
1010	930	840	780	710	640	550	460
1080	1070	970	850	790	720	630	540
1270	1190	1100	1040	970	900	810	720
1330	1250	1160	1100	1030	960	870	780
1410	1330	1240	1180	1110	1040	950	860
1500	1420	1330	1270	1200	1130	1040	950
1730	1650	1560	1500	1430	1360	1270	1180

縣遠靖							
210	寺佛五						
300	90	廟　大					
550	340	250	沿河上				
600	390	300	60	縣衛中			
650	440	350	100	50	堡羅鎮		
700	490	400	150	100	50	堡安寧	
790	580	490	240	190	140	90	堡園棗
870	660	570	320	270	220	170	80
950	740	650	400	350	300	250	160
1040	830	740	490	440	390	340	250
1100	890	800	550	500	450	400	310
1170	960	870	620	570	520	470	380
1240	1030	940	670	640	590	540	450
1320	1110	1020	770	720	680	630	540
1420	1210	1120	870	820	770	720	630
1480	1270	1180	930	916	860	810	720
1530	1420	1330	1080	1030	980	930	840
1700	1490	1400	1150	1100	1050	1000	910
1820	1660	1570	1320	1270	1220	1170	1030
2130	1920	1830	1350	1330	1280	1230	1140
1950	1730	1650	1400	1350	1300	1250	1160
2140	1930	1840	1590	1540	1490	1440	1350
2200	1990	1900	1650	1600	1550	1500	1410
2280	2070	1980	1730	1680	1630	1580	1470
2310	2160	2070	1820	1770	1720	1670	1580
2600	2390	2300	2050	2000	1950	1900	1810

蘭州	
120	條城
320	200
530	410
600	500
870	750
920	800
970	850
1020	900
1110	990
1190	1070
1270	1150
1360	1240
1420	1300
1490	1370
1560	1440
1640	1520
1740	1620
1800	1680
1860	1730
2020	1900
2140	2020
2450	2330
2270	2150
2460	2340
2520	2400
2600	2480
2690	2510
2920	2800

假定開辦計畫書

(一)本航線暫時擬備置淺水平底火輪十艘，搭乘客商，裝運貨物，往來甘肅與綏遠之間。另購拖船二十艘，裝運與本船相同。俟股本招足，業務發達時，再行添購。

(二)按市價每輪船一艘，約需洋九千元；拖船一艘，需洋一千元。

(三)總需上項輪船、拖船價洋十一萬元。

(四)後列章程內第四條所列本公司及事務所，當營業開始時，衹租佃房屋，待營業發達後，始行建築。所有暫時開辦各費，總需洋一萬五千元。

(五)附設修理機械工廠一處，共需洋八千元。

(六)臨時特別費洋五千元。凡租購停泊碼頭各項用費屬之。

假定淺水輪船容量及其必要之條件

(甲)容量及牽引力

(一)本船須能裝載旅客三十名，貨物十二噸，並能拖帶下列之木質拖船者。

(二)拖船擬載旅客九十名，貨物二十噸。

上列兩項，共載旅客一百二十名，貨物三十二噸。

(乙)長廣及吃水

(一)本船長七丈，廣一丈八尺，滿載吃水不得過二尺二寸。

(二)拖船吃水同上，長七丈餘，廣一丈八尺。

(丙)馬力及平均速率

(一)本船馬力約在九十四至一百二十四，上水平均速率，每小時華里二十里。

假定普通艙位乘客價目表

讀法：自下而上，由右而左。

(說明)

一、價目以一角為單位。

二、上水照碼實收，下水合七折扣算，特別官艙一律加倍。

三、此表所列價目，係以每百里收費一元為標準，過與不及，以此類推。查向日陸運每百里需費三元以上，此不過取其三分之一而已。

四、價目均收通用現洋，如以銀兩或銅元支價者，照各該地當日市價扣算。

隆興大							
6	長興隆						
14	8	嘴山西					
32	26	18	台蘇布搭				
38	32	29	6	墳君昭			
46	40	32	14	8	頭包		
55	49	41	23	17	9	子廠炭	
78	72	64	46	40	32	25	口河

城 橫							
7	堡水清						
14	7	羅 平					
23	16	9	山嘴石				
32	25	18	9	子拐河			
41	34	27	18	9	口 磴		
53	46	39	30	21	12	河道三	
60	54	48	34	30	21	9	口渠關
72	65	58	49	40	31	19	10
78	71	64	55	46	37	25	16
85	74	72	63	54	45	33	24
104	97	90	81	72	63	51	42
110	103	96	87	78	69	57	48
118	111	104	95	86	77	65	56
127	120	113	104	95	86	76	65
150	133	136	127	118	109	99	88

沿河上							
5	衛　中						
10	5	堡羅鎮					
15	10	5	堡安寧				
24	14	14	9	堡園棗			
32	27	22	17	8	武　廣		
40	35	30	25	16	8	關壩秦	
49	44	39	34	25	17	9	堡洪王
55	50	45	40	31	23	15	6
62	57	52	47	38	30	22	13
69	64	59	54	45	37	29	20
77	72	68	63	54	46	38	29
87	82	77	72	63	55	47	38
98	91	86	81	72	64	56	47
106	103	98	93	84	76	68	59
115	110	105	100	91	83	75	66
132	121	122	117	103	95	87	78
138	133	128	123	114	101	93	84
140	135	130	125	116	108	100	91
159	154	149	145	125	127	119	110
165	160	155	150	141	133	125	116
173	168	163	158	149	141	133	124
182	177	172	167	156	150	142	133
205	200	195	190	181	173	165	156

假定普通貨物價目表（一）

貨以一百斤為單位；

程以一百里為單位；

運費以一角二分為單位。

讀法：由右而左。

蘭州				
12	條城			
32	20	靖遠縣		
53	41	21	五佛寺	
60	50	30	9	大廟
87	75	55	34	25
92	80	60	39	30
97	85	65	44	35
102	90	70	49	40
111	99	79	58	44
114	107	87	66	57
127	115	95	74	65
136	124	104	83	74
142	130	110	89	80
149	137	117	96	87
156	144	124	103	94
164	152	132	111	102
174	162	142	121	112
180	168	148	127	118
186	173	153	142	133
202	190	170	149	140
214	202	182	166	159
245	233	213	192	183
227	215	195	174	165
246	234	214	193	184
252	240	220	199	190
260	248	228	207	198
269	257	237	219	270
292	280	260	239	230

隆興大							
12	長興隆						
24	12	嘴山西					
48	36	24	台蘇布達				
60	48	36	12	墳君昭			
72	60	48	24	12	頭　包		
84	72	60	36	24	12	子廠炭	
120	108	96	72	60	40	36	口河

城　横							
12	堡水清						
24	12	羅　平					
36	24	12	山嘴石				
48	36	24	12	子拐河			
60	48	36	24	12	口　磴		
84	72	60	48	36	24	河道三	
84	72	60	48	36	26	12	口渠關
108	96	84	72	60	48	24	12
120	108	96	84	72	60	36	24
132	120	108	96	84	72	48	36
156	144	132	120	108	96	72	60
168	156	144	132	120	108	84	72
180	168	156	144	132	190	96	84
192	180	168	156	144	132	108	96
228	216	204	192	180	168	144	132

沿河上							
12	衛　中						
24	12	堡羅鎮					
36	24	12	堡安寧				
48	36	24	12	堡園棗			
60	48	36	24	12	武　廣		
72	60	48	36	24	12	關壩秦	
84	72	60	48	36	24	12	堡洪王
96	84	72	60	48	36	24	12
108	96	84	72	60	48	36	24
120	108	96	84	72	60	48	36
192	120	108	96	84	72	60	48
144	132	120	108	96	84	72	60
156	144	132	120	108	96	84	72
180	168	156	144	132	120	108	96
180	168	156	144	132	120	108	96
204	192	180	168	156	144	132	120
216	204	192	180	168	156	144	132
228	216	204	192	180	188	156	144
252	240	228	216	204	192	180	168
254	252	240	228	216	204	192	180
276	264	252	240	228	216	204	192
288	276	264	252	240	228	216	204
324	312	300	288	276	264	252	240

蘭州				
24	條城			
48	24	靖遠縣		
84	60	36	五佛寺	
96	72	48	12	大廟
132	108	84	48	36
144	120	96	60	48
150	132	108	72	60
168	144	120	84	72
178	154	130	94	82
192	168	144	108	96
204	180	156	120	108
216	192	168	132	120
228	204	184	144	132
240	216	192	156	144
252	228	204	168	156
264	240	216	180	168
272	248	224	188	176
288	264	240	204	192
312	288	264	228	216
312	288	264	228	216
336	312	288	252	240
348	324	300	264	252
358	334	310	274	262
384	360	336	300	288
396	372	348	312	300
408	384	360	324	312
408	384	360	336	324
456	432	408	372	360

（說明）本表依地方習慣，故以斤算。至所稱普通貨物，係指皮毛布疋與同類者而言。若金銀（手）〔首〕飾、錢幣，並一切貴重物品，皆為特種貨物。以佔地位論，每一立方，照普通貨物一百斤給價，若鐵製之農具、家具，及類似鐵質之一切普通用具，亦以普通貨物論。若綢緞紗羅之類，照本表各欄加倍給價。若糧食各類，照本表各欄減半給價。煤薪之類，照本表各欄三分之一給價。

以上不過列舉大概，將來開辦時，仍須詳細規定之。

（附記）近日京綏鐵路業已通車，將來不久可至包頭，則由河口至包頭一段，貨物自當較少。故收入表內，關於此項收入，只以四元計算。

預定總公司事務所組織及俸級章程

在營業尚未發達以前，一切衹能因陋就簡。故本章程係採用節省主義，識者諒之。

第一條 總公司一，設在綏遠屬之包頭鎮。

第二條 事務所四，地點列下：蘭州 中衛 寧夏 河口

第三條 分事務所十一，地點列下：南海子 義和渠口 五原 磴口 石嘴山 橫城 秦壩關 寧安堡 新墩子 五佛寺 靖遠縣

第四條 代辦所十六，地點列下：炭廠子 昭君墳 搭布蘇台 大興隆 鬭渠口 三道河 清水堡 王洪堡 廣武 棗園堡 石空寺 莫家樓 上河沿 大廟 平灘堡 條城

第五條 總公司由左列各員組織之：

總理一人 查賬一人 科長三人 科員九人 一等司事二人 二等司事四人

第六條 事務所由左列各員組織之：

所長一人 所員三人 二等司事二人

第七條 分事務所由左列各員組織之：

主任一人 所員一人 二等司事一人

第八條 代辦所不設專員，應辦事務，委託各該處殷實商號兼理之。

第九條 總公司應設科目及其職員支配

（甲）總務科 科長一人，承總理命，主持該科一切事務。

科員三人，受科長指揮，一司文牘，一司交際，一司庶務。

司事受科長指揮，輔助科員，繕寫文件，及一切例行事務。

（乙）營業科　科長一人，承總理命，主持該科一切事務。
科員三人，受科長指揮，一司旅客，一司貨物，一司稽查。司事職務同前。
（丙）會計科　科長一人，承總理命，主持該科一切事務。
科員三人，受科長指揮，一司簿記，一司核算，一司收支。
司事職務同前。
第十條　事務所應設科目及其職員支配
所長一人，承總公司總理之命，主管該所一切事務，並監督所中各員。
所員三人，一司總務，一司營業，一司會計。
司事職務同前。
第十一條　分所事務不分科目，應辦事項，由下列各員辦理之。
主任一人，承總公司總理之命，主辦該分所一切事務。
所員一人，輔助主任，辦理一切事務。
司事職務同前。
第十二條　總理、查賬，由股東公舉。其餘各長員司，得由總理分別聘委。
第十三條　職員俸給，依下表行之。

何級	何職	每員月給光洋	名數	每員共給光洋
一級	總理	八〇	一	八〇
二級	查賬 科長 所員	五〇	一 三 四	四〇〇
三級	科員 主任	四〇	九 十一	八〇〇
四級	所員	三〇	二三	六九〇
五級	一等司事	二四	二	四八
六級	司事	二〇	一五	三〇〇
總共支洋二三二八				

第十四條　普通經費，依下列之規定行之。

（一）總公司每月不得過四百元（職員俸給在外）。

（二）事務所每月不得過一百五十元（職員俸給在外）。

（三）分事務所每月不得過八十元（職員俸給在外）。

上項普通經費，所有房租、燈油、紙筆、郵電、茶水、工丁薪資及一切開支，俱包在內。

第十五條　額外經費，凡下列之各項，臨時由總理核發。

（一）職員遠道出差。

（二）特種交際。

（三）意外事故。

第十六條　附設工廠經費，另章定之，惟職員俸級與事務所同。

第十七條　各所各科辦事細則，臨時分別另定之。

第十八條　本章程如有未盡事宜，仍得隨時修正。

附總公司事務所開支概算表

（一）總公司每月經費

項　別	月共（元）
俸　給	七六八
普通經費	四〇〇
總計一一六八	

（二）事務所每月經費

項　別	月共（元）
俸　給	一八〇
普通經費	一五〇
總計三三〇	

(三)分事務所每月經費

項別	月共(元)
俸給	九〇
普通經費	八〇
總計一七〇	

(四)每月各處總需經費

處別	處數	月共(元)
總公司	一	一一六八
事務所	四	一三二〇
分事務所	一一	一八七〇
總計四三五八〇		

(五)每月各代辦所津貼洋總數

暫定每代辦所每月給津貼洋十元，合十六所計算，每月應給此項津貼洋一百六十元。

(六)每月工廠總需經費

此項工廠經費，因工丁材料不能預計，暫時酌定每月預領經費洋一千八百七十二元，隨時實報，餘存少補。

統計(一)(二)(三)(四)(五)(六)六項每月共需經費洋六千四百元。

營業概算書

(一)收入　依假定輪船、拖船裝載之規定，則可得下列之概算(以輪船、拖船各一及往返一次為單位)收入表(參照兩價目表)

旅客項下	上水	每名收洋二九·二	共名一二〇	共洋三五〇四
仝　上	下水	仝上二〇·四四	仝上一二〇	仝上二四五二·八
貨物項下	上水	每百斤收洋四	共斤三〇〇〇〇	共洋一二〇〇
仝　上	下水	仝上二、八	仝上三〇〇〇〇	仝上八四〇〇
總計各項收入洋七九九六·八				

(說明)此表係根據客貨價目兩表而製，且均以普通價目合算。

(二)支出　依該處現時工價、物價為標準(以每船一個月為單位)。

(甲)工薪(每年只給薪八個月，或係特種職務，故每月不得不稍優耳)

類別	名類	每名月薪(元)	月薪共(元)
工匠	六	四〇	二四〇
領江	二	二〇	四〇
司事	二	四〇	八〇
水手	六	一二	七二

續表

類別	名類	每名月薪(元)	月薪共(元)
廚丁	二	二〇	四〇
茶役	八	三	二四
拖船舵手	二	二〇	四〇
各項總計月需洋五百三十六元			

(乙)雜項(以每船一個月為單位)

物名	月共洋(元)	物名	月共洋(元)
煤	四五〇	煤油	六〇
旅客伙食	六〇〇	洋紗	三〇
機器油	一五〇	雜用	一〇〇
各項總需洋一三九〇			

(丙)特別費(以一個月為單位)

此項特別費,指總公司、事務所、分事務所一切開支而言,每月約共需支出洋六千四百元(另有細賬)。

(三)收支總計

（甲）暫定每船需二十日往返一次，每年以八個月計算，依收入表之結果，每船往返一次，共收入洋七千九百九十六元；若以十艘合算，每二十日應共收入洋七萬九千九百六十元。全年往返十二次，總計應收入洋九十五萬九千五百二十元。

（乙）依上列支出項下甲乙兩項，每月共開支洋一萬九千二百六十元。在通航之八個月以內，共應開支洋十五萬四千零八十元，其每年所餘之四個月，除特別員工不能遣散外，所有茶役、水手之類，一律開除；他如雜項支出，亦可省去十分之八九，約計此四個月，共需開支洋一萬三千六百元，尚可敷用。總計全年共應開支洋一十六萬七千六百八十元。

（丙）特別支出即應以全年計算，每年共需洋七萬六千八百元，依上述之結果，可將全年收入、支出兩項對照如下：

（一）收入項下，全年（實只八個月）應共收入洋九十五萬九千五百二十元。

（二）支出項下，全年（工薪、雜費共洋一年六萬七千六百八十元，特別費共洋七萬六千八百元）共支洋二十四萬四千四百八十元。

（三）出入兩抵，每年尚盈洋七十一萬五千六百四十元，再以三分之二計算，則每年應盈洋四十七萬七千零九十三元。

（說明）各項收入均取其最低額，而各項支出均取其最高額。故無論如何，此項盈洋似不至於再減。然為特別防敗計，故仍以三分之二計算，則每年亦應盈洋四十七萬七千零九十二元。若將來船隻增加，所盈之數，尚不止此。

假定隴綏輪船股份有限公司章程

第一條　本公司定名為隴綏輪船有限公司。

第二條　本公司係純粹商辦，以發展交通事業，裝運客貨為宗旨。

第三條　本公司設備淺水輪船，以甘肅蘭州與綏遠河口間之黃河上游為航行路線。

第四條　本公司設總公司於綏遠屬之包頭鎮，設事務所於蘭州、中衛、寧夏、河口，其餘商埠依商務之繁簡，設分事務所或代辦所。

第五條　本公司定股本金二十萬元，設備船隻，先由小規模入手，逐漸擴充。其進行之方針，另詳於計畫及營業概算書中。

第六條　本公司股本金分為兩千股，每股一百元，內以四百股為優先股。

第七條　優先股每股實收銀九十元。

第八條　凡經募普通股者，經手人得每股扣洋五元，作為手續費。

第九條　凡附入本公司股份者，須為中華民國人民。

第十條　本公司股本利息，常年六厘，每屆一年度，由公司定期憑摺發給。

第十一條　本公司股本起息之期，按陽曆計算。除一號繳股應算整月外，凡上半月繳股者，從十五號起息；下半月繳股者，從次月一號起息。

第十二條　凡繳股銀，均以銀元計算，有繳銀兩及銅元者，均按市折合銀元。

第十三條　凡交股　　條，再換股票。

第十四條　股東交款時，或用堂名，或用台號，均可。惟須將姓名、住址聲（名）〔明〕註冊。

第十五條　股東交股後，如有別故，可將股票轉售或轉讓他人，但兩方面均須報明公司註冊換票。惟非中華民國人民，不得承受。

第十六條　如股東有遺失本公司股票者，准隨時取同保證人證明書，報由本公司將遺失號數查明，一面註冊，一面由原股東登報聲明，俟一個月後，另行按號補給。

第十七條　股份如係數人共有者，本公司發給股票時，只能填寫一人姓名，其享受權利，亦祇能按股計算。

第十八條　本公司每屆一年度結賬一次，所有盈餘，除利息外，作為一百分攤派，內提百分之一十為公積金，百分之一十五為發起人酬勞金，百分之一十五為公司辦事人員奬勵金，其餘按股勻攤。

第十九條　本公司由股東會選舉股份較多者一人為總理，代表本公司及監督職員，總理公司一切事務，任期三年，但得連選連任。

第二十條　本公司由股東會選舉查賬一人，稽查本公司一切銀錢出入，任期三年，但得連選連任。

第二十一條　總理之職權，遵照部訂公司條例各節施行。

第二十二條　股東會於本公司每一年度結賬後，由總理召集之，報告本年營業一切情形。

第二十三條　股東會除定期召集外，如有關於公司利害時，可由總理、查賬及重要股東請求，得臨時召集。

第二十四條　股東會議，如股東本人不能到會時，得託人到場。惟所託之書信，應交明公司存留為證。

第二十五條　本公司各股東，每一股有一議決權，但一股東而有十一股以上者，每三股算一議決權，即如二十股，只算十三議決權；二十股以上至五十股者，每五股算一議決權，即如三十股者，只算十五議決權；過五十股以上，其議決權不再增加。

第二十六條　股東會須有股東過半數之股東到場，方得開會；其議決事件，以到場股東議決權過半數行之。

第二十七條　本公司對總、分事務所設所長及主任，由總理分別聘定委任。其內部組織，另訂細章。

第二十八條　本公司及總、分事務所人員薪俸工貲，按月支付，其內容另訂細章。

第二十九條　本公司章程未盡事宜，應遵照部訂公司條例，由股東會增加修改。

河套新編卷之十四

河套工商調查記

河套僻居邊陲，交通阻隔，工商之業，蓋不足與內地比次。然其地多礦産，金銀銅鐵無不備，而尤富於煤。且長林豐草之間，畜牧之既興，氈毛韋（草）〔革〕，全國不可勝用，將越重〔洋〕而趨歐美之市。故將來我國由農業國而進於工商者，河套其寶藏矣。今將現有之工商業，與其未開發之實業，列舉如下。

礦地及礦質　河套內外，富有礦質。如鄂托克旗西北境之莫多山，寧夏志作麥垛山。有金銀鐵等礦；又黄河邊石嘴山，有炭礦及鐵礦；東勝縣境有煨炭，榆林邊外有石油。此河套以內之礦質也。阿拉善旗東北境之牛（具）〔犋〕溝，及柳條溝等處，去黄河約二十餘里，均有炭礦及煤礦；寧朔縣境西六十里山中，有硯石及鉛礦。此賀蘭山附近之礦質也。薩拉齊縣城東七十里之一千社，有煤礦；城西十五里之板申齊，及包頭附近，均有石綿礦；城西三十里之斗臨青、馬連溝、余家溝等處，均有炭礦。此大青山附近之礦質也。而開採者寥寥無幾。

石綿即不灰木，礦質如木片，夾生石中，石作白色，亦有綠色者，研之石成粉末，而礦質則鬆散如綿。土人名曰石花，為製造火浣布之原料，火不能燃。歐美用為消防器，今水月電燈之紗罩，能發白光而不為燃燒，即是物所製者也。硯石溫潤，不在端硯之下，俗謂「賀蘭端」。煨炭火力甚強，用於爐灶燃燒之後，置煨盆內，與木炭無異。若煤，其質較松，著火甚易，燒之有煙。礦家所謂木質，乃千有年之樹葉樹根腐變而成者，土人曰煤。若炭，其質甚固，燒之無煙，火力大而耐久，煉鋼廠、火車、汽船多用之。礦家所謂石質，乃上古之木類腐變而成，土人謂之炭，或曰石炭。炭價較高於煤價，約三分之一。在薩縣市面，每炭千斤，約銀四元，而產地不過一元五角零。

礦田之廣，礦質之佳，以斗臨青及牛（具）〔犋〕溝為最，石嘴子次之。查石嘴子礦田，計黃河東西兩岸，約三十方里，開採已有二十餘家，銷路不暢，未能發達，今礦商已大半停業。近河一井，礦商董福才所開，此井深約十八丈，用三十人分三班工作，每班六人車水，四人採炭，每日出貨約六七千斤。土人需用，則坎地自取，用完復掘之，大有不竭不盡之勢。蒙人之不識者，則以黑土、黑石呼之。蓋以塞外人煙稀少，燃料甚易，無煩求諸地下。將來京綏鐵路西趨，用煤日眾，地利之待興者，莫過於此。

工業及出品

（一）皮貨　以生皮泡製而成，有羔皮、灘皮，皆輸出品，而土人則衣老羊皮，亦不掛布面。

（二）氈貨　以毛擀之，用為坑墊及帳幕之用，並製氈帽、氈襪、靴鞋等物，以供禦寒。氈有毛貨，以雜毛為之，質厚而粗；有絨貨，以純潔羊毛或駝絨為之，質薄而精，惟價高毛貨數倍。

（三）織毯　以毛為之，或製被套、口袋之類，亦有毛、絨二種。

（四）栽絨　以毛線為經緯，而以染色之絨毛，（裁）〔栽〕成各樣花色，如客廳之地毯及馬褥鞍韉之類，質堅勝於外貨。

（五）染織　近始有創行。

（六）陶器　如盆盂、缸罈、磚瓦之類，皆能製之。石嘴子有磁窯十數，出品甚多，但滋泥不若托城之佳。

（七）造船　以楊木（版）〔板〕為之，行於黃河者是。形勢長方，甚為笨重，即古舫船。又有桔槔澆灌之具，以木為柄，柳條為斗，深合槓桿動力之原理。

（八）編製品　如以柳條編筐籃，以蒲草製蒲扇、草帽，以芕菩為簾箔，以秫稭為席具。

（九）造紙　以屑麻敗繩為之。包頭營此業者，已有二十餘家。塞外一帶，（薄）〔簿〕記、戶窗所用紙張，俱仰其供給。惟色黑不精，宜改良漂白之法，庶其用途廣而利源開矣。

（十）榨油　以胡麻為之，油質不輕不重，較豆油為佳。可以磨擦機器。聞英人華爾登氏有用胡麻油熬熟，暴露空中，得天然氧化作用後，再調和各種原料，製成一種膠凝而有彈性之物質，可代假橡皮之用，名林諾溜姆，飾以顏色，印有文彩，或緣壁為氈，或鋪地為毯，銷用甚廣。其餘製造酒、醬、豆腐等事，皆與內地無異。至於蒙人衣履，蒙古婦人類能製之，頗質堅耐久。而牛乳一項飲食品，蒙人經製，約可分為七色：曰奶皮子，取乳內之脂肪、蛋白等物質，置釜內烙之如煎餅，味甘美；曰奶酥油，於奶皮子內提出，即西飡所用者；曰奶豆腐，係乳底之澱料，取納布袋內，去水，團成圓蛋，大如拳頭，乾之即是；曰奶果子，即以奶豆腐加糖麪，製成各樣花色之餅干；曰奶子茶，於乳內加少許磚茶煮之；曰奶子酸，以乳和水，俟其發酵味酸者飲之；曰奶子酒，以作奶豆腐之餘漿酵霉後，變其性味，酸能醉人。但奶油、奶果，非貴族、喇嘛不常有，普通人家，祇以奶皮、奶豆腐為無上食品，非貴客不供。

商務及歷史　蒙人生計簡單，畜牧之外，於工商事業，素無講求，器用布帛，多仰給內地輸來。從前限制極嚴，蒙漢鮮有交通，及明嘉靖之後，俺答歸順，始通互市，然地點、時期、貨物，均有定制。至清初，河套內外，蒙古悉入版圖。然互市仍沿明舊，先後指定市口，以石嘴子、平羅城、橫城堡、花馬池、定邊營、寧條梁、紅山市、神木城、托克托城、歸化城等處，均准十日一市，設官監守；而於寧夏城則每日祇准十人以下，佩帶腰牌，進城交易，由各口查驗放行。至於交易貨物，除馬市另行奏定外，則湖茶、蘇布為大宗，而軍器、米糧皆為禁品；蒙古所至者，則羊絨、駝毛、羔皮、狐皮、牛、羊、兔之類。此後承平日久，往來益密，蒙漢界限，無形消化。自入民國以來，五族一家，經商自由，更無疆域可分矣。

商號及狀況　現在商務，但就大河左右而言，要以包頭為總匯之區，寧夏較次，其餘平羅、石嘴、磴口、五原、托城又次之。至於東勝設治以來，居民甚少，無商務之可言。茲分述之。

（一）寧夏　城内街市宏敞，大商店及莊號一百餘家，小者不計。有甘省官銀分號及蔚豐銀號、二等郵政支局，故金融周轉，尚屬稱便，為河套西部最大市場。然較之包頭，尚遜一籌。

（二）平羅　城小，僅南北二門。商務平淡，商店三四十家，有郵政代辦所。

（三）石嘴子　街市臨河，昔為諸蒙共市之處，現有洋行六七家，平常商店三四十家。凡由水道運往寧夏之貨物，由此登陸，故又為寧夏之遠碼頭。有郵政代辦所。

（四）磴口　街市臨河，地屬阿拉善，人民居屋，悉納蒙古地租。有行棧數家，小商店十數家，蒙古土貨聚會於此，又為吉鹽轉運之處，將來商務，尚可推廣。原有郵政代辦所，今改為三等支局。

（五）五原　居後套之中，義和渠可通舟楫，亦水陸交通之區，祇以設治較晚，居民不多，商務未能發達。惟城南隆興長，市面繁盛，然所售皆日需之品。從前中行曾設有匯兑所，復因蒙匪滋擾，始行撤銷。現有三等郵局，可通匯兑。該處佃民，多籍秦、晉，春出冬歸，有如塞雁，人無土著，聚散無常，商業之不發達以此。若將來渠墾實行，農工並集，與寧夏、包頭成鼎足形，其商務發達，當不在他區之下。

（六）包頭　舊巴爾朱罕城是也，為河套内外貨物轉運之中樞。商務繁盛之地，在城内前大街，有大商店、行棧三百餘家，小者不計。中國銀行、交通銀行、二等郵局俱備，故金融甚為靈活。其南十五里南海子村臨黄河，百貨往來衝要之處，蓋即包頭之水碼頭也。

（七）托城　商務繁盛之處，多在河口鎮。鎮去托城五里，即大黑河入黄河之口，岸有大商店百餘家，甘草莊號居半。昔為蒙漢互市要衝，百貨會萃之處，自黑河泛溢，商務逐漸轉移包頭。今惟甘草一宗稱盛，餘皆遠遜包頭。

（八）歸綏　自京綏鐵路通，河套出入貨物，向之由殺虎口者，漸轉移由歸綏，故為塞北商務之中樞。

歸綏有新舊二城：新城曰綏遠城，城周十二里，前清滿旗駐防，無商務可說。舊城曰歸化城，周僅二里；街巷逼仄，略無鋪戶。商店多在城南大街，其街閈櫛比，百貨俱備，一市精華所萃也。其次大東街、小東街，計大商店四百餘家，小者不計，洋商設立行棧二十餘家，中、交銀行、郵局俱全，金融活動。民國三年（一九一四）曾於兩城之間隙地，闢為商埠，面積約三十九里，已於中間建築馬路，貫通兩城，其餘尚未見何等建築。將來京綏通車，出入貨物，由此轉載，此項商埠建築工程，將日見開展矣。

貨郎與廟會　河套內外，地面遼闊，所在去市口較遠之處，則於就近各大召廟，年有例會。屆時晉、魯商民，則以米麵茶糖、布帛綢緞，以及京廣洋雜各貨，車駝載運，周遊蒙地，趨赴會所，交易駝、馬、牛、羊、絨毛、皮革等物。此種遊商，蒙人謂之貨郎，每年春夏而出，秋冬而歸。從前盛時，歸商此項交易計羊七八十萬隻，馬三萬，牛、駝各萬數，絨毛、皮革值銀六七十萬兩云。

出入貨品　輸入之貨，以棉布、綢緞、磚茶、煙草、沙糖、紙張、海味、雜貨、洋油、洋線、紙煙、藥品、顏料、京廣洋貨，以及銅、鐵、磁、陶各器為大宗。輸出之貨，以駝、馬、牛、羊、皮革、絨毛、骨角、毛氈、毛毯、米、麥、胡麻、甘草、（土）〔蓯〕蓉、枸杞、鹿茸、鹽、堿為大宗。凡出口貨自西徂東，寧夏一區，每歲輸出之貨，已達六百七十萬斤。

幣制及物價　舊以銀兩為主，制錢為輔，周轉至為不便，及山西票莊創行匯兑之法，始有以紙代幣。後因票莊信用損失，相繼虧倒，於是中、交銀行乘勢設立，銀元、銅幣，遂以流通，並發行紙幣。今凡天津、張家口、庫倫、歸綏票面，於歸綏、包頭等處均可通行，無異銀元。而寧夏、甘省亦設有官銀分號，發行紙幣，開始通用銀行。然民間交易，仍以銀錢最為複雜，有以制錢二大六小八二為百，八百為吊；有以大錢九九為百，八百為吊者；有以五大三小八百為吊者；有六大二小八百為吊者；有以大錢八百八十為吊者；甚至大有大大，小有小小，形色不一。一村一市，往往此村之錢，彼村不能使用；彼村之帖，此村不能通行。今雖可用銀元，然無有行市，行旅其間，惟有聽其扣折盤剝，所最奇者，銅元每枚可當大制錢十二文行使。至蒙人交易，則以磚茶代幣，茶有三九、二四之別，二四者以二十四塊為一箱，每塊約銀八錢；三九者以三十九塊為一箱，每塊約銀五錢。亦有以皮張、牲畜代貨計算，直如上古時之以其所有，易其所無而已。物價，若輸入品，在歸綏、包頭，較高於內地一倍，或一倍有半；寧夏則不下二倍。土產生貨甚賤，一經製造，則價高數倍。茲據民國八年（一九一九）之調查，土產價格略表如左：

糧食	每斗價銀七錢 每斗約合內地三斗	駝	每隻價銀五十兩
白麪	每百斤價銀三兩	馬	仝 右三十兩
雜麪	仝 右二兩一錢	牛	仝 右二十兩
蔬菜	仝 右九錢	羊	仝 右二兩
肉	仝 右十兩	羔皮	每張價銀一兩七錢
胡麻油	仝 右十兩	灘皮	仝 右二兩
燃料	仝 右三錢	老羊皮	仝 右二兩
駝絨	仝 右四十五兩	氈	每條價銀三兩 約十五方尺
羊毛	仝 右十兩	毯	仝 右一兩五錢
甘草	仝 右二十兩	栽絨	仝 右四兩
堿	仝 右二兩		

河套新編卷之十五

河套渠墾計畫書 附圖十七至十九

（甲）整理之計畫

後套　後套可墾之地，約有五萬餘頃，現有大小幹渠，溉地僅及九千七百餘頃，未及全數五分之一；加以渠道日淤，荒蕪過半，計今可得種植者，不及五千頃。若復因陋就簡，祗從原有渠道修洗，或再酌開支渠，以事擴充，度亦不過增溉數千頃而止，斷不能普及全部五萬頃之數。此非通盤籌算，作根本之計畫，不足以為治者也。

後套地勢，西高東下，隨黃河水面以傾斜。舊有渠道，略成南北之狀，渠口各自成河，而河溜遷徙無常，通塞靡定，故渠道受淤之病，實由於此。今擬將各渠酌加去留，移改渠口於地勢河流適宜之處，使渠之傾斜，較河略緩，則自渠口數十里以下之水面，皆超過地平以上，則溉田之水，猶峻坂之走丸，其勢乃順。計後套可耕之地五萬頃，合三〇，〇〇〇，〇〇〇，〇〇〇平方尺，每月以溉地一輪、入土一尺計之，則每晝夜需水一，〇〇〇，〇〇〇，〇〇〇立方尺，加沿途蒸發滲漏十之二，則此項渠口納水之量，每秒須有一三，八九〇立方尺。渠道之傾斜，尚待精測，以公式定之。茲就試驗流速結果，每秒平均約二尺二寸，借為標準，則所開渠口過水截面積須有六，三一三平方尺，始能適用。渠道為溉地所開，非為退水而設，故不宜過深，致不宜過深，致不便入地。茲以平均深五尺計之，則渠寬約需一，二六三尺。但渠口宜加深減寬，以暢水流，今暫從略。

準上所述，則渠寬而淺，水流散漫，非為流滯易淤，且不合於灌溉之用。今擬分為三大幹渠，第一渠自烏拉河口起，入（中）〔準〕格爾渠，經（善）〔陜〕壩，由黃圖拉亥河至福興元入五加河，計長一百八十里；第二渠由纏金渠口起，入纏金渠，至永盛合東折，截剛目、協成各渠，入灶火渠，過同興德，由義和渠經隆興長，至東壩頭入五加河，計長二百三十里；第三渠自黃渠口起，與黃河並行，經古城入長勝渠，至依肯補隆入五加河，計長百七十里。三渠共長五百八十里，即一，○四四，○○○尺，平均各寬四二一尺。

開渠工程，須俟精測後方能核實，茲謹就目睹之地勢，約略估之。渠道利行地上，須挖者十之三四，須培者十之六七。地面高下，間有不同，然以所挖抵所培，尚無甚出入，第計其所應挖者，則應培之工程，即在其中。查三渠各須平均寬四二一尺，平均深五尺，各渠橫截面須有二，一○五平方尺。幹渠之橫截面大小，與支渠多寡成正比例，故渠身自渠口以下，逐漸減小，庶流速無太過不及之病，始足保持渠道之常度。故渠梢之寬深宜極小，然又須有宣洩餘水之路。今擬以渠梢之橫截面，為渠口三分之一，以是各渠平均橫截面，須為一，四○三平方尺，三渠共土工一，四六四，七三二，○○○立方尺。

各渠餘水既退入五加河，而五加河尾現已湮斷，積水沉淤，影響全部，須將五加河尾湮斷處開一退水渠。此渠沿烏梁素海子，西至西山嘴入黃河，計長約四十里，即七二，○○○尺。其橫截面須與三幹渠渠梢等，即二，一○五平方尺，計須挖土一五一，五六○，○○○立方尺。三幹渠兩岸，每十里開支渠一道，計一百十六道。其橫截面作等於三幹渠渠口，即六，三一三平方尺，長各約三十里，計挖土三四○，九○二，○○○立方尺。

以上三項，計土一，九五七，一九四，○○○立方尺，除原有幹支各渠取用空方外，實計約為一，六〇〇，〇〇〇，〇〇〇立方尺。中國舊例，以方一丈、厚一尺為一方，計合土一千六百萬方。每方工價平均以三角五分計之，須銀五百六十萬元。

各幹渠渠口與黃河斜交，須建迎水壩，伸入河中，以挽河溜，使河水在小汛時，各渠得照常納水灌溉。此項迎水壩，每渠建設一道，三渠須建三道。

各渠口以下十數里，跨渠建設正閘，閘門安設閘板，視需要水量之多寡，隨時啟閉。此項正閘，每渠建設一座，三渠須建三座。

正閘上游向渠口之一岸，建設旁閘，閘門亦安設閘板，水小閉之，逼水入正閘，水大則啟之，使洩入河。此項旁閘，每渠建設三座，三渠須建九座。旁閘下各開退水河一道，九閘計須開退水河九道。

旁閘上游迎水壩之下，建設滾水壩，使河水在異常盛漲時，得由滾壩溢出，不許過量之水入渠。此項滾水壩，每渠建設一道，三渠須建三道。滾壩下各開退水河一道，三壩須開三道。

各支渠引幹渠之水，其與幹渠相接處，須建陡口以便封俵。此項陡口，每支渠建一座，計須建一百十六座。

渠口地面，每高於附近黃河水面，故各渠上游之地，不能使本渠之水澆灌，須支引上一渠之水，而於本渠駕飛槽渡之，以資澆灌。此項飛槽，約須十餘架。

渠道既高於地平面，則區内低下之處，水流方向，必為渠道所阻，積成水澤，須於所租之渠底下，建暗洞以洩之，如此雖低窪之地，亦可耕種。此項暗洞，約須十數道。

道路被渠所阻者，須建橋樑以通行人耕牧。此項橋樑，其最要者，計亦須建十數道。

各幹渠之渠尾，須建設閘座，閘門亦用閘板，閉之則水面抬高，由各支渠暢行溉地，啟之則以洩渠内之水。此項尾閘，每渠建設一座，三渠須建三座。

以上建設壩閘、飛槽、暗洞各項，約計需工料費銀三百四十萬元，所有土方、壩閘各工，共需銀九百萬元，酌加預備費及工程測量費十分之一，總計後套渠工整理之計畫，需銀一千萬元。

三湖灣 三湖河本係黃河之支流，近年水勢不暢，然整理之，即以三湖河為該區之總渠口，用溉三湖灣之墾地，尚屬裕如。查三湖灣可墾之地，約有七千頃，即四，二〇〇，〇〇〇，〇〇〇平方尺，每月溉地用水如前例，則三湖河納水之量，每秒須有一，九四四立方尺。嘗試驗流速每秒二尺四寸，用為標準，則三湖河過水截面積須八一〇平方尺。核與現存截面，相差無幾，祇須將淺阻處酌量疏浚，約計挖土二〇，〇〇〇，〇〇〇立方尺。

三湖河既定為總渠，則其他支渠皆可承接三湖河之流，但須將各支渠口改移，與三湖河斜交，乃為適宜。今假定為六大支渠，長各五十里，寬各二十七尺，平均深五尺，計橫截面積一三五平方尺，共開土須七二，九〇〇，〇〇〇立方尺。

以上二項，計土九二，九〇〇，〇〇〇立方尺，即九十二萬九千方，每方工價平均以三角五分計之，須三十二萬五千一百五十元。

三湖河口，須建迎水壩一道、正閘一座、旁閘二座、旁閘下退水河一道、滾水壩一道、滾壩下退水河一道、陡口六座、尾閘一座。此項閘壩建設，規模較小，約計需銀五十七萬餘元。

所有土方、壩閘各工，需銀約九十萬元，酌加預備費及工程測量費十分之一，總計三湖灣渠工整理之計畫，須銀一百萬元。

寧夏 寧夏渠道病在淤淺，容量有限，上游陡口開放，則一洩無餘，水小之年，終無到梢之日，是須大加修浚，以復舊觀。查該區原額地為二萬一千七百餘頃，合一三，〇二〇，〇〇〇，〇〇〇平方尺，每月溉地如前例，則此渠口納水量每秒時須有六，〇二八立方尺。考驗各渠中段流速，每秒時平均約為二尺四寸，假以為標準推之，各渠過水面積之和數，須有二，五一一平方尺。該渠現存者約五分之三，淤者約五分之二，然存者淺即渠底高之謂。而寬，非至大汛，不能行水，故全區溉地，不過四分之一。今擬將各渠槽浚深至準底石為止，則該橫截面之掘鑿，平均須一，〇〇〇平方尺，長約以三百里計之，須開土五四〇，〇〇〇，〇〇〇立方尺，即五百四十萬方。每方工價平均以三角五分計，須銀一百八十九萬元。

各支渠須浚者，陡口須規復改良者，此項工款，約計須銀二十八萬元。

渠口之良者，惟唐渠直衝峽流，天然形勢，不易遷徙，餘皆河流散漫，水面稍降，渠中即無涓滴。議者擬於青銅峽建設鐵閘，將各渠總歸一口，水大則啟閘，使河水順流而下，水小則閉閘，逼水入渠，（詢）（洵）為扼要之計。然其水流湍急，河底亦皆碎石，基礎之工，頗非易易。但河面寬只百十餘丈，冬春水小，深不過八九尺。若仿灤口鐵橋辦法，以鐵胎混凝土為樁，疊石為垛，上架鐵橋鐵欄，下施閘板，用螺旋以升降之。此項鐵閘，約計用一百八十萬元。

準此計畫，以唐渠為總渠，則唐渠正閘過水量每秒時須六，〇二八立方尺。查該渠現有過水截面積四九五平方尺，每秒時平均流速五尺四寸，流量為二，六七三立方尺，尚須展闢過水截面積六一九平方尺，則過水量方足以溉全區之地。今擬於正閘平行，開掘一渠，建五空閘一座，並將渠口酌加開展。此項工料費，約需三十萬元。

以唐渠為總渠，則其他各渠口即須閉塞，而於唐渠正閘下另開一渠溝，通大清、漢延、惠農各渠。此渠長約五十里，流量須得全部四分之三，即每秒時四，五二一立方尺。假定流速同前，則該渠過水截面積，須八三一平方尺；深以八尺計，則平均寬一〇四尺，計掘土七五，二五〇，〇〇〇立方尺。又於清水堡惠農渠開口通昌潤渠，其長約八里，流量得全部十分之一，即每秒時六〇三立方尺。流速假以中段試驗之數為標準，則該渠過水截面積須二五一平方尺；深以五尺計，則寬須五十尺零。計掘土三，六一四，四〇〇立方尺，共掘至七八，八六四，四〇〇立方尺，即七十八萬八千六百四十四方。每方工價同前，須用銀二十七萬六千餘元。

閉塞大清、漢延、惠農、昌潤各渠口，約計工料費四千餘元。

以上各項，工款約計四百五十五萬元，加預備費及工程測量費十分之一，總計寧夏渠工整理之計畫，須銀五百萬元。

所有後套、三湖灣、寧夏三區渠工整理，總共約需銀一千六百萬元。

至於前套地面遼闊，已經報墾而未丈放之地，約有二十餘萬頃，間有墾者，究為官有民有，難以盡悉。惟既屬於墾務範圍，應俟將來墾務機關酌察情形辦理，茲不及詳。

（乙）工款之概算

基本金　此項基本金收入總額，以一千六百萬元，用為整理河套內外渠工，其將來本息，即以被整理區域所收之地價償還。其支出工款如下：

一、後套約需工款一千萬元。

一、三湖灣約需工款一百萬元。

一、寧夏約需工款五百萬元。

以上三項，共計約需工款一千六百萬元，與基本金額一千六百萬元比較無存。

地價　三區整理之後，共成田七萬八千七百三十三頃，除已經升科不計外，餘六萬二千零六十頃，應一律繳價給領。此項繳價辦法，應按工款攤派，並酌察地方情形施行之。茲分別概算於後。

後套整理之後，計成渠地五萬頃，除已經升科之地不計外，有四萬二千二百九十三頃應繳價給領。核計工款，每頃須攤二百三十六元四角零；又基本金週息八厘，按三年計，需二百四十萬元，每頃應攤五十六元七角零；地為蒙旗所有，應給地價，每頃約五十元；共計每頃應攤繳地價三百四十三元一角零。查該處在貽穀放墾時，地價每頃庫平銀由八十兩至一百二十兩不等。蓋彼時地價與今不同，不能援引為例，應按現在三湖灣放墾情形，採擇辦法，每頃即照上述收價，計收銀一千四百五十一萬四千六百五十元。

三湖灣整理之後，計成渠地七千頃，除已放外，餘地四千五百七十頃。每頃應攤工款二百一十八元八角零，基本金息五十二元五角零，蒙旗地價五十元，共三百二十一元三角零。查該處現在放墾地，每頃上則三百元，中則二百七十元，下則二百四十元，每頃繳開渠費銀三十兩，平均每頃在三百元以外，即以三百二十一元三角零計價，共收銀一百四十六萬八千五百元。

寧夏原額地二萬一千七百三十三頃，現額祇六千五百三十四頃，計整理之後，應規復地一萬五千一百九十九頃。按照工款每頃應攤三百二十九元弱，基本金付息七十八元九角零，共四百零七元九角零。查該地地價每頃最上者約三千元，最低者約二百元，酌中之數，與此相近，即以四百零七元九角零計價，共收銀六百二十萬元。

以上三區，地價共計收入約二千二百一十八萬三千一百五十元。

一、歸還基本金一千六百萬元。

一、基本金週息八厘，按三年計，共三百八十四萬元。

一、用蒙地四萬六千八百六十三頃，每頃按五十元計，共二百三十四萬三千一百五十元。

以上三項開支，計二千二百一十八萬三千一百五十元，收支兩比無存。

按後套、三湖灣兩處地畝，係屬蒙旗，招墾之後，應劈給荒價。查從前章程，各旗不一：有於荒價內先提二成渠費，其餘與蒙旗共分之者，歲租亦然，如杭旗是；有於荒價內先提三成，其餘與蒙旗共分，而歲租金歸蒙旗，公家但徵收附加税二成者，如烏旗是；有永租不放，地由民種，於歲租提取二成，餘與蒙旗共分之，而地仍為蒙旗所有者，如達旗是；或因教案賠款，無力籌措，將地呈請由公家招墾，變價賠償，其歲租金歸公家者，如達旗四成地及四成補地是。所給蒙旗地價，時有短少，歲租往往不能按時支發，故蒙旗對於放墾，實不願與公家經理，而樂與地商私租。蓋以租價雖少，到時可以取值也。種種辦法，殊不一致，實無理由之可言。總之，民國五族共和，國家應有完全領土權；蒙古為五大民族之一，祇應有土地所有權，不應私有領土權。此稍有知識，皆能言之者也。蒙人既不應私有領土權，則墾務進行之方法，即應從根本上解決：凡屬蒙旗所有之土地，除劃留牧廠、召廟外，應令全地報墾，按土地之肥瘠，定地價之多少，即於招墾所收之地價，按成付給。至於如何開渠、放墾、徵租各辦法，蒙人皆不得過問。如此，在蒙旗既獲優待之利益，在民戶亦可盡力於農墾，不必春出冬歸，而國家墾務可以積極進行，田賦可以從新釐定，地方官吏亦從此可以有管理土地之權，不至如從前之障礙。此所(為)〔謂〕一舉數利之道也。惟公家向來對於蒙人不無損失信用之處，驟言之，恐不見信，須中央政府決定方針，極力主持，乃可行耳。

賦稅　田賦及水利經費之收入，應按地價為標準，並酌察地方情形，以為規定。茲分別概算於後。

後套地價每頃三百四十餘元，按一分徵收，每頃計三十四元零。查該地原有升科地，每頃歲租多則二兩三錢，永租四兩五錢，附加税及例外規費，種種不一。據土人報告，種地一頃，須納費二三十兩。今擬將附加税及例外規費一律廢除，每頃納田賦銀二十元，水利經費銀十元，計應收田賦銀八十四萬五千八百六十元，水利經費銀四十二萬二千九百三十元，共一百二十六萬八千七百九十元。

三湖灣準後套之例，應徵田賦銀九萬一千四百元，水利經費四萬五千七百元，共十三萬一千七百元。

寧夏地價每頃四百元零，按一分徵收，每頃計四十元零。查該處現有地額六千五百餘頃，除豁免不計外，實征地約六千頃，歲租、地丁錢糧、草束，每頃約合八十元，此外尚有規費不計。今擬定每頃田賦銀三十元，水利經費十元，計應收田賦銀四十五萬五千九百七十元，水利經費銀十五萬一千九百九十元，共六十萬零七千九百六十元。

整理後受益之地，在後套計七千七百零七頃，三湖灣二千四百三十頃，寧夏六千五百三十四頃，共一萬六千六百七十一頃。此項地畝，一律准用改良渠道之水，地戶不再交修渠之費，每頃應按照新章，納水利經費十元，即與新墾地同享利益，計應收水利經費十六萬六千七百二十元。

新闢地歲獲糧產三千萬塞斗，除本地需食外，每年輸出約二千萬塞斗，平均每斗價銀一元，以每千元抽捐二十五元計，可抽捐五十萬元。又套地既墾，人民之來歸者日眾，其他貨物出入，亦必日增，此項捐稅，約計可增收五十萬元，共一百萬元。

以上五項，共計收入三百一十七萬五千一百七十元。

每歲修理渠工，即以所徵之水利經費銀七十八萬七千三百四十元，三成為渠工機關費，七成為渠工材料費。

以上一項，計支銀七十八萬七千三百四十元。

淨利　據以上每年田賦捐稅收入為三百一十七萬五千一百七十元，支出為七十八萬七千三百四十元，兩比下存二百三十八萬七千八百三十元，是為整理河套成功之後，國家每年增入賦稅之數。

謹按以上計畫，如三區同時舉辦，共需基本金一千六百萬元，其工程進行，自屬整齊劃一。第以當今財政緩急計之，深恐統籌並進，非力所能及，似宜分區辦理，較為易舉。茲擬以後套為第一區，寧夏、三湖灣次之，俟後套工竣，即以所收之地價，移辦寧夏、三湖灣，循序漸進，事功易集，得寸進尺，莫非利賴。不過稍展時日，則所需基本金，但能籌得一千萬元，而事舉矣。謹此附陳。

（丙）維持之方法

一、宜設辦墾務渠工機關，以專責成也。查後套墾務專管機關，有西盟水利總局，寧夏有水利同知，事權專一，責無旁歸，此古今不易之治也。自入民國，此項水利同知及水利總局相繼裁撤，後套則改設墾務分局，其實即一承收機關而已；寧夏則改歸道尹兼辦，應辦渠務，則以各科員兼任之。道署科員大都長於行政事務，初無水利工程之思想，以故渠道湮塞，墾務廢弛，一聽其自然，即於舊有之規模，尚且不能保守執行，更何望其擴充。故欲為西北墾務振興計，似宜籌設墾務渠工專管機關，擇其聲望素著、關心實業之大員一人，督辦其事。而後套、寧夏地屬兩省，距離較遠，有鞭長莫及之慮，仍應酌設分局，而統於一屬。兩省行政長官兼應協助會辦其事，以期事無掣肘，利在進行。期以三年，足昭實效。繼今以往，再當酌定永久機關，責以專管墾務渠工善後事宜，以期經久而不敝。所有在事各員，尤宜慎選水利工程專家，分任辦理，循名責實，力求精進。大利所在，為政在人，料其結果，必不致陷於不良地步。

一、剔除渠工積弊，以舒民困也。查往蹟渠工之完善，莫若寧夏；今日渠工之積弊，亦莫若寧夏。古人立法，春工修浚，按輪封俵，制度最為完備。乃今日久弊生，積重難返。春工修浚，不問各段工程之鉅細，唯照舊額以派夫，納賄者路近而工輕，否則路遠而工重，甚且私納苞苴，不赴工作；額徵材料，實用於工程者十之一二，餘則奸紳胥吏隱折以分肥；及至放水之期，局員藉口以水未到梢，不與開俵，實則水無到梢之一日，唯納賄者得水為先，以故所在有「有錢有水」之謠。凡此種種，更僕難數。今既作根本之圖，非認真檢查，不足以挽頹風而興農業。至於後套渠道，弊之所在，亦復昭昭可見。常年渠工，名為地戶包修，其實於包修期內並不施工，不過借包修之名，行其壟斷之實。是則在當事者辦理認真，萬不能恃區區數言之條規，即足為剔除之利器，蓋即所謂有治法無治人也。

一、酌設軍警，以奠民居也。套地遼闊，最為匪徒伏莽出沒之區。往年蒙匪、盧匪肆行騷擾，居民望風逃避，千里為墟。今雖漸就砥平，而其散在草莽者，猶思乘機而起。墾戶之春出秋歸，不樂土著者，實亦鑒於前車之覆，而不肯輕嘗試也。現雖整頓，節節設防，仍苦兵力為單，一旦有警，恐不足以資鎮攝。斟酌地勢，似宜分派軍隊，扼要駐防，而於墾地所在地方，酌設警察，勤於探防，巡邏相接，無隙可乘，則匪人自應斂跡。行之既久，居民自然安帖，維持西北之治安，即為振興實業之基礎。

一、廣植森林，以調和氣候也。森林足以調和氣候，變化土壤，保持水分，遏止風暴，植於砂礫之地，尤為適宜。查後套平原，應墾闢田畝外，尚有荒蕪地面，並非不可種植，不過地層較高，間為飛砂壓積，不宜農墾，而於榆柳洋槐等森林種植相宜實多。若於此等地面劃分林場若干，先種秧本，及時酌量分植，推而廣之，則三十年後，可成為西北極大林區，生機鬱勃，以引動東南雲氣，使空氣流通，下足以潤濕禾稼，久可以無枯槁之虞，實於墾務前途，具有莫大之關係。

一、延長京綏鐵路，以利交通也。實業之發達，端賴交通。套地開闢而後，物產豐富，人民漸多，輸出輸入之物品，不可勝計。若仍其舊俗，恃舟裝駝運而往還，未免迂腐，糜費未免過多。今者京綏路勘定之線，已至包頭，通車方抵平地泉，而平、包之間，相隔尚六七百里，此項工程，固宜早日興作。自包頭以西，至於五原、寧夏等處，亦必延長聯絡，以通聲氣，庶使內地人民之來套者，不以遠道而畏阻，物品之轉輸，亦可以朝發而夕至。是則因振興邊墾，擴張商務，考其利益之關係，與交通有相得益彰者。是亦計畫之不可少緩者也。

一、提倡皮毛製造品，以杜漏卮也。套地畜產最富，而駝毛、羊毛、羊皮等出品，尤為出口之大宗。惜其安於固陋，絕不講求製造進步之法，所出大都生貨，售價低廉，一經洋商泡製，利且數倍、數十倍。即此一端，其漏卮不可勝計。及今整頓之法，似宜於五原、包頭、寧夏等處酌設工廠，注重於泡製皮料、製造毛呢各貨，力求精美，逐漸擴充，務使生貨變為熟貨，而後出口，就地取材，不假外求。此其工料之微，究其發達所至，其利益有不在墾務之下者。此論固可驚人，然亦可見套地羊、駝畜牧之多也。

（丁）河套墾殖與各方之關係

國防　套地疆宇遼闊，原屬蒙人勢力生活範圍，自貽穀奉命辦墾，漢族日以西漸，開渠墾地，設置治官，漸受政府之支配。而人煙寥落，邊塞空虛，近年以來，外蒙生心，強鄰窺伺，西北一隅，大有岌岌不（妥）〔安〕之勢。若趙充國屯田實邊之計畫，實行於今日，內以闢人民之生機，即外以杜鄰邦之覬覦，一旦邊疆有事，初不難於提綱振領，固我邊防。此河套農墾之關於國防所宜整理者也。

民生　中國內地各行省人稠地密，食物之需，久已仰給為困難，平均計人授地，人不過以一畝，積久相沿，乃富者愈富而貧者愈貧，窮困流離，相望於道。近數年來，水旱兵燹，瘡痍滿目，薪桂米珠，貧民更難於謀生。雖有政府振興實業，多開工場，以為收羅貧民之計，而糧穀缺乏，所關甚鉅。及今圖之，整理河套屯墾，可闢良田六萬頃，以二夫種一頃計，每夫連家室五人合之，能容六十萬人，每畝歲收塞外大斗五斗，共計收穫糧米凡三百餘萬石（每石約合內地三石），平均可供二百萬人之需。且套地以渠道澆灌，常年無水旱之憂，豐收之獲，如操左券。此河套農墾關於民生所宜整理者也。

治河　黃河、長江，皆為中國大川，流域所至，人事亦因之而繁盛。長江浩瀚東流，不聞災害；黃河則幾經改道，禍害相尋。究其原因，則以長江來源淤沙較少，沿線又有洞庭諸湖為之宣蓄，以故水性平穩，無漲落決溢之虞；黃河自天橋而下，行經山峽，既過芒山頭，莽莽平原，惟藉堤岸以束其勢，盛漲暴至，則縱橫沖決，百丈洶濤，沙泥並下，每苦於防不勝防。及今整理，如前說河套闢田六萬頃，合之已墾田畝，約為八萬頃，以每月溉地一輪，厚以一尺計之，每秒須水量一萬八千五百餘立方尺；加以水流時滲浸蒸發，每秒須合水量二萬二千立方尺，水緩沙停，足可以減殺下游為患之勢。此河套農墾關於下游河工所宜整理者也。

交通　套内土地平渥，農民易於謀生，而内地人民安於坐困，不踴躍以赴之者，良以千里裹糧，交通未便，故阻之。查交通之程度，實在實業之衰旺為進退，使以有用之鐵路，現築於人煙寥落之區，徒靡修築之費，乃無收入之利，雖至愚者，所不肯為。今若整理河套，規劃訂定，人民之來歸者既日衆，物產亦以漸多，商賈輻輳，行旅絡繹，然後延長京綏鐵路，經過包頭、五原以至於寧夏。是則實業、交通，兩有裨益，是進行之勢，當有難於自己者。此河套農墾關於交通所宜整理者也。

商務　套地物產頗多，如牲畜、皮毛、鹽城、煤炭、糧食、藥材等，歲產何啻數萬，多由洋商賤價收售，輸入口岸，利市數倍。内地商人，未履斯地，昧於遠地難營之說，不肯輕於嘗試，故為洋商所攘斷。河套整理以後，商旅之集者漸多，再由公家設立工廠，製造熟貨，因其勢而利導之，則此等利權，不難收為我有。此河套農墾關於商務所宜整理者也。

稅務　中國近年以來，財政困難，已達極點，内地人民，久告苦於擔負之重，行政費雖告艱窘，徵收租稅，早已無可增加。及今整理河套屯墾，則六萬頃新闢地之田賦糧產，以及出入貨物，各項捐稅，按照定例起徵，計最少之數可增收三百萬元，民力既蘇，間接亦可以濟政府。此河套農墾關於稅務所宜整理者也。

河套新編之外編

河套論（原名河套與治河之關係）

張相文

河源星宿，九曲而後入海。自青海至中衛，皆在山峽間。自中衛而東入河套，繚繞回環，極千餘里而至托城。沿岸坡陀漸起，南抵天橋，復行入峽，經龍門、潼關，又東折而至成皋，乃復出峽。河行山峽間，兩岸懸崖，急流如瀑，故無利亦無害。東出成皋，則平原莽莽，土性疏浮，河挾其澎湃汪洋之勢，縱橫沖決，遍乎青、兗、徐、豫之郊，歷數千年而未有窮期。此則祇見河之害，而不見河之利矣。河套則地形低下如（溢）〔盆〕，西繞賀蘭，北距陰山，南錯榆塞諸山脈。察其山間汀線，隨地皆留有內海遺蹟。其地質則由黏土、軟土兩分子混合而成，遇暵則堅剛如石子，遇雨則疏落如雞糞，必得填閼之河水以浸之，乃涵濡沾潤，發榮滋倍。而其浸灌之期，又以六月伏水為最，七月、八月次之，至九月霜降（皆就舊曆言），乃復放之使涸，經冬雪凝之，春陽（爆）〔曝〕之，則土膏盡發，畝皆數鍾。蓋河之利於河套也如此。古（之）〔云〕「黄河富寧夏」，猶祇見其一（班）〔斑〕而已，豈足以語河套數千萬方里之膏腴哉！惜夫向之辦墾者，徒以攘奪民田為事，而於北河之本流，則聽其斷絕，以致引水不暢，即已開之渠，亦半歸湮塞。行乎其野，但見頽垣敗屋，滉漾於青天白草之中；而轉借荒隴牛羊，以為點綴風景之具。誰為為之，而至於此，不亦重可慨也耶？

且夫黄河之為中國患也，固已數千年於兹矣，歲靡無量數之金錢，漂失無量數之生命財產，迄今回溯往蹟，蓋猶有餘痛焉。今試約舉歷代河流變遷之跡，以比較其時間之長短，庶乎察往知來，知所借鑒焉耳。若夫小小潰決，未改故道者，則不暇具列也。

年代	流略	歷時（以禹平水土，告厥成功之年為起點，其後則以次遞推。）
周定王五年	禹、廝二渠自黎陽宿胥口始。定王五年，河徙自宿胥口東行漯川，又東北至長壽津，始與漯川別行，而東北合漳水，至章武入海，碣石之故道廢。是為河之初徙。	〔一千〕六百六十餘年
漢武帝元光三年	河決濮陽瓠子，東南注鉅野，通於淮、泗，梁、楚之地，被災尤甚。是為河之再徙，而實黃河南行奪淮之始。	二百七十三年
漢武帝	自宣房塞後，河復北決館陶，分為屯氏河，東北經魏郡、清河入渤海。	屯氏之分，史不言其年代，然為期必甚短。
漢成帝永光(四)〔五〕年	河決清河、靈鳴、犢口，屯氏河復絕。其後遂由千乘入海。	九十三年
王莽始建國(五)〔三〕年	河決魏郡，泛清河以東，北瀆遂空。	五十年
漢明帝永平十三年	王景修渠築堤，自(榮)〔滎〕陽東至千乘海口千餘里，次年渠成。	五十七年
宋太宗太平興國八年	河大決滑州，泛澶、濮、曹、濟，東南流至彭城入於淮。	九百十七年

年代	流略	歷時（以禹平水土，告厥成功之年為起點，其後則以次遞推。）
宋真宗咸平三年	河決鄆州，浮鉅野，入淮、泗。	十六年
宋真宗天禧三年	河大決滑州，歷澶、濮、曹、鄆，注梁山濼；〔又〕合清水、〔古〕汴渠東入於淮。	十八年
宋仁宗景祐元年	河決橫隴，遂為大河，經流京東之故道廢。	十四年
宋仁宗慶曆八年	河決商胡，合永濟渠注乾寧軍入海。是為北流，而橫隴之故道復廢。	十一年
宋仁宗嘉祐五年	北流復決為二渠，自魏、恩東至德、滄入海。是為東流。	十二年
宋神宗熙寧十年	河決澶州曹村，澶淵北流斷絕，河道南徙，東（會）〔匯〕於梁山、張澤濼，分為二（渠）〔派〕，一合南清河入淮，一合北清河入海。	十七年
宋哲宗元符二年	河決內黃口，東流斷絕。	十二年

年代	流略	歷時（以禹平水土，告厥成功之年為起點，其後則以次遞推。）
金世宗大定年	此事不見金史。范成大北使錄：濬州城南有積水若河，蓋黃河剩水也。朱子語錄：元豐間，河北徙，自是中原多事；後來〔南流〕，金人亦多事。近來又北流，見歸正人說。蓋是時河嘗南流，尋復北流也。	約六十年
金章宗明昌五年	河決陽武故堤，灌封邱而東，注梁山濼，分為二派，北派由北清河入海，南派由南清河入淮，汲、胙之河遂空。	約四十年
元世祖至元九年	河決新鄉廣盈倉，徙自原武，出陽武南，而新鄉之流遂絕。	七十八年
元成宗大德元年	河決杞縣蒲口，旋徙而北，自陳留入蘭陽、儀封。	十二年
元泰定帝元年	河決開封，由汴渠東入徐，合淮、泗入海。	二十九年
元順帝至正四年	河決金堤，北侵安山，沿入會通、運河，延袤於濟南、河間。	二十年
元順帝至正二十六年	河北徙，東明、曹、濮、濟寧皆被災。	十四年

年代	流略	歷時（以禹平水土，告厥成功之年為起點，其後則以次遞推。）
明太祖洪武八年	大河南決，挾潁入淮，蔡河之下流漸絕。	九年
明太祖洪武二十四年	河決原武之黑（陽）〔洋〕山，東經開封城北，又〔東〕南行至項城，經潁州、壽州，全入於淮。而〔賈魯河〕故道遂淤。	十六年
明太宗永樂十四年	河決開封，經懷遠縣，由渦河入淮。	二十五年
明英宗正統十二年	河決沙灣入海，尋決（榮）〔滎〕澤入淮。	十一年
明英宗正統十三年	河徙開封西北入汴，至壽州入淮。又決（榮）〔滎〕陽，東過開封，西南經陳留，自亳入渦口，經蒙城至懷遠界入淮。	一年
明英宗天順五年	河自武陟徙原武，而獲嘉之河流絕。	十四年
明孝宗弘治二年	河決汴城入淮，復決黃陵岡入海。	十八年
明孝宗弘治五年	河決楊家、金龍等口東注，潰黃陵岡，下張秋堤，入漕河，與汶水合而北行。	三年

續表四

年代	流略	歷時（以禹平水土，告厥成功之年為起點，其後則以次遞推。）
明孝宗弘治六年	河決張新東堤，奪汶水入海。次年劉大夏築太行堤，北流遂絕。始（此）〔以〕一淮受全河之水。	一年
明孝宗弘治十八年	河北徙三百里，至宿遷縣〔小〕河口入漕河。	十二年
明武宗正德二年	河徙入泡河，大水壞民居。	三年
明武宗正德四年	河北徙一百二十里，至沛縣飛雲橋入漕河。	二年
明武宗正德五年	河北徙儀封縣小宋集，沖黃陵岡，溢入賈魯河。	一年
明世宗嘉靖九年	河自沛縣北徙金鄉、魚臺，出穀亭口。	二十年
明世宗嘉靖十三年	河由趙（波）〔皮〕寨南向亳、泗東出，穀亭之流遂絕。	四年
明世宗嘉靖十九年	河決野雞岡，由渦河〔經亳州〕入淮。	六年

續表五

年代	流略	歷時（以禹平水土，告厥成功之年為起點，其後則以次遞推。）
明世宗嘉靖三十七年	河北徙新集，淤而為陸二百五十餘里，視故道高三丈有奇。	十八年
明神宗萬曆十七年	河由李景高口決，入睢、陳故道。	三十一年
明神宗萬曆二十五年	河決黄堌口，經符離橋出宿遷新河口入大河，半由徐州入舊河濟運，而二洪告涸。	八年
明神宗萬曆三十年	河決蒙牆寺入歸德，南與淮會，入洪澤。	五年
明神宗萬曆三十二年	河決（米）〔朱〕旺口，蕩漾三載，至徙于溝始定。	二年
明神宗萬曆四十（六）〔七〕年	河決脾沙堽，由封邱、曹、單至考城，復入舊黄河。	十四年
明熹宗天啟元年	河決靈璧，由永姬湖出白洋、小〔河〕口，仍與黄會，故道湮涸。	四年

年代	流略	歷時（以禹平水土，告厥成功之年為起點，其後則以次遞推。）
明熹宗天啟三年	河決徐州大龍口，徐、邳、靈、睢、河並淤，雙溝河亦淤，上下百五十里盡成平陸。	二年
明懷宗崇禎十六年	河決汴城，南入於渦。	二十年
清世祖順治九年	河決封邱，由長垣趨東昌，壞〔平〕安（平）堤，北入海。	十年
清聖祖康熙六十年	河決武陟，下大清河入海。	七十年
清高宗乾隆十六年	河決陽武東北，下張新入海。	三十年
清高宗乾隆二十六年	河決中牟，奪渦入淮。	十年
清高宗乾隆四十五年	河決儀封、考城，奪渦入淮。	十九年
清高宗乾隆五十二年	河決睢州，南入渦、淮。	七年

年代	流略	歷時（以禹平水土，告厥成功之年為起點，其後則以次遞推。）
清仁宗嘉慶三年	河決睢州，全由亳州入洪澤湖。	十一年
清仁宗嘉慶二十四年	河決武陟，注張秋，東北入海。	十一年
清宣宗道光二十〔一〕年	河決（詳）〔祥〕符南岸，下注鳳、潁奪淮。	二十二年
清宣宗道光二十三年	河決中牟南岸，由鳳、潁入淮。	二年
清文宗咸豐（六）〔五〕年	河決銅瓦廂，奪大清河入海。	十三年
清德宗光緒十三年	河決鄭州，南入洪澤湖。	三十五年

據右表觀之，河流變遷以宋、明兩代為最數，清次之，漢又次之，金、元則南北橫流，得其中數。獨由東漢以及李唐，河流順軌，幾及千年，直與三代之禹河爭〔等〕烈。以何因（由）〔緣〕而能致此？此歷史上最有價值之問題也。閻百詩謂其說有二：一、程子曰：漢、宋火德多水災；唐土德少河患。一、宋

敏求曰：唐河朔地，天寶後久屬藩臣，縱有河事，不聞朝廷。是二說也，第一說屬於讖緯悠謬之談，今雖小學生猶知其（然）〔非〕，抑亦無容置辨。第二說以解河流之漫溢潰決，猶可言也。至於大河改道，千里為墟。若河北道之魏、博、德、棣，若河南道之汴、宋、淄、青，皆當時人事最繁之地，記載之所流傳，詩人之所歌詠，考其社會情狀，雖千載後，蓋歷歷猶在目前焉。豈有彌天巨變，乃至片楮無傳，而求其舊蹟，亦無可彷彿者，則第二說亦不足徵信也。胡氏朏明則謂王景治河，鑿山截（瀾）〔澗〕，十里立一閘門，令更相洄注，無復潰漏之患。故河垂千載而後變，景之功實不可誣。顧考景之所（謂）〔爲〕，猶是分汰疊塘之法，後世潘季馴、靳輔諸人所常用耳，縱有功效，逮及魏、晉足矣，更何能遠及唐代。是則歸功王景，尤屬（虛）〔膚〕淺之見也。然究以何因緣而能致此？張相文曰：吾乃今觀於河套而得之矣，則試與言河套地理之沿革。三代以前，吾不得而知之。漢族之佔領河套，蓋自戰國時始。史記趙武靈王二十六年（公元前三〇〇），復攻中山，攘地北至燕、代，西至雲中、九原。二十七年（公元前二九九），西北略地，欲從雲中、九原直南襲秦。其後趙衰，匈奴益強，遂入居河南。秦始皇三十三年（公元前二一四），使蒙恬（下）〔斥〕逐匈奴，收河南地，以為四十四縣。又渡河據陰山，逶迤而北，謂其地為新秦，徙民以實之。楚漢之際，匈奴復熾，乘間南渡河，冀復收蒙恬所奪地，大為邊患。漢武元朔二年（公元前一二七），斥逐匈奴，遣衛青等渡西河歷高闕，收河南地。主父偃言河南地肥饒，外阻河，蒙恬城之，以逐匈奴，內省轉輸戍漕，廣中國，備邊之本也。乃（集）〔築〕朔方城，立朔方郡，繕故蒙恬所為塞，因河為固。且自宣房塞後，用事者爭言水利，朔方、西河皆引河溉田各數萬頃，官吏卒伍六萬餘，稍蠶食，地接匈奴以北。後五單于爭立，呼韓邪款塞請朝，留居五原塞下。東漢永平中，置度遼將軍，屯營曼柏，以防南北匈奴。已而北匈奴益衰耗，南單于上言求復障塞，乃增置緣邊諸郡兵，列屯塞下。順帝永建初，隴西羌亂，西河、上郡、朔方皆殘破。四年（一二九），虞詡上疏，謂三郡沃野千里，水草豐美，土宜畜牧，宜復城邑，事耕屯。從之。於是激河濬渠，為屯田，省內郡費以億計。自魏、晉以降，中原多故，其地遂淪於異域。未幾，拓拔魏起盛樂，兼有河西。薄骨律鎮將刁雍上表，請開富平西三十里艾山舊渠，通河水，溉公私田四萬餘頃，人大獲其利。迨隋、唐遞興，聲教遠訖，築城置縣，儼同內地。隋開皇間，遂於河南置豐、勝二州。唐景龍二年（七〇八），張仁願復於河北岸築三受降城，以拂雲堆為中城，與東、西二城，相去各四百里；於牛頭牟那山北，置烽堠一千八百所。開元二年（七一四），移安北都護府於中城，置屯田。元和六年（八一一），韓重華為振武營田和（糴）〔羅〕水陸運使。重華乃募人為十五屯，屯置百三十人，而種百頃。東起振武，轉而西過雲中界，極於中受降城，出入河山之際，六百餘里，屯堡相望，人得肆耕其中，歲省度支錢千三百萬。及唐之衰也，長興中，朔方帥張希崇復引河渠興屯田，以省漕運，民夷愛之。惟自拓拔思恭據有夏州，延及宋世，倔強益甚，傳祚至三百餘年，始為蒙古所併。金、元交爭，未遑他務。明初李文忠定大同，西略豐州，遂城勝州，以統套內之地，使軍士耕牧其中，亦寖寖乎復漢、唐之舊矣。乃永樂初遽從廢棄，移治延綏。天順六年（一四六二），元裔毛里孩、阿羅出、孛羅出等，乃乘虛入而踞之。沿及有清，遂為伊克昭七旗，合以烏拉特西旗、土默特一旗、阿拉善東部，則盡乎古大河南北沿岸諸境。而歷代分屯置戍，得失盛衰之跡，亦略具於此矣。

觀於此，而歷代河流遷徙之故，乃可借精確之學理，隨事以解明之。三代之世，草昧初開，北徼荒寒，人蹤尤寡。晁錯所謂胡貉之地，積陰之處，木皮三寸，冰厚六尺者是也。遙想其時，平川則草長連天，山間則森木蔽野，防沙噏水，自成天然之功用。是故禹河之歷千餘載而不變者，固時勢使然，非必禹之果有神術也。戰國時秦、趙分爭，始皇卒併其地，命曰新秦，直以國名名之。此其拓土殖民，宛與近世西人所謂新英倫、新西蘭者，後先同揆。而秦人珍重愛護，沾沾自喜之心，亦可想見矣。惜乎蒙恬逐匈奴，當始皇三十三年（公元前二一四），越三十（五）〔七〕（公元前二一〇）始皇崩，劉、項兵起，天下大亂，匈奴復起而奪之。蓋秦之有河套，始終不過〔二三〕〔五六〕年，故其開始經營者，僅及今寧夏一隅，未能遍於全土也。漢初則適值冒頓鴟張，寇邊無虛歲。繼以武帝雄才，衛青諸將帥之武勇，僅乃攘而卻之。惟疆埸新復，移民實邊，未遂大效。又以連年用兵之故，反將洪荒以來，所叢殖之古木深林，蹂躪摧燒，使山谿之間，同歸濯濯。於是天然之功用消滅，而西漢河患，遂與匈奴兵爭，顯呈一連帶之關係矣。

武帝以後，胡漢之勝負已決，而河套之墾闢，乃漸入順境，直亘乎東漢之末，亭障無驚。魏晉以還，漢族之勢力微矣。顧其時戎馬倉皇，皆在中原以內，而邊疆甌脫，反為世外之桃源。是以河套雖經殘破，郡縣為墟，而溝渠當未盡廢也。且自拓拔氏興於盛樂，考其遺墟，即在今大黑河畔。迨太武滅夏，因置夏州、東夏州，凡領郡八、縣十有八。中葉以後，乃置沃野、統萬、懷朔諸鎮。太和初，平三齊，復徙歷下之民居渾懷，是其富庶殷闐景象，度不亞於秦、漢矣。歷周迄隋，建設未廢。及唐人滅突厥，而張仁愿、張說、張希崇、韓重華等設屯募墾，直遠承乎漢、魏、周、隋，歷千百年而日益發展，則其所以濬畎澮而彌外患者，固自有在，而豈必王景之功為足多歟！知乎此，而當時河患之所由少，可思過半矣。

至宋世，而胡、漢之形勢，乃大變矣。自唐之末，河套之地，已為西夏所據。夏有河套內外州郡二十二，唯興州、靈州有〔口〕〔漢〕源、唐〔徠〕〔涼〕二古渠，支引黃河，有灌溉之利。若河東、河北，則分屬於遼。遼太祖伐吐谷渾，平黨項，還攻豐州天德，盡俘其吏民以東。其後唯於金肅、河清，各置防秋軍一千。蓋夏於遼固夾河為界矣。遼亡，夏與金又為八館之爭，搶攘紛紜，幾無寧宇。漢、唐屯墾之遺規，至此迨〔已〕盡歸湮沒。及元太祖破遼青塚，乃由東勝渡河收西夏，夏亡。而元人享國日淺，雖以郭守敬之深明水理，亦第於寧夏唐渠稍事修復，寧夏以東未暇過問也。明人則舉延綏以北，盡委之蒙古。萬曆中，遊擊金城自寧夏乘河汛漲，順流而東，月餘至老牛灣，中外相慶，炫為奇功。蓋自宋迄明，凡六七百年，向日列戍分屯之所，已盡化為氈裘遊牧之場矣。此宋、明河患〔之〕所以日亟也。

滿清入主中夏，河套內外，悉隸版圖，蒙漢之兵爭以泯。顧其於蒙漢疆界，則一仍明代之舊，又設為私墾之禁，以防遏蒙漢之交通。故套地之荒落如故也。暨乎承平既久，內地之戶口，日益繁滋，去嗇就豐，乃人類自然之趨勢，固非法令所能為力也。聞之故老，自康熙西征，設驛於殺虎口，由歸化城西抵包鎮，北出狼山，固所以便軍旅也。而秦、晉貧民，即相與負耒牽車，竊循驛程以俱進，耰鋤所及，先使土默特與之同化。乾隆年間，遂越包鎮，西侵入後套，艾榛莽，驅狐兔，築室耕田，儼然為漢家恢復其舊領土焉。此真吾民之特別優點也。惟疆理區畫，初無人焉預為之程，故其溝塍縱橫，皆支離破碎，不成片段，其操業亦皆半耕半牧，半商半旅，若合伏〔羲〕（犧）、神農同處於一時代者。然大河南北，固已漸進於耕田鑿井之世矣。此又清代河患少於宋、明，亞於西漢之原因也。

要而論之，河套者，胡、漢間之一大結穴也。胡人得之，則沃壤良田棄為獸食而已，更得資其野性，西犯則突隴右，南犯則掠汾、（闔）〔閭〕，蹴踏焚略，使潢污行潦之水，皆將助河為虐。漢人得之，則不能不有事於戍守，既有事於戍守，即不能不有事於耕屯。何則？套地孤懸塞北，距長安、洛陽，皆在千里以外，芻粟轉輸，既阻於壺口、龍門之絕險，河之兩岸，又皆重山疊巘，飛輓皆窮。其必併力耕耘，以給軍食，為戰守之資者，固軍事上當然之計畫也。且以河套地質之殊，耕作既興，其必廣鑿溝渠，以資澆灌者，又相因而及之勢也。今考漢、唐間屯戍之蹟，西起寧夏，東達托城，濱河南北各數千里，溝澮交通，支脈旁達，其容水面積，直無異洞庭、彭蠡為長江中游之停蓄所。彼其時固未嘗為治河計也。然河流之泛漲，自此乃得所容納矣。天下事往往有致力於此，而收效於彼者，觀於漢、唐間河患之多少也，猶信。

耗矣哀哉！吾國人之治河也。水之漲也，莫究其所由來；河之徙也，莫考其所由致。朝野汲汲，顧景不遑，即號為治河之能臣，間世一見，亦僅知捧土築堤，以冀朝夕之不敗。倖而節屆霜降，普慶安瀾，則將軍、大王之祭賽，其靈爽乃覺如（嚮）〔響〕斯應，庸詎知彼所謂伏秋大汛者，下游數省畏水如虎之時，正河套農民惜水如金之時也哉？　蓋嘗譬之人身，中衛以上，其咽喉也；成皋以東，其尾閭也；河套之間，則其腸胃也。人有病泄瀉者，固當以清理腸胃為先，乃不此之察，而惟尾閭之是塞，是之醫為何醫歟？亦何怪徒耗醫錢，而病之相循，且不知其所底也。語不云乎「前事不忘，後事之師也」。古之時，胡、漢角立，此疆彼界，畛域攸分，雖有遠識，豈能越國為謀。今則五族共和矣，利害所關，蒙漢共之，則所為懲既往而毖將來，規全局以定大計（善）〔者〕，其事固不在於今日耶！　蓋嘗統河套之大勢觀之，前清二百年間，公私所墾，多在後套，即漢時所謂南北兩河間也。顧當時規畫既未周詳，而所開渠道又復淺而多湮，灌衍不廣，此則急宜改作者也。至於南河之南，今則謂之河西。其地三面環河，南亘沙梁，相其地層，紋理宛然。蓋皆由河水沖積而成者，可知其生殖之力，不亞後套矣。惟比之後套，地勢少高，河水之泛溢，不能及之，故縱有漢民墾種，不逮十之五六。今如由西河上流、磴口以下諸處，（猶）〔循〕其天然之形，就沙梁以北，廣開橫渠一道，使與南北兩河相並而東，至托城之西，與古沙陵湖相會。復由橫渠北岸，多鑿支渠，隨鑿隨墾，資其租入，以贍工作。河渠之上，則多植榆、柳以固之。如是而南河（以）〔之〕南，沙梁以北，凡鄂托、杭錦、達拉特、準噶爾諸旗地，悉可變為腴田。此利在河套者也。黃河巨浸，既已得所消容，龍門以下，但餘汾、渭、沁、洛諸水，雖遇暴漲，亦斷不至潰決為災，則青、兗、徐、豫之間，即可永（悉）〔息〕河患。此利在下遊者也。且自西河以抵托城，其直徑不及千里，約計鑿渠所耗，不及千萬。此則豫、東兩省數年防河之費耳。然河渠既開，乃為上流闢無盡藏之利源，以視堵塞下流，徒為無底之漏卮者，其得失相去為何如耶？。

顧或者疑之，謂河水重濁，理無不淤，淤積既高，水無所容，仍必東漲。此又無慮也。河既入塞，即有天橋以握其衝，巨石橫空，河出其下，闊僅一丈二尺有奇。春日冰解，洪濤洶湧，挾大塊以相沖激，聲聞極數十里外。蓋河中之天然一連鎖也。苟於此間鎔鐵為閘，利用機關，以司啟閉，則上下游之水量，即可酌劑盈虛，隨人意以為高下。然此固非今日所急需矣。余審視淤痕所積，每年不過一分，加以雨力之淋洗，風力之運搬，雖極之千年，其增高亦不過數尺。觀於寧夏諸渠，近者開自李唐，遠者開自秦、漢，灌注疏通，於今未艾，固不聞其以積高為患也。以故天橋置閘，猶必待之千百年後，彼其時人智既進，自有能者為之。今日之計，但於河套以內廣開渠道，以資分洩而利田疇焉。斯則大功已告成矣。昔劉繼莊先生有言，有聖人起，經理天下，必自西北水利始。余則謂經理西北水利，尤必自河套始。故特綜其始末，以俟開物成務之聖人擇焉。

浚修唐來渠碑記

我皇上御極以來，宵衣旰食，軫恤民隱。以萬民衣食源在於水利，於雍正四年（一七二六）六月間，特命侍郎臣通智與原任侍郎臣單疇書，在寧夏察汗托護地方開惠農、昌潤二渠，築新渠、寶豐二縣，招倈戶口，安插墾種。大工將竣，於雍正八年（一七三〇）五月間，荷蒙聖恩，復念大清、漢、唐三渠灌地畝，寧郡民食攸關，其閘道埂岸廢弛損壞，若不補修，將來難於①經理。以臣通智在寧開濬渠道，自然明悉，著會同臣史在甲，即行查議。臣等欽奉上諭，詳勘確估，三渠工程難以並舉，奏請先修唐渠。奉旨：依議。欽此欽遵。伏查唐渠自始，莫可考究。觀其形勢，自青銅峽百八塔寺下，分河流為進水口。由大壩繞寧城，踰平羅，入於西河，綿亘三百零八里。沿賀蘭山一帶田地，均資灌溉。遍稽志乘，名曰〔唐〕來渠②。元

① 於，陳明猷點校乾隆寧夏府志（寧夏人民出版社，一九九二年）第七五六頁作「以」。
② 據陳明猷點校乾隆寧夏府志（寧夏人民出版社，一九九二年）第七五六頁補。

時，行省郎中董文用、河渠提舉郭守敬曾加疏導，而閘座猶係木植。至明隆慶間，督儲河西道汪文輝始易木為石。後一百六十餘年，雖例設歲修，而司其事者，多因循苟且，遂至閘座傾壞，渠道淤澄。臣〔等〕遵旨濬修，爰於雍正九年（一七三一）二月二十日，率領效力文武官弁等四十員，並協辦寧夏道、府、廳、縣分佈興工。起自進水口，其迎水𢬵甚低，且多沖壞。船運峽口石塊，雜以麥草，直分河流，幫砌石𢬵，兼內外碼頭，共長三里零十丈。倒流河決口寬百餘丈，每年用草滾埽，一遇大水，仍行沖決，水勢既下，難以挽之使上。且安瀾閘底〔高〕水背，又被沖刷傾壞，乃循舊跡，自上流另開渠身一百八十餘丈，順引而下，扼頂沖處，造滾水石壩三十丈，水小則束之入渠，水大則從壩滾出，以殺急湍。又將安瀾閘移下，迎流①展造四墩五空石閘一座，以退餘水。其大小雙閘，底高空窄，出水不暢，乃稍移而南，合造三墩四空石閘一座，易名匯暢。寧安閘底既高，而南馬頭又突，乃落（低）〔底〕②展修三墩四空石閘一座。關邊閘雖出水甚力，並正閘、貼渠、底塘、梭墩、石牆俱多損壞，皆添石重修，並展造橋房十三間，以及碑亭、廊房數楹。正閘之北為龍王廟，因舊制而恢廣之。凡退水尾俱短，水出即折湍激之勢，淘坑沖刷，以致閘座不堅。因勢疏浚，順引歸河。且退水歸入倒流河，反與大河漾水會射刷𢬵，不但大𢬵日以險薄，而田地時遭淹泡。因於來水口厚加修築，使水順流而下。𢬵岸既堅，旁地俱可耕種。自進水口抵正閘前，計九里三分零八丈，皆沙石淤塞，分為一工。自正閘後抵月牙湖腦二十二里八分，抵玉泉橋又二十二里一分，抵寧化橋又二十三里二分零十一丈，抵大渡口又二十一里七分零十七丈，抵和頤墩又二十一里八分零二丈。渠西浮沙彌漫，渠內淤澄甚厚，𢬵岸低薄，分為五工。自和頤墩抵三渠灣二十四里三分，抵保安橋又二十一里七分，

① 陳明猷點校乾隆寧夏府志（寧夏人民出版社，一九九二年）第七五七頁作「溜」。
② 據陳明猷點校乾隆寧夏府志（寧夏人民出版社，一九九二年）第七五七頁改。

抵滿達〔垃〕〔喇〕橋①又二十三里一分零十一丈，抵站馬橋又二十五里六分。雖有拼岸，而偏坡轉嘴甚多，分為四工。自站馬橋抵張明橋二十六里一分零八丈，抵張貴橋又二十四里一分，抵李市橋又三十八里七分，渠身太窄，〔遊〕〔淤〕②嘴亦多，分為三工。渠尾淤塞，餘水即洩入諾素湖，一遇大水則漾漫田畝。因循舊跡，越廢邊十二里九分，分為一工。俱派撥文武員弁，督夫濬修。不但淤者去之使平，薄者加之使厚，低者〔倍〕〔培〕③之使高，窄者展之使寬，即渠內大坡，約下三四尺以至丈許，且將尾梢引入西河，水有攸歸，地亦可墾。凡渠內水緩沙壅則多淤澄，因對偏坡轉嘴，相度斜射沖刷之勢，布設馬頭，使沙不停〔留〕，則水自無阻滯。又一切受水險拼，加幫柴柳土垡，梳背長拼馬頭，背培厚土，內外相〔堅〕〔兼〕④，可免沖決。橋座一十有七，皆添木補修。〔新〕開渠尾，架橋二座以通往來。又於正閘梭墩尾及西門橋柱刻劃分數驗水勢，兼察淤澄。渠底佈埋準底石十二塊，使後〔來〕疏濬，知所則仿。於四月十四日工竣放水。是役也，皆仰體皇上愛養斯民之至意，而〔蹋〕〔竭〕蹶從事，不遺餘力。即在〔工〕文武員弁，協辦寧夏道、府、廳、縣，亦莫不歡欣鼓舞，不遑寧處。計其添運物料，僱覓夫匠，統需一萬八千餘金。自興工以至放水，為時五十三日。民不覺勞，〔而〕大工以濟。落成之後，規模一新，渠流充暢。高下地畝，優渥沾足。萬姓歡騰，群歌帝德。惟願後之司其事者，毋怠忽以從事，勿肥己以病民，則渠無潰泛之虞，而億萬年寧民得享盈寧之慶矣。是為記。雍正九年（一七三一）五月。

① 據陳明猷點校乾隆寧夏府志（寧夏人民出版社，一九九二年）第七五八頁改。
② 據陳明猷點校乾隆寧夏府志（寧夏人民出版社，一九九二年）第七五八頁改。
③ 據陳明猷點校乾隆寧夏府志（寧夏人民出版社，一九九二年）第七五八頁改。
④ 據陳明猷點校乾隆寧夏府志（寧夏人民出版社，一九九二年）第七五八頁改。

惠農渠碑記

通智

黃河發源於崑崙，歷積石，經銀川，由石嘴（西）〔而〕①北繞鄂爾多斯六部落，入黃甫川，逾潼關，會泗、沂，合淮歸海，源遠流長。而朔方一帶，導引灌溉，厚享其利焉。獨查漢托護地方，沃野膏壤，因漢、唐二渠餘波所不及，遂曠為牧野。我皇上軫念寧夏為邊陲重鎮，建新城，設將軍，領兵駐防，特命侍郎臣通智，會同督臣岳鍾琪，詳細踏勘。嗣命臣通智，偕侍郎臣單疇書，專董是役。復揀選在部、道、府、州、縣十五員，命赴工所，分司其事。又奏請調取守備官弁、武舉等十有二人，共勷厥工。乃相土宜，度形勢，以陶家嘴南花（園）〔家〕灣②為進水口，近在葉昇堡之東南也。黃流自青銅峽口而下，支派分流，至此而滔滔（泊泊）〔汩汩〕③，順流遠引，足溉數萬頃之田。其渠口石子層累，底岸維堅。由此而東北，遍歷大灘，擇地脈（伏）〔崇阜〕④處開大渠三百里，口寬十三丈，至尾收至四五丈，底深丈（三尺）〔一二〕⑤以至五六尺不等。高者挖之，低者培之，⑥引入西河尾，並歸於黃〔河〕。建進水正閘一，曰惠農閘。建退水閘三，曰

---

① 據陳明猷點校乾隆寧夏府志（寧夏人民出版社，一九九二年）第七五九頁改。
② 據陳明猷點校乾隆寧夏府志（寧夏人民出版社，一九九二年）第七五九頁改。
③ 據陳明猷點校乾隆寧夏府志（寧夏人民出版社，一九九二年）第七五九頁改。
④ 據陳明猷點校乾隆寧夏府志（寧夏人民出版社，一九九二年）第七五九頁改。
⑤ 據陳明猷點校乾隆寧夏府志（寧夏人民出版社，一九九二年）第七五九頁改。
⑥ 高者挖之，低者培之，陳明猷點校乾隆寧夏府志（寧夏人民出版社，一九九二年）第七五九頁作「高者窪之，卑者培之」。

永護，曰恒通，曰萬全。節宣吐納，進退無虞。設永宏、永固暗洞二，以通上下之交流。設彙〔歸〕〔司〕①暗洞一，以接漢渠之餘水。正口加幫石囤，頭〔開〕〔閘〕竪造石橋，則渠源不患沖決。特建尾閘以蓄洩之，外累石節以鞏固之，則渠〔梢〕②可以永賴。大渠口以東，俱引灌大渠水，其田勢高處，刳木鑿石為槽，以飛渡漢支渠之水而東之，仍不失其〔依〕〔已〕③然之跡。西坂渠尾以南，直抵渠口。其西岸不能歸暗洞之小退水，特留暗洞④放之大渠一帶⑤，亦絕無漲漫之患。任春、葉昇二堡為往來孔道，於正閘覆造橋房，旁〔則〕〔列〕數楹，可為守者居，〔而〕〔兼〕為〔往〕〔行〕者憩。⑥建龍王廟，立碑亭，以記工程，並壯觀瞻。沿渠之橋二十有二，西河之橋十六，行旅往來，賴以普濟。其枝渠四達，長七八里以至三四十里者百餘道，均作陡口、飛槽，而戶口人民〔又〕沿渠〔各〕製小陡口、小暗洞⑦千餘道，以相引灌。自此溝塍繡錯，二萬餘頃良田無不霑足。〔以〕〔於〕渠之東，循大河匯⑧築長堤三百二十餘里，以障黃流泛溢。於渠之西，疏通西河舊淤二百五十餘里，以瀉漢、唐兩渠諸湖減⑨水。各閘旁建水手房四十二所，以司啟閉。遍置塘房

① 據陳明猷點校乾隆寧夏府志（寧夏人民出版社，一九九二年）第七五九頁改。
② 據陳明猷點校乾隆寧夏府志（寧夏人民出版社，一九九二年）第七六〇頁補。
③ 據陳明猷點校乾隆寧夏府志（寧夏人民出版社，一九九二年）第七六〇頁改。
④ 暗洞，陳明猷點校乾隆寧夏府志（寧夏人民出版社，一九九二年）第七六〇頁作「獾洞」。
⑤ 放之大渠一帶，陳明猷點校乾隆寧夏府志（寧夏人民出版社，一九九二年）第七六〇頁作「放之大渠一帶出之」。
⑥ 據陳明猷點校乾隆寧夏府志（寧夏人民出版社，一九九二年）第七六〇頁改。
⑦ 暗洞，陳明猷點校乾隆寧夏府志（寧夏人民出版社，一九九二年）第七六〇頁作「獾洞」。
⑧ 匯，陳明猷點校乾隆寧夏府志（寧夏人民出版社，一九九二年）第七六〇頁作「滙」。
⑨ 減，陳明猷點校乾隆寧夏府志（寧夏人民出版社，一九九二年）第七六〇頁作「鹹」。

三十七處，稽查邊汛。而大渠長堤以至西河，兼恃防護渠堤。兩岸俱夾植垂楊十萬餘本，其盤根可以固掸岸，其取材亦可以供歲修。至於東北隅一帶，其地尤廣，其土尤沃，改六羊河為渠一百一十餘里，以佐大渠所不及。奏請建縣城二：其一在田州塔南，為新渠縣；其一在省嵬城西，為寶豐縣。立縣以儋民社，設通判以司水利，建學校以育人材，置營弁以備防汛。移市口於石嘴，漢夷皆便；建城堡於山後，守禦相資。兹役也，蒙皇上特頒帑銀十六萬兩，以為工匠、車船、一切物料之用，纖微不累於民。肇始於丙午（雍正四年，一七二六）之孟秋，工竣於己酉（雍正七年，一七二九）之仲夏。向之曠土，今為樂郊。復蒙皇恩廣被，又頒帑銀十五萬兩，以為招徠戶口恆產耕種之資。由是億兆歡呼，爭先趨附，闢田園，葺廬舍，犁雲遍野，麥浪盈疇。勤耕鑿者歌帝力，安隴畝者頌高深。奏之九重，錫之①嘉名，曰惠農渠。遐陬赤子，盡戴光天；邊塞黎民，欣逢化日。誠國家萬年之基，而民生世享之利②也。爰立石而為之記。

昌〔運〕〔潤〕渠碑記

通　智

雍正四年（一七二六）〔歲次丙午，皇帝命侍郎〕③通智、單疇書，會督臣岳鍾琪，經營查漢托護地方。開大渠以資溉灌，築長堤以障狂瀾，易畜牧為桑麻者，三百餘里。但大渠之東南隅，灘形廣闊，水難遍及。有黃河之支渠名六羊河者，口形如列指，〔沂〕〔泝〕遊數里，復合為一，迤邐而北，經大小方墩，越葫蘆細，歷省嵬城，而仍歸於大河。沃野腴壤，綿亙百餘里。〔因〕迤黑龍溝而西，故水勢順下，漫無停蓄，不能引

① 之，陳明猷點校乾隆寧夏府志（寧夏人民出版社，一九九二年）第七六一頁作「以」。
② 利，陳明猷點校乾隆寧夏府志（寧夏人民出版社，一九九二年）第七六一頁作「業」。
③ 據陳明猷點校乾隆寧夏府志（寧夏人民出版社，一九九二年）第七五五頁補。

之灘中，河之下流遂淤。率諸執事，循其已然之路，順其勢而〔利〕導之。凡垪岸之傾圮者，培之使平；河流之淤塞者，濬之使通。爰於渠口建正閘一，曰昌運閘。外設退水閘，曰清安，使水有所洩，以備歲修堵口也。內設退水閘，曰清暢，使水有所分，以殺湍流漲溢也。相〔地制〕宜（制地），①分別支渠二十餘道，中分高壤，不能盡達，復設逼水閘曰永惠、永潤、永屏束之，使其勢昂而盈科而進。仍其故道，以入於河。諸閘既建，俱跨橋以通耕牧往來。正閘之上，覆以橋房，旁則立有龍王廟、碑記亭。渠兩旁俱插柳秧，資其根力，以固垪岸。自此啟閉以時，蓄洩有方，而大渠以東，遂無不溉之田矣。定名曰昌潤渠，以昭示來茲，重之永久。是役也，用以仰副我

皇上仁育萬物，無遠弗屆之至意。渠之兩旁，良田萬頃，比戶千家。白叟黃童，均沾惠澤。青山綠水，悉戴鴻慈。誠盛世之遠謨，而萬年之樂利也。

上撫軍言渠務書

水利同知王全臣

唐、漢兩渠，寧夏民命攸關。康熙四十八年（一七〇九）正月內，蒙飭水利都司王應龍盡力春工，而令職全贊理其事，幸睹成效。茲蒙以各渠情形及修濬利弊下詢，謹詳陳之。寧夏古朔方也，黃河繞於東，賀蘭峙於西，相距四五十里，遠者亦不過百餘里。南至唐壩堡之分守嶺，北至威鎮堡之邊牆，僅二百七十五里，延袤不甚寬廣。而所屬寧夏衛並左右二衛及平羅所，共轄五十堡，約計田地九千八百二十九頃有餘。其正供除麥饌等項納銀二千六百五十兩有零外，田土之賦，計納糧九萬八千三百八十餘石，納七觔穀草

① 據陳明猷點校乾隆寧夏府志（寧夏人民出版社，一九九二年）第七五五頁改。

並年例秋青草共三十八萬三百餘束零，納地畝銀八百六十餘兩，其湖灘又納潮鹻銀一千五百九十兩，賦亦綦重矣。況地大半盡屬沙鹻，必濁泥乃沃。古人於黃河西岸開濬唐、漢兩渠，誠萬世利也。四十七年（一七〇八）春，職全蒞任之時，值春工方興，隨本道鞠宸咨親詣各渠細勘。竊查黃河自南而北，其入寧夏之處，兩岸俱係石山，名曰峽口。河初向東北流，入峽微折，注於西北不一二里，即仍向東北出峽。峽之盡處，有一觀音堂，古人於此傍石山之麓，開唐渠一道，口寬十八丈，深七尺。至明代，寧夏道汪文輝於右衛之唐壩堡，距渠口二十里建石正閘一座，閘之外建石退水閘四座。正閘下入渠之水以五寸為一分，止以十分為率。水小則閉塞各退水閘，使水入渠；水大則開退水（閘）以洩其勢。其正閘係六空，西四空為唐渠，東兩空為貼渠，每空各寬一丈。唐渠自閘以下，西北至玉泉橋，名曰上上段，寬八丈，深三五尺，長五十里。自玉泉橋向東北流，復微轉至良田渠口，名曰上段，寬七丈，深五六尺，長七十里。自良田渠口西北至西門橋，名曰上中段，寬六丈，深七尺，長十四里。自西門橋西北至跕馬橋，名曰下中段，寬六丈，深七尺，長六十里。自跕馬橋北至威鎮堡梢止，名曰下段，寬三丈，深三四尺，長一百三里。合計共長三百二十三里。其貼渠一道，寬三丈五尺，深六尺，至郭家寺地方分為兩梢：一至漢垻堡梢止，長四十里，名曰舊貼渠；一至蔣鼎堡梢止，長五十里，名曰新貼渠。此因唐渠正閘之東岸，地土甚高，故引此渠。雖閘分兩派，而實與唐渠同口，蓋唐渠之附庸也。渠兩岸之堤及堵水之壩，名曰𡋯。沿𡋯居民挖小渠以引水入田，名曰支渠，大者或百餘里，小者或數十里及七八里不一。各於𡋯上建小木閘以便蓄洩，名曰陡口。唐渠東西兩岸，共陡口四百三十六道。舊例，百姓有田一分者，歲出夫一名，計力役三十日。又納草一分，計四十八束，每束重十六觔。又納柳椿十五根，長三尺，此輸將定額也。其或需用紅柳、白茨、芀苕，則於草內折收：每草一分，納紅柳四十八束；又或折白茨，或折芀苕，各四十八束。每束重七觔，總名曰埧料。或用石灰，亦於草內折銀燒造，每草一束，折銀一分。其草曰埧草，以備於險要處和土築垪及啟閉各閘、堵疊渠口也。椿曰沙椿，或釘閘底，或釘垪岸，使土堅固也。渠内水沖之處，必用土草築一墩以逼水，而外用紅柳、白茨護之。更釘一沙椿，名曰馬頭。芀苦則繩攬之具也，或修理閘底，亦必用紅柳、白茨鋪墊，而以沙椿釘之，乃蓋以石條，使無沖動之患也。每歲河凍之時，將渠口用草閉塞，名曰捲（掃）〔埽〕。至清明日，派撥夫役赴工挑濬，各官分段督催，以一月為期，名曰春工。至夏至日，掣去其所捲之（掃）〔埽〕，放水入渠，名曰開水。開水之後，田地澆灌。其法先委官閉塞上流各陡口，以逼水至梢，其名曰封。封水之際，各陡口仍酌量留水一二分，其名曰俵。俗作淲。迨水已至梢，乃開上流各陡口，任其灌溉既足，又逼令至梢。封與俵周而復始，上流下梢皆澆灌及時也。唐渠、貼渠，原灌寧左、右三衛及平羅所共三十四堡田地六千二頃有餘，衛所各官分段封俵，一歲須輪灌數次，乃獲豐收。至於漢渠，在唐渠之下左衛、陳俊堡、四道河口地方，距唐渠三十里，地形低窪，直迎河流，水勢易入。其渠口寬三十一丈，深七尺五寸。明汪文輝於漢壩堡距渠口十二里建石正閘一座，計四空，每空寬一丈；閘外建石退水閘三座。自正閘北至唐鐸橋，名曰上段，寬五丈，深六七尺，長六十五里；自唐鐸橋西北至張政橋，名曰中段，寬四丈五尺，深六七尺，長七十五里；自張政橋北至殷家夾道梢止，名曰下段，寬三丈，深五六尺，梢末寬一丈，長九十八里；共長二百三十八里。渠之東西兩岸，共陡口三百六十九道，原灌溉寧左右三衛所屬十八堡田地共三千八百二十七頃有餘，後因開導西河，水勢變遷，何忠堡竟隔在河中，各自開引小渠，灌田三十餘頃。今漢渠祇灌溉十七堡田地共三千七百九十七頃有餘。其挑挖、封俵與唐渠一例。此渠得水甚易，而又梢短田少，所以通利如故。比年以來，惟唐渠淤塞過甚，（濱）〔瀕〕於廢棄。居民雖紛紛借助於漢渠，不過稍分餘瀝，地之高者，竟屢年荒蕪，而漢渠亦因以受困。職全細按唐渠之大病有三：一苦於渠口之不能受水也。相傳先年唐渠口下，河中有一石子沙灘障水之勢以入渠。厥後灘漸消沒，河流偏注於東，而渠口竟與河相背，其入渠者不過旁溢之水耳。水之入渠也無力，遂往往有澄淤之患。一苦於地渠之不能通水也。唐渠以下，自杜家嘴至玉泉營盡係淤沙，每大風起，輒行堆積。唐渠經由於此，實為咽喉。向者因風沙不時，旋去旋積，遂相與名曰地渠。蓋因兩岸無垪，與平地等，故名之也。此地自來不在挑濬之例，因循既久，竟至渠底與兩岸田地齊平，甚有渠底高於兩岸田地者，較唐渠閘底約高三四尺，河水汛漲時非不有餘，乃自入閘以來，至此阻梗，由是旁灌月牙、倒沙兩湖，迨兩湖既滿，然後溢於渠內，徐徐前行，不知費幾許水力，經幾許時日，乃得過玉泉橋也。況有此阻梗，水勢迂迴，水未前行，而挾入之濁泥已淤積閘底數尺矣。一苦於渠身之過遠也。水之入口也，原自無多，而又苦於咽喉之不利，以有限之水，流三百餘里，供數百陡口之分洩其勢，自難以遍及。若遇河水減落，則束手無策矣。唐渠有此三大病，而又加以年年挑濬之法，積弊多端，如渠夫、渠草，除紳衿優免外，豪衿地棍及奸胥猾吏肆意侵蝕，每將百姓應納草束、沙椿折收銀錢，代為買辦輸納，名曰包納。草則多係朽爛，椿則盡屬短小。又巧立名色，隱射規避，若橋梁，若陡口，倘有損壞，俱屬官修，乃借稱須人看守，每處免夫草一二分，名曰看丁。又有坐免，甚至徒(扛)〔杠〕亦有坐免，有力盡為看丁，即曰陡口須人啟閉，未聞天下橋梁俱須人看守者也。是渠夫、渠草祇為奸棍之利窟，而渠工已受病實多矣。每年興工之時，並不查明某處淤塞、某處阻梗，量度工程之輕重，酌用夫役之多寡。唐渠自口至梢止分三工五段，漢渠自口至梢止分兩工三段，如某工舊例用夫五百名，年年撥給五百；某工舊例用夫三百名，年年撥給三百。工輕之處，夫多怠玩；工重之處，夫實短少。且催納顏料之役，必故為遲延，及時至工迫，各段督工者即令挑渠之夫採取顏料，兩岸沿林莊柳任其砍伐，微論止半供渠工，半充私橐，額徵顏料盡被乾沒，而所撥三百、五百之夫，亦只虛有其數而已。渠道彎曲之處，東岸高者西必低，西岸厚者東必薄，以高厚者力逼水勢刷洗對岸也。每年挑濬之法，如夫一百名，止有三四十名在渠內取土，餘五六十名俱排列高厚岸上遞相轉運。一鍬之土，經七八人之手，而對面低薄之岸，必不肯加幫尺寸。謂低薄岸底必有刷洗深溝，恐有加幫撒土填塞，以致高厚者愈增，低薄者愈減。是以每年有沖崩之虞，或水由𡌨底鑽俗作走。潰，或水由𡌨上漫俗作垒倒，皆不肯加幫薄所致也。至渠夫則止由衛所經承派撥，名曰安渠，賄囑者派之路近而工輕，貧窮者派之路遠而工重。且將一段之夫，雜派數十堡之人，聽其自赴工所，營工者莫知誰何。中有逃者，報官查冊，拘提往返，動至半月。而一堡之夫，又分派數處，必遠至百里或二百里以外，使之奔走不遑。更將撥夫單内故意填寫錯亂，使之赴各工段自行查問，總欲令民不得不至遲誤，以便定取罰工。又各工段設立委管渠長等役各五六人或七八人，每人免渠一二分。彼俱係用賄鑽營充當者，一到工所，每人包折夫役一二十名不等。更有豪衿地棍指稱旁支小渠，請討人夫，多至五六十名，少亦二三十名，官亦如數撥給，實無一人赴彼所請之處，伊等竟折錢分肥。是以額夫雖一萬一千有零，而在挑濬者僅可得半，又率以老弱充數。官司查渠，只走大路，沿途問夫在何處，就彼查點。委員、渠長人等探知，即僱附近莊農應名，點後即散；甚且預知官司到來，令人夫於渠内挖土堆積如塔形，以堆土之高，詐為挑挖之深，使高低莫辨。官司一見，便誇稱工好，並不問及上段如何，下段如何。官司去後，夫役仍將所堆之土攤平渠内，其運上高岸者不過數十鍬。八段之内，官司必由之處，或挑挖數里，其僻遠不到之處，亦夫役足跡之所不到也。總因兩渠分為八段，每段必遠至數十里，無一定之責成，無一定之程式，而奸棍折去，夫役因循，延至一月，遂相率而散。其未經挑挖者，雖有十之六七，祇謂工多夫少，付之無可如何。渠道之淤塞，實由於此。職全蒞任之初，巡視渠工，見漢渠口之上有一小渠，名曰賀蘭渠，寬數尺，長十餘里。乃前任寧夏道管竭忠據居民所請開濬者，别引黄河之水，灌田數頃。職全上下相度，見河水直沖渠口，而第苦於口低身小，導引不得其方，莫能逮遠。乃謀之司水王應龍，請於本道，欲藉此渠形勢另開一渠，以助漢、唐水力之所不逮。本道謂此渠曾奉前撫憲據士民呈請，飭委惠安堡鹽捕通判王惠民勘驗形勢，甚有裨益。後以工程浩大，約計用夫萬餘，一月尚不能竣，又慮修理閘埧需費不貲，遂爾中止。吾有志久矣，汝第力行之。職全謂用夫不得其法，雖數里亦覺艱鉅。若量土以計工，量工以計夫，此數十里之渠，計日可成。渠若成功，閘埧自易易也。本道乃令職全與都司役用額夫，距舊賀蘭渠口之上三里許，直迎水勢，另開一口，至馬家莊地方引入舊渠而擴之，使寬行三四里，至陳俊、漢埧兩堡之交，即棄舊渠而西，引水由高處行，以達於唐渠。雖遠至數十里，而莊園、墳墓皆繞以避之，毫無所傷。其所損田畝，盡為除厥差徭，居民莫不懽忻樂役。於四十七年（一七〇八）九月初七日興工，至十三日渠成，十五日本道親詣渠開水，不崇朝而徧注田間。自來高原之地，一旦水盈阡陌，婦女孩童咸出聚觀，驚喜之狀，若有意外之獲。其渠口上距唐渠口二十五里，下距漢渠口五里，乃右衛唐埧堡所屬剛家嘴地方，口寬八丈，深五尺，渠身長七十五里二分，上三十里寬四丈，深六七尺；下三十里寬三丈五尺，梢末十五里二分，寬一丈六尺，深五尺。東西共陡口一百六十七道，灌溉陳俊、蔣鼎、漢壩、林皋、瞿清、邵剛、玉泉、李俊、宋澄九堡田地共一千二百一十三頃有餘。至宋澄堡地方，仍匯入唐渠。本道以此渠閱十數年聚議，止為道旁之築者，今告成於七日，且相度形勢，較王惠民向所勘驗，引水更易，不覺喜形於色。謂移此用夫之法，以修唐、漢兩渠，不難坐令各渠疏通也。於是於四十八年（一七〇九），竟以此渠聞之憲台。當蒙倡捐俸資，於陳俊堡地方建石正閘一座，計兩空，每空寬一丈；閘外建石退水閘三座。工既成，蒙命其閘為大清閘，渠曰大清渠。職全復於閘上建橋房五間，左側建遊亭一所，其規模竟與唐、漢兩埧鼎峙矣。此建閘之處，乃舊貼渠經由之地，貼渠較清渠高六尺有餘，竟為清渠截斷。職全乃造木筧，置諸閘後兩旁石牆之上，中更用大木架之，傍橋房之欄，以渡貼渠之水。自西而東，筧寬四尺，長三丈，名曰過水者，不特貼渠無傷，而閘上閘下水流交錯，波聲互應，風景殊有可觀也。彼陳俊等九堡地方，乃素用唐渠之水者，清渠既成，則不須唐渠灌溉，其入唐渠之水，可使之直趨而下，所省灌九堡之水，實足以補唐渠水利之不足，不患渠身之過遠矣。況清渠餘水匯入唐渠者，尤能大助其勢也。唐渠之病，去其一。至於唐渠口，則於黃河內築迎水𪣻一道，用柳圈數千，內貯石子，排列兩行，中間用石塊柴草填塞，上復用石草加疊過於水面，更用大石塊襯其根基。其堺寬一二丈，高一丈六七尺不等，自觀音堂起，至石灰窯止，共長四百五十餘丈。逆流而上，直入峽内。中劈黄河五分之二以為渠口，口寬至二十餘丈，較舊渠口約高數尺，挽河流東注之勢，逼令西折入渠。是迎水堺之力也，能逆水使之高，束水使之急，吞噬洪流，勢若建瓴，不患澄淤矣。而口又加寬，受水實多，渠内之水，賴以倍增。唐渠之病，又去其一。歷年不挑之地渠，則多用夫役挑濬，使之低於閘底，以通水路。兩旁設立高厚堺岸，使渠至此得以急趨，不致繞道於湖。水行既疾，則沙隨水走，莫能淤積。唐渠之病，又去其一。由是口内洋溢，咽喉無阻，向之唐渠，以有限之水，灌溉三十四堡田地，常慮不足者，今以有餘之水，又省九堡之分洩，止灌溉二十五堡，自無不充裕矣。不須借助於漢渠，而漢渠亦並受其益矣。至若奉委協助都司挑濬各渠，則革盡從前積弊，唯以新渠用夫之法為例，於清明興工前一月，將漢、唐各渠自口至梢逐細查丈，更用水平量其高低。如某處渠道淤塞，應挖深若干、寬若干；某處堺岸低薄，應築高若干、厚若干；某處工重，應用夫若干；某處工輕，應用夫若干，預造一工程冊。乃以額夫合算，除修理閘埧迎水及各大支渠外，用夫若干外，計挑挖唐、漢、大清各渠實止夫若干。於是量土派夫，每夫一日以挖方一丈、深三尺為率。夫數既定，乃自下而上，挨堡順序，如威鎮堡在唐渠之梢，該堡額夫若干名，以土合算，應挖若干里，即定以里數，分立界限，開明寬深丈尺，令從梢末挖起，至分界處接連，即用平羅堡之夫；又接連，即用周澄堡之夫，餘俱逐堡順派，以近就近，各照分定界限挑挖。其夫既用本堡，堡長督率每工開一丈尺細單，務挑挖如式，挑挖之土，俱令加疊低薄堺岸，高厚之處，安排多人，致妨正工。其支渠之大者，但度量工程，撥給夫役。但往歲於各堡中混派，今則止令受水之民自行挑挖，夫數或稍減於舊額，而用工則不啻數倍。至十餘里而及三五里之小支渠，即算入正渠工程之内，一併挑挖，不另撥夫役，以杜隱射、包折之弊。職全復每日於渠身内往返巡查，如某堡分工幾里，其挑挖不合單開丈尺，致渠底不平，或低薄之岸，疊築不堅，即責究堡長。工程無包折之弊，夫役無遠涉之勞，而逐段皆有責成，皆有程式，自相率盡力，不敢怠玩。況興工之後，復蒙憲台遺標下守戎王捷督查其工，又蒙廉察壩草六十一萬不無侵漁，特對半減免三十萬有餘。民間有田一分，舊例納草四十八束者，今止納二十四束，以是寧民踴躍趨事，爭先恐後，各渠疏通無阻，拼岸又極堅固，所以立夏開水之日，黃河水不加增，而每年開水月餘不能到梢者，今不過四五日，梢末即澆灌徧足矣。鎮城以北，往年不沾涓滴者，今且徧種稻稗矣。寧鎮各渠之情形及修濬之利弊如此，皆差員王捷所目擊者。獨是職全革弊太盡，立法太嚴，委管渠長盡遭革除，豪衿地棍勢難包折，隱射之弊俱為清出，支渠之夫不能分肥，而奸胥猾吏，歲歲恃渠工以填谿壑者，今日無所施其巧。是數萬生靈雖云受利，而積年奸宄未免側目矣。竊思古人之於渠務，額設有夫，力役有期，物料有備，分五段八工，各盡其力，立法何嘗不善！迄於今，非徒無益，而又害之，總皆趨利之輩作弊於所忽，壞法於不覺，竟使利民者反以累民，古人之立法美意，泯沒殆盡。職全亦何人？斯安保其所立之法，不即壞於旋踵耶？伏乞嚴飭司水利者，每年以去歲春工為例，而在為神明變通於其間，不使已效之法復致更張，已通之渠復致（於）〔淤〕塞，憲恩直與河流並永云。

調查河套情形記

【題解】

調查河套情形記　李逢謙撰。清光緒三十四年（一九〇八）八月二十一日刊載於東方雜誌第五卷第七期之調查欄。

李逢謙，河北鉅鹿人，生平不詳。據説受過新式學堂教育，係基督教知識分子。一九一七年，在上海美以美會和監理會的機關刊物興華報（The Christian Advocate，週刊）任編輯。① 一九二七年二月，與王治心、沈嗣莊等人成立上海基督教新團契，努力創造本色教會。②

該文分地勢、水利、土性、居民、風俗、交通、生産、政治、國家墾務政策、蒙古墾務政策、墾章改革、牧畜、工藝、商業、農業十五項，總共約三千字。因係國人對後套地區最早的社會調查，故頗受學術界珍視，爲相關著述多所引用。

本次整理印行，據原東方雜誌録入。文字改正或補充，取通用之删補符號：（）號内小字示删，〔〕號内大字示補；必要時加註説明。明顯的錯字，則逕予改正。

（忒莫勒　撰）

---

① 見王治心中國基督教史綱第二九九頁，青年協會書局，民國二十九年（一九四〇）出版。
② 楊劍龍：論非基督教思潮與中國教會本色化運動，載甘肅社會科學二〇一〇年第一期。

調查河套情形記

鉅鹿　李逢謙稿

地勢　南北約百餘里，東西六七百里，寬平如砥，坡側絶少。間有沙灘起伏，不過數里，無甚大者。

水利　南襟黄河，開渠灌溉，瀉水多歸五家河，故水大而不澇。此河係黄河舊道，西自鎮北口與新黄河分支，北而東，經陰山之麓，抵包頭，西與新黄河合。山麓一帶，西半多用山水灌溉，東半則用五家河之瀉水。故自河陽以達山陽，皆宜水利。現在可灌之田，約三分之一，有人耕種者，不過十分之一。

土性　上係紅膠，俗名淤土，間有白壤。三伏灌之以水，翌年春期解凍，土脈鬆活，不耕可以下種，俗所云泛土也。

居民　蒙漢雜處，蒙人約有十分之一，漢人多由山、陝之河曲、府谷，甘省之寧夏移來，並無土人。計方百里内不過百人，往往十數里或數十里，始成一村落。而村皆兩三家湊成，人煙繁盛之區絶少。

風俗　人性柔弱懶惰，不事生產，污穢不講衛生，專尚口腹，不事積蓄，男女多中鴉片之毒。蒙人雖無吸鴉片者，而迷信過深，兄弟三四人者，僅留一人以延宗祀，其他均為僧人。盜匪絶跡，不欺遠人。而内地人來此者，往往恃强專横，人皆畏敬之。

交通　水路沿黄河向西，可抵寧夏，東抵河曲、府谷。就中以包頭為最大商埠，其他之和合源、隆興長、彦安河、鄧口皆屬貿易之場。陸地無甚交通之處。

生產　植物則穀類全生，樹木絶少，藥類以黄芩、黄蓍、甘草、豆根為大宗。動物則家畜均有，野獸以黃羊、青羊、狐、兔、野雞為最多，狼與鹿時有而不多見。礦物鹽、鹼最富，而鹼尤佳。

政治　按蒙古之區劃，後套分為兩段，為達拉、杭錦二部所統轄，設有蒙官，專司蒙人交涉。近來墾務施行，多漢人移住，國家特於西包頭、隆興長、大舌臺設立巡檢，以司漢人交涉。

國家墾務政策　派有欽差，駐歸化城，管理報墾之地。現在報墾之地，係杭錦地二千四百頃，國家實以若干銀購之，修理渠道，轉賣於各花戶。烏拉道堡、二分子、和合源、阿善、天吉太、強家油房諸處皆屬之，各設局所，派委專司其事。達拉之地，亦名報墾，實則租而不賣，墾務局為之整理渠道，每年交蒙王租銀六兩，再轉租於各花戶，則每頃三四十兩不等。協成、祥太魁、纏金、槐莫、割舌、隆興長、大宣公各設局所，皆屬此部。

蒙古墾務政策　蒙人以地若干頃包給漢人，每頃每年租銀八兩，開渠修壩，再轉租於各花戶，每頃二三四十兩不等。此即所謂商人也。自咸、同年間，甄姓者創為此舉，纏金渠道，皆此人所修。漢人之業此者甚多，近來順德府之王進財子，亦業此而獲大利者也。

墾章改革　咸、同以來，種地者皆係商人租放，其租價名為銀若干兩，實則粟布雜貨，皆可交代。自〔光緒〕二十七年（一九〇一年），國家設立墾務局，始有官放之地，租價非銀不可，以此花戶頗形拮據。今年又改新章，兼收粟布，而租地花戶驟增。

牧畜　牛、羊、馬、駱駝為最多，羊之生息，每二年三頭，牛、馬則每年各一，駝三年兩匹。羊之價值，四歲者二兩上下，馬與駝當年即可賣銀十餘兩，牛當年可得銀五六兩。皆不自備草料，雇蒙人為之司牧，羊許翦毛，牛許擠奶，皆不須工價。駝與馬每匹每年須工貲稷子二斗，他無甚花費。此處農家，以牧養為最便宜，工省而利巨也。

工藝　工藝甚劣而價甚昂，工人多嗜鴉片，作工極少，故本地多包工而不計日價，比吾家約貴一倍。

商業　以燒酒為上上，榨油碾磨次之，或以洋煙、粟布、磚茶、水煙，春期放賬，夏秋之交收賬，約得利一倍。本地人多樂於使債，無經濟上之計算也，蒙人尤甚。放賬於蒙人，可利上增利，往往隔十數年而討債如故。內地之人，有以綢緞、古玩、燒酒之類，專與蒙人交易者，是謂蒙古買賣，蒙人以牲畜皮毛為交易之品，得利之大，不可逆料。後套燒酒者僅一家，設在隆興長，係欽差所立，其利甚大。稷子平常價值每石一兩六七錢，麥子三四兩，稷每石可得燒酒七八十斤，每斤平常值銀八九分，每日可製酒百餘斤，須工夫五六人，燃料皆用本地紅柳、紅柴等物，無須錢買。約以酒三十斤之價，工料貲本，足可相抵。每日可得利銀四兩五錢左右。且銷路甚暢，不用出售，而以牲口、粟米、茶煙易酒者，尤踵門不絕。蓋蒙人有嗜酒之特性。近日之酒，多自包頭運來，相隔數百里，酒劣而價昂，尚爭購也。

農業　買地之手續：無論何時，皆可向局中掛號，指定某處地若干頃，俟丈量後，發給永遠為業票紙。當交銀二成，夏期二成，秋後二成，來年交四成。買熟地則當年即可收租，若買生荒，當年交四成，來年六成。然此處買生荒者絕少，恐其不能得水也。刻下以天吉太、強家油房兩處之地為最佳，上地每頃銀百兩，上中九十五兩，中地九十兩，中下八十五兩，下地八十兩。丈地之法，無論若干頃，先以長寬總計，內有沙崗、房屋、道路、渠堰不堪耕種者，約略除去，買地者以此多得便宜。平常買地一頃，約得實地一頃三四十畝。常年花費，則渠費國課，共銀七兩上下。渠道歸局中經理，若地有不可灌溉之年，不交渠費。

租地之手續：先向局中掛號，發給若干頃票紙，秋麥兩期分丈，按苗之優劣，分地為四等，秋後收租。上地每頃，若交麥子則十一石，交豌豆則十八石，交穀子則二十八石，交稷子則二十三石。中地每頃，交麥子則八石，豌豆則十三石，稷子則十七石，穀子則二十石。下地每頃，交麥子則六石，豌豆則十石，稷子則十三石，穀子則十六石。下下地每頃，交麥子則四石，豌豆則六石，稷子則八石，穀子則十石。皆不須現銀。倘掛號而不可耕種，及種而無苗，皆不交租。

開地工貲：生荒多產至吉草，此草係草本，形似麥秸而較硬，可以編笆捆帚打簾，為最有用之品。其他木本者，為紅柳、紅柴、蝦蟆樓，皆燃料也。他種甚少。每開一頃，約須工人十餘，每工須銀約一錢上下。至整理渠堰，須工多少，不可預計，惟視地勢何如耳。

種地資本：　生荒若種夏田，即清明、穀雨間種麥子、洋煙、胡麻、大小豌豆之類是也，皆可不犁而下種。若種秋田，即立夏以後種穀子、黍稷之類是也，或夏至種蕎麥，皆須先犁而後下種。穀子不犁亦可。一切耕種，麥子每頃須五石上下，胡麻須石餘，其他各種，須種不多，亦不甚貴。生荒大概不鋤，熟荒有草則鋤，然須工甚少。

收穫工貲：　收穫之日，所雇短工，收某種禾稼，即以某種糧抵工貲。每割洋煙一日，給煙土七八錢，其他穀類，按畝計算，每畝約給二升半上下即可。大暑前後收夏田，白露前後收秋田。

通年計算：　每頃須常工一名，工錢二十兩上下。每日三餐，皆用稷米，約須七合；朔望午餐用白麪。牲口一頭，每年須草料銀七八兩。通盤籌算，每頃約須銀四十兩上下。然此惟買地為然，若係租地，則每頃須銀七八十兩上下，此常年費用也。若創始之年，則買牲口，牛每頭須銀十五六兩，馬每匹須二十兩上下，置器具，則犁耙繩索，自包頭運來，較吾鄉約貴四分之一。修房屋，每間須銀十兩上下。

收穫多少：　按平均年限計算，洋煙每畝約得七八十兩，胡麻每頃約得四十石上下，其他穀類，每頃約得七八十石。

糧食銷售：　銷路之暢否，不關後套之豐歉，惟視陰山前後一帶收穫何如。蓋彼處地面遼闊，不得水利，雨澤稀少，十年九歉之地也。然值豐收，則糧價即賤，倘僅後套豐收，糧價不至跌落，行銷亦廣。平常價值，洋煙每兩二三錢，麥子每石三四兩，胡麻每石二三兩，黍、稷、穀子每石一兩六七錢。

平均利益：　買地每頃，除工貲日用外，至好當得利錢二百餘兩，平常亦可得百餘兩。租地每頃每年至好當得百餘兩，平常亦可得五六十兩。此係統籌以上各節，約略計之。其確當與否，盡人皆可推算。後套歉歲絕少，惟值陰山前後豐收之時，則糧價落而銷路滯，恐有賠累之虞。據現在調查農業上之利益，不過爾爾。若兼牧畜營商，尚不敢驟言其利益也。

～～東方雜誌第五卷第七期之調查第八至十一頁，一九〇八年八月二十一日出版

綏遠河套治要

周頌堯著

綏遠河套治要

黃郛題

【題解】

綏遠河套治要 周晉熙撰，林烈敷校閲。民國十三年（一九二四）秋成書，隨即鉛印，一册。綏遠通志稿藝文稱「書共四册，成於民國十二年，至十七年夏整理刊印行世」，誤。

關於版本 除原鉛印本外，臺北文海出版社曾影印出版，收入近代中國史料叢刊第三編第八十九輯第八八八號。二〇〇八年十一月，大陸之綫裝書局亦影印出版，見邊丁編中國邊疆行紀調查記報告書等邊務資料叢編（初編）第二十八册。二〇一〇年八月，中國國家圖書館出版社又影印出版，收入民國邊政史料續編第二二册。二〇一七年六月，内蒙古大學出版社又影印出版，收入鄂爾多斯市編金冠文庫。此外，該書曾於一九二九至一九三一年間連載於綏遠建設季刊第一至十二期。

關於撰者 周晉熙，字頌堯，四川成都人。清光緒三十一年（一九〇五）十月，以山西試用典史的身份，隨欽差督辦蒙旗墾務大臣、綏遠城將軍貽穀辦理河套墾務，歷任西盟墾務總局繩丈委員、烏拉渠壩工局委員等。① 入民國後，供職於綏遠墾務總局，一度代理過總辦。生平勤於著述，還辦過報紙，行世之作尚有鄂托克富源調查記、綏災視察記、華北水利述要、京綏遊記、纏足等。

---

① 清末綏遠察哈爾墾務檔案彙編第二三二五、二二四一頁，内蒙古人民出版社，一九九九年。

撰著目的及內容　周氏自述該書撰寫緣起曰：「邇來開發西北之聲日高一日，河套密邇內地，墾闢勢不容緩。……本年夏間復有河套之行，閱時五十餘日。目睹田野荒蕪，渠道失修，人民流亡，匪類潛行，撫今追昔，不禁感慨繫之。時值政變，舉國一致主張移民殖邊，爰將平日一得之愚，率書成帙，名曰綏遠河套治要。……所望政府實行開拓，以救時艱，全國之幸，豈惟區區祈禱而已哉！」（自序）

除序、緒論外，書共二十三章，計有疆域、沿革、山川、古蹟、要隘、建置、設治、墾殖、水利、商務、農業、礦質、牧畜、出產、林業、交通、文化、蒙旗、教堂、吏治、軍事、會匪、風俗，共三萬八千餘字。附有綏遠區域全圖、河套之黃河故道圖、五原河套渠圖、擬修五原河套大幹渠計畫圖四幅。

該志所述之河套，大體限於以當時五原縣境為基本範圍的後套地區，偶及伊盟，故可目為五原縣志。

價值　因撰者熟悉地方實況，又志在經世致用，故該志內容豐富切要，所記多清末至當時事。除沿革、山川、古蹟、建置、墾殖、水利諸章利用過張鼎彝綏乘外，餘多親身聞見或採訪所得，既簡要介紹了地方一般狀況，又有許多它籍所無或語焉不詳的記載，遠非爬梳故紙、考訂文字者可比。例如，墾殖與水利是後套經濟的根本，故第八、九兩章洋洋萬言，既記載了達拉特旗、杭錦旗、烏拉特西公旗的報墾始末與五原城基地辦理始末，又詳述了後套八大幹渠的沿革、規模、灌溉面積與現狀等。不僅遠較綏乘為詳，還反映了民國以來渠道廢弛、田地荒蕪的實況。卷十五林業載有烏拉特西公旗原始山林的現狀和被私伐及遭受火災的歷史。清末以來，教會、哥老會一直是後套最有影響的兩大勢力，前者史志諱言，後者為人忽略，獨該志首次予以記載。第十九章雖僅四百餘字，但介紹了教會勢力擴張的經過與影響，指出：「河套一帶教堂完全以傳教之虛名，實行強佔田畝之實。……甚至勾通土匪，要脅政府，包攬詞訟，魚肉非教之民，以致控案時興，糾紛不已。當道若不早為徹底解決，任其永久霸踞，目無主權，一旦爆發，終非國家之福，亦非教民之福。」第二十二章不僅記載了哥老會的傳入與民國初年會匪盧占魁的匪患，還分析介紹了哥老會發展迅速的原因和「以五原縣為根據地，統計入會者將有五萬之多，知之者亦不敢犯」的狀況。第二十三章風俗記載了蒙漢回各旗民眾的生活狀況、習俗及民情等，尤詳於蒙古族。

撰者識見不凡亦是該志史料價值較高的重要原因，前述之教會、哥老會即是明證。撰者還衝破傳統方志「隱惡揚善」的陋規，指陳時政得失，暴露社會黑暗。墾務、水利兩章多處揭露前綏遠都統蔡成勳指使屬下第一師旅長楊以來假借灌田公社統包河套八大幹渠永租地，「一意貪圖私利，不投資興修，以致截至十一年積欠租款十餘萬元，渠道廢壞無遺」的劣跡。第十一章農業不僅分析了清末地方不能發達的原因，更指出「現在弊政又有四點：其一攤派繁重，每年若種一頃之地，則租價在三十五兩以上，人工、種籽在三十兩之多，而保衛團之餉項、軍隊之支應、區事之耗用，又在五十兩，綜計約需一百二十兩左右。設遇荒歉，賠累堪虞。其二土匪為患。……其三吏治不良，……官吏中多以括取金錢為目的，對於地方整頓各事毫無提倡之希望。……其四保衛不力，……所駐軍隊僅有駐防之名，彼所注意者不過是保衛教堂及機關而已，……農民何能得其實際。是故一般農民相率徙於教堂所在之地，以免攤派之累，且土匪之擾。教堂遂得從中居奇，種種挾制，不亟圖補救，非使河套盡成為租界不已也。」第二十三章風俗中指斥河套一切不能發達，以及風俗惡劣實源於吸食鴉片。「是河套鴉片一日不能禁絕淨盡，則永無振興之日也。」如此切中要害的記載，是官修志書中無法找到的。倘非憂患時政，公正廉明之士，亦不會有如此深刻的見解和慷慨陳詞的膽略。

缺點　因成書迅速和未能利用檔案等文獻，該志記載較為簡略，亦有缺漏，如無五原縣戶口、賦稅、村鎮及郵局、電報局等。而沿革、建置、古蹟諸章卻抄錄綏乘，繁蕪不堪，且多襲其誤。此外，分章過於瑣碎，甚至有重復。如沿革、建置、設治應合併，要隘可附於山川，礦質可併入出產等。因校對粗劣，該志印本錯訛頗多，甚至有錯簡之處，墾殖章五原城基地辦理始末即被誤排於水利章。

本次據內蒙古圖書館藏原本掃描出版，以饗閱者。

（忒莫勒　撰）

著　者

與水爭地

徐滔題

自序

河套地居綏區西陲　當西二盟鄂爾多斯北鄙之衝要　沃野千里廣漠無垠　物產豐富　形勢險要　歷代以還　草昧於戰國　闢於秦　盛於漢　雖衰於魏晉　而復興於北魏　迨至隋唐以後　又有五季之衰　歷遼金元而不能振　至明又復淪陷　迨有清末葉　始有綏遠將軍兼墾務督辦貽穀　慘淡經營八大渠之舉　旋因事去官未竟全功　自是荒廢又若干年　邇來開發西北之聲日高一日河套密邇內地　墾闢勢不容緩　予於前清光緒三十年間　隨貽穀將軍辦理墾務直至今日未嘗間斷　其間專辦河套墾務凡五年　對於該地水利地畝牧畜林礦各種情形　粗知梗概　本年夏間　復有河套之行　閱時五十餘日　目覩田野荒蕪　渠道失修　人民流亡匪類潛伏　撫今追昔　不禁感慨係之　時值政變　舉國一致主張移民殖邊　爰將平日一得之愚　率書成帙　名曰綏遠河套治要明知粗陋寡聞　不足以當大雅一粲　而西北同志林君烈敷　朱

君錦屏　以內容材料　率皆翔實　力促災黎　以裨時用　並承林
君担任校閱之勞　銘感之餘　彌增愧恧　所望政府實行開拓　以
救時艱　全國之幸　豈惟區區祈禱而已哉
中華民國十三年孟冬　成都周晉熙序於古豐州之寄廬

綏遠河套治要

成都頌堯周晉熙著

緒論

綏遠五原縣河套地方。俗稱後套。幅員遼闊。延袤千里。田畝縱橫。溝洫交錯。出產豐富。鑛苗繁多。誠爲西北重要之區。一般有志西北者。莫不注意焉。年來或親歷考查。或著言提倡。卽歐美人士。亦時相往還。明爲遊歷。實則居心叵測。是河套之關重。固大有人在矣。考此地原屬蒙藩。清末隸於晉。設撫民之官。民國元年。設縣曰五原。駐包頭遙制。劃歸綏遠特別區。四年築城於隆興長村之北五里地方。進行未久。庶政待興。不意連年匪患頻仍。元氣因之大傷。遂致田園荒蕪。人民流離。商賈失業。十室九空。不但綏區受無窮之影響。卽國家亦同受其害。是故河套一日不興。綏區一日難期發展。此誠有國者所當注意者也。今將關於河套疆域。沿革。山川。[redacted]。古蹟。要隘。建置。設治。墾殖。水利。商務。農業。鑛質。牧畜。出產。林業。交通。文化。蒙旗。敎堂。吏治。軍事。以及會匪狀況風俗情形。撮其概要。分章編述。都爲一卷。度亦有志西北者所樂覯也。

第一章　疆域

五原縣河套地方。居綏遠西境。東接包頭。南近陝邊。西通甘寗。北控庫蒙。東西延袤千里。南北寬廣三百里。實佔綏區面積之半。居於西二盟鄂爾多斯伊克昭盟杭錦旗達拉特旗之北部。所有烏蘭察布盟烏拉特部之東公旗中公旗（又名東大公旗）西公旗均環繞於東北。禹貢屬雍州之地。所謂朔方是也。世界滄桑。迭經變遷。忽夷忽夏。疆域紛更。當前清時歸山西歸綏道薩拉齊廳之管轄。及至末葉。綏遠將軍貽穀。振興墾政。於光緒二十九年遂有五原廳之設。以杭錦。達拉兩旗烏拉特三公旗地及右翼後旗地與左翼後旗之西境隸焉。民國元年改廳爲縣。駐於薩拉齊縣包頭鎮內遙制。四年始將縣署移駐五原縣隆興長北五里。建城治理。八年析縣屬之烏拉特東公旗地。別隸固陽設治局。（固陽設治局今已改縣）十二年又將縣屬東西公旗三湖河一帶。劃歸包頭設治局管轄。

五原河套地方。現在之疆域。東至包頭設治局東公旗之七分子。東北至固陽縣莫林河紅花塔拉小佘太。東南至包頭設治局西公旗之西山嘴。南至東勝縣。北界暨杭錦旗鄂托克旗北界。西南濱臨黃河。西至甘肅平羅縣毘鄰額魯特旗阿拉善王之地界。西北至狼山與賀蘭山接脈之處。北至烏拉山迤北外蒙土謝圖汗部落。按以方里計之。合三萬方里。每里以五頃四十畝計算。共合華畝一千六百二十萬畝之多。此河套疆域之大略也。

第二章　沿革

邊郡之設。始於漢。漢以上。無從考也。故河套莫詳於漢。亦莫確於漢。自漢迄今。有四運之分。戰國秦漢間。初運也。北魏時。二運也。隋唐季。三運也。有清一代。經貽穀經營漸次墾闢。而功未竟。然亦可謂四運也。民國肇造。如能興治。亦一轉運之機。考河套本新秦中地。漢初入匈奴。武帝元朔二年收其地。置朔方郡。徙民十萬以實之。朔方之北。依秦九原郡。改置五原郡。盧芳之亂。竊據邊郡。光武中興。始置幷州以領之。靈帝末。羌胡大擾。五原郡流徙分散。建安十八年省幷州入冀州。二十年始集塞下荒地。郡置一縣。領其民。合爲新興郡。僑治太原界。迨至西晉爲前後趙。前後秦地。及赫連夏地。石勒幷朔方。兼置朔州。義熙九年赫連勃勃於朔方北築城都焉。河套五原郡。漢末沒於匈奴。苻秦得其地。亦爲五原郡。後爲赫連夏所據。及至北魏。依山黃河南遷。故道名曰烏加河河套之名。自此始。屬朔州之太安附化二郡。大河以南爲東夏州之朔方郡。要以榆林之故。豐州當之隋開皇五年。始置豐州大業初改爲五原郡此五原在隋所以有豐州之名也。至唐烏加河北。爲中西受降城烏加河南爲豐州九原郡大河南杭旗地爲宥州寗朔郡（考唐以鹽州所改之五原在今之陝西界內去古五原千有餘里未能與隋之五原混而爲一既移五原之名於鹽州故將豐州復秦九原之名曰九原郡此唐之五原所以不與隋之五原同地也漢之五原在北河之北隋五原唐九原在北河之南此又治所不同也）唐末分入五代遼夏烏加河北爲遼之雲內州烏加河南爲季夏所有。宋金時北境爲豐州南境仍爲季夏所有。元倂夏金。以其地倂爲夏州河套內。地初屬中興等路。後廢屬寧夏路明屬蒙古。仍爲寧夏路清乾隆以後。爲山西薩拉齊廳光緒以後。改爲山西五原廳民國以還。改廳爲縣。屬於綏遠特別區

第三章 山川

疆域有變更山川無改移。塞北之山。以陰山爲鼻祖。一曰大青山又曰大斤山秦山其實卽陰山也。接長白山興安嶺之餘脈。橫亘綏區武川歸綏薩拉齊縣包頭設治局屬內後口子爲中斷。落點之處。又分脈爲二。一循五原北境。以達甘肅賀蘭山循河東徂障蔽大漠。以趨遼海古稱爲北幹者也。在五原境內。名曰烏拉山一循五原東南至西

山嘴爲止。名曰磨爾根嶺又曰烏拉前山其實均名曰陰山也。河套以陰山爲幹川以黃河爲經。陰山之在五原河套境內隨地異名西北狠山最大俗稱兩狠山。又名狠居胥山東西延長四百二十里。東南烏拉山亦大。由包頭設治局屬崑都崙口起點東西有二百七十餘里。狠山卽古之陽山烏拉前山卽古之牛頭朝那又曰壓爾根嶺又曰阿爾布坦山在崑都崙河發源爲居延山當包頭設治局五原固陽縣三界之間水經注。黃河自臨河縣。東經陽山南漢書注曰。陽山在河北。卽今五原之西境狠山也。又牛頭牟唐景隆中張仁愿。在山北置烽堠一千八百所。自是突厥不敢度山以爭。卽今之烏拉前山西山嘴是也。（烏拉前山又名曰斷頭山）

黃河源出星宿海西。巴顏喀喇山之東麓。自入歸德堡邊。始名黃河由歸德堡邊。凡三大折流四百里。經積石關入河州界。東北由蘭州經甘肅平羅縣出邊。循鄂托克旗以達五原之角渠（五角渠卽今之烏加河也）岐分兩派。一派南流爲黃河之新道。所謂南河是也。一派卽烏加河爲黃河之舊道。宛如弓形。所謂北河是也。自南河以南長城以北。俗名曰大套自南河以北。北河以南俗名曰後套卽古之河套也。河流西自磴口入套東自西山嘴出套。流繞五原境者六百餘里。凡納二水。曰佘太河曰烏爾圖河佘太河源出敖西喜山西流會蘇爾哲河注於河。其地在烏拉特三公旗北八十里。有佘特河卽佘太河也。至烏爾圖河源。出雪山西南流注於河。其地在烏拉特三公旗北一百里。按河套之山川爲西北最優之點。今詳爲述之。藉供有志西北者之參考也。

第四章　古蹟

河套古之名區也。自漢以來。古蹟甚多。當明之世淪於蒙古。或燬滅無存。或譯音變更。乏韻士之歌詠。無太史之紀錄。年遠代湮。是存而不存矣。今予以知者紀之。考者載之。不過拾遺而已。

長城　長城在世界上。與西伯利亞蘇尼士河比衡。爲三大巨工之一。在河套有南北之築。趙武靈王築長城自代並陰山下。秦始皇三十三年。北逐匈奴自楡中並河以東屬之。陰山土色皆紫。故今有紫塞之稱。隋之長城名曰通漠。開皇元年四月發稽胡修築長城五年使司農少卿崔仲方。發丁三萬抵朔方大業三年七月。發丁男百萬築長城踰榆林至紫河四年七月。發丁六十萬。築長城自榆谷而東。陰山之長城遺跡無存。是長城爲歷代所建築。而秦政獨享其名也。

統萬城　卽赫連夏故都。義興九年赫連勃勃築於朔方水北。黑水之南。在河套南鄂爾多斯右翼界內。甯條梁之北。後改名横都城宋元嘉初。勃勃名其四門。東曰招魏。南曰朝宋。西曰服涼。北曰平朔。有淸道光二十五年。榆林知府徐松欆懷遠縣知縣何丙勳。確查統萬城之故址。於是携南針隨步定向。從縣城之圖水西渡。出邊墻又西渡磨菇河又西渡西水河又西渡無定河地勢邐而高曼陀二里許。至舊相傳之白土城細加相度。在懷遠城正西九十七里。至於古黑水（黑水河在無定河東距懷遠縣城五十里有淖泥河東入無定河之下流）其地有土圍三重。俱用土築。渡無定河西行二里，進頭道城。又西半里進二道城。又數十武進三道城、頭二道城。内僅餘瓦礫。已無遺址之存。惟三道城内南面。西隅鐘樓。東隅鼓樓。只存基址。堅築白土墩高六丈。無級可乘。鐘樓尙堪登眺。高約十二丈。白土築城。鷄籠頂式。大廈一間。半懸鐘。屋頂形跡宛然。周圍飛欄八層。揷椽孔穴。歷歷可數。尙有三四孔松椽半橛。係蒙古人猱升拔而薪之矣。南面列土墩七。堅硬如石。似係樓台之基。北頭有白土坡。似係宮殿之基。北城東西兩角。亦有土墩。當卽俗所謂轉角樓者。內城東西不及一里。南北約一里。考其城在河套五原河南之西南。今已傾圮無人憑弔。據土人言。及每朔望昧爽時。空中輒現城闕之形。無定河斜絡城南。轉抱東城。而東北流懷遠以北。別無故城基址。此必統萬城無疑矣。

九原故城　在今之河套五原東界。烏拉特三公旗北。與固陽縣界毘連。漢武帝元朔二年所築。

鷄延城　卽居延之轉音。在九原城之左。

郞君城　在九原城之右。

五原故城　漢光武建五原郡。徙其吏人置河東。與九原故城西北接對。確在陰山之北。今之五原東北。明統志謂在陝西神木。則大誤矣。

臨沃故城　東漢所建。河水東過臨沃縣南。注石門（卽今之崑都崙溝）水自石門障東南流經臨沃城以地理考之。在今之五原縣西南。以現在地理考之。當在烏拉前山分線處迤西。包頭設治局界內也。

宜梁故城　在河套烏加河之東北。與九原故城西界一山之隔。河水自西安陽東經田辟城南。又東經宜梁縣故城南闞駰在五原西南六里。又名曰石崖城

朔方故城　朔方城在今之五原縣東北。烏加河之南。謂之什賁漢時所建。

西安陽故城　距朔方城烏加河一河之陽。在今之五原縣東北。河水經朔方東北屈南。

成宜故城　在宜梁西安陽之間。濱近烏加河北岸。去五原西部塞八十里。

河目故城　在烏加河北岸。與今之五原縣對接。河水自陽山南南屈經河目縣左。

稒陽故城　在五原郡東。今已劃入固陽縣境內。固陽縣命名亦取於此。以地理考之。在今之崑都崙溝北白彥溝迤北之間也。

臨河故城　卽朔方故城今之五原縣烏加河西岸狼山南。與高闕塞相近。河水自高闕南。又東經臨河縣故城。西行五百里。分爲二歧。一爲南河其一分流至套外之阿爾布坦山南。迤西爲大泊。俗稱騰格里腦兒卽古之屠申澤也屠申澤在烏加河上流。爲古之黃河故道。今已沙壓湮沒無跡。所謂北河是也。西漢有兩臨河之建。城則僅一也。

臨戎故城　在黃河南。今之五原西南。漢末時廢圮之。又曰賀葛眞城。呃把湖在其右也。

渠搜故城　在朔方故城之東南。

廣牧故城　在烏拉前山黃河之南。今之五原縣東南東勝縣境內。

蘇武城　相傳漢武帝時。武出使被留居此城。牧羊受辱之處。其城在五原縣黃河東岸。歸綏有其一。不知孰是。然按子卿被留時。在霍去病斥逐匈奴之後。陰山一帶已無虜跡。何又被留。相傳如是。姑存疑問。

李陵碑　在五原縣西北境狼山麓下。

中受降城　在五原縣境。烏加河北岸陰山之南。張仁愿所築。城內有拂雲堆祠。今已遺跡無存。

西受降城　在中受降城西。距五原豐州故城西北八十里。有李華三城韓公廟碑。元和八年。黃河泛溢。南城均燬壞。今更無存。

新受降城　在西受降城東中受降城西。唐開元中。張說築。北有雕鶘泉。

雲內州故城　在五原縣北。

豐州故城　豐州故城有二。在五原者爲隋之豐州城。在五原縣河套內。

天德軍城　在中降城西北二百里。唐天寶中所建。

大同故城　在天德軍城西南三里。隋時所築。

廢宥州　在黃河之南。杭錦旗界內。

河陰故城　在烏拉前後山之間。漢時所置。

敬本故城　在中受降城北。壕塹深峻。可以守。按以賈躭地理求之。想是九原郡城。趙武靈欲從九原直南襲秦。即此地也。

范夫人城　在五原黃河北岸。漢將所築。應劭曰。范夫人漢將妻也。徵和三年。李廣利出五原塞匈奴要擊廣利於夫羊句山陿廣利擊破之。乘勝追匈奴。北至范夫人城

黑城　在五原縣之黃河北岸。

成吉思汗墓　在五原河套之南。鄂爾多斯境內。七旗立有鄂博設達爾哈特五百戶。承辦祭祀。並派札薩克一員專司其事。因以成吉思汗於歲次丁亥七月十二日歿於

圖爾默格依城於是以輦奉柩至所。卜久安之地。因不能請出金身。遂造長陵。共仰庇護於彼處。立白屋八間。在阿勒坦山陰哈岱山陽之大諤特克地方。建立陵寢。號爲索多博克達成吉思汗。自後元裔之襲汗號者。率即位於八白屋前。鄂爾多斯者。乃爲汗守禦八白屋之人。故以得名。至今每年夏歷七月。於鄂博行驟馬大會。西二盟王公羣邋之。如有會議事項。亦於是會議決行之。名曰乃金合洛會。殺牲賽神以祭之。有謂元太祖葬地在榆林邊外極西北。地名察罕額爾格。譯語察罕白也。額爾格帳房也。亦與八白屋義合。地學雜誌張相文著成吉思汗陵寢辨證。記載最詳。

伊克昭　伊克者。蒙語大也。昭。廟也。今譯昭爲召。訛也。在鄂爾多斯境內。因成吉思汗園寢得名。七旗亦奉之爲盟。言其大也。

板禪昭　在五原縣西境。永濟渠下游。

福音寺　在五原縣境東大佘太村西北。依山而建。

古獨個爾昭　在五原縣境西協成地南。

梅令廟　在五原縣西距縣城二十里。

大梅令廟　在五原縣西蔓會村教堂地。烏加河東岸。

甲蹬壩昭　在東公中教堂地之北。

楊家河昭　在黃特勞亥河之東。王文祥牛犋之西。其北尚有一也。

德成渠昭　在吳祥地天德毓東西之間。

剛目昭　在忠義西之北。祥太魁之南。

狠山昭　在烏加河北岸。狠山東皮房之西。

常興堂昭　在曹四喜渠北。

義和渠昭　在田大人地東。一在把總地內。一在北牛犋之東北。

老郭河昭　在白家太營東。一在阜恆興之北。

塔布河昭　在姚家河頭之北。塔布河南岸。

第五章　要隘

河套居於綏遠之西。當中路之要衝。南扼陝晉北控庫蒙爲包頭西鄙之屏蔽。今將關於要隘地點。分晰列述。以備軍事之參攷。

河套　河套古名區也。居五原縣之全境。三面跨河。東北臨山。佔鄂爾多斯伊克昭盟之北。烏蘭察布盟之西南境。形勢雄坦。地理寬廣。誠爲西北要隘之重點。亦爲古今用兵扼要之區也。

榆溪塞　秦卻匈奴於河套。樹榆爲塞。

榆林關　在鄂爾多斯之南。忽洛池之間。五原城東。

光祿塞　在五原縣陰山之北。北假之東。秦漢時號爲絕塞

雞鹿塞　在五原縣西境。烏加河西岸。屠申澤即騰格腦兒。後漢永元初。竇憲出雞鹿塞即是處也。

石門障　石門障在大靑山陰山烏拉前後山斷峽分線處。烏拉前山即牛頭朝那山一名曰雲迦關。現名崑都崙溝。又名光祿塞。原名石門子。即今之後口子也。漢時築支就城頭曼城虖河城宿虜城稒陽城（稒作固今固陽縣即取義於此即王莽之固陰）以爲障。秦孝公十一年。衛鞅圍魏。降之。漢亦至稒陽塞。即是處也。當五原固陽包頭三交界之要衝。民國二年。蒙匪橫行河套。國軍據有此險以敗之。佔地勢優勝也。以西皆北假也。秦始皇三十三年。

使蒙恬渡河取高闕陽山北假中。築亭障以逐匈奴。漢元帝初元五年。罷北假田官。王莽傳。五原北假膏壤殖穀。遺兵屯田。卽北假是也。陽山在河北陰山之南。似在古之河目縣。然以漢書地理志考之。應在東部都尉治下。北假者。以地假於貧民使墾種也。

佘太河　發源處。爲敖西喜山。爲陰山南北之要衝。由石汗口海流兎口流入於套。

哈達門溝　俗稱謂之牧虎關。在牛朝那山由大佘太台梁逕南官井梁以通前山之荷葉薩齊。亦要隘也。相傳高旺曾過此關。施有黃風術。以致迄今台梁終年風沙不息。想係高頲用兵之地。年遠代湮。遂以訛傳訛也。

西山嘴　西山嘴當烏拉前山之點。卽北假之區也。南濱黃河爲前山入套之咽喉。唐景隆中張仁愿築三受降城於牛頭牟那山北。置烽堠千八百所。自是突厥不敢度山放牧。減鎭兵數萬人。牛頭朝那山之名。則不免譌也。永淳初突厥入寇豐州。州將崔智辦與戰敗績。卽此處也。

大佘太　大佘太在五原縣東境。爲烏拉後山入套之要隘。當五原縣東境屏蔽。關係全套要隘。爲軍事上必爭之地。民國二年。蒙匪內犯。晉軍敗績。精華焚燬殆盡。至今元氣尙未復也。

莫倫河口　在大佘太西。山勢雄厚。與什拉葫蘆素山水大壩對峙。爲民國二年晉軍與蒙匪戰爭之區。

烏補勒口　在五原縣東北境。通外蒙賽音諾顏之要路。

烏吉蒙太口　在陰山東北。爲外蒙入境之要隘。

烏藍石太口　在五原縣東北通外蒙要口。

海流木心口　在陰山正北。通烏拉特後旗貝勒府。即中公旗。一曰東大公旗之要道。

馬相口　在五原縣北境。通外蒙之要隘。

烏藍腦包　烏藍腦包爲五原縣北境重鎭。距縣城五十里。爲通事行與蒙人交易之所。民國二年蒙匪內犯後。晉軍團長趙守鈺築營以扼守。民國四年盧占魁又盤踞是地。其險要可知。

韓烏拉口　韓烏拉口。在狼山之東。外蒙庫倫來往之要道。

馬盖息便口　在狼山之東。正北越中公旗界。以達察汗泊迤北察汗鄂博

慶打口　在五原縣西北。通中公旗之要口。

馬池口　在狼山之北。通察汗泊

胡蘆斯兎口　在狼山之北。形勢險要。民國二年晉軍與蒙匪戰。遇伏敗績。卽是處也。

什盖記口　在狼山口東。亦險要之區。

狼山口　在狼山正北。五原縣西北。山勢層巒疊嶂。爲用兵險要之地。

東襖盖口　在狼山口之西。

烏盖口　在蹬金烏加河正北。通木納山之要隘。

烏盖柏爾口　在五原縣西北境。狼山口之西。通木納山以達格拉山之要隘。

門他口　在黃羊木頭之北。直達塔起勒克圖鄂博之要隘。

什涼口　在蹬金之西北。北可抵哈珀察齊泉

大壩圖口　烏拉山之西。點經西喇木倫河以抵察汗和砍山。

高闕塞　在狼山口之西。蒙古游牧記。卽所謂綽農陀羅海者也。其口正當黃河北流折東處。兩山對峙。有若門然。中間一路通新疆。較他路近二千餘里。古高闕或卽是歟。

按以游牧記考之。當在套西。按以形勢論之。應在石門障也。

大同川　大同川在中受降城西卽狼山灣也。所謂大同川指今之大同則誤矣。

水道要隘　河套北有陰山之險。南有黃河之恃。其黃河之要隘。則西起磴口東至蘇台廟又東至黃家灣又東至馬密兎又東至惠德成又東至同興堂又東至白二渡口又東卽出套以達包頭南海子矣。

第六章　建置

邊郡之設。莫古於漢。雖迭經變遷。而形勢依然。今將歷代建置。關於五原河套者詳列之。

（戰國）　河套屬趙。武靈王破原陽以爲騎邑秦幷天下。卻匈奴樹榆爲塞三十五年除道九原抵雲陽塹山堙谷以通之。

（漢）　河套本新秦中地。漢初入匈奴。武帝元朔二年。收其地。置朔方郡使校尉蘇建築朔方城。領縣十。在河套者七。在套西者三。曰朔方曰修都曰臨河曰呼遒曰窳渾曰渠搜曰沃壄曰廣牧曰臨戎又以九原郡改爲五原郡。設東部都尉治。擴充縣十六。曰九原曰固陵曰五原曰臨沃曰河陰曰蒲澤曰南興曰武都曰宜梁曰曼柏曰成宜曰稒陽曰莫䵣曰西安陽曰河目曰文國盧芳亂後。光武中興。始置并州以領之。遂將五原郡之固陵蒲澤南興稒陽莫䵣河目六縣。另隸他郡。朔方郡之修都臨河呼遒窳渾渠搜五縣。而以西河之大城縣隸之。靈帝末羌胡大擾。流徙分散。建安三年始集塞下荒地。郡置一縣。領其民合爲新興郡。僑治太原

（晉）晉并治晉陽領郡九五原郡爲九郡之一。建武入朔方永和五年徙治五原永建四年。復故新興郡。魏武分太原地。置治九原縣。石勒并朔方永嘉中劉衛辰據之。義興九年赫連勃勃在朔方水北黑水之南。築城曰統萬建都焉。

（北魏）魏初都盛樂。後沒於秦。道武興。以陘北爲畿內地。五原置朔州延和二年置爲鎮。後改爲懷朔孝昌中改爲朔州領郡五。爲太平大安二郡。其附化郡之附化息澤二縣南境隸東夏州之朔方郡。河套於是荒棄。

（隋）隋仍爲五原郡。開皇五年。置豐州五原郡依然統縣三。曰九原曰永豐曰安化仁壽元年。置總管府。大業元年府廢。七年爲五原郡。義寧元年。太守張遜奏改歸順郡。

煬帝廢州。仍爲五原郡。

（唐）唐初仍沿州制。以豐州轄漢民。乃別置羈縻州。以轄蕃戶。九原郡設都督府省。安化屬縣二。曰九原曰永豐長安二十六年。還所遷胡戶置宥州永徽初置燕然都護府。領狼山等羈縻府州共二十有七。德初又改爲單于大都護府。垂拱二年。罷鎮守使。開元二年復曰單于大都護府。十年置中東西三受降城徙治安北大都護府於豐勝二州之境。天寶初改九原郡。安北單于二都護。並屬於朔方郡。

（宋）宋攻契丹。得豐州後沒於西夏徙治府州地。名曰寧豐

（遼）太祖神册元年。破唐置代北雲朔招討司。後改雲內州。隸西京道領柔服寧人二縣。漸成井邑。乃以國族爲天德軍節度使。富民振武二縣。並屬豐州

（金）金取遼地。升豐州爲總管府。置天德尹後並隸西京路寧人入柔服增設雲川縣。而西夏地如故。皇統九年升爲天德總管府。置西北路招討司。以天德尹兼領之。

（元）元併夏金。仍爲雲內州屬大同路原初屬西夏中興等路。後廢屬寧夏路。

（明）明初置東勝衛不久亦廢。入於蒙古鄂爾多斯暨烏拉特部。終明之世。皆不內

屬。

（清）　清天聰八年。征服蒙古。乾隆六年設歸綏道薩拉齊廳以隸之。光緒二十九年。設五原廳駐包鎮遙制之。

（民國）　民國元年。歸綏道改歸綏觀察使。五原廳改爲縣。三年改綏遠道以轄之。

第七章　設治

河套地方。當明之時。爲蒙古所據。終世不屬內封。及至有清入關。定鼎以後。天聰八年。太宗征服察哈爾。土默特部衆悉降。河套蒙古各旗相繼來庭。遂增設協理通判分管之。乾隆四年。始有薩拉齊協理通判之設。遙制河套。二十五年。改爲理事通判廳。二十七年改通判爲同知。光緒十年改爲撫民廳兼理事。廿九年山西巡撫吳廷斌奏以邊外地方民繁。非設官分治。無以爲綏邊弭患之謀。長治久安之計。加以各處蒙漢錯居。民教雜處。墾務議創。百廢待興。現既將界址勘有端緒。自非遴委熟悉邊情之員。先行署理。無以收人地相維之效云。遂析歸綏道屬薩拉齊廳治三百六十里之大佘太附益以達拉特旗杭錦旗烏拉特中西東三公旗地。置五原廳撫民同知理事銜。移山西汾州府同知一缺。駐於包頭鎮。以姚學鏡爲五原廳同知。其境界以包頭鎮西門外五里腦包爲起點。此爲河套設官之始。然在包遙制。人民仍復依然無所倚賴。嗣改議於隆興長皆未果。僑治包頭。不過稍有形勢而已。迨至三十年。又劃五原廳鄂爾多斯郡王旗地。添設東勝廳撫民通判。移山西汾州府磧口通判一缺。駐包治理。是包頭鎮仍屬於薩拉齊廳。而於鎮內有兩廳公署之組織。權限混淆。民苦不便。旋又改章。有距新廳治遠舊廳治近者。則仍歸舊廳管轄。以從民便。而糾紛愈甚。又三十三年山西巡撫恩壽等會奏略云。竊照前准西盟墾務大臣貽穀。咨光緒三十一年三月初九日奏。請將伊克昭盟郡札兩旗。改歸五原廳管理一摺。奉硃批著山西陝西巡撫會同妥議具奏。欽此。當經會商酌辦。查郡王札薩克兩旗。地勢迤邐相連。在河套以南。伊克昭盟鄂爾多斯部內。左爲準噶爾旗。右爲烏審旗。與陝之榆林府接壤。郡旗寄民約七八千家。札旗寄民約千餘家。兩旗放墾之地。均在南境。至活雞圖溝而止。溝以南自康熙雍正至光緒年間。迭次展界。地畝俗稱新舊牌子地。其南界悉接邊墻。從前墾務未興。該旗地私墾人民。遇有詞訟命盜案件。每以距何處爲近。即赴何處呈訴。如兩旗迤南。則赴陝之神木府谷兩縣。迤北則赴晉之薩廳。近則草萊日闢。負來者絡繹於途。三公杭達等旗。既已設官分治。該兩旗事同一律。自未便任其無所歸宿。墾務大臣前奏所以請隸五原廳者。誠因時制宜之計。因五原幅員本廣。若僅以此兩旗之地。終慮轄長莫及。茲查郡王旗之坂素濠（後改置羊場濠）地方。背負黃河。西鄰大同。爲兩旗適中平衍之區。擬於其處增設廳治。撫民理事通判一員。就墾界劃疆而理。新舊牌子迤南。一切命盜訟案。久向秦邊控訴者。仍歸陝省治理。迤北則統歸新廳管轄。此地在前明爲東勝城。即名曰東勝廳。此五原劃治之所由來也。民國以還。元年命歸綏道爲觀察使。廳改爲縣。同知改爲知事。裁大佘太巡檢。以節經費。二年與山西劃分。設特別行政區。裁觀察使置民政廳管轄之。此爲劃疆分治之始。三年將軍改爲都統。增設綏遠道道尹。五原縣依仍其舊。四年築城於隆興長遷治焉。以烏拉特三公旗地及右翼後旗與左翼後旗之西境隸之。又綏遠道尹詳以據五原縣詳覆。遵查職縣。東界薩縣。西界甘肅平羅縣。南界陝邊。北界大漠。袤延千餘里。縱橫六七百里。耳目難周。控制匪易。縣屬大佘太地方。爲南北之要衝。外蒙出入之門戶。又有纏金地。西接寧夏三百餘里。南連陝邊。北至狼山東至隆興長亦二百里。形勢扼要。非僅爲甘陝之大道。亦外蒙出入之要津。擬請各設縣佐一員。以資佐理等情。查該縣轄境遼闊。向係寄至包頭商民望治。庶政未興。重以前年蒙匪內犯。該縣適當其衝。地方精華蹂躪殆盡。盜賊充斥。比戶流亡。現雖飭移本治。然撫循亦有難周。縣佐之設。實較他縣爲尤亟。其大佘太及蹬金兩處。一居該縣東北。爲外蒙出入之要津。一居縣之西南。爲甘陝交通之大道。形勢均關重要。似均設有設置縣佐之必要。惟茲値國家財政困難。建設宜權輕重。蹬金距縣治較遠。控制較大佘太更難。擬僅於該處設置縣佐一缺。正在進行。都統潘榘楹去任。又復中輟。八年析縣屬之烏拉特東中兩公旗地。別屬固陽設治局。（今己改縣）十二年又析烏拉特三公旗前山西山嘴及後山七分子以東。屬包頭設治局。十三年七月綏遠都統馬福祥又復注意五原四境。各擬添設縣佐。委派綏遠實業廳廳長兼墾務總辦段永新。前往勘查。予得隨往服務。遂建議割長濟渠地以東爲大佘太設治局。豐濟渠地以西强油房地方置臨河設治局。（卽漢時臨河縣之故址）以資治理。馬都統准如所請。並擬在西山嘴地方再添設縣佐一員。以補不足。一俟呈明政府。卽可實行。惟經費以原有西盟墾務分局裁撤。

所有經費七千餘元。藉資挹注補助。其不足一萬餘元。亦不難籌措。此五原現在改治之情形也。

第八章　墾殖

我國西北之實業墾殖爲先。不待智者而知矣。而墾殖良好之區。莫過於綏遠之河套有明以世。蒙人封閉自錮。利棄於野。及至淸代末葉。一般地商與蒙旗訂立草約。任意私墾。遂致械鬥之風。殘殺之案。不一而足。官蒙亦無可如何。地遂以闢。陝山人民。亦由此日漸聚集耕種。然仍春出秋歸。未能臻於繁盛。此河套墾殖發端之大略也。光緒朝山西巡撫胡聘之奏請開辦墾地。事未果行。庚子拳匪之變。岑春煊由甘帶兵赴京勤王。路經河套注意開墾之謀。兩宮西巡回鑾。奏請貽穀爲西盟墾務督辦大臣。於二十九年着手進行。此公家開墾之大略也。溯西盟開辦之初。原議從烏蘭察布盟之烏拉特中東西三公旗着手。嗣因聯盟抵拒。費盡唇舌。而伊克昭盟之達拉特杭錦旗方克先後遣派蒙員接洽商議。乃於二十八年八月籌辦設局事宜。至二十九年六月始行開辦。先由杭達兩旗修渠招墾入手。次第擴充。三十一年歸化墾務總局裁撤。遂改包局爲總局。名曰西盟墾務總局。委任姚學鏡爲總辦。河套敷設分局十餘處。以資辦理。當時貽穀大臣辦理墾政。對於蒙民恩威並施。規模大舉。不幸獲譴去官。以致功虧一簣。然爲西北開發利源之首創。其功固不可沒也。予於光緒三十年。先在河套辦理墾務六年。嗣後又在包頭辦墾三年。民國以還。服務綏遠墾務總局又五年。前後忽忽十餘載。感逝流光。耻名不立。惟於墾務情形。尚能知其梗概。今將關於河套一部分分晰言之。以備留心墾政者之參考焉。

達拉旗報墾之始末　達拉特旗報地。其別有二。一曰放墾地。即四成補地是也。一曰永租地。即現時包種征租之地是也。四成補地報墾。因庚子賠教一案。欠欵甚鉅。該旗幾次籌償。尚欠尾數銀十七萬兩零。無力措交。擬以蒙地作抵。其時該教士欲得現銀。而不願留地。以致教案交涉。一時不能完結。遂由綏遠城將軍信恪。山西巡撫岑春煊。西盟墾務督辦貽穀。設法籌贖招集公司。共湊銀十二萬兩。贖回達旗賠教地畝。其不足之數。仍由山西籌措應用。以濟蒙旗之急。而遂教士之心。一再與達拉特旗交涉。始而居奇。往復確商。始將薩拉齊南瀕臨黃河之四成生熟地一段。允交二千頃。每畝地價以七錢核算。招戶承領。共抵銀十四萬兩。規定之後。除應折扣河渠昭廟牛犋柳林不堪耕種之地外。儘數勘丈實丈淨地一千二百三十五頃。其不足之地。將河套長勝渠內黃瑙樓上下買不色八拜水道燕安河等處渠地報墾。所謂四成補地。此爲西墾入手之基。並將長勝渠改名爲長濟渠。此卽水利進行之開端。着手之初。黃河漫漲。報墾之地。多被淹沒。招戶承領。稍有停滯。此項地畝荒價。計分四等。曰上地。曰上次。曰中地。曰中次。共放上地八百零八頃五十六畝九分。每頃價銀一百兩。合庫平銀八萬八百五十六兩九錢。共放上次地三十八頃二十三畝。每頃價銀九十五兩。合庫平銀三千六百三十一兩八錢五分。共放中地四百零四頃七十五畝五分。每頃價銀九十兩。合庫平銀三萬六千四百二十七兩九錢五分。共放中次地一百六十八頃四十四畝六分。每頃地價銀八十五兩。合庫平銀一萬四千三百一十七兩九錢一分。綜計四等地共放一千四百二十頃。合庫平銀十三萬五千二百三十四兩六錢一分。常年歲租併四等爲三。計上地每畝應征銀二分二厘。中地每畝應征銀一分八厘。下地每畝應征銀一分四厘。每年共應征銀二千八百一十二兩四分九厘。其領戶多係官戶。不善經營。以致渠道淤廢。地畝荒棄。民國以還。匪患頻仍。牛犋遷徙一空。滿目荒凉。一時不能振興。十一年間經綏遠墾務總辦段永新。爲補救農業起見。遂將常年歲租。以有青苗之地交納。其荒廢者豁免。藉示體恤招徠之意。呈由綏遠都統轉咨財政部核准在案。而一般地戶。多已散失內地。一時不能嚮集。將膏腴之地。任其荒廢。殊爲可惜。此河套四成補地墾殖今昔之情形也。永租者。由墾務局年年招種徵收租銀。其地租而不放。公家但爲蒙旗經理。地仍屬蒙而不爲我有者也。報墾之初。係由達拉特旗遣派台吉巴咱爾格爾第到綏商辦。光緒二十九年四月間。巴咱爾格爾第呈請先儘長勝（改名長濟）躍金（改名永濟）兩處開渠墾放。其餘該旗各地段。聽候任便陸續開渠。渠水能到何處。地即放至何處之提議。貽穀大臣七月派員勘查。八月由達旗正式呈報。以永租地渠至何處。即將何處開墾。日後所得租銀。以七成歸公。三成歸旗。是爲達旗報墾永租地之始。然達旗之地。早爲地商私墾。如老郭（改名通濟）沙河義和豐濟剛目各渠地是也。蓋地隨渠爲轉移。無渠則地等同石田。是地爲達旗所有。而渠係地商所挖。故達旗雖將地畝報墾。而渠不得不由公家收回。方能着手。至三十年起。始將後套各渠勸導地商報效收回。而地商王同春在二十九年間。報出中和渠。由西南河岸起至東北杭達兩旗交界止。約長二十三里。又東北連接開渠約長二十三里。係與王在林韓鉞所開。王同春應有十分之五。嗣因無力。而又以陳四阻撓。是以不能再開。在達有地無渠。在杭有渠無地。倘開官渠。計當可省工三十餘里。固不無小補。若欲全行澆灌。非將剛目龍穴兩河。循舊疏鑿。不克盡其地之所有。並將隆興長房院一所。車二輛。馬六匹。牛四頭。情願一併報效。此地商報墾之始也。公家接收之後。租銀計分四等。上上地每頃收租銀四十兩。上次地每頃收租銀三十兩。中次地每頃收租銀廿五兩。下地每頃收租銀二十兩。所收租銀以二成爲渠工。其餘分爲十分。以蒙得其三。公得其七。此公蒙初次規定之條件也。自公家收回。積極整理。每年可丈青苗兩千頃以外。綜計光緒三十年起至三十四年止。共征租銀二十一萬三千一百六十一萬九錢九分。至宣統年有加無已。而達旗竟欲收回自辦。經墾岫督辦商定。每年收回租銀。公蒙各半。迨至民國以還。政局變更。遂致渠地全行廢弛。所有貽督辦慘淡經營之功。百萬元渠工之費。一旦損失。前功盡棄。至今人士。莫不感嘆。及至元年公家無力興修渠道。改爲民戶包租。每年以兩千頃承墾。每頃以十五兩交租。共合庫平銀三萬兩。公家各得其半。渠歸租戶修挖。辦理數年。民力未逮。拖欠愈鉅。議者以散戶承包致有經營失宜之誚。九年間又有蔡成勳都統使第一師旅長楊以來假借灌田公社。統包八渠永租地畝之後。一意貪圖私利。不顧全局。截至十一年積欠租款十萬餘元。渠道廢壞無遺。經五原紳董王同春張厚田楊文林楊嗣殷崔國仁魏三槐王喆馬驥等呈請整頓。夏經綏遠墾務總辦段永新。呈明馬督辦。與灌田公社楊以來一再交涉。始行收回。由五原地方人士組織匯源水利公司承包豐濟永濟剛目沙河義和五渠之地。其長濟塔布通濟三渠之地歸興農社承包。至各渠餘地由原地戶承租。並規定章程十七條。以資遵守。而河套水利經費已墾地。每頃應征銀一兩二錢。未墾地暨廟地。每頃應征銀三兩三錢。每年可收經費洋五千餘。本年遂設水利總局。以資整理。擬於十四年分起實行。此永租地現在辦法之改定也。

杭錦旗報墾之始末　杭錦旗報地之初。該旗貝子阿爾賓巴雅爾。遣派梅令棍布到綏議商。當由貽穀大臣飭令指報。而該旗札薩克憤棍布之擅行指報。中途反悔。經貽穀大臣一再嚴責。咨以奏參。札薩克始終拒抗不允。及議定仍由梅令棍布自行指交。仿照達拉特旗辦法。渠至何處。卽開至何處。札薩克忿懥。於是咨呈理藩部將梅令棍布革職。報墾事更形堅持。貽穀大臣乃以違抗朝旨。搖動大局。奏參革去該札薩克之伊克昭盟盟長之職。該札薩克怵威求全。始將杭盖中東兩巴噶地段報墾。東北地界達拉特旗。西界王晉舊渠。北南界黃河。仍言無論如何。總不能依照梅令棍布所報之地辦理。光緒三十年爲開辦之始。分爲四段。曰元亨利貞。共設四分局。屬於西盟總局。又續報兩巴噶之西界。王文祥耕種地之黃托勒盖河東畔地一段。東界藍鎖河。西界黃托勒盖河。南界黃河。北界達拉特旗地。內分渠地旱地兩種。所報兩次之地。共計東西長約二百七八十里。南北寬約七八十里。可放地四千餘頃。卽以四千頃計算。每頃以七十兩計之。共應征押荒銀二十八萬兩。嗣後改訂渠地爲五等。曰上地。曰上次。曰中。曰中次。曰下地。價與達旗同。惟下地每頃規定地價銀八十兩。嗣後續放之地。又改上地九十兩。上次八十五兩。中八十兩。中次七十五兩。下七十兩。旱地計分五等。上地每頃押荒銀五十兩。上次地四十兩。中地三十兩。中次地二十兩。下地十兩。綜計渠地共放地二千八百三十九頃五十畝二分。共應征銀二十五萬七千二百八十八兩九錢七分。旱地共放一千一百七十八頃五十三畝。共應征銀四萬七千九百八十三兩一錢三分。兩項總計地四千一十八頃三畝二分。共合庫平銀三十萬五千二百七十二兩一錢。常年歲租渠地。併爲三等。計分上中下。與達旗同。旱地亦分三等。上地每畝應征銀一分六厘。中地每畝應征銀一分二厘。下地每畝應征銀一分。以上兩項渠旱地畝。每年應征銀二千七百四十兩八錢一厘。惟所用渠道淤廢。此項地畝。因之大受影響。墾務總辦段永新於十一年間。與達旗地畝同案呈請。見青納租。民困稍蘇。然此項地畝。丈放最寬。夾荒餘荒甚多。如將來渠道疏濬。地方發達。則清丈可增三千頃以上。而昭廟地當杭錦旗報墾時。本定每廟每面撥給二里半。嗣於光緒三十一年間。規定大廟每面丈給五里。中廟四里。小廟二里。丈時連廟中心計算。復行規定昭廟之地。由公家代租。每年每頃給昭廟銀五兩。公家收渠租六兩。嗣又墾請收回自行經理。至今仍屬私墾。每年公家每頃僅收水利經費銀一兩二錢。現已撥歸水利總局經費。至戶口地自報墾後。租地一頃。給銀五兩。嗣以聯名懇請發還。以資養贍。擬定原戶口有地百頃者。准給十分之二。有五十頃者。准給十分之三。有二三十頃者准給十分之五。十頃內者。按以八成。札薩克呈請以有戶口地者。僅數十戶。倚賴牧廠爲生。懇請一律撥給。三十二年貽穀大臣。派員往勘。將沿河一帶廢地給作牧廠。自姚家寨子起西至黃托勒亥河止。計長二百十五里。寬六里至二里不等。自劃撥以後。即將原戶地收回。蓋原戶口地多係膏腴之區。而沿河之地。均斥鹵之地也。現在蒙人牧廠。多在沿河一帶。藉以謀生。此杭錦旗報墾始末之狀況也。

烏拉特西公旗報墾之始末　河套地方。自杭達兩旗報墾。其東首尙有西公旗膏腴之地。其初堅不報墾。公家一再交涉。光緒三十二年八月間。始指報烏加河迤南什拉葫蘆素地一段。東至舊有山水壩爲界。南至什拉葫蘆素南大渠爲界。西以達拉特旗爲界。北以山水壩爲界。嗣又添報紅門圖地一段。彼時山水壩多已廢圯。烏加河水又復漫溢。非修挖渠壩。難資招放。且距大佘太甚近。地屬膏腴。三十三年間委派會辦元愷辦理。予初隨同勘丈。繼又委派專修渠壩工程。所放之地。共計分爲四等。曰上上地。每頃押荒銀一百二十兩。曰上地。每頃一百一十兩。曰中地。每頃押荒銀一百兩。曰下地。每頃押荒銀九十兩。共放地一千七百餘頃。合征庫平銀一十七萬九千餘兩。購地之主。多係官僚。無農業之經驗。以至今日地畝荒廢殆盡。而積欠荒價。尚在五萬餘兩。雖有丈青征收歲租體恤之明文。而地戶散漫他處。無從補救。按以歲租照以四成補地規定。現在公家雖擬將拖欠之戶撤回另放。而渠道一時未能疏濬。承領之戶。仍屬不甚踴躍。此西公旗墾務今昔之大略也。

第九章　水利

黃河之爲患於中國。盡人而知之矣。然在下流則爲患。在西北則有利。而且西北水利振興。則下流之患亦不難消除。此則世人所未知也。按黃河發源。在青海巴顏喀喇山脈間。星宿海爲起點。入甘肅西寧道境內。西寧卽古之西羌。又謂之湟中地。當青海入甘肅之孔道。正東經巴戎循化兩縣。順小積石山入蘭山導河經皋蘭縣北鎭遠橋曲折北流出長城。過蘭州靖遠。折而東流入寧夏道境內。復入長城經中衛金積靈武寧朔。又東折而東北流至寧夏出邊墻。以達平羅。卽入於河套所謂西套者也。計長一千三百里。由賀蘭山阿拉善額魯特旗東麓北行。入綏遠五原縣之境。爲狼山所阻。向東

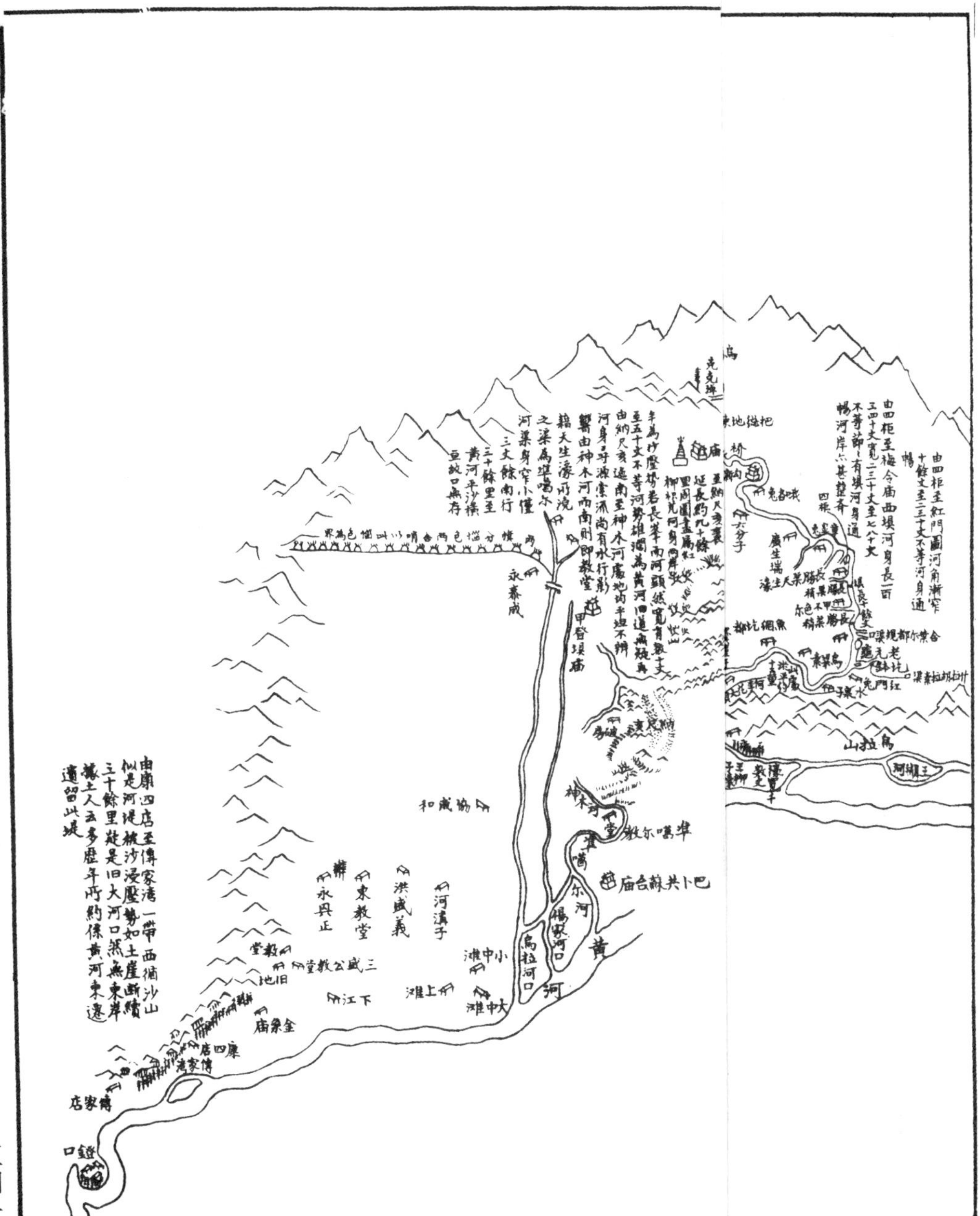
至納只亥囊
延長約九十餘
里兩圍盡屬紅
柳根苋河身兩岸
半為沙壓勢若長峯南河頭然寬有數丈
至五十丈不等河勢雄闊為黃河回道無幾再
由納只亥遶南至神木河廣地均平坦不辨
河身之舊淤塵派尚有水行影
響由神木河而南則即教堂
籍天生濠所浼
之渠爲塔噶尔
河渠身窄小僅
三丈餘南行
三十餘里至
黃河平沙積
豆故口無存
由四柜至紅門圖河角漸窄
十餘丈至二三十丈不等河身通
暢
由四柜至梅令廟西壩河身長一百
三四十丈寬二三十丈至七八十丈
不等節節有壩河身通
暢河岸亦甚整齊
由康四店至傳家湾一帶西循沙山
似是河堤被沙浸壓勢如土崖斷續
三十餘里趁是旧大河口然無東岸
據土人云多歷年所約係黃河東邊
遺留此堤
烏拉山
永泰成
甲登壩廟
協成和
準噶尔教堂
神木河
巴卜共蘇台廟
烏拉河口
楊家河口
黃河
河濱子
洪盛義
東教堂
永興正
三盛公教堂
小中灘
上灘
大中灘
下江
康四店
傳家湾
傳家店
磴口

流行由西山嘴經托克托縣會黑河折而南流。經清水河縣西。曲折南下。入山西陝西境。環繞鄂爾多斯旗之三面。南限邊城。稱曰河套。所謂黃河百害。惟利一套。是也。其實河套一隅。專指五原縣境一部分。其他則謂之河西。非河套也。唐時。始興水利。貞元七年。開延化渠。引烏水入庫狄澤。溉田二百頃。爲水利提倡之始。永徽四年。置有陵陽渠。建中三年浚之。溉田置屯。尋棄之。有咸應永淸二渠。貞元中刺史李景略開溉田數百頃。嗣後歷代亦未注意於是。及至有淸。始有地商私租蒙地。實行水利之經營。漸次發展。光緒末葉。由貽穀大臣。收回辦理。此水利歸入正軌之概略也。

河套之黃河故道。卽今之烏加河。古之北河也。循狼山之南。跨烏達兩旗之間。迤西則隸杭錦。尋源溯委。綿亘七百餘里。河身現時僅寬二百餘丈。至二三十丈不等。形如弓背的起點。在阿拉善額魯特旗之傳家灣。爲黃河之故口。而土崖斷續。新黃河不能流入。遂南遷。卽今之黃河新流也。至準格爾教堂所挖借用渠身。不過三丈。當年河道由準格爾以北。地均平坦。不辨河身。七十里至納只亥。再由納只亥迤東。沙山橫亘。勢若長峯。寬長不等。高下懸殊。一百二十里至沙溝堰再東在杭錦旗西巴噶土人呼爲岡岡午作河。蒙人呼爲老不更河。言其爲舊大河也。再東名可淖仍爲沙山所壓。循北山根。河身分爲兩道。東行數里至義太魁又由義太魁至梅令廟。或沙山積壓。橫亙河中。或土隴淤塞。深谷爲陵。河岸又多爲山水沖刷。缺殘斷續。由梅令廟迤東。岸宇整齊。河水尚可澆灌。再東一百九十里至紅們圖。河身均尚完整。由紅們圖百里至王栁濠地極窪下。衆流所歸。俗名曰烏梁素海。淤平不明河身者。約十七八里。河勢寬泛。漫無際涯。然水匯於烏梁海則不得出。黃河故道之利益在於能受上游諸渠之水。轉輸於下游諸渠。爲河套諸渠之總幹。若不將此黃河故道疏濬。使全套血脈流通。則水利決不能達圓滿之目的。因黃河故道。地勢居高臨下。用水最易。若以現在新黃河而論。地勢居窪。使之北昂。必難灌漑。予於故道周歷測勘。經三月之久。始知關係之要。願我水利家注意修挖。勿稍忽之。河套之中。惟杭錦。達拉特兩旗。兼跨黃河處處依渠爲命。自河南徙之後。地愈廣衍。山陝人民。爭趨佃種。是以地爲私墾。渠亦私開。凡到河套種地者。甫經得地。先議開渠。支別派分。各私所有。往往一渠之成。時或需至數十年。欵或糜至十餘萬。父子相代。親友共營。而已成之渠。又必時有歲修。需款浩繁。所謂經營水利。良非易也。光緒十八年議者。擬於河套西之蹬金開屯設官。事未果行。光緒二十九年始完全收歸官有。私渠亦全行報效。惟民國以還。大都廢弛。殊屬可惜。將來興復。非投資五百萬元。不能挽回。而期永久。十二年春。馬都統委派予赴天津與潘馨航屈文六兩君接洽。設立公司。經營水利。予建議二十二條。擬以招股三百萬。爲河套水利宏大之組織。雖承贊許。繼又中輟。殊可惜也。

河套有大幹渠八。曰永濟曰剛目曰豐濟曰沙河曰義和曰通濟曰長濟曰塔布其塔布長濟永濟三渠開創之初。均係予所修。此次重游歷視。大都淤塞。以予六年風雨辛勞。一旦廢弛。不勝今昔之感。

一永濟渠　原名蹬金渠。係地商永盛興錦和永等。於道光五年借貸達旗之欵。未能歸償。以地作抵。遂開此渠。由黃河起點東北。至補隆淖爾。長一百八十里。至烏加河止。又開東中西三渠。暨樂善堂渠三十里。其形如彎。歸公後。予得專司其事。另闢新口。自沙蛟循西大渠口以抵北稍。計長二萬三百六十七丈二尺五寸。又開枝渠六。曰樂字渠。原名樂善堂。計長四千八百二十五丈三尺。曰藍字渠自樂字渠起至圖林蓋河止。

計長一百一十丈。曰永字渠原名西大渠計長三千三百四丈六尺。曰遠字渠原名中枝渠計長四千三百四十丈五尺。曰流字渠原名舊東渠計長八千八百五十六丈。曰長字渠原名新東渠計長六千二百八十九丈七尺。其永濟幹渠之病。因公中廟渠腰太軟。每年時有淹沒之患。而渠無專身。下游亦不免淤塞。今有王同春欲將長字渠劈成正身。渠稍入剛目境內之烏加河需費洋五萬元。如能告成。則永濟渠可一勞永逸。爲八大幹渠之最優者。

五原城基地辦理之始末。　查五原設治。始於光緒三十二年。爲達拉特旗未經報墾之地。貽穀大臣飭給地價五千兩。迄未發給。久之始由墾欵項下借提銀一千四百兩交領。派員查勘該地應行劃留放墾。分別等則。以及澆水情形。並墾放章程。然未經核定頒行。此項城基地。於三十四年丈過八十餘頃。共征三成折色銀四百餘兩。七成本色麥子三百餘石。民國元年。交由地方官自行招放。因無人承領。暫照墾局租地章程辦理。又因不能借用義和渠水。租戶日漸減少。三年始由墾務代議招放。五年從復規定。可堪耕種者約五百頃。每頃以四十兩計之。可收荒價銀二萬兩之譜。房基地可售四十餘頃。每頃以四百兩勻算。約收荒價銀一萬六千餘兩。以上兩項共可收銀三萬六千餘兩。內除城墻四圍計長一千二百四十一丈八尺四寸。厚一丈六尺。墻內留路二丈。外城濠留沿寬二丈共計二十丈三尺五寸。合地四頃三十七畝七厘。衙署地基長九十一丈三尺。寬六十六丈四尺。合地一頃一畝四厘。城內留南北路一道。寬四丈。長三百二十丈四尺五寸。合地二十一畝三分六厘。又東西路一道。寬四丈。長三百二十丈四尺五寸。合地廿一畝三分六厘。留高等小學校地基五十畝。初等小學校地基五十畝。留街巷地一頃。文廟地五十畝。武廟地五十畝。又街道由五原城南門隆興長橋頭止。長一千八十丈。寬二丈。計九十畝。其中曲巷臨時留九十畝。房基地分爲三等。上等每畝征收庫平銀六兩。中等每畝征收庫平銀四兩。下等征收庫平銀二兩。墾地分爲三等。上等每畝征收庫平銀六兩。中等每畝征收庫平銀四兩。下等地每畝征收庫平銀二兩。子枝各渠。民戶自行修挖。房基地不分等則。每畝升科銀二分。由五原城南門起至隆興長橋頭。修築馬路一道。長一千八百丈。寬五丈。此規定城基之大略也。嗣以地勢高昂。無人承領。十二年又復減等。始行踴躍。現在未放之地。僅七號。王同春又挖新支渠一道。澆灌甚易。再能於城南多修枝渠。則城基不難普澆。附圖於左。

綜述丁項河套之墾殖。係屬歸公者而言。現在達旗又將奇克穆地報墾約一千餘頃。尚未勘收丈放。其他私墾地。如大佘太台梁召廟戶口地以及教堂地。爲數在二萬頃以上。沿烏拉後山三公旗之牧廠及私墾地。爲數亦在萬頃以上。如能逐漸施設。銳意進行。將來墾殖前途之發展。豈可限量哉。

一剛目河渠　一名剛毛。又曰剛卯。一曰剛門。咸豐年間。商人賀清開濬。股分衆多。支渠林立。渠身甚長。渠口有新舊。自黃河起點至於烏攝古琴出稍。直達達拉特旗之察汗淖禿龍蓋等處。計新口長七百六十丈。爲王同春續開。舊口在黃芥濠長三千六百丈。兩口均流於正身。而舊口至新口交界處長四千丈。由正身至永盛和長二千六百丈。由永盛和至張存梅渠長一千七百丈。由張存梅渠至復隆長長二千一百丈。由復隆長渠至呂三渠長一千一百丈。由呂三渠至沙梁長一千丈。又由烏攝古琴渠至沙梁長二千三百丈。共計舊口至渠稍。計長一萬四千八百丈。查此渠之新口爲王同春集股開濬。坐落劉三地內。至舊口之東。距黃河正身四里。由黃河之西。北流有套河一道。斜向東南之水倒入新口。名曰倒灌口。各地戶均用此口。計長七百六十丈。公家收回。爲予友賈秉臣經營修挖。由色盖地起至色盖天生濠止。開生工一段。又自天生濠起迤東。至舊剛目河止。又開生工一段。其枝渠十有其二。曰永盛和渠。因永盛和張雙駒天吉泰祥泰魁四號。共修之枝渠。澆灌賈家盖地老大他拉地察汗淖地三段。計長九千丈。內有子渠十六。張存梅渠計長二千八百四十丈。內有子渠六。高喜四渠計長五千四百丈。內有子渠三。可澆色蓋地七十餘頃。曰周大存娃渠。又曰霍錫齡渠。計長五千四百丈。內有子渠九。澆灌色盖地。張樞林渠。計長四千七百丈。曰陳雙牛渠。計長三千二百丈。內有子渠二。澆灌色俊圖地。曰永厚成渠。又曰麻二渠。計長一千八百丈。內子渠八。澆灌紅頂甲格齊地。曰烏塊補隆渠。計長七百丈。曰同元成渠。計長一千九百丈。內子渠二。可澆地六十餘頃。曰李萬福渠。計長一千四百丈。內子渠二。可澆地六十餘頃。曰韓鉞渠。計長三千六百丈。澆灌哈木蘆庫倫賈家圪洞烏攝古琴之地。約百頃。曰呂三渠。計長三千四百七十丈。約可漑古獨棍地八十餘頃。曰白言太渠。又萬英渠。計長二千四百二十丈。內子渠三。可澆地七十頃。曰王步來渠。計長五百四十丈。

可澆小格廟丹把地十餘頃。曰康福祥渠。計長五千四百丈。可澆哈獨拐淖地二百餘頃。現在此渠多已淤廢。若再修復。約需工費在兩萬元之譜。始克通暢。並可澆地千頃上下。只視經營者之進行如何耳。

豐濟渠　原名中和渠又曰天吉泰渠。爲地商王同春韓鉞所開。計長一萬六千七百七十四丈。歸公後爲予友許藻卿接續修挖。由蟒蓋圖至五分子加長二千三百四十丈一尺。其子渠有五。曰王在林渠。計長四百丈。並可借用竈火河水。澆灌水道他拉地三百餘頃。曰韓鉞渠。計長一千五百八十丈。又東枝渠計長九百丈。又西枝渠計長九百三十丈。又中枝渠計長八百二十丈。共可澆地百餘頃。按以現在渠身完好。經營得宜。以河套水利言之。此渠佔八渠之冠。農民亦藉此有所依賴焉。

一沙河渠　原名永和渠亦係地商王同春所開。自黃河起至梅令廟止。計長一萬六千八百丈。而幹身又有恒河渠又曰爛大渠又名和合源大渠。爲王同春所開。自黃河起點北行至南牛犋永和渠東枝渠。計長一萬五千丈。歸公後。統名曰沙河渠。修理得法。迄今適用。且能引水入於義和渠。普灌他處之地。至和合源枝渠三道。一西太渠。自沙河起至孟興德房西南止。計長一千九百八十三丈。一中渠自沙河起至哈拉噶爾濠止。計長二千二百四十丈。一東渠自沙河起至沙梁止。計長一千四十丈。十三年又由沙河開城渠由城北繞流城基地。可資灌溉。若能再於義和渠挖一枝渠繞流城東南。則城基地五百頃。不難普澆矣。

一義和渠　係地商王同春所開。蜿蜒最長。自黃河起北行至錦繡堂北歧爲三枝。一東引通大盛成渠。一東北行通老郭渠。一北行爲本渠之正身。至舊把總地。又歧爲二。一東行通老郭渠。一北行經五原縣南隆興長通烏加河。計長一萬八千丈。自西公旗什拉葫蘆素報墾。即將此渠劃歸專渠。上游之地。平口澆水。如水小不得已時。得在舊把總地築壩數日。以資灌溉。惟近年黃河南遷。舊口已不適用。另修新口。耗費三萬餘元。仍不通暢。十三年借用沙河之水。將來黃河若不北徙。此渠終難得益也。

一通濟渠　原名老郭渠。係地商郭敏修所開。在口曰四大股。在尾曰五大股。爲河套水利開始之大渠。自黃河起點至板担渠稍止。袤延二萬一千六百丈。爲河套八幹渠最長之渠。灌溉杭達兩旗地畝最多。而退水由烏加河澆溉下淖之地尤衆。分枝於短辮子河。通長濟渠係天生濠。計長七千二百丈。又自黃河口至白家渠口。計長一萬八百丈。內借用天生濠河甬四千五丈。其修挖之渠。計六千三百丈。此段乃郭敏修史老虎萬太公李達元四家公開。所謂四大股是也。又自白家渠口至板担渠稍止。計長一萬八百丈。係郭敏修獨開。所謂五大股是也。其枝渠有二十七。曰義成公四渠係地商陳四史老虎積厚堂三家合開。一枝在義成公南。一枝在義成公北。曰復太長二渠。地商賀瑞雄所開。一南北渠自老郭河起至奔把圖濠止。計長一千一十三丈。一東西渠自義和渠起至王三房東北止。計長一千六百九丈。可澆地二百餘頃。爲當年王同春與陳四爭執澆水之要點。曰吉爾蠻太三渠。一在村北。一在村西。在村北者。引短辮子河之水。在村西者。一口兩稍。引四大股水用之。此項枝渠。自老郭河起至柳林子東南止。計長九百三十五丈。曰高金科渠。又曰高蔡兩家河。又名蔡家渠。計長五千五百二十丈。曰李達元渠。計長二千九百二十丈。澆地二十餘頃。曰劉保小子三渠。又曰白家渠。又曰頭道渠三道渠四道渠。統計長五千二百丈。可澆地一百四十餘頃。曰鄭映斗二渠。又曰萬太公渠。又曰西大渠。計長一千八百丈。又人字渠計長七百八十丈。可澆地三千餘頃。曰史老虎八渠。又西北東南十字渠。自老郭河起至蔡家渠止。計長一千四百二十丈。又南北十字渠自老郭河起至渠稍止。計長八百八十五丈。曰郭敏修三渠。係用短辮河之水。出於老郭河幹渠之外。公家收回。爲予友徐潤之所修。普灌地畝。於光緒三十年至宣統末年。嗣後稍有失修。亦尚可用。旋以黃河南遷另闢新口。則日見失敗。及至灌田公社於民國九年包租。坐享其成。不加工作。遂將此良好之渠全行廢壞。若再修復。非需工貲五萬餘元。難期澆灌也。

一長濟渠　原名長勝渠地商侯應魁所開。借用塔布河上游之渠身。計長三萬六千丈。每年灌地不下千頃。而渠身多占高昂之地。惟曲灣太甚。時多淤阻。是一大病。改道他徙。又係低窪之區。所以迭次興修。而迭次受害也。計枝渠二十一。曰樊三喜五渠。可澆五十餘頃。又南大渠計長九百四十丈。東大渠計長四百七十丈。東小渠計長二百八十丈。北大渠計長一千九百五十丈。退水渠計長七百三十丈。曰楊賜忠三渠。可澆地一百餘頃。計長二千七百四十八丈。又八字渠計長二百三十七丈。又十字渠計長三百四十八丈。曰夏明堂三渠。可澆地七十餘頃。又西大渠計長二千三百四十丈。西北渠計長四百五十丈。喬相華四渠。可澆地二十餘頃。大渠計長一千八百丈。西大渠計長九百九十丈。十字渠計長三百六十丈。東渠計長三百三十丈。曰王存二渠。可澆地十餘頃。東渠計長一百八十丈。西渠計長九百丈。曰樊根來渠又曰西大渠計長一千五百丈。曰高金科三渠。西大渠計二千二百三十丈。東大渠計長一千二百六十丈。半截渠計長七百丈。歸公後。予修其上游。予友俞子信專修下游。詳細測勘。改修下淖之地。莫不得其利益。不意民國九年。自經灌田公社接辦包租後。未能投資興修。全行廢弛。十餘萬之工本辛勞。一旦全功盡棄。此渠若再興復。又須十餘萬元。始克有濟。河套辦理水利之難。於此可見一班矣。

一塔布河渠　塔布蒙語五數也。又曰五大股。因地商樊三喜吉爾古廢夏明堂成順長高和娃合股所開。故曰五大股。自黃河起點。經布袋口循成順長至渠稍。計長一萬八千丈。內有枝渠二十一。曰樊根來五渠。又曰小東淖渠。計長四百三十丈。大東淖渠計長二百二十丈。董應魁渠。計長一百五十丈。北淖渠計長三百一十丈。大西淖渠。計長五百二十丈。曰陳駝羔四渠。可澆地五十餘頃。一名頭道西南大渠。計長七百三十丈。一名二道西南大渠。計長一千三百三十丈。一支渠計長二百三十丈。一名三家渠計長六百五十丈。曰張照七渠。可澆地二百餘頃。一塔布渠計長一千七百丈。交界渠計長五百七十丈。西大渠計長五百二十丈。成順長渠。計長二百三十丈。濠北渠計長二百五十丈。濠東大渠計長六百二十丈。濠東二渠計長三百二十丈。曰李安邦三渠。一小召東渠計長五十丈。一店東渠計長一百九十四丈。一龍家河畔渠計長二百五十丈。曰金長春渠又名辛大渠計長五百四十丈。曰姚章蓋渠。一口兩稍。計長七百二十丈。可澆地百餘頃。此渠歸公後。予獨任修挖之責。費盡二年辛勞。耗資五萬餘元。始克告成。其渠身之良好。旱台之整齊。爲八大幹渠之冠。又於革余村。建築大橋。便利行旅。每年可澆千頃以上。此次親往履勘。全行廢壞。將來若再修挖。尚需工程費在六萬元之多。水利繼續之難。殊可慨也。

以上述河套八大幹渠之主腦。其他不可枚舉。如幹渠之藍鎖籠八河德成渠鄔家地渠阿善渠天德毓渠吳祥渠魏鳳山渠戶口地渠土默爾劉三地渠楊成祥渠廠汗波羅渠錦繡堂渠陳四渠十大股渠哈蓋渠曹四喜渠常興堂渠王文祥渠在西界教堂渠。曰黃托羅亥渠黃羊木頭渠楊家河渠準格爾渠中國地渠蔓會渠在東界教堂渠。曰扒子補隆渠爲賠教之渠。亦爲予所修。在什拉胡盧素地曰什拉葫蘆素渠紅們圖渠。介乾補隆渠霍祿素太渠。在蒙旗範圍內。一爲杭錦貝子渠一爲達旗戶口渠綜計以上各渠。或爲公有。而爲公共興修。或係私渠。獨自經營。而公家由墾務經營者。則八大幹渠也。自十四年。劃歸水利總局管轄。督飭進行。然以綏區實業而言。以河套爲發展之地。而墾殖應以水利爲先務。是水利關乎西北之實業明矣。凡渠有幹渠有枝渠有子渠。是以幹統枝。以枝統子。方克勢成一局。自道咸迄今。百餘年。地商之創闢。光緒末葉。貽穀大臣。擘劃之周詳。綜計前後耗用工程費在千萬元以上。其水利關係可知。不意近年。日見廢弛。一蹶不振。若不及早補救。挽已失之利源。則綏區實業前途。終恐無發展之期。並附渠圖於後。以資留意水利者之參攷焉。

按渠道。有幹枝子渠之分。又有地堰。以爲遏水澆地之用。並築壩以防水之冲刷。與截水灌地之需。其工程有土坑土方之別。土坑者。係濬深之謂。土方者。係築高之稱。然每

圖
郎山
烏拉旗界
達拉旗界
達拉旗界
杭錦旗界
大樹合廟
教堂地
教堂地
黃
河

擬修五原河套大幹渠計劃圖

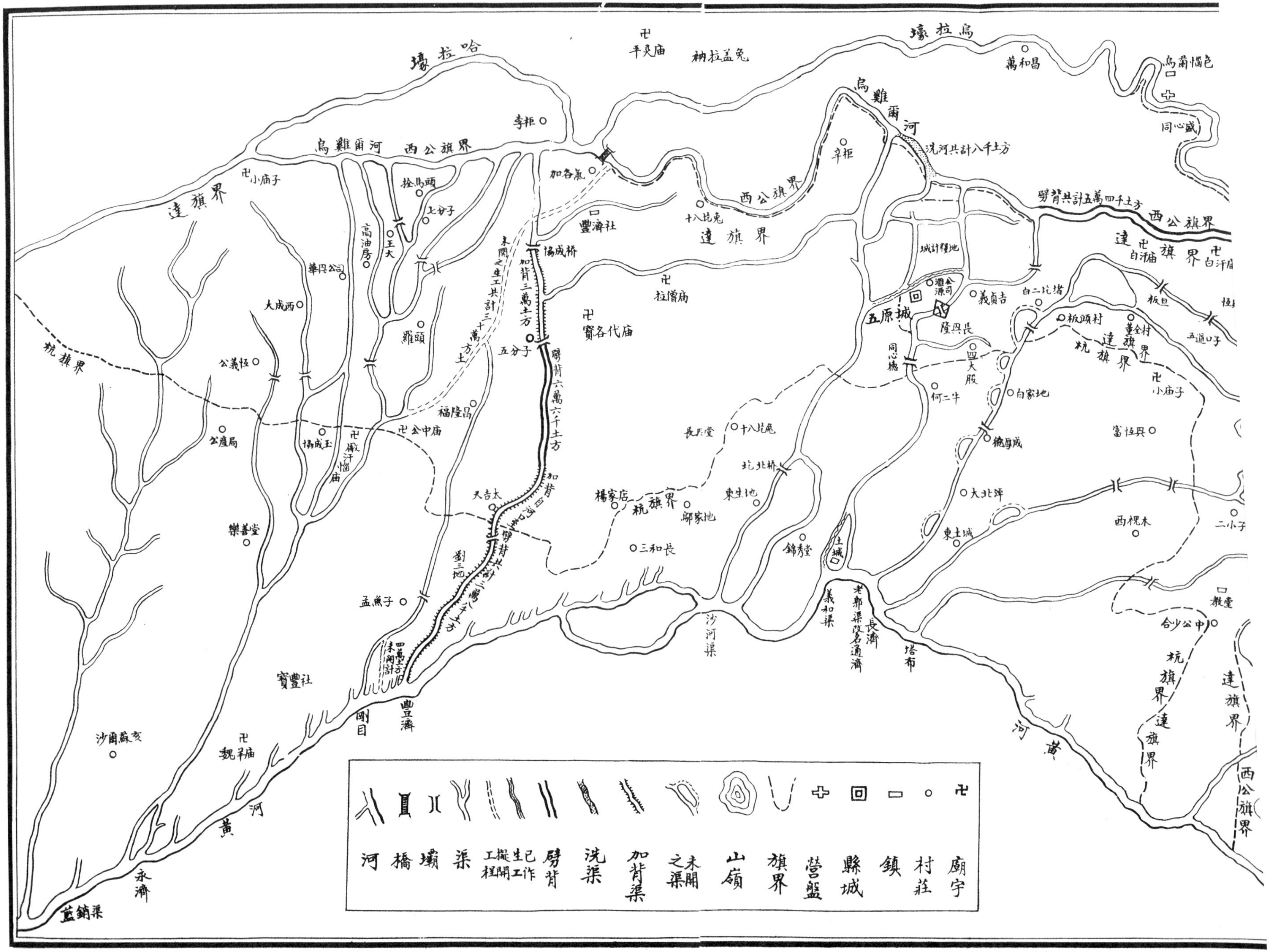

方均寬長一丈深一尺爲一方。然其中有背坑半背半丢以及全丢之別。背坑者。完全用草斗。（關內人有用籮筐者）（謂之背斗）背土於渠背。半背半丢者。初出土用鍬鏟土於背。嗣用草斗背之。全丢者。用鍬掀土於渠外。背工多用於幹渠暨壩工。半背半丢多用於枝渠。丢工多用於子渠暨堰道。至渠背之合宜。旱台之整齊。則視監工者之經營如何耳。然以現時觀察。予不過稍得其皮毛。而確有經驗者。屬王同春。（張季直君在農商部時曾聘爲顧問查視黃河一週）惟年近古稀。將來繼續。深恐無人。此次與予談及河套之水利。意見相同。因河套地勢西南高。而東南低。北高又南低。中段又腰軟。時有渠身潰決之處。非將烏加河舊黃河故道修通。再由西山嘴王六濠修通退水。可期一勞永逸。而八大幹渠之工程。應以永濟渠爲急務。如能逐漸施設。則河套水利可臻完善。茲將永濟渠應修工程圖說。附列於後。俾經營水利者有所攷鏡也。

第十章　商務

河套地方本無商務之可言。然商務不能發展原因。實與墾殖水利有聯帶之關係。何則。河套以農業爲要素。農業振興。商務勢必隨之起色。曩昔河套草萊未闢之先。係屬蒙人游牧之區。商人貿易。不過茶馬互市而已。嗣後外蒙時相往還。遂在大佘太設立通事行。藉資營業。自開墾後。地戶遍設牛犋。包頭商人始有以貨物交易換購糧食牲畜羢毛皮張藥材以歸。仍無現金之營業。此種商人不過行商之名目。亦因交通不便。不敢正式設店。及至光緒末葉。墾務振興。正擬遷徙隆興長與五原縣城內。作永久之計。不意民國以還。初遭蒙匪之蹂躪。繼受盧亂之騷擾。以致大佘太商號焚燒殆盡。一時不能恢復。通事行改設於烏藍腦包後。距五原縣城僅五十里。日見起色。現成一重鎮焉。惟金融仍無現金來往。均用兌帖憑信赴包使取。防爲匪刦。然此項兌帖憑信。時有贗鼎之發生。地方使用不過八折。人民多受其害。近年雖有中交兩行暨豐業平市乾豐紙幣。充斥其間。多不肯周流。合計全縣現洋不過三千餘元。其商務困敝可知矣。

第十一章　農業

河套地方。素以農業爲要務。其農民之居處五原縣東界。多包頭鎮人。中區係山西之河曲保德陝西之府谷神木西鄙多係甘肅漢回兩族之人。向視渠水澆地爲轉移。每年何處澆過。即移於何處耕種。春出秋歸。謂之跑青。地方之不能發達。亦由於此。其原因有十。(一)因地畝澆水無定。(二)因租戶檢其地質佳者耕種。故居無定所。(三)因不肯遷居建築。以圖久永。(四)因娶室困難。(五)因地面遼闊。人烟稀少。彼此觀望。不肯落業。(六)因村落散漫。無團結之能力。(七)因人心不古。不能有互相維持之精神。(八)因匪徒易於潛匿爲患。(九)無金融之機關。流通社會。銀錢交易。以及存儲事項。異常停滯。(十)因交通不便。輸運維艱。有此十大原因。遂使地方難期發展。而且現在弊政。又有四點。(其一)攤派繁重。每年若種一頃之地。則租價在三十五兩以上。人工籽種在三十兩之多。而保衛團之餉項。軍隊之支應。區事之耗用。又在五十兩。綜計約需一百二十兩左右。設遇荒歉。賠累堪虞。(其二)土匪爲患。河套地方。前清光緒末葉。尙有路不拾遺之稱。雖有康有爲富有票之煽惑。地方頗爲安謐。及至民國以來。逃勇潰兵。宵小無賴。一般不逞之徒。時有騷擾。隨撲隨滅。自盧占魁大股蹂躪後。又復收撫盤踞。旋又潰叛。遂將會匪餘孽。留於社會。一般社會中人。圖苟安計。不得不入會匪。以致今日蔓延不可收拾。(其三)吏治不良。河套地方。農民只知耕作。其他一無智識。全藉賢良縣知事。以資誘導。而官吏中多以括取金錢爲目的。對於地方整頓各事。毫無提倡之希望。人民謀業之心。多存猶豫。(其四)保衛不力。河套地方遼闊。全藉保衛得力。方能安謐。該處所駐軍隊。僅有駐防之名。彼所注意者不過保衛教堂暨機關而已。況地方之保衛團。又多係收撫之兵。當事者無駕馭之能力。農民曷能得其實際。是故一般農民。相率徙於教堂所在之地。以免攤派之累。且土匪之擾。教堂遂得從中居奇。種種挾制。不亟圖補救。非使河套盡成爲租界不已也。

河套農業專賴水利。水有數種之分。曰春水。消氷水也曰桃花水。三月水也熱水。四月水也曰伏水。三伏水也曰秋水。秋天之水也曰冬水。冬令之水也水以伏水爲最佳。本年伏汛用水泡地。至秋將餘水放出收凍。次年地氣一開。酥如鷄糞。不用犂耕耙一次。即可插耬撒籽。此種地可種麥籽。炒麥。莞豆各種夏禾。省工力而獲利多。是以農民爭租之。秋水較伏水爲次。可播種糜谷。高粱。葫蔴。菜蔬。黍子。豆等。桃花水可種糜谷。熱水可種小糜谷。山藥。菜蔬。等類。而菜蔬內白菜出產最良。以甘肅之種籽較勝於京種。其芝麻棉花予曾親爲耕種。收穫亦好。惜人不注意。再稻田於協成地試驗之。甲於甘陝所產。人亦不肯經營。良由在上者不能提倡之故。至春水多無人肯用。因起鹼之故。冬水亦然。惟冬水上結厚氷。用以拉渠。則勝於修挖。惜經營渠道者。每每只圖澆地。不知保養渠身也。若以地質言之。五原西界一帶多沙。再以黃河膠泥滲和。尤爲適宜。所謂二和土。長性最良。沿河一帶多明沙與層積泥。且又地勢稍昂。澆水不如下稍。故每年田禾收成較遜。縣之中區膠性太大。每有地土揭皮打瓦之虞。（揭皮者因膠地爲日所晒而起裂打瓦者因地受雨水而裂塊）其地質相宜則屬於下漳。是以長濟塔布兩渠之地。枳棘草遍地。皆是形如樹林。地質肥壯。不問可知。至什拉葫蘆素係屬沃壤。惟用水仰給於各渠稍之退水。雖有義和專渠以資灌溉。渠路太遠。不敷應用。每年爭水之案。時有不免。總之河套農業全視渠道修理如何。水能通暢。農業自不難發達。而包頭一帶之食糧。亦全藉河套爲之挹注耳。

第十二章　鑛質

河套地方。山有烏拉前後之分。而烏拉後山卽所謂陰山也其山脈情形。已於第三章內言之矣。按以陰山中之狼山卽古之陽山烏拉山卽古之牛頭朝那山。兩山之枝當黃河溢爲大泊處。爲阿爾布坦山。當石門障崑都崙河發源處。爲居延山又名崑都崙麥垜山。當省嵬口防禦處。爲省嵬山。又有赤城山又名烏蘭拜星山東西德爾山阿爾柴山馬神山木納山河套山雪山又名察蘇台山帷山又名額魯特山老虎山又名巴爾圖山鄂博圖喀喇山巴爾喀山碧柳圖山莫惇山麥㮚山伊克鄂博山、皆在五原縣之北境。其他尚有晉納祿山察汗呼燒山白音諾綠山克球山火燒山格郡山格拉山桃葉呼都克山鎖布落那呼都克山、所有山名。多係蒙譯之音。當佘太河北。有刻勒峯雪山之脈。南山谷內。松柏合抱。到處皆是。野獸亦多。惟屬於烏拉特西公旗營盤之北。嚴禁伐木獵獸。人民時有以酒或磚茶餌看山蒙古人。私行砍伐、但一經拿獲。則將所有充公。並鞭撻其人。驅逐山下。然利之所在、亦無法禁絕也。北山鑛苗最富。其已開採者。營盤灣烏蘭腦包狠山灣等處。所產煤炭。足供五原一帶之需、而成分稍遜於固陽石拐溝等鑛。因石性過大也。其他與固陽交界石門障之北有石棉礦。惟苗長僅寸餘。不能供大工廠之原料。是一缺點、至天皮礦苗最富。到處皆是。較之歸綏縣境內所產。則優之。大佘太附近莫倫河溝內煤炭礦苗甚多。惜無人開採。河套鑛產不能發達之原因。實因人烟稀少。加以羊磚（羊磚即羊圈內糞積切塊晒乾以供燃料）牛糞柴草。足以供日需之用。煤炭不過機關與商號中用之、所以銷路狹窄。無人投資經營。將來交通便利。社會發達。則此項礦產必有開發之一日。而河套之利源。又豈可限量哉。

第十三章　牧畜

河套水草豐富。爲牧畜最良之區。當草萊未闢之先。蒙漢雜居其間。莫不以牧畜爲生。毡帳林立。隨地而居。其牲畜以羊爲大宗。牛次之。馬次之。或專設牧場。或公共畜牧。均以孳生爲恒產。羊毛之產。名曰套毛。春秋兩季。抓毛運於包頭。銷售轉行於天津。羊亦供包歸等處之食品。以牝羊計之。牧畜得宜。兩年可獲四羔。否則亦可得其三。惟肉不如外蒙扎合慶義和公等處之羊。皮亦遜之。惟道路較近。銷售尚易。牧畜之家孳生均以三百爲羣。僱老少傭者。牧於水草豐茂之區。朝出晚歸。如爲蒙古人所牧。則任其於水草處設毡帳（所謂蒙古包）以牧。原主不過查視而已。牛多牧於蒙古。以五十爲羣。惟種不良。非隨牧隨賣。否則有牛瘟之傳染。一病而不可治。牛除供本地耕作之用。餘售於包頭轉銷於歸化。馬則西公旗所產最出名。走馬甚多。不過馬種愈傳愈下。以致馬體短小。體質薄弱。不能與甘肅西寧之馬種相頡頏也。光緒末葉地畝開墾後。牧畜之業。不如曩昔之蕃衍。加之近年土匪騷擾。軍隊勒索。所有牧養之家。損失甚鉅。以現在調查。

牧畜之戶十不及三。絨毛皮張價值之增。亦由於斯。將來若不設法改良。則河套之牧畜。從此失敗無可挽回矣。

第十四章　出產

河套出產最富。糧食則以麥籽。糜谷。高粱。葫蔴。爲大宗。多半由水路運輸於包頭出糶其他絨毛皮張。大都爲洋行吸收。運於天津出口。野獸有掃雪獾狐狼鹿等類。而狼皮最優。鹿茸則不如關東之產。紅柳可砍伐製器。如筐條鞭桿之類。能行銷於山陜。而枳棘一種。近年爲外國所買。惟需工甚繁。取枳棘去其冗。得其中桿。扎成小捆行銷天津轉售日本。再由日本製成各種玩器。售於美國。獲利頗多。本處居民。僅知取桿爲箸。不能製器以獲利。藥材有黃芪。黨參。鎖陽。運銷內地。甘草以杭錦旗所產豐富。每年由商人設場採挖。對於勞働家。盤剝重利。對於蒙旗租金。稍爲點綴。即可任意採挖。向來由水路運於托克托城貿易。每年不下二百餘船。自京綏火車抵包後。以交通關係。商人莫不改道包頭營業。托城商人在都統署力爭未果。事勢變遷。亦不能勉强挽回。托城市面因之一蹶不振。黃河南有杭錦旗鹽城湖。白鹽出產僅行銷於河西。而城質則優於他處。惟製造粗劣。僅能銷於五原包頭一帶。若能設立工廠。以改良製造。定可挽外溢之利權。肉蓯蓉甚多。不如阿拉善額魯特旗之美。現有宏豐公司在包收買。收分鹽淡兩種。河套只淡種。阿拉善者爲該公司包售。河套則隨意收回轉賣。究難收專售之效。將來交通便利。如有資本家。投資擴充企業。則地方實業不難發展也。

第十五章　林業

河套地氣溫和。田多膏腴。對於植樹最爲適宜。而出產以烏拉前山內卽牛頭那又日磨爾根嶺。歷代卽有大森林之天然產。惟屬於烏拉特西公旗範圍內。從前松柏皆大數抱。自前清光緒初。綏遠將軍私伐之後。蒙控旗於京師。將軍被譴。遂致封錮。嗣以大火焚燒一月。古木盡爲祝融收盡。近年始復成林。任其生長。而禁採如故。每年輸出僅偸伐小樹而已。至五原縣境內。樹林寥寥無幾。自地歸墾後。公家委派專員植樹。各渠莫不遍栽。耗費數千金。因栽植不宜。保護不力。未能得收桑楡之效。繼續者亦未實力進行。以致林業一端。至今仍屬闕如。現僅五原縣暨大佘太等處稍見之。而收效者爲各教堂。皆用分畝種植插秧法。又復認眞澆灌。所以到處成林。地方人民。近亦稍知林業之利益。惟不知種植之法。羣多觀望。查河套地方栽植楊柳榆椿以及洋槐美國松。無不適宜。但須分畝種植。然後插秧壓條撒籽均可。惟須圍以土牆。俾免牲畜踏踐之虞。再加以渠水按時澆灌。則十年間河套之林業發展。可翹首而待矣。

第十六章　交通

河套佔綏區西部之平原。方圓數百里。東通包頭。西接甘寧。南鄰陝邊。北接庫蒙。中有黃河環繞於鄂爾多斯一帶。且由甘肅平羅以達包頭。可謂水陸之區。迤南沙梁有駝路之往來。陰山之南端下。烏蘭腦包又爲赴新伊暨庫倫以及賽音諾顏土謝圖車臣等部落之孔道。四通八達。道路紛岐。以包頭起點言之。西北門經公忽洞崑都崙溝進石門障沙壩子後口轉西循土哈馬井老爺廟圪坦至台梁烏蘭忽洞大佘太東地頭古力板撒拉伊肯補隆以達烏蘭腦包順狼山經東西皮房義太魁永成泰入阿拉善界抵甘肅平羅縣。謂之北路。又一歧由大佘太分路經東地頭入什拉葫蘆素山水壩。過二分子四櫃廠汗淖板日黃瑙樓燕安河東牛犋隆興長十八圪圖五分子公中廟永成泰循阿拉善界以抵甘肅平羅縣。謂之中路。又一歧由大佘太循西南烏審泰過烏加河經買不色八拜水道大有功西槐木阿善鄔家地秀華堂强油房以達甘肅平羅謂之南路。其水路由包頭南海子西碾房昭君墳柳林子西山嘴白二渡口姚家河頭同興堂惠德成馬窰圖黃家灣蘇台廟循石嘴子磴口以達甘肅平羅縣謂之水路。又一歧三湖灣河。由史家圪凸藍胡圪凸老馮圪凸蘇木圖安宏圪凸八掛車楊五套子長牙店柳林灘歸於黃河再由包頭柳林子過河經鄂爾多斯左翼後旗地循沙梁過才登海子圖爾班稻圖池喀喇馬奈打木素保爾斯太沿烏蘭莫多山以達甘肅平羅縣謂之南駝路。由烏蘭腦包出北口。經外蒙戈壁分馳庫倫新疆謂之北駝路。惟每值夏秋之際。河套渠水澆灌地畝。行旅時苦不便。多半改道北山。然宿無旅店。地方荒凉。匪徒時有搶掠之事。人多苦之。至水路船隻。質薄不堅。常有損沒之虞。運輸油斤。改用混沌。運輸木料。改用木筏。然以交通而論。終難往來自如。政府現有包新鉄路興修之議。將來由包頭西腦包接京包車綫。循亂水泉麻池薩齊穿烏拉前山入哈打門溝折北經台梁大佘太烏蘭腦包出西套。以達甘肅蘭州則交通可稱便利。旅行與運輸。亦無阻塞之苦。再由烏蘭腦包修一枝路。以通庫倫不但西北內外蒙古有無窮之發展。對於軍事上之控制。亦有若干裨益也。

第十七章　文化

河套人民。大半由他處遷來貧農佔其多數。除耕牧外。則無所事事。文化上毫無注意。各牛犋商號。不過有司賬之人而已。以致知識閉塞。世界大勢。國家情形。漠然無知。雖有一二私塾。亦不過爲冬烘先生之噉飯處。向學子弟。僅讀百家姓千字文三字經諸書。如能登記賬目。則目的已達。冬烘先生可謂責任盡矣。迨至前清庚子拳匪之後。教堂設立學校。此爲提倡文化之始。民國以還。五原創設高等小學一處。國民初等小學八處。女子初等小學校一處。稍具規模。仍不完畜。而教堂神甫牧師。極力誘導。文化漸有進步。女學亦稍有起色。近年蒙旗子弟。亦剃髮入歸綏中學校肄業。地方之子弟。亦有中學畢業者。而蒙旗公文。向以蒙文往還。現已改爲漢文居多。且皆邀有漢文之書記。專司其事。其文化之進步。已非昔比。將來交通便利。則文化之輸入。則可日見蒸蒸矣。

第十八章　蒙旗

河套蒙族。歷代沿革。前章已分晰言之。按以明史考之。明初時。套內及大青山以北。盡陷於蒙古元太祖仲弟哈薩爾之後。及太祖之後。分據大青山以北。是爲烏蘭察布六旗。太祖十五世孫達延汗之後。盡據黃河以南是爲伊克昭七旗。終明之世。不復內屬。及至清代天聰八年。太宗征服土默特後。喀爾喀右翼。四子部落。茂明安。烏拉特中西公三旗。相繼來庭。並設札薩克。錫號曰烏蘭察布盟。黃河南之鄂爾多斯左右翼前中後各三旗。亦設札薩克。後復增設前末旗。共爲七旗。錫號曰伊克昭盟。是爲西二盟各設盟長副盟長。統轄於綏遠將軍。分班赴京侍衛。遇事受理藩院之節制。民國以後。年班多免覲見。然仍屬於綏遠都統之管轄。遇事則受蒙藏院之節制。在於河套者有烏蘭察布盟前後中三旗。前旗卽今之西公旗。後旗卽今之東公旗。中旗卽今之中公旗。又曰東大公旗。東大者蒙譯仍爲中也。均爲元太祖哈薩爾十五世孫布爾海游牧呼倫貝爾。號所部曰烏拉特。後分爲三部。長子賴噶孫噶布。幼子巴爾賽。孫圖巴。曾孫色稜。分領之。清順治五年。以鄂木布子諤班。掌前旗。封鎭國公。以色稜子巴克巴海。掌後旗。封輔國公。以圖巴掌中旗。封鎭國公。各受札薩克世襲罔替。民國仍依舊制。而前旗於十三年絕嗣。牧地當河套之北。噶札爾之南。東至黃烏爾九十里。接茂明安旗界。南至黃河接鄂爾多斯界。西至拜塞墨突百二十里。接鄂爾多斯界。北至伊克爾德阿濟爾噶二百五十里。接喀爾喀右翼界。東南到黃河一百二十里。接鄂爾多斯界西南到黃河一百里。接阿拉善額魯特旗及鄂爾多斯界東北到蘇郎一百四十五里。接喀爾喀右翼界。西北到塔起勒克圖鄂博二百八十里。接喀爾喀右翼界。現在報墾歸公之地已佔十之六七。餘多游牧之區。而人口以迷信佛教。日見衰落。伊克昭盟即鄂爾多斯。古所謂新秦中地也。共七旗。先是明嘉靖中。元太祖十七世孫袞必里克圖墨爾根爲濟農。譯言郡王也。入居河套名所部曰鄂爾多斯有九子分牧兩處。今之七旗皆其裔也。踞河套東北隅。沿河蜿蜒而西。北爲左翼後旗。即今達拉特旗。東半在薩拉齊縣西半則在五原轄境。額璘臣從弟沙克札。於清崇德六年來庭。順治七年封札薩克固山貝子。世襲罔替。牧地東至薩拉齊縣黃河冒帶津現名毛岱一百五十里。接土默特界。南至賀陀羅海一百一十里。接左翼前旗界。西至察罕額爾吉百三十五里。接左翼中旗界。北至黑水泊二十里。接烏拉特界。東南到阿魯得勒蘇一百九十里。接左翼前旗界。西南到哈錫拉克羅海一百四十里。接左翼中旗界。東北到台碩額拉蘇八十五里。接土默特界。西北到淖和爾未里圖三百七十里。接烏拉特界。其札薩克駐所在巴爾哈遜潮戶口尚繁衍。文化亦漸輸入。接達拉旗循河而西至河套西北隅。斜分之爲右翼後旗。即今之杭錦旗。在五原縣轄境。額璘臣從子小札木素。清順治六年大札木素叛。小札布素不附逆。詔封札薩克鎮國公。世襲罔替。孫都稜。康熙三十七年以從征噶爾丹督護糧運功。晉封固山貝子。都稜孫齊旺班珠爾。乾隆十九年晉封多羅貝勒。牧地東至兎毛河四十里。接左翼後旗。南至喀喇札喇克一百四十里。接左翼後旗界。西至噶札爾山一百四十里。接右翼中旗界。北至塞特勒赫墨突二十里。接烏拉特界。東南到巴彥泉一百五十里。接左翼後旗界。西南到達爾巴哈岡一百五十里。接右翼中旗界。東北到拜塞墨突四十里。接烏拉特界。西北到哈落爾博羅一百八十里。接烏拉特界。札薩克駐所。在鄂爾吉諾爾。又與杭錦旗平分河套西北隅。循河而南至長城止。爲右翼中旗。亦曰鄂托克旗。在漢爲朔方郡之臨戎廣牧二縣地。魏晉荒棄。晉末赫連勃勃據爲國都。定名曰統萬。後魏滅赫連氏。建夏州爲化政闡熙代名三郡地。隋移朔方郡於此。唐置宥州五季。時爲季夏所據。元屬寧夏路明入於蒙古。額璘臣族子善丹於清崇德六年來朝。順治七年封札薩克多羅貝勒。世襲罔替。牧地當騰格里泊郎古屠申澤也。東至察汗札達海泊七十里。接右翼後旗界南至賀通圖山谷名回回墓三百七十里接右翼前旗界。西至察罕托輝二百五十里。北至馬陰山一百一十里。接右翼後旗界。東南到庫克陀羅海一百里。接右翼前旗界。西南到橫城口三百三十里。接邊城界。東北到鄂蘭拜一百二十里。接右翼後旗界西北到阿爾布坦舊名省嵬山二百二十里。札薩克駐所。在錫拉布里多諾爾民事則於甘肅陝西邊縣就近管理。地面遼闊。鑛產甚多。惟蒙民倔强。近年革命之說盛行。蒙人稱之曰獨規。旗務糾紛。不可收拾。瀕近平羅之地。前清放墾二百餘頃。民國十三年。又放月牙湖等地二千餘頃。按以所述各旗。烏盟前旗則人多狡詐。後旗則勇於戰鬥。中旗則富而純厚。伊盟之左翼後旗。則文化進步。右翼後旗則崇重道德。右翼中旗則性情猜疑。然均迷信於佛教。將見人口衰敝。終不免有滅種之虞。如能破除迷信。從事文化與耕牧。尚可挽回於萬一也。

第十九章　教堂

河套教堂。在縣東抓子補隆者。爲耶穌教堂。在縣西蔓會烏蘭保爾黃特勞亥黃羊木頭東公中準噶爾楊家河等處者。爲天主教。傳教之初。人多觀望。嗣以小利引誘。一般無知者。始行入教。仍不踴躍。又以勢力袒護非法之人。於是不肖者趨之如鶩。一般公正士紳大起反感。遂演成庚子仇教之慘劇。教案以後。所得利權愈多。教民氣焰愈張。教堂遂以蒙旗賠教租地。逐漸施其霸佔之計。以致西境杭錦達拉特兩旗之楊家河東公中黃羊木頭準噶爾黃特勞亥等地。兩千餘頃。盡成教堂之產。近年逐漸侵佔至於永濟渠。且任意澆用官水。公家不能過問。至農民對於國家應盡之義務。一概拒絕。一般愚民貪圖小利。莫不租種教堂之地。而教堂遂得居奇。高抬租價。盤剝重利。人亦莫知其毒也。抓子補隆之教堂。庚子教案後。遂佔數百頃之膏腴。公家以賠款之關係。又代專修一渠。計長三十餘里。此渠亦係予所修。然塔布河之水。仍時爲强用。總之河套一帶教堂。完全以傳教之虛名。實行强佔地畝之實。蒙人愚魯。不知過問。官吏畏葸。不敢過問。甚至勾通土匪。要挾政府。包攬詞訟。魚肉非教之民。以致控案時興。糾紛不已。當道若不早爲澈底解决。任其永久覇踞。目無主權。一旦爆發。終非國家之福。亦非教民之福也。

第二十章　吏治

河套之興替。應視吏治之良否。從前草萊未闢。承平之時。無人注意於斯。及至前清末葉。始有張之洞胡聘之岑春煊吳廷斌在山西巡撫任時。稍議及之。仍有鞭長莫及之虞。自設五原廳之後。不過在包遙治。徒務虛名。民國以還。雖移知事署於隆興長。而土匪兵燹之餘。元氣大傷。一時難以收拾。且爲官者。大都以括削金錢爲目的。設有良吏。又不善逢迎。勢難久居其位。有此兩層之原因。欲得良吏以治。戛戛其難。本年馬都統迭次派員勘查。籌擬添設大佘太强油房設治局。以及西山嘴縣佐等缺。以資整理。如能實行。則地方固屬受益不淺。然用人一端。若不選派良能之員。積極着手辦理。仍恐難以起色。以予管見。將來綏遠都統移駐包頭。河套地方。添設鎮守使一缺。道尹一缺。並河套鄂爾多斯各地。改增五縣。以資經營。似此分疆治理。呼應旣靈。發展自易。未知西北賢豪亦以爲然否。

第二十一章　軍事

河套雖偏居綏區西鄙。確爲歷代戰爭之地。赫連勃勃建都統萬非即今鄂爾多斯耶。元代崛興。非河套耶。宋明之邊患。以至今日之匪亂。亦莫不在於河套是河套軍事之關係。誠爲不淺。今述其概略。以備留心軍事之參攷。

（戰國）　趙武靈王北破林胡。二十六年攘地北至代西雲中九原又嘗欲將士大夫繇其境。直南襲秦。李牧降林胡於勝州秦始皇三十五年。除道到九原抵雲陽塹山堙谷直通之。代趙幷天下。築長城起臨洮至遼東延袤萬餘里。樹榆爲塞。使蒙恬渡河據陽山築亭障以逐匈奴。取其地名曰北假魏惠王十九年。築長城於稒陽秦孝公十一年衛鞅圍稒陽降之。

（漢）　河套本新秦中地。初入匈奴。武帝元朔二年。收河南地。遣大將軍衛青出雲中以西。至高闕走白羊樓。徙民十萬以實之。使校尉蘇建築城以守。後漢永元初。竇憲出雞鹿塞。鄧鴻出稒陽塞會兵於涿邪山。漢將妻范夫人築城於黃河北岸以防匈奴。征和三年。李廣利出五原塞匈奴要擊於夫羊句山陿廣利破之。乘勝追北至范夫人城。

靈帝末。羌胡大擾。流徙分散。城邑皆空。建安二十年始平之。終世仍沒於匈奴。

（晉）石勒并朔方。苻秦奪其地。永嘉之亂。劉衞辰據之。太和三年。代王什翼犍擊劉辰衞。自君子津濟時。河冰未合。什翼犍命以葦絙絕流。俄而冰合猶未堅。乃散葦於其上。水草相結。有如浮梁。代兵乘之以渡。太和太元元年。苻秦伐代什翼犍。軍還至君子津會秦將李柔勒兵趨雲中。遂定其地。旋爲赫連夏所奪。

（魏）始光三年。魏自將伐夏。行至君子津。會天暴寒。冰合。遂濟河。襲統萬。大掠而還。明年執金吾桓貸造橋君子津。尋發諸軍濟河。正光元年。元彧討破六韓拔陵於朔州彼時有段榮字子茂。祖士信。仕沮渠氏。後入魏。以豪傑徙北邊。家於五原郡。父連支北府司馬。榮少好歷術。專意星象。嘗語人曰。天垂象見吉凶。今觀元象察人事。不及十年。當有亂矣。或問曰。起於何處。當可避乎。榮曰。搆亂之地。以五原爲始。恐天下因此橫流。無所避也。未幾。果如所言。遂有孝昌之亂。盜據爲窟。人民避寇內徙。乃將一縣之人。各成聚落。仍用舊縣。召民集之。魏主燾破蠕蠕。列置降人於五原陰山。竟三千里。太宗永興三年。詔尉古眞統兵五千鎭於西境之大洛城

（隋）隋末爲梁師都所據。

（唐）唐破梁師都平之。調露元年。裴行儉討破突厥歌邏祿右廂部落於黑水餘黨走保狼山。元和十五年長澤爲吐蕃所破。貞元七年置天柱軍。又於榆林郡設義勇軍。景隆三年朔方軍總管張仁愿築三受降城。又於牛頭牟那山北。置烽堠一千八百所。以禦敵。自是突厥不敢度山。放牧減鎮兵數萬人。永淳初突厥入寇豐州。州將崔智辯與戰於朝那山敗績。乾元元年。回鶻據之。會昌二年。回鶻爲黠戛斯敗。徙屯永濟柵屯兵天德振武北境。元和九年。宰相李吉甫奏設安邊戍。置橫塞軍。又置天德軍。又於大同川西置天安軍。開元初受降城爲河所圮。總管張說於城東別置新城。七年河溢。城南面多毀壞。八年振武帥李進請修受降城。兼理河防。李吉甫請修治於天德故城。李絳盧坦以爲舊城。當磧口據險要衝。得制匈奴上策。又豐水美草。邊防所利。今避河患。況天德故城。僻處确瘠。去河絕遠。烽堠緊急不相應。寇忽唐突。勢無由知。是無故而蹙國二百里也。城使周懷義。遂奏利害與絳坦同。上。帝卒用吉甫策。於是西城遂廢。邊事則因之多故。十二年徙天德軍於陰山。通濟廢橫塞軍。置天安軍於大同川。永徽初薛延陀既滅。鐵勒諸部回紇皆內附。復討擒突厥遺種車鼻可汗於金山。徙治振武軍。

（遼）太祖元年。破唐振武軍。置應天軍。又平黨項。盡掠吏民以東。置威塞軍。晉割代北來獻。天祚帝保大四年七月。率軍出夾山下漁陽嶺。取天德東勝等州。重熙十七年西夏犯邊。

（夏）夏始祖拓跋思恭。據有西部之夏州及元昊立。盡取河西地。慶歷初復陷豐州北控大漠。置軍河北以備遼。

（金）金取遼地置武興軍。

（元）元併夏金。

（明）明初元兵圍大同。李文忠敗其衆。進兵東勝州至莽哥倉而還。洪武二十六年。改建東勝左右二衛。屯兵以衛民。得耕牧於河套中。正統三年。邊將周諒言東勝州廢城。正濱黃河東接大同。南抵偏關。北連大山榆陽等口。中有赤兒山東西坦平二百里。其外連亘官山。若屯軍此城。在大同右衛淨水坪偏頭關水泉堡各處營堡。皆其內。可以不勞戍安。非惟可捍蔽太原大同。亦所以保障延安綏德也。時不能用。成化三年總兵王璽築墻於套內。青山以北盡陷於蒙古。阿羅出毛黑孩火篩等所據。嘉靖中元太祖仲弟哈薩爾之後。及太祖十七世孫袞必里克墨根。逐火篩居之。分據青山以北。是爲烏蘭察布六旗。太祖十五世孫達延汗之後。盡據黃河以南是爲伊克昭七旗。終明之世。不復內屬。惟青山黃河之間。明初嘗置東勝五衛及玉林雲川鎮虜宣德四衛。不久又廢。旋爲察哈爾小王子之族諳達所據。崇禎九年。兵備盧友竹建堡東接滑石澗口臨黃河岸首當西北之衝。

（清）天聰八年。太宗征察哈爾。河套蒙旗始相繼來庭歸順。康熙中聖祖征噶爾丹時。寇沿克魯倫河而遁。同治七年甘肅回族馬化龍等作亂。餘股蹂躪於河套將及包頭光緒二十九年。土匪劉天佑糾衆騷擾後套。綏遠將軍貽穀調遣大同鎮總兵劉光才管帶譚湧發胡光才及山西常備軍暨口外防營會勦。追於甘肅境內擒斬無遺。遂留軍以防餘孽。

（民國）元年庫倫獨立。二年松彥光汗。陶什陶等勾結內蒙南犯大青山狼山一帶。烏蘭察布盟西公等旗應之。晉軍第一師師長孔庚敗績於狼山二分子後口子等處。

牽動包西。經綏遠將軍張紹曾。授晉軍團長趙守鈺方略。破其各昭巢穴。始克平之。並移軍築營於烏蘭腦包以資鎭懾。內蒙各旗。始行到綏承認共和。晉軍旋調回大同解散。四年哥老會匪盧占魁。又復糾衆起事於河套攻包頭破薩縣旋收撫駐於河套又復叛去。死於奉天而餘孽未盡以致擾攘迄今。羣盜如毛。五原遍地皆是。地方軍隊多係撫降之衆。不足以衞地方。而正式軍隊。又屬薄弱。十三年秋直奉失和。所駐大佘太台梁收撫綏西遊擊馬二營。改編第三路騎兵團。開赴內地。僅保衞團六隊分紮五原縣縣中西北三區。計一百餘人。其西區之隊。亦係收撫者。均不足恃。縣署警察二十餘人。不過其服務之驅使。以河套之遼闊。而無保衞之能力。欲圖治安。戛戛乎難哉。若不及早通盤籌維。後患堪虞。補救之法。須以强健一旅之國軍。分馬步炮之支配。並行屯墾之制。分紮於大佘太狠山西山嘴强油房楊家河等處。無事教育於工兵。有事則不難控制。保衞團亦須另爲編制爲遊擊隊。規定餉章。勤加訓練。再於各要隘建築炮台。嚴爲防守。一面將會匪餘孽掃除盡淨。逐漸施設。河套地方治安。尚有平謐之希望。否則西北將來之禍患。定必復起於河套。而不可收拾也。

第二十二章　會匪

河套人民五方雜處。加以漢蒙回之混居。撫治最屬不易。且前清末葉。無官治理。其間商人郭有元私墾之始。招聚亡命。以致潰兵逃勇宵小無賴。皆附從之嗣後。各地商霸據地段爲雄。其勢力視所聚亡命多寡。爲勢力之增漲。亡命統稱曰把什匠。私購鎗械。擴充勢力。官廳與防營明知之而不敢問。各地商遂以爭地械鬥。結其深仇。互相火併。而亡命之勢力。愈形澎漲。及至康有爲梁起超戊戌變政。失敗之後。政客有派人到河套密秘煽惑。遂有富有票之傳播。演成劉天佑之變擾。迨至平服後。大同所駐防營兵卒。多有哥老會徒。得以藉此宣傳。盧占魁字堯臣。豐鎮隆莊回族人。短小强悍。性情沉默。彼時爲防營之什長。會匪得舉爲龍頭老大。結合黨羽。於甘肅平羅陝邊榆林府谷又復招集一般强徒。擴充勢力。然盧占魁自舉爲龍頭之後。財政公開。毫無嗜好。且不愛色。是以會匪中敬服不怠。民國改革。蒙匪變亂後。乘機揭竿而起。騷擾於河套河西一帶。哥老會勢力遂傳播於各界。又不惜重貲。購買槍械。自來得手鎗。竟得千百餘枝。經濟則以帮票勒贖爲目的。人民不堪其苦。軍隊進剿。亦多失敗。氣焰愈張。按以哥老會發源四川蔓延於陝甘新綏遠等處。本含有政治黨會之臭味。會章最嚴。一不許採花(卽奸淫婦女之謂也)二不許刼財傷人三不許擄掠過甚。四川爲仁字輩。爲會中之祖。及傳至綏遠已成德字輩。以仁字推之。已在第十輩間。年代湮遠。會章已漸失其效力。盧占魁之失敗。亦由於此也。及至民國四年。由後山出劉寶窰溝攻包頭破薩縣。進擊台格木歸綏兩城。岌岌可危。幸駐察哈爾淮軍蕭良臣。率兵勦辦。不旬日掃除淨盡。及至潘矩楹都統開缺。蔡成勳都統蒞任之後。盧占魁又復勾結軍隊。竄擾托城興和豐鎮武川不可收拾。遂收撫爲團長。駐於五原烏蘭腦包。旋又叛去。進撲甘肅平羅轉戰榆林攻破陝西武功到處淫殺擄掠無遺。嗣與陝西民軍進攻西安失敗。率萬餘人取道四川全軍覆沒。盧占魁隻身爲葉荃救出。由雲南潛跡上海第一次直奉開戰。察哈爾都統張景惠召爲第五旅旅長。駐於豐鎮。擬謀綏邊。張景惠失敗。盧占魁又復逃於奉天參謀張仲衡爲張錫元都統所殺。盧占魁逃至奉天爲保安總司令張作霖授以旅長。十三年夏又欲變亂。遂爲張作霖將黨羽暨盧占魁聚而殲之。盧占魁從此遂告一段落矣。近年又有匪首糾衆千餘人。橫行於河西。是盧占魁雖死。餘黨在綏之勢力依然澎漲。按以現在調查。五原入會者十成之九。東勝入會者十成之六。薩縣入會者。十成之九。固陽托城入會者十成之七。武川入會者十分之五。所幸者不過歸綏和林淸水河三縣而已。均以白巾爲號。其他舉動秘密。黑語甚多。不及細載。分富貴忠義橫山等堂。富貴堂爲上流入會者。忠義堂爲普通入會者。橫山堂爲下流入會者。近年由哥老會改爲秘密會。愈形複雜。其入會者有種種之原因。(一)保免身家。不得不入於會。以資聯絡。(二)被匪挾迫者。(三)因嫌怨入會。藉圖報復。(四)因窮無歸。挺而走險者。(五)身犯重罪。藉以庇護者。(六)因貪圖金錢。(七)以逃兵潰勇。無所歸宿。有此種種原因。以致會匪結合能力。甚爲堅固。其影響最大者莫如當晉軍第一師。在大同遣散時。未能籌以生計。遂多流落口外爲匪。以致今日蔓延全區。將見人人爲匪。家家自危。向來入會規費。不過一元。十三年已增至五元以上。其入會者之踴躍可知。包頭五原托城東勝固陽等縣。均設有坐設碼頭之龍頭。藉資聯絡。按以現時狀況言之。已收撫及未收撫。並入各保衛團爲兵者。在三千人以上。大槍計二千餘支。自來得手槍五百五十餘支。子彈均甚充足。以五原縣爲根據地。統計入會者將有五萬之多。知之者亦不敢犯之也。然其中不無英傑之士。如爲上者。能以恩威並施。訓以教育。已收撫者不難改邪歸正。未來者亦可化惡爲良。一面籌以生計。一面解散脅從。治標本並顧。認眞圖維。尚可挽回萬一。否則西北會匪之隱憂。終不知作何底止也。

第二十三章　風俗

河套原爲蒙族發源之地。漢人不過爲貿易轉運之塲。來往無定。嗣後土地日闢。始漸有編戶之氓。惟多屬陝晉之民。至甘肅回族。亦漸由西徙入。近世又有歐洲人士傳播耶穌天主兩教。自成風氣。今將漢蒙回風俗。分別言之。亦助治之一端耳。

漢回族之風俗

漢族之人。如陝西則屬楡林府谷神木。如山西則河曲保德。其他則河間大名。謂之關裏人。餘則本區各縣者。故其俗多類內地。然情形複雜。氣侯空气乾燥。寒暑均烈。夏季六月間。華氏表最高達九十度以上。三九寒度竟低至零度。八九月爲溫和時期。三月爲解凍之期。十月以後。驟入寒境。惟西北氣候變動甚速。一日之間。具有四時氣候。故嘗有早穿棉皮午穿紗。懷抱火爐吃西瓜之諺。人多耐冷。往往嚴冬時。能破冰入水。視若坦然。可謂勞働家之特別性。固亦境遇使然。

人口男多女少。娶歸成家。實屬不易。因娶一婦。所索聘金。謂之財禮。需數甚鉅。男多勞働家。大都無力迎聘。女則在家毫無教育。又不事女紅。不過從事於牧養。多不知廉耻爲何物。以致苟合者居多。一般勞働家。只圖一時之歡。所以一女而共數男。父母貪圖微利。亦置之不問。風俗惡劣。良由於此。而寡婦再醮。聘資尤鉅。更難轉嫁。所以河套寡婦之多。亦由於是。誠惡俗也。

男女均嗜好於鴉片。一般勞働家所得之資。莫不犧牲於此。以故鴉片產量最富。積習難除。其一切之不能發達。以及風俗之惡劣。實原於是。是河套鴉片一日不能禁絕淨盡。則永無振興之日也。

陝西人民。務農從商。爭朝夕之利。游手好閒。競錐刀之末。富者素慳吝。賤者薄仁義。豪强縱橫。貧窶窮蹙。大抵夸尚氣勢。好鬥輕死。家富子壯。析產分居。家貧子壯。則驅之供父耰鋤。婦姑不相悅。則反唇而相稽。秦始皇遣蒙恬攘却匈奴。得其河南造陽之北千里地。於是築城廓。徙民居。名曰新秦。今俗名新富貴者。爲新秦。即指此也。婦女終身不浴。謂守禮也。然失節者。不以禮閑躧足之風最甚。迄今未能革除。而操作之痛苦。父母愛之而不惜之也。夏歷正月十五。夜用麪爲不托。名燈琖。注油燃燈。至十六日早。作羹食之。示收燈也。二十日名小塡倉。燃燈舉火。二十三日聚猪羊骨雜燒之。名煉乾。俗諺曰大忌。二十三。太上老君不出菴。二十五日名大塡倉。亦燃燈舉火。二月二日。名龍抬頭。禁止女工。恐傷龍目。並以灰圍宅。謂之圍蚰蜒。三日早。取元旦所作黃米大磨相燒黑豆啖之。謂之啖蠅子。三月三日昧爽。以柳條鞭房四壁。以禳蝎蠆。穀雨日貼厭蝎符於壁。書咒其上曰。穀雨日。穀雨晨。奉請穀雨大將軍。茶三琖。酒三巡。送蝎千里化爲塵。五月五日。用蒲艾紙牛貼門。名鎭病。又是日飽食謂塡五窮。六日夜多聽靜。以卜終年吉凶。六月六日。鷄作菉豆羹。俗呼漿水。遲明携漿至祖塋澆奠。名解炎熱。中元日。農家早向隴頭擇禾之長茂者。懸五色紙旗。名曰田旛。八月十五日。以瓜果香餅賞月。並互相以月餅相遺。臘月八日。用黃米作糜下油鹽於中。謂之餅飯。二十三日祀竈。用糖餅。以糖泥神口。祝曰。毋以惡事訴玉皇。娶婦雖濃粧。亦必白布飾其首。盖西方金也。山曰太白。故多尚白。從來遠矣。近見革除。改用青藍絹矣。

山西人民。畜牧牛羊。從事稼穡。均爲所長。然多機巧。趨利褊急。近見衣食住。與陝邊相同。而尤儉樸。鴉片嗜好亦同。並喜食河南清華之水菸。吸與旱菸同。竟用羊腿骨爲烟具者。每年消耗最鉅。而人皮胃受病亦深。一時無能挽回。惟善治生產。多藏積蓄。質朴而尊卑相序。剛直而內外有別。性情剛强。少不相得。輒詬詈攘臂。獨不好訴。畏官也。方言稱父曰老子。稱兒曰娃。人憒憒曰不中用。公家人曰官人。合人作事曰夥計。强壯曰魁巍。人懦退曰不長進。高大曰虢。短小曰遳。責人曰數說。多曰夠。少曰不夠。電曰閃雹曰硬雨。酒帘曰望子。馬不鞍而騎曰驏。孔曰窟攏。婦女亦不事沐浴。纏足之習尤深。自閻督厲禁後。竟有以放足之羞。遷徙入套。其愚錮可知矣。關裏人大都直隸河南山東等處者。並無家室。春來冬歸。以傭工爲事。渠工佔其多數。對於鴉片嗜好則無之。每年所掙工銀。易以馬匹騾駒。由草地逷歸。否則流於盜賊。性情强悍。傭主畏之。然勞働能力優於山陝。故畏之而又羨之也。

河套西鄙。則屬甘肅人。暨回民。風俗爲山陝人所薰染。大致相同。惟所用大車高輪。以過渠道相宜。而體質粗笨。速力稍差。女子未嫁。一律髮辮。故一望而知爲處女。既嫁之後。則一律結髻。髮辮也。結髻也。實不啻女子嫁否。唯一之標識。積習亦崇尙纏足。步履維艱。惟性情强悍。料理農事。男子往往遜之。貪圖小利。更甚於山陝回族之風俗。分門別類。有舊教。有新教。有再再新教。新舊不同。時起仇視。對於漢民。雖雜其間。界限顯然。而共事最無信用。所謂回教中人。飯可吃而話不可信也。回民過年之前一月。即把齋起。凡男女十歲以上。皆於黎明後。不得飲食。甚者津液亦不敢下咽。方爲善。把日落星全。方恣意飲啖。但不得飲酒近婦人。惟散漫而居。無禮拜堂之結合。至次月初一或初二。總以望月如鉤。則開齋過年矣。信崇奉阿渾。不敢稍有違背。婚娶以兩家意合。男家饋牛送羊布疋。邀請親戚。更求阿渾數人同赴女家議婚。念經爲定。至婚期女家或婦或兄一人抱新婦同騎馬。以帕蓋面。鼓吹導行。送至夫家。男女室後。皆以清水遍身澆洗。禁食豬肉最嚴。凡驢狗虎豹肉及牲畜自斃。苟其非人宰殺去血淨者。悉不食。人死則集數人在屋上同聲喊叫。念經其家。皆白布爲冠。謂之掛孝。死之日或次日。即舁之郊外瘞之。無棺槨衣衾。唯白布纏尸而已。葬時尸面於上則喜。尸覆於下。則謂入地獄。親屬無不戚戚也。男多不薙髭鬚。惟剪唇鬚。便於飲食。生子五六歲。其父母邀請阿渾念經以刀挑斷勢皮使其澎漲力增。如宴會總以多殺牲畜爲敬。駝牛馬均爲上品。所陳食品或散給於人。或宴罷携之而去。則主人大喜。以爲盡歡。回文如鳥迹。如蝌科橫讀而連斷。尤不易辨。字頭二十九。通曉字頭而無疑字。幼童能書記者。謂之毛喇。司教者謂之阿渾。亦有大小之區別。敬信明理處。猶蒙人之於喇嘛也。遇有疑難。皆問諸阿渾。卽男婚女嫁。亦所主持。雖有謬誤。亦不怨悔。尤可哂者。鄉愚忘其生辰。問之阿渾。告以月日。復忘。另告以月日。信之雖謹。小兒出痘輕而易過。百中或損一。是回民面麻者少。遇有疾病。必向河中沐浴。冬夏皆然。燥結之症。亦於河中灌洗穀道。納葫蘆柄於其中。藉水出入探動。亦求通利焉。回人多携刀長尺許。刃兩面極犀利。俗呼爲攮子。私鬥時。每每以致命。飲食中白糖和麪摶成杵形。高尺許。而鋭其頂。呼爲塔兒糖。人最珍之以餉貴客。婚姻回女不嫁漢人。宗教關係使然耳。

蒙族之風俗

蒙族起源於匈奴。蠕蠕鮮卑回紇奚契丹部族各異。自鉄木眞崛起。抉歐亞之藩籬。忽必烈入主中夏。及至成吉思汗。自蒙兀族西人曰。mongolia 今匈牙利尚有其苗裔焉。

蒙人頭形稍廣。面貌扁平。眼多傾斜。故有直眼韃子之稱。如河套血統。太半混化。與漢人無甚區別也。文字成吉汗思時代。習用土耳其族之維伊奇哥爾文字。是爲蒙古用文字之始。及世祖時。西僧帕克巴變化藏文。製蒙文字母四十一個。是爲蒙文之始。彼此互相併合成音。綴合之法。與羅馬文相似。現今之蒙文。爲元末所確定者。字頭一百零四個。譯文不如漢字之簡。僅能述其大概。而不能演譯科學。近來新發明之一切。仍用漢語。不能譯爲蒙語。是一缺點也。階級分三等。曰台吉。曰喇嘛。曰黑人。黑人服務於貴族者曰奴才。服務於招廟曰黑徒。蒙族以黑人爲最苦。婦女均爲人之奴才。專制使然。性質得興安嶺之餘脈。故能耐勞受苦。惟服從性最深。長官尊若帝天。見官則屈足。典禮則膝行。從前大有上古之風。近來則狡詐驕侈。畏事苟安。良由智識日開。人心日薄。互負相生。天演使然。王公服制仍着袍掛。各色頂戴。尚沿用勿替。平民服用棉布寬領大袖。腰束條帶。而繫以煙袋食刀等物。冬着老羊皮。袍不製面。暑天多赤足。間有不著褲。僅圍腰裙。喇嘛有紅黃兩種。以服色別種類也。髮辮依然。惟達拉特旗開通。竟有雉髮與漢族同。婦女寬服闊袖裙輾拖地。環佩粗笨。而喜塗胭脂。處女編辮嫁而束髻。

飾以金碧。梳髻用膠膠之。每年梳髻爲數無多。因梳一次。則須膠一次。頗不易爲也。靴鞋底特別布折數層。實以繩實。極精緻。曰千層底。冬日踏雪。則常用內地輸入之氈鞋。飲食以乳品爲主。獸食次之。乳品中以新鮮之牛奶鹹鹽等和於茶。爲夏日之飲。名曰奶茶。又曰奶子茶、以作奶豆腐所磨之漿覆之。俟其酵醱蒸之於鉄鍋。塗以牛糞。使閉其氣味。俟流出蒸氣卽爲酒、其味酸、飲之有味。能薄醉。名曰奶酒、惟不能耐久。又以新鮮乳和以水、俟其發微酵略帶味、視爲美品、夏日飲之可以却暑、名曰酸奶子、擠奶出。盛之於器。使靜約一時、浮面生油、取濾以布囊使淨。而後煎以文火使色黃如蜡。其佳者不亞西洋品、蒙人欵上客餽送始用之。名曰黃油奶油既去其下沉。如豆腐汁者。煎旣熱盛木使成方塊大如磚。卽以花紋切作長條、或小方塊。味淡略酸。若和以糖亦可食。再以濃茶調之。以淡鹽和之。則化爲流質。飲之甚耐飢。名曰奶豆腐。至牛酪製法先置牛乳於器中。及腐敗。水分溶解。然後入金属罐頭中。以土泥封其口。徐煎之。罐上有細管。管之一端下垂。入瓷盌中。乳經火煎。自管端下滴入盌。卽爲牛酪。和炒米食之最佳。蒙人多用爲贈答品。其炒米用糜籽置鍋中煑熱。取土曝以日光使之乾。或炒乾之。

然後去其皮糠。所餘之粒。卽爲炒米。經久不壞。行商兵士。視爲珍品。所需薪材。糞粕到處多有。於蒙古包內燃之。在蒙人積習已慣。在漢人聞之氣味逼人耳。昭廟之建築瓦間有飾黃金者。近以銅鏡代之。竿懸白布幡以別聖俗之界。札薩克所居曰王爺府。普通蒙民所居。皆係蒙古包。坐北朝南。隨時遷移。土屋名曰板身。然仍置蒙古包於院內。不忘本也。蒙古包構造皆圓形。通常度約在十尺與十五尺之間。柱頂上架木爲樑成傘形之蓋。全部包圍毛氈數層。以馬尾繩束之。頂上毡子。繫以繩。得自由啓閉。中設烟筒。南面置門。高約三尺五。寬二尺餘。垂毡簾以蔽風雨。男女分左右居。間設佛龕法器。龕前家長住焉。蒙地無旅店。故行旅輒投包而宿。然須稍知蒙語者優待。惟入包時。必置馬鞭於戶外。旣入室須坐左邊。客去則家長及婦人齊出歡送。正式禮節一遞哈達。二交換鼻烟壺。現多與漢習融化。此習漸除。然遞哈達仍注重也。

婚姻則蒙人。亦有早婚之惡習。且居室於父母外。均能苟合。如女在家有孕。生卽對蒙古包外之馬樁而叩頭。謂卽其夫。遂可不嫁。任意逐流。其正式配合。亦不拘行輩。問名納采。並無聘物。以家之貧富。定牛馬之多寡。行婚禮。登堂不交拜。入戶不合卺。飯後則與戚友爲禮。送哈達。送烟袋鼻烟壺。送親者饗以酒食。信宿而去。未婚之女。均辮髮根束紅繩長寸許。至嫁日亦如之。婚後始梳髻。平時無男女之嫌。調笑戲謔無界限。甚至野合亦不爲恥。尙天然人羣世界焉。葬禮極簡單。王公始有木板櫃。形似棺槨者用之。普通則棄之野外。三日後視之。已爲鳥獸攫食。則以爲生前無罪所致。否則子孫有戚容。大有上古委諸溝壑。死欲速朽之遺意。喇嘛則以火焚其尸。祭祀以天地日月星辰高山大川雷鳴電光等。皆謂之有神。以石子堆積。謂之鄂博。春秋致祭。謂之祭鄂博。昭廟則聚僧徒唪經供佛若干日。稱曰嗎呢會。皆藉以歛財也。歲時仍用陰歷正月十五。各昭廟多舉行跳鬼禮。近年以匪患不靖。大都停輟矣。至宗教崇信最深。故每家三丁。必有一人或二人爲喇嘛。呼圖克圖則稱曰活佛。蒙民皈依。有神聖不可侵犯之勢。磕頭之禮。不遠千里而往。每年之朝五台山。有資者無缺焉。按喇嘛之意義。元明史都作喇馬。蒙人呼曰喇阿瑪。又西藩語上曰喇。無曰嘛者。無上之意。卽梵語兀呔喇。原本爲尊稱。近則爲普通名詞矣。其敎之由來。南北朝末葉。西藏盛行蓬敎。爲一種崇鬼神之邪敎。唐初宗弄贊君臨西藏。遣使赴印度求佛典。是爲印度佛入西藏之始。後與邪神教混合。喇嘛之教出焉。教分兩派。源於佛教。衣帽用紅色者。名曰紅教。爲寗夏巴派。許肉食娶妻。爲邪教之源。能唪黑經以咒人死。衣帽用黃者。名曰黃教。爲嘎達讃派。起於宋仁宗白祐之時。輩多信仰。近亦有邪教之傳染。行多不正。彼時自元世祖忽必烈利用宗教。羈縻蒙衆。近以爲喇嘛則可減輕擔負。是多趨之。而家庭中。男女戀愛。爲天賦之特權。故蒙族中無孤憤之男。少寡居之女。而獨於再醮之婦。不得在夫家改嫁。必還至母家而後可。家事極簡單。日出而作。男子出外牧畜。若遇天氣忽變。則女子赴牧場與男子同力驅逐。所謂内助。庶乎不愧。女子或治内饋。至於針線女紅。則間或爲之。而榨乳一事。反爲其專責。日入而息。不喜燃燈。聚眠包内。頗極天倫之樂。娛樂事以跑馬爲生活。無論男女老少幼童。皆能騎乘。且體力健壯。最耐勞苦。以之編爲國軍騎兵。善利用之。不亞俄之哥薩克。素好角力。有羅馬人之風。宴會食品爲炒米牛羊肉麥麪牛乳乳酒等。饗待貴客。以整羊上食。謂之羊貝子。近達拉旗西公旗與漢族相染。請客多用漢之酒席矣。蒙人素以牧畜爲生。馬多產於牛頭朝那一帶。小而有力。走者居多。近年馬種不良。馬體愈趨愈小。不及從前之高超。其原因。一以地方不靖。不能專心牧養。二因財政困難。馬駒一二歲。卽被商販購去。否則亦爲軍隊土匪攘奪而去。故馬政之衰敗。良由於是。牛多產於河套內。蒙人在於水草豐盛處牧之。惟時多瘟疫傳染。駱駝則產於河套之西鄙。鄂托克旂蒙人牧養最多。駝隻出產亦良。包頭與甘肅甯夏輸運。以此駱駝馱載。最爲適宜。羊有兩種。曰山羊。綿羊。漢蒙人均牧畜之。其毛曰套毛。專運銷於天津。漢蒙生計。多賴於此。蒙男喜獵。所得以狐爲多。狼次之。往往有逐一狡兎。而死一差馬。亦所不惜。足見富於毅力。終日得茹毛飲血之遺風。無宮室之觀念。故面目黧黑。不知沐浴。腰懷木椀。身繫刀箸。食畢以舌舐之。仍藏胸部。分別富貴。以衣面油垢多少爲準。油垢多者爲富。以終日食肉也。教育僅達拉旗稍知之。其他各旗。不知文化。然近年與漢人習染。多不受其專制。遂時有獨規之舉。獨規者譯言革命也。其死亡無統計之可言。戶口實數亦難稽核。以情形觀察。日見澌滅。約約略計之。近五十年戶口。已減少十分之五六。揆其原因。受喇嘛之流毒。婦女衞生不講。嬰兒時多夭折。數十年後。恐無子遺。予身臨其境。不禁爲蒙族感嘆也。

綏遠河套治要

八八

後套農墾調查記

【題解】

後套農墾調查記　松介撰。民國十四年（一九二五）秋十月連載於西北彙刊第一卷第二至五期。

松介，係西北彙刊社成員，生平不詳。時西北邊防督辦馮玉祥將軍提倡墾務，得到各省回應，撰者遂奉社派於是年八月與東南大學農墾調查團赴後套調查農墾，遍歷大佘太、五原、臨河、烏拉特前旗等地。該文即此行的產物，有行程之經過、農墾之概略、山東之移民、教堂之經營、私人經營之成績和結論六部分，及後套略圖一幅，共約六千餘字。因有東南大學農墾調查團專業人員的指點，該文内容雖簡明平實，但頗有價值。

本次整理印行，據原西北彙刊録入。文字改正或補充，取通用之删補符號：（）號内小字示删，〔〕號内大字示補；必要時加註説明。明顯的錯字，則逕予改正。

（忒莫勒　撰）

後套農墾調查記

松介 撰

第一 行程之經過

黄河自甘肅之寧夏入綏遠境，舊北行，循狼山而東，折南，抵烏拉山之石山嘴，以達包頭，彎曲似弓形。清康熙間，河南徙，由寧夏直趨石山嘴，因呼舊河曰五加河。舊河以南，今河以北，東西四百餘里，南北百五十餘里，名曰後套。現時行政區域，分為三部，中部曰五原縣，西部曰臨河設治局，東部屬大佘太設治局，以通濟渠及豐濟渠分界。予於七月三十一日由張家口至包頭，先與東南大學農墾調查團諸君赴固陽繞五當召折回包頭，已略陳大概（見本刊第一期）。八月十五日再由包頭出發，歷大佘太、五原，循汽車道至臨河，西行至藍索渠，折北，過黄特拉亥河、五加河，至狼山麓之東皮房，轉東，至六十家灣，過五加河，以達五原，折向東南，過石山嘴，循烏拉山前大道抵包頭，乘火車回張，時九月三日也。計程月餘，往返火車二千餘里，旱道二千餘里，承東大調查團與各方之指導，途中甚為便利。聞見所及，撮述如次，並附略圖。

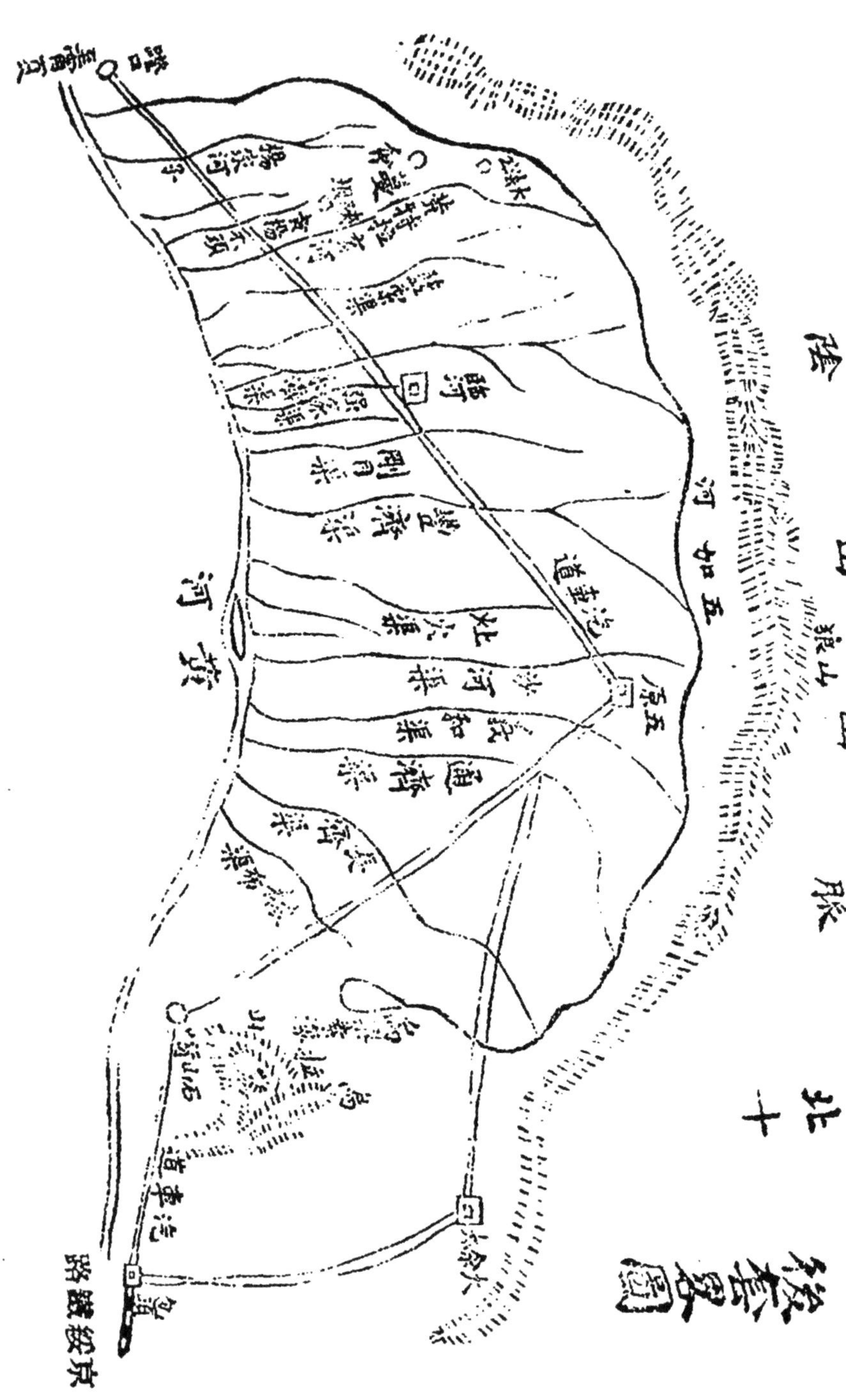
後套圖
五加河
黃河

第二　農墾之概略

一、氣候　後套處北緯四十一度，氣候溫和，與包頭、張家口無甚差異。清明以前解凍，寒露以後漸冷，農作物年種一次，甚為相宜。

二、土質　土質大體為沙質壤土，間有粘土與礫土，均無多，亦有城土，可視其城質之輕重，用（一）種耐城之高粱、棉花、大麻等；（二）深耕五六寸，將城壓下；（三）引渠水澆灌；渠水夾泥土，含有吸城之有機體最多。（四）種城草；吸收城質。等法以救濟之。

三、水利　瀕臨黃河，引水甚便。清光緒三十年（一九〇四），派貽穀為墾務大臣，依舊開之渠道，加以整理疏浚，其八大幹渠曰（搭）〔塔〕布渠，曰長濟渠，又名長勝渠。曰通濟渠，又名老郭渠。曰義和渠，曰沙河渠，曰豐濟渠，又名協成渠，亦呼天吉泰渠。曰剛目渠，曰永濟渠。又名纏金渠。渠身長者百餘里至二百里，短者八九十里，寬約五六丈至七八丈不等。幹渠之分支曰支渠，再分為子渠，寬約三四丈或一二丈。其寬數尺以下者曰溝。八大渠之外，尚有灶火渠，長五六十里；藍索渠，長八九十里，係地紳李增榮及馬雲亭都統所有。再西有黃特拉亥河，長百餘里，係教堂所開；楊家河子，長八九十里，係地紳楊春林家所開，均不在八大幹渠之內。近黃河之地，小渠無數，洵所謂溝洫縱橫，水到地腴。但以渠道彎曲，水夾泥土，稍有淤填，須加疏治，辦理得宜，民受其賜，事久玩生，任難其人。十數年來，八大幹渠，辦法數易，時而官辦，時而商包，或遇顢頇不任之員，不問渠水之是否通暢；惟利是圖之商，更以壟斷居奇，無水之渠，當然絕望，有水之處，亦必重加需索，始沾餘瀝。現時塔布渠已完全填塞，長勝渠、剛目渠、通濟渠亦淤塞過半，惟永濟、豐濟尚為通暢，義和、沙河可資澆灌。於是河套東部，彌望膏腴，鞠為茂草，以視黃特拉亥河以西之教堂地，渠水豐盛，穰穰滿家，真令人汗顏無地，即較諸私人經營之藍索渠，亦有遜色。五原水利局長陳子立先生言，現定本年將八大幹渠收回官辦，全體疏濬，除已派軍隊開渠外，並擬包工，共計四百餘萬土方，長寬各一丈，深一尺為一方。以每方工價一錢六分計，估工價一百萬元。開渠工程，通常均係包工，每土方工貲，自七分至三分、二分不等。其所以如此懸殊者，一因施工有難易，其地平土鬆而易挖者，每人日可出土四方，其下水淘泥，而渠背甚高，運工較遠者，二日方能出土一方，勞費不同，工貲即隨而異，二因附給工貲，有白銀、糧銀、貨銀之殊，白銀係以現銀按實數付給，糧銀係給以米麵，貨銀並兼給布匹、油、鹽、煙草之類，定價均較市值為昂，往往視糧貨虛估之多寡，以定工貲之高下。此次每方一分六分之工貲，係按白銀與渠工難易酌估者也，以後歲修改為官督民修，將所徵歲修之款，分存各區，糧地每頃收歲修費三兩三分，永租地每頃收渠租三十兩或二十五兩、二十兩，其中以二成為修渠費。則官廳不能將此款移作他用，而人民以切身利害，自當及時施工，此後渠道不患杜塞矣。有人主張由甘肅界之蹬口地方，開一渠口，取建瓴之勢，引河水橫貫後套，為東西大幹渠；或仍循五加河故道，繞烏梁素海再入黃河，再於各渠口建立大閘，視所需水量以為啟閉。此種計劃須俟實地測量後，方能決定。農家澆水，分開河水、桃花水、熱水、伏水、秋水、冬水數種。開河澆水，即行整地。桃花水、熱水、伏水，皆作物生長期中所需。秋收之後，引水澆地，次年耕種，實能耐旱發苗。如係新墾生荒地，尤以夾泥土最多之伏水為佳，更將地面青草翻壓地中，使其化為綠肥，名曰壓青，則次年收穫最豐，每畝可一石二斗。

四、荒地　分三種：一曰蒙荒，蒙古遊牧地尚未報墾者也，約數萬頃。二曰民荒，以前領地民戶人散地荒者也。三曰官荒，其中又曰二種：已經蒙古報墾，官廳尚未丈放或正在丈放者，曰放墾地。此次達拉旗報墾地五千頃，已放出千餘頃，尚存未放地三千餘頃。其地永租不放，由官廳開渠招租，所得租金，蒙古與公家按成分配者，曰永租地。共計二千頃，所墾者少，所荒者多。

五、租稅　永租地不收地租，但收渠租。每頃租金，上則三十兩，中則二十五兩，下則二十兩，其中以二成為修渠費，三成歸國家，三成歸蒙古，此外尚有教育、警察及支應官差、雜項攤派，頃約十元。放墾地荒價，上則百二十元，上次百元，中則八十元，下則六十元。升科後，應交官租及蒙古歲租，上則頃各三元，共六元；中則頃各二元五角，共五元；下則頃各二元，共四元。此外有水利經費每頃一兩二錢，歲修費每頃三兩三錢，攤派每頃十元。

六、農作物　作物以小麥、糜子、豌豆為大宗，穀子、蕎麥、莜麥、胡麻、油菜子、高粱、扁豆等次之。清明種小麥，次豌豆、扁豆，中伏時收。芒種種糜子，白露、秋分時收。立夏以後種胡麻、扁豆、穀子等，初秋時收。上等生荒地、熟荒地，均宜麥，一二年後，改種糜子、豌豆、穀子。次等地，但種糜子、穀子、豌豆，再次則蕎麥、莜麥、胡麻、油菜子等。收穫量最豐，每畝一石二斗、一石，次八九斗、六七斗，再次則五六斗、三四斗。價值，在包頭，小麥、豌豆每石八元上下，〔其〕他雜糧六元上下；在五原，小麥、豌豆每石六元上下，雜糧四元上下。大麻畝收三四十斤至五六十斤，每斤價一角上下。瓜菜之類，有番瓜、白菜、葱、茄子、辣子、山芋等，取足備用而已。

七、農家之生活狀況　普通每日三餐：早小米飯、鹹菜；午小米飯，加蔬菜；晚小米粥、鹹菜。白麪饅首，三日一頓，或五日一頓，因其費工而價略昂也。肉菜惟五月節、八月節、過年，及下種、開鐮、開場時始用。夏日男子胸前繫紅兜袋，女子穿小坎肩，露其膀臂。冬季人一老羊皮襖，日以為衣，夜以為被。土房窄小，無桌凳，坑不鋪席。土窯碗，折紅柳木為筷箸。燃料用哈麻、紅柳木、折薺草及牛馬糞。掘地為糧窖，加草而覆以土。每五方尺可容糧一斗二升。生活樸嗇，可以概見。惟家擁巨貲之紳士家，日用器物，乃稍具備。僱用長工，普通二月上工，十一月收工，全年工貲四十元、三十元、二十元不等，視其能力而定。其具有幹才而最誠樸耐勞，得主人信任而掌春者，呼之曰頭，一切耕獲，唯頭是責，所有工人，唯頭是聽。富家之頭，每年工貲百數十元，其次則百元、七八十元、五六十元。短工多屬包工，鋤草每畝一角上下，割地每畝給糧四升、三升或二升。一片荒凉，往往數十里不見人家，牧群亦不多見。森林、教育，惟有教堂處有園子，有學校，他處識字者，百人中數人而已。

八、交通　南臨黄河，幹渠值水深之際，亦可行船。汽車道横貫其中，包寧鐵路並已動工，均屬可喜，惟横過各渠，汽車道外，橋樑絶少。予此行抵藍索渠時，適逢汽車道橋斷，水深數尺，循渠北行竟日，始獲一橋。此事於後套將來所關亦巨，土人云，沙土架橋，易被衝去。實則人户太少，並未架橋，何衝去之有！

第三　山東之移民

山東移民，分為兩部，一部由私人經營，在固陽之五當召，用墾殖公司及墾殖協社辦理（詳見第一期固陽農墾調查記）；一部由公家經營，即後套之移民是，由山東省議會議長王鴻一先生，及現任五原縣教育局長于培祥先生、五原縣視學蔡景琳先生、固陽（縣）教育局長畢星垣先生諸君主持。初擬移民一千户，由各縣派送，每户費用百四十元，由省政府擔任半數，就各縣地方公款項下酌借半數。後實際本春移來丁男七百餘人，又女眷並小孩百餘人，在永濟、豐濟二渠間之義泰魁、同元成等處，領地七百五十頃，每人一頃，擬分十村居住，每村就本地原有之三十户，加山東之七十户，共成百户之數，因所領之地，並非整塊荒地，原有少數居民，正可與為鄰也。現時女眷，均在五原居住，其工作為縫皮衣、紡毛線，並學織毛線衣襪手套等，此為口外農家之特别副産物，冬季天寒，男子在家無事，亦可學做。將來出品若多，除自用外，各學校、各軍隊、各機關，均為最好銷場。惟本年起程時間，原定三月動身，因綏遠當時以他種原因電阻緩來，延擱一月，已誤種麥之期。又山東政府，待移民上車，方纔匯款，及至款到包頭，移民已在包頭下車，趕辦牛種農具，由黃河運至五原，因風不順，歷時一月始到，於是播種時期較遲。是皆由籌備手續，以種種原因，稍生障礙，為初意所不及料者也。以後移民，非有長期間之預備不可。

第四　教堂之經營

一、地面及人口　河套西部，有黃特拉亥河，自河以西，直至五加河，南部約寬四五十里，北部約寬五六十里，均係教堂勢力範圍。河身南起黃河，向東北斜行，約長一百數十里，可澆地千數百頃，係教堂所開。稍西有楊家河子，長八九十里，可澆地千餘頃。此勢力圈內，村落相望，人口稠密，共計二千餘戶，一萬餘口。教堂十餘處，每處教士一人，居民三四十戶至三四百戶不等。

教堂所在地	居民戶數	教堂所在地	居民戶數
三盛公	二百餘戶	陝壩	四百餘戶
渡口	二百餘戶	蔓會	三百餘戶
東塘	四十餘戶	大法公	八十餘戶
莫奈浪（譯音）	七十餘戶	玉隆永	五十餘戶
準噶爾	一百餘戶	西塘	一百餘戶

續表

教堂所在地	居民戶數	教堂所在地	居民戶數
黃羊木頭	一百餘戶	楊家河子	二百餘戶
烏乃朗(譯音)	七十餘戶		

二、地租　此地一部分為前清光緒二十六年(一九〇〇)之賠教地，一部分係教堂私向蒙古人承租之地，渠水所及，任便耕種。種地者，均須奉教。地租分數等，上則每頃四十餘兩、四十兩，中則三十餘兩、三十兩，下則二十餘兩、二十兩。麥秋將登，佃戶請教堂派人丈苗。其丈法，用繩約計尺度，估算收穫之石斗，以定地租之多寡。大約每頃可收七八十石至百石者，地租按一頃計算；僅收五六十石或更少者，照成數折減。如係承租蒙古之地，並會同蒙古人丈苗，每頃於所收地租中，分給蒙古數兩，餘歸教堂所有，以後疏治幹渠，亦由教堂出費。又教堂丈苗，並有獎勵之法，凡勤於鋤草，多加肥料，致莊稼豐實者，每頃少算數畝，地租即可隨以少出。若雜草蓬生者，謂此為惰農，每頃必按實數納租。(按：丈苗納租辦法，不僅後套，凡包頭、固陽、大佘太等處皆然。大約減輕農民負擔，使能安居樂業，日用裕給者，其地自闢，地闢則租更可靠。其課以重租，致令節衣縮食，尤苦不足者，則人散而地自蕪，租更不待言矣。孟子所言「土地闢，田野治」，又「土地荒蕪，掊克在位」①者，此亦一註腳也。)

① 此句出自孟子告子章句。掊克，釋文釋爲「聚斂」。

三、學校及林園　凡有教堂處，必有學校，其主旨大抵側重宗教。余等所至之大法公教堂，其禮拜堂東，有教室三間，中式磚房，南北連續。中一間，學生已散；北一間，學生十餘人，年齡均十二三歲上下；南一間，無椅，學生席炕而坐，約二十人，年齡約六七歲上下。教員均中國人，授國文課本，書籍紙筆，概由教會供給。壁上有天堂、聖母等掛圖。又禮拜堂西，新建女生教室二間，門窗尚未畢工。該堂教士，係比國人，約五十歲上下，地方人呼為文神甫，來中國已逾廿年。身穿藍粗布長衣，白粗布襪，青布鞋，均帶有黃泥色。操北京語甚佳。渠導至院中，時與院內小孩談話，彼此和藹肅穆，殊無勉強狀態。堂後有林園，種榆木、柏木、洋槐、柳木。又有苗圃，植樹苗種類甚多。園地較平地約低二尺，澆灌甚便。下雨時，院內各處之水，奔匯其中。

四、管理套西之過去　臨河於一月前始行設治，往時因五原縣境遼闊，知事來去無常，對於教會地一切事項，率取放任，間有訴訟涉及教民者，縣署出票傳人，由教會給一「知道了」之回條，知事亦遂不問。以故大小事權，咸集教會。教會視該處教民之多寡，推定會董數人，如有事故，小者由會董處理，大者送教士核辦。教會禁賭博、鴉片、竊盜等甚嚴，牲畜吃路旁麥黍亦有罰，輕者罰款、笞責，重者驅逐出境。自臨河設治後，蕭振瀛局長已與教民及教會說明，信教儘可自由，人係中華國籍，一切司法及行政事項，當然由地方官廳處理，以後決不容教會過問矣。

五、地方輿論及個人感想　套西方面，對於教會之評論，言人人殊：譽之者，謂教士自奉極約，個人生活，每年至多不得過五百金；地租所餘，大抵為辦理教育、慈善之用。後套數百里間，獨此處人民得以安存，教會力也。惡之者，謂以教會而違約租地，壟斷財賦，憑陵平民，侵掠領土，並教育、行政、司法各權，亦僭領二十餘年，喪權辱國，莫此為甚。凡茲二者，皆非余所忍言，獨念各教士生長繁華富庶之邦，遠適荒煙蔓草之地，面貌不同，語文各異，披荊斬棘，遂啟斯土。西北連疆萬里，孰非大利所在，余乃惟日優遊，安坐以待，尚有面目濡筆論天下事哉！

第五　私人經營之成績

余行後套，數聞道王同春先生其人者，至套西，寓區董李君增榮家，又見楊君春林，是三家者，皆以私人力量經營墾地之具有成績者。而王先生尤著，不可以不紀。

一、王同春　王君，直隸邢台人，目不知書，而豪爽有奇略。後套自清初劃為達拉特及杭錦兩旗遊牧地，關內人幾無從而問津者。有郭姓某，始鑿一渠，號老郭渠。君又續鑿義和渠、沙河渠，各長百餘里，澆地二千餘頃。地肥沃，遠近爭來佃，其貧者，假之衣食牛具，俾各得所。地距薩拉齊縣千餘里，官府之力莫及，凡解爭禦侮之事皆就君，於是富厚雄一方。光緒三十年（一九〇四），貽將軍來督墾，舉渠與地為國有，慨然無難色。將軍從問後套水利，君歷數如掌上紋。八大幹渠之疏治，蓋君之策劃為多。將軍去後，渠工漸弛。義和、沙河，以君之力，得以不廢，與永濟、豐濟均稱通暢。今五原縣境，大抵因君之舊。縣城東南二里許之隆興長市，商民二千餘戶，號為殷盛。此隆興長者，即君所營商業之牌號，積久蔚為巨鎮者也。某年，山西旱，饑民萬餘人，轉徙至套，君開倉廩三月餘。民國以來，後套亦多故矣，君家固無恙。教育局長于培祥先生為余言，君之始來，纔十二三歲，初充郭姓小夥，漸升掌櫃。掌櫃者，蓋銀行、公司經理之任，古所謂家臣者也。每大雨後，路泥淖，他人酣睡，君則走馬百數十里，或二百里，視水流所向，審地勢高下。不解測量而明悉水利，濬渠有成，蓋得力於此。于先生嘗與同車，至店必先問飼馬草料有無。夜半，馬飼豆，最肥。君必起視，曰：旅行所恃，牲口而已。傭人多不經心，不可不躬自為之也。所飲食，與傭人等，必傭人先嘗，乃入口。以本年八月某日沒，年七十有幾。因視沙河渠口工，感暑患痢以死。

嗚呼！如王君者，庶可謂以死勤事者矣。他人或訾其豪強武斷，然亦不必為君諱，正惟其豪強武斷，乃始克辦此耳。

二、李增榮　八大幹渠之西，有藍索渠，長數十里，其北梢分東西兩支，東支今歸馬雲亭會辦所有，西支則李君增榮家所有。李君之祖，始開藍索渠口，歷年疏鑿，遂克有成。或謂余，各區社徵派至繁，農民不勝重負，率以逃亡。李君為西區社董，凡有徵派，自任巨半；收佃租，體恤特甚，多所減讓。以故佃力日裕，荒地盡闢，李家之收入，轉以加多。古人有言：「時使薄斂，所以勸百姓也。」①又曰：「土地荒蕪，(剖)〔掊〕克在位。」蓋徵之於家而已然矣。噫！

三、楊春林　楊君，山西河曲人，有地千餘頃，鑿楊家河子，亦長數十里。家中渠工百餘人，跑外者三十人，他僱工及佃戶稱是。為言渠家開渠，今年不成，期以明年；明年不成，更以後年。有淤墊，即時疏治，必暢乃已。僱人薪貲，最多年不過二百金，少者乃僅二三十金。與官廳辦事蓋有間矣。彼或月領數十金、百數十金而曾不事事，間有能者，又不期月去，無惑乎渠工之日荒也。雖然，在官而勤事者，果遂無其人乎？其人又果常可得乎？寧第後套之渠工然哉？而渠工其尤著者已。

第六　結論

余不學農，此行幸得與農家偕，自愧無所得，感各方厚誼，則謹述如右，用誌謝悃。外人常呼吾國為黄金世界，教士、商團、政家、學人，車馬交錯於道，而西北農林牧礦之利，國人反有所不知，寧非可恥之

① 語出四書之中庸。

尤？為麪包問題所苦者多矣，此最廣最豐之麪包出產地，亦何惜一舉手投足之勞？賢者遠大是圖，吾不敢言，然小者近者，即所以為遠大之基。苟所就得如王同春君及套西教堂比者，此身已可謂不虛生，惡在其必赫赫者為？中原擾攘，殺機四布，赫赫者果可必耶？曠野萬里，實稱淨土，小厚其生，大延國命。善擇者其安擇耶？貨惡其棄於地，我不自闢，不能禁外人之不代謀，終日（咀）〔詛〕咒，庸有裨乎？吾聞有旅行求知者，又聞惟力行有功者。吾以驗之東南大學調查團，吾以驗之山東移墾團，吾以驗之將來無數之西北旅行團與墾牧團。

原載西北彙刊第一卷第二至五期，民國十四年（一九二五年）九月十八日、九月廿五日、十月二日、十月九日

綏遠省民衆教育館叢書之一

河套調查記

閻偉題

綏遠省河套調查記目錄

第一篇　地理
第二篇　庶政
第三篇　農業
第四篇　工商
第五篇　物產
第六篇　水利
第七篇　教育
第八篇　墾務
第九篇　蒙旗及風俗

【題解】

綏遠省河套調查記 韓梅圃撰。民國二十三年(一九三四)八月綏遠省立民眾教育館鉛印，一冊。

關於版本 除民國二十三年(一九三四)鉛印本外，二〇〇二年九月，全國圖書館文獻縮微復製中心將其掃描印行，收入《中國邊疆史志集成·內蒙古史志》第三九册；二〇一三年八月，中國國家圖書館出版社又影印出版，收入《吉林大學圖書館藏稀見方志叢刊》第二册。

關於撰者及刊印 韓梅圃，原籍山西，久居綏遠，曾任私立河套中學教師兼圖書館主任、綏區屯墾督辦辦事處邊聞通訊編輯等。一九三三年開始深入調查，編纂該記，以供開發西北、復興後套之參考。次年春稿成，介河套中學校長劉篤仁將書稿贈予綏遠省立民眾教育館，冀予刊印。綏遠省立民眾教育館商得撰者同意，「將書中內容，略加修改，」(樊序)，由館長樊庫作序，作為綏遠省立民眾教育館叢書之一，於民國二十三年(一九三四)八月鉛印刊行。

內容 該記以篇統目。第一篇地理：位置、沿革、氣候、山川、面積、地理改建芻議。第二篇庶政：人口、政治組織、地方收入及支出、司法、稅捐、交通、建設、保衛、庶政改建芻議。第三篇農業：河套農業概述、河套可耕已耕地面積、河套土壤性質、農民種類數目及農田分配率、播種及收穫、田地價格與租田制度、農業種類、農產物之消費市場、農村、農民生活、農家經濟狀況、農村之剝削者、農業物產改建芻議。第四篇工商：工業概況、商業概況、現今商業概況、金融及貨幣、工商改建芻議。第五篇物產：物產種類、農產、畜產、礦產、藥材產、木材產、水產、工藝品、其他物產。第六篇水利：沿革、渠務管理之組織、渠務管理之經費、灌溉情形與澆水通例、排渠工作概況、渠道概況、公有各渠概況、私有各渠概況、渠務困難及改革、水利建設芻議。第七篇教育：河套教育概述、五原教育概況、臨河教育概況、安北設治局教育概況、教育改進芻議。第八篇墾務：河套墾務沿革、各旗報墾始末、各旗已報墾及丈放地畝數、現行放墾手續、墾務之利弊、失敗之山東移墾、其他移墾社會、墾務改造芻議。第九篇蒙旗及風俗：蒙旗之組織、蒙民之生活、蒙漢情感、河套禮俗、蒙旗建設芻議。共約十萬言。

與綏遠河套治要相同，該記記載範圍以後套即當時的五原、臨河、安北三縣局為限。由於調查細緻，且有綏遠概況、綏遠省分縣調查概要等官方文獻可資利用，該記內容亦較綏遠河套治要全面系統詳盡。

價值及缺點　該記體例頗得當，開篇以地理、庶政簡要介紹了後套的行政區劃、歷史沿革、地理條件和行政概況等，然後着重記述農業、工商、物產、水利諸經濟內容與教育事業，最後簡述與地方關係密切的蒙旗及風俗。可謂輕重得體，詳略適宜。

因重在反映現狀，所記多本諸親身聞見與調查，故該記史料價值較高。其中農業、工商、教育諸篇尤為出色。農業篇不僅記述了後套農業的基本狀況與農民的生活，還分析了近年農業破産的原因，揭露了地主、官吏及苛捐對農民的剝削壓迫。教育篇内容充實，全面記載了各縣局教育沿革、教育行政機關、學校、私塾與社會教育機構、教育經費、師資與學生情況、課程與教學品質、學齡兒童，等等。内中關於臨河教育界因排外而引發學潮，縣立第三小學創建時與教會衝突鬥爭的記載尤為重要。

該記農業、物産、水利、墾務及風俗部分利用了綏遠概況、綏遠省分縣調查概要、臨河縣志，其中尤以物産部分為多。但引用的同時做了大量補充和一些考證。如水利篇遠較綏遠省分縣調查概要為詳，增有黄土拉亥所屬支渠調查表、臨河縣楊家渠自修渠所屬支渠調查表等大量内容，其中通濟渠下載有支渠一四二條，較綏遠省分縣調查概要多近四倍。物産篇雖以引用它籍為主，但有不同數據。五原農産在利用綏遠省分縣調查概要的基礎上，又「據當地熟稔農事之紳耆所更正」而填改。畜産以調查數據為主，並指出據年徵牲畜捐計算，綏遠省分縣調查概要所載不確。

該記亦能秉筆直書，惟言辭較綏遠河套治要等溫和。各篇末多有改建芻議一目，抒發己見，指陳當政之失，建言改善措施。所言多中肯綮，頗有見地。

因無宗教篇，該志失載影響地方最巨的天主教及其它宗教信仰。蒙旗及風俗篇亦過於簡略空泛。序言稱附刊圖說，但實際並無。在引用它籍和印刷過程中還產生了某些訛誤，水利篇包西各渠水利管理局所轄私有各幹渠情況一覽表抄自綏遠概況，但平均寬、深度均擴大了十倍，庶政篇司法項下有闕文。

因係非賣品，且印數無多，該記流傳頗少。本次出版，以內蒙古圖書館藏原版鉛印本為底本，掃描印行，以饗閱者。

（忒莫勒　撰）

序言

黃河後套，面積遼闊，東西長五百餘里，南北寬百餘里，劃分五原，臨河，安北三縣局，爲本省最大水利區域。五六年前，綏省旱災奇重，後套獨豐，人民乏食，多就食該地；因而農商各業，日漸繁榮，而淤塞之渠道，亦得稍加振興，嗣因交通不便，粟賤傷農，土匪紛起，農人未能安居樂業，棄地而逃者，比比皆是，以致多數幹渠，頻於淤塞，灌溉面積，漸次縮小；兼之孫（殿英）軍駐紮該地，將屆一載，有形無形之損失，難以數計，商困於市，農困於野，當地人民，大有就食他鄉之勢。本館去年編輯綏遠省分縣調查概要時，派人前往實際調查，多方詢問當地人士，力求眞確；但結果罣漏謬疵之處，仍屬不少。茲幸有河套中學教員韓梅圃先生，在河套服務多年，對於後套情形，知之最詳，更不辭勞瘁，加以精確之調查，輯成原稿，名曰：『河套調查記』。由該校校長劉靜先生，轉贈本館，希予刊印，復商得韓君同意，將書中內容，略加修改；並繪製圖說，附刊篇首，裝訂成册，公諸社會，以供有志開發西北諸君之參考，及促進國府籌撥鉅欵修理河道之注意，復興後套，以完成西北糧庫之目的也。並希

各界不吝珍言，特予指正，是爲序。

中華民國二十三年七月樊庫序於綏遠省民衆教育舘。

綏遠省河套調查記

第一篇 地理

位置

河套僻處綏西，距平綏路終點包頭，約華里四百五十里；依狼山，跨大河，南連陝甘，北扼外蒙，爲西北邊防之屏障，其區域包括五原臨河兩縣，安北一設治局，其疆界東至包頭縣屬東公旗之七分子，東北至固陽縣莫林河（紅花搭拉莫林河），東南至包頭縣屬西公旗之西山咀，南至東勝縣北界暨杭錦旗鄂托克托北界，西南濱臨黃河，西至甘肅平羅縣，毗連額魯特旗阿拉善之地界，西北至狼山與賀蘭山接脈處，北至烏拉山迤北外蒙土謝土汗部，此河套位置之大略。再以三縣分析之：

五原——東至安北六分子橋黃腦樓等地，與安北設治局分界；西至豐濟渠西岸地，與臨河分界；北止於陰山，南至黃河。

臨河——東至豐濟渠西岸地，與五原分界；東南達黃河，西南至太陽廟及烏拉河，與寧夏省屬之磴口縣分界；西北兩方均止於陰山。

安北——東至七分子東南至烏拉山，與包頭縣分界；東北至小奴氣溝，廣生隆，及白廟子等地方，與固陽縣分界；西北至白耳汗廟，六分子橋，與五原縣分界；西南至黃河岸，正北止於陰山。

沿革

河套古爲雍州，周爲朔方，戰國屬趙，史記「趙武靈王二十六年攘地西至雲中九原」是爲漢族佔領河套之始。趙衰匈奴復入居。秦併天下，乃置九原郡，使蒙恬將衆三十萬，北擊匈奴收其地，是爲新秦中徙謫戍實之，此爲河套墾殖之始。始皇崩，匈奴再奪其地。漢武帝元朔二年，復收其地，置朔方五原郡，徙民十萬實之。盧芳之亂，竊據邊郡，光武中興，始置幷州以領之。靈帝末，羌胡擾五原，人民流徙

綏遠省河套調查記

分散・西漢以來，屯墾實邊之計劃盡隳。建安十八年、省幷州入冀州，二十年、始集塞下荒地，郡置一縣以領其民，合爲新興郡，僑治太原界。台至西晉，爲前後趙，前後秦，及赫連夏地。北魏時，黃河南遷，故道名曰五加河，河套之名自此始，隋開皇五年置豐州。大業初，改爲五原郡。唐改爲九原郡，於五加河北築中西受降城，募人屯墾，出入河山之際，六百餘里，屯堡相望。唐末，西夏據河套，至宋分屬於遼，五加河以北爲遼之雲內州。金興，盡取遼地，而西夏地如故，夏金爲門館之爭搶攘紛紜，前代屯墾遺規，至是盡歸湮沒。元滅金夏，以其地併爲下州，使隸大同路，套內地屬中興路。後廢，屬寧夏路。明初，大河以北爲斡喇（卽烏拉特）所據，套內則王保保居之。洪武中，逐保保、改寧夏路，設寧夏府，府廢，徙其民改置寧夏衛，遷五方之人實之，天順六年元裔毛古里孩阿勒綽爾之部，始自河套爲寇・成化四年，亂加思蘭殺阿勒綽爾而併其衆，以套地爲巢穴，九年敗之。未幾火篩之部復入套地。嘉靖中，吉納部落擊破火篩，入居套內，號稱鄂爾多斯，服屬於察哈爾，有子九人，分牧而居；河東則爲俺答之部，名西土默特。隆慶中，俺答歸順，封順義王。萬歷中，名其城曰歸化。自明中業後，河套內外，悉爲蒙人遊牧地，明人不敢過問。清天聰八年，太宗征察哈爾，土默特部悉降，後編爲二旗，領以左右翼都統，及四副都統；其後大青山後之喀爾喀右翼，四子部落茂明安，烏拉特等六旗，（烏拉特分前後中三旗）相繼來庭，併設扎薩克，錫號曰烏蘭察布盟；黃河南之鄂爾多斯，別爲左右翼，各分前後中三旗，亦設扎薩克；後復增設前末旗，共七旗，錫號曰伊克昭盟；是爲西二盟，各設盟長副盟長；自是盟旗制度乃定，相沿未改，而漢族亦日漸西移；築屋耕田，儼同內地。雍正六年，設綏遠道。同治四年，始設薩拉齊各廳。道光之後，漢族墾殖蔓延　至河套（俗稱後套）浚渠數十道。墾地至數萬頃。光緒二十九年，命貽穀督辦盟旗墾務，又析薩拉齊廳之大佘太，附益以達拉特，杭錦，烏拉特等旗地，置五原廳，與薩廳同隸歸綏道。民元改五原廳爲縣治，八年，析縣屬之東南界烏拉特中旗地，及武川西界茂明安旗地，隸固陽設治局。析縣東南界所屬之達拉特及烏拉特前旗地，隸包頭設治局，十四年析縣東界烏拉特旗地，隸大佘太設治局，析縣屬西界杭錦，達拉特，烏拉持等旗地，隸臨河設治局。臨河設治局，在強油房地方，卽漢臨河縣之故趾：十四年建新城，十八年改縣。同年，大佘太築城，五原城則民三已由王紳同春糾集地方，築於隆興長北五里之白圪梁矣。二十年，綏遠省以大佘太名字，原屬蒙音，呈准於六月間，改設安北設治局。

氣候

河套僻處綏西，受大陸氣候之影響，溫度之差率甚大；炎夏溫度甚高，在攝氏表三十四五度，惟入夜溫度驟減，每日氣候差在二十度以上，雖伏暑時，早晚亦須御袷衣；若遇風起則早晚尤寒；故土諺有云：「早穿棉衣午穿紗，抱着火爐吃西瓜。」（河套西瓜九月始熟故云）霜期極早，秋分後，時有嚴霜，故農植物春種秋收，歲穫僅一次。自霜降至清明為冰雪期，氣溫多在冰點以下，十一月及一月間，溫度常低在攝氏表零下十餘度，地面積冰，厚可三尺，河水凍結，至清明始解。雨澤稀少。終年多西北風，春秋兩季，時有狂風；土人謂春季有七七四十九日擺朝風，蓋春秋幾無日不風也。果樹華而不實，即其他榆柳亦屬寥寥無幾；惟外人教堂所在地，林木繁茂；而當地居民，未有注意及植樹者亦氣候不能改良之一因也。

山川

河套北依陰山支脈，南跨黃河，陰山支脈之在安北境內者，正南曰烏拉山，正北曰北彥花山。在五原境內者，曰萬和長山。在臨河境內者曰狼山。大河跨其南，故道五加河循其北，形成二河間之平原，即所謂河套也。套之中有哈拉豪賴河，在五原北。山川富庶，渠道縱橫，誠近西北之沃野，近西北之寶庫也。

面積

河套面積向無精確統計，可供吾人參考，實地測量又非易事；茲為吾人得河套總面積之一約數計，就前西北邊防督辦公署所測繪五萬分之一故套全圖，依面積計算法鈎劃為若干方形，三角形，以核算之，此數字雖不免與實際稍有出入，然於開發西北之統計預算上，或不無小補也。計算所得，後套全面積為一二五五五七·〇六六頃。總面積內河渠所佔面積，約八五四·九七九頃。道路所佔面積，約七八一二五頃，沙梁所佔約一八三一〇·五四七頃。各城鎮村居民所佔約七·三〇五頃。由總面積內除去上述不堪耕種之各地，計可耕地約爲九一二四七·〇四頃，此可耕淨地內含有召廟地、馬廠地、永租地、蒙地、新舊皂火地，合計約二二九五〇頃。

地理改建芻議

本篇終結後，記者就管見所及，略述應行改建事項於左，用備繁榮河套者之參考。

一，地理之分界應就政治便利劃分：按河套三縣，轄境遼闊，如是，執政者未能極積從事建設，卽如本縣各村位置，人口多寡，土地面積，已墾未墾，造林多寡，糧產如何，何者可事改良，何者應宜興革，爲縣長者，類未能有所明瞭，以致建設毫無，開源無術，於是乃就稍有可觀之農商，加以剝削，而於庶政，亦僅出以敷衍之一途、設能縮小縣區，則鞭長可及，建設較易，而河套繁榮，方始有望也。

二，就荒造林以改良氣候，河套土質肥沃，荒田充斥，吾人如巡行曠野，則見蘆草苦充灘，極目無涯，殊可慨也。若能將此無數荒田，悉以之造林，則氣候必可調和，按今之河套，林木殊少，而氣候朝暮懸殊，所以然者，人烟稀少，林木缺乏之故也，苟能廣爲栽植，造林日多，上下之通氣，則氣候必可轉變溫和也。

第二篇　庶政

人口

河套草萊初闢，一切政治設施，粗具規模，應行舉辦事項，均未遑舉行，戶口調查，迄未嚴密舉行，所有戶口報告，雖聊具一格，實則有等於無耳。據各縣前數年調查所得之報告，安北人口共二二七九九口，五原共五三六八六口，臨河共五六七八〇口。男女之比率，安北男子佔總人數百分之六八，五原爲百分之六三，臨河爲百分之三一。據吾人耳目所得，十七八年，安北約計爲三萬餘口，五原爲五萬四千餘口，臨河爲五萬六千餘口。最近調查臨河人口，第一區爲2986戶，男9115人，女4975人，共計14090人。第二區爲306戶，男910人，女620人，共計1530人。第三區爲4539戶，男9626人，女8533人，共計18159人。第四區爲2651戶，男9477人，女6426人，共計15903人。全縣合計10482戶，男29128人，女20554人，共計49682人，每戶平均爲4.3強。

五原人口，第一區19274人，第二區爲4939人，第三區爲5330人，第四區爲3439人，第五區爲4197人，合計爲37199人，

安北人口約計二萬四千餘口。

由上調查，此三四年內，臨河人口減少七千口，五原減少一萬七千餘口，安北雖無調查，然亦必有減少，推其原因，蓋十七八年綏省各縣災禍綦重，人多流離，近年河套粟賤傷農，農村破產，且去歲二十一年烟畝罰款苛重，遂促成此衰落現象云。

政治組織

河套包括兩縣，一設治局而言，兩縣卽五原臨河是，設治局爲安北，均爲行政機關，直隸綏遠省政府。縣設縣長，設治局設局長，爲各該縣行政首領，辦理全縣行政司法事宜。縣局治下，各區設區長一人。（五原五區，臨河四區，安北三區）縣政府分科辦事，內設秘書一人，科長二人，承審員一人，襄助縣長辦事。設治局設主任一人，又轄四局曰財政局，辦理地方財政事宜。曰公安局，辦理地方公安事宜。曰建設局，辦理地方建設事宜。曰教育局，辦理地方教育事宜。又各縣局均有保衛團，任地方保衛事宜；總團部設縣局所在地，縣長兼總團長。

地方收入及支出

河套各縣地方支出，雖有預算，然近年以地方財政拮据，多未能依照預算支出，而各項亦有未能如數收足者。計臨河地方各項支出，現按八扣關發現洋。安北以六扣關發，但折扣後，又以三成現金七成糧支付；糧（糜子）以兩元一石計，較市價昂七角；如薪金九元之保衛團丁，按六扣後，計五元四角，再

以三成領現金，計得一元六角二分，餘三元七角八分，僅可領糜子一石九斗，按市價可售二元三角七分，總計七折八扣後，僅實得洋三元九角九分耳。五原財政又較他兩縣更枯渴，各地之機關人員，月領維持費，每人各六元（公安局不折不扣）維持費之公雜費，以七成領發。差人八成。但所關發者，爲該縣地方所出之不兌現銅元票，以五百枚作一元，計每人可領得三千枚，以市價可值五元現洋耳。然有一怪現象者，即經常支出，雖被折扣無幾，而各機關學校，可借詞請領臨時費；倘機關主腦善伺縣長之意，則可常久領得臨時費，即以普通言，臨時費之領得，有時較經常費維持費爲多，且或可領得現金焉。蓋河套機關無分公私大小，悉爲主腦獨裁制，固無規律章程之足守也。

司法

河套民性強悍刁詐，故各縣訴訟案件，以刑事爲最多；而刑事中尤以盜匪爲最多。民事中以債務爲多，親屬繼承等絕無僅有耳，訴訟受理機關爲縣政府，主審者爲承審員。但各村鄉公所均設有調解處，小事則多於村公所中判其曲直而解決之，甚且笞責之，有不服村判者，即送區，區以法辦之。其在縣涉訟者，多距城較近，及城市居民間有不服區判而訴於縣府者，然究屬少數。蓋人多野陋，畏官如虎，且費亦不貲，一經涉訟，勢須走人情，姑不論貪官之賄賂，即央請說情之紳士，亦敲剝備至：記者曾聞及一鄉長因吞欵被查覺，爲所拘，鄉長聞風避匿，鄉副被拘，謂爲有夥同任罪嫌疑，該鄉副討保被釋，多方說情，請客焉，送禮焉，稽遲月餘，費銀百元，未得結果，旋被傳，又不敢到案，乃津貼該舖保人代爲之坐獄，月供以大烟酒食等，日費數元，又延月餘，案始結，罰欵三百元，連同諸運動費共費五百餘元，而最奇者，此被罰欵及諸說情費用，乃由避匿之鄉長，代出三分之二，究實則彼等之吞欵案，亦無實據可云；是以知官家之壓迫小民，固無須犯法有據，而人民之於官，亦不知應如何對付，惟對大獄，知服從而已，蓋人民被嫌疑押寄者，動輒經年、俟官長高興時，則又放出去矣。獄分大獄看守所兩種：大獄係判決徒刑之執行所，看守所則臨時性質。室均黑暗異常，無窗戶，木檻爲門，獄吏敲詐備至，初入看守所者，須於尿桶前睡眠，如有錢賄買，不僅可免此罪，抑可不居檻內，優游院中；甚矣，金錢之爲用也。至若其訴訟種類。

稅捐

河套三縣，除地方捐已列入地方收入項說明外，尚有國省稅收機關，計塞北關征收局，烟酒事務局，禁烟稽查處等總局，均設五原，安北臨河設分卡。

交通

河套僻處塞外，千里平原，廣袤無涯，無道可言，而隨處是道，固無須修挖，即可通行車駝人馬也。雖陰山亙於北，烏拉山阻於東，然均有大道可行。水路以黃河爲主，惜以流沙所阻，汽輪難通，僅能行各種船筏，小筏可順大幹渠縱橫套內。玆就汽路郵電各現況述之如下：

（一）汽路　包寧路爲十四年國民軍所修，由包起程，經亂水泉子，麻池，廠汗以力更，耳蒙汗，哈業薩氣，保合少，達子店，公廟店，小廟子，西山嘴等處，入安北境，經長雅店，南牛犋，扒子補隆，把總地，西槐木，東大壕，白家地，過燕安和橋，入五原境，經隆興長，十八頃地，鄔家地，楊家地，入臨河境，又經劉三地，大成西，張家廟，達臨河城，過臨河城，經黃羊木頭，天義成，以至烏拉河，入寧夏境，計程由包至臨約六百里，路多不平，車行困難，現僅通包五一段，自包五汽車公會之組織，車係運貨廠車，無篷子，以行李墊底，人坐其上，以繩索橫縛之，一路塵沙障目，窒人鼻息，沐風浴雨，極行路難之嘆；由包至五，票價十元，行李每人三十斤，過此須打行李票，近以由五返包者少，票價減低，爲五六元不等，計通行包五之汽車，每日多者三五輛，少僅一輛而已。

（二）　包五大道　包五大道，爲通外蒙大道之一，由包至五，約四百五六十里；由包起程，經後灣，毛兔神窰子，公忽洞，入烏拉山，經沙壩子，萬與公，五坐毛安，老爺廟圪鉢，台梁，烏拉忽洞，安北城，三奉子，四櫃，板旦，達五原。

（三）　五烏大道　五原至烏補勒口子，計程七十里；由烏補勒口子通外蒙界，約三百里。五烏吉蒙太大道　五原至烏吉蒙太口子，計程六十里，再北通外蒙界，約三百里。通行套內之陸運，以車馬駱駝爲主。普通價格車載三人至臨河，須十元左右：至安北需八九元。駝運載貨，只取價二元餘，可載重四百斤。

（四）船筏　通行黃河之船筏，有七站板，高板大船，及筏子三種，通行寧夏包頭間。七站板下水可載重四萬斤；高板大船半之。筏子載八千上下。上水則僅載四分之一。船行速度，下水日可二百里，上水行四分之一。此外尚有牛皮筏、羊皮筏、亦水運工具。筏之購造，係以犛牛羊皮吹氣使脹，架以木排謂之紅筒；大筏紅筒一百六，小筏紅筒八十，筒內可裝塞牛羊毛，筏上可裝貨物，大者載重四萬斤，小者二萬七八千，到達目的地後，紅筒即以駝載回寧夏，再次下水亦可用，三四次即廢；往返費時，年僅可來返二三回，而納捐頗重，除省定之船筏捐外、又須爲護路軍警納費、總計每筏須納三十餘元，亦云苛矣。此外通行各幹渠之小筏，爲數無多，且不運貨物，僅於水滿渠時，運柴火及糧食而已。

（五）郵政　河套地廣人稀，郵政未能發達，且盜匪橫行，尤感包裹難通之患。現五原設三等甲級郵局一所，轄三盛公，扒子補隆，五原舊城，烏蘭腦包四處郵寄代辦所。郵路凡三條：一曰隆磴路，由隆興長至磴口，長五百里，爲間日晝夜班。二曰隆烏路，由隆興長至烏蘭腦包，爲間日班。三曰隆扒路，由隆興長至扒子補隆，長一百二十里，爲三日班。售票日益增多。臨河設三等乙級郵局一所，轄磴口陝壩蠻會之郵寄代辦所，郵路亦三條：一曰臨磴路，由臨河至磴口，凡三百二十里。二曰臨陝路，由臨河至陝壩，凡四十里。三曰臨蠻路，由臨河至蠻會，凡九十里。皆間日一班。售票約五原七分之一。安北現僅設代辦所一處。屬包頭郵局兼轄，售票寥寥，業務極少。河套因土匪騷擾，包裹難通，近頃匪患肅清，已漸收寄；惟須於包局存儲成數，始以車駝裝運，故郵寄包裹，甚稽延時日也。至匯兌則由五臨郵局投匯，由該局再轉由平市官錢分局匯包，始行再匯轉他處，故匯費殊昂也。

（六）電政　河套三縣均有有線電報局。五原於民二即設四等局，東通包頭安北、西通臨河、磴口、石咀子、以至寧夏。臨河於十五年設支局，通五安包寧夏，安北於民七設支局，通包五。惟營業均不發達。長途電話，各縣局均可通接，附設電報局內。五安通話七角，安包通話七角五分，五臨通話一元一角，五包通話一元二角，五綏通話一元九角，臨安通話一元六角，臨包通話二元三角，每次各另收通知費一角。

建設

河套荒萊未闢，諸待積極之建設，然各縣局多因經濟困難，未遑舉辦，除郵電交通二建設外，且無其他可言。按各縣局均設有建設局，每年亦計劃工作，舉辦植樹，但年來成績毫無，所附之農業試驗場，亦未收若何效果；惟安北設治局之建設，尚能於本縣出產諸事，有詳明調查，供建設之參考；近且測繪安北全圖及安北縣城圖，爲較可申述之一事。五原建局，自去歲曾創辦一毛織工廠，織染毛布，成績可埒綏包。（詳見工商篇）今年又於五加河上修築一渡橋，現尚未成功。又五原新建之戲院及妓館，已於去歲完成二座；新城東南隅之戲院，可容人八九百，凡大集會，均假該院爲地址，妓館計五院毗連，院各十間，粗稱完善。惟使吾人不解者，五原社會命脈之學校，則艱於經濟，迄未修築完成；縣立二校，仍賃居冀魯豫同鄉會地，他校亦簡陋不堪，重樂輕學，可深慨也。聞臨河亦擬修建妓館，但刻尚未興工。茲有可深欣慰者，五臨兩縣，於今春五月間，均由津購得廣播收音機一架，每日接收南京諸報告，萬里一日，裨益匪淺，惜五原之司機務者不工，較臨河稍遜一等耳。

保衛

清咸同間，西夏金雞堡之役，金將軍所部南人凱旋，道經河套，留套治生業，哥老會之根，於焉。以伊不肖之徒，招亡納叛，樹黨結援，爲害社會，蔓延殆遍；後首領雖爲當道所誅，然根蒂猶未除也。且鼎革以來，河套駐軍複雜，接防無常，每一退走，即留若干不肖，潛伏鄉村，有此兩因，遂成刁悍之民，盜匪淵藪。年來土匪雖云肅清，然根株未去，刁民難服，風吹草動，實難望不死灰復燃也。故河套保衛問題，吾人須深切注意之。按河套治安之維持，有賴駐軍，次賴保衛團與游擊隊，尤在此三者協同互助，方克有濟；今日河套駐軍，爲陸軍六十師之四〇五旅，全旅五原一團，臨河一團，安北一營，然均屬綏部而兼任防衛者，散居各鄉，集合爲難；旅部設五原新城，旅長兼五臨衛戍司令，自去年冬以來，地方安堵，爲二十年最。至各縣局保衛團組織及游擊隊概況，述之如下：

保衛團三縣均有之，團長由縣長兼任，下設副團長二人，由公安局長兼任一職，另由軍事專家遴用一人，請省加委。團長下設隊長教官，以司教練之責。計安北團丁約百三十人，分駐各區及縣城，薪餉每月九元，但現以財政拮据，以六成關發；且此六成，亦係三成錢，七成糧。馬匹自備，槍枝多套筒槍。臨河計團丁百五十八，月薪九元，以八成關發；馬匹自備，槍枝多水聯珠。五原人數二百，均由團警訓練所（本縣二十年成立）畢業，成分爲純農民，非爲安臨之多混過事者（謂當過土匪）。衣裝馬匹均官給，月薪七元，槍枝頗雜，有老毛瑟、水聯珠、三八式、套筒、數種，各縣駐軍，頗與團丁融洽，訂有會哨規則，合作聯防，殊堪稱佩；且由電報局軍隊電信局互通消息焉。

游擊隊爲蒙旗之軍，以安輯地方保護蒙民爲主旨，且應商人之請，任保護之責；凡經營蒙商者，先期通知王公，交納保護費，由其派馬隊護送，護送士兵，則由商人按日發給人馬食料費用；此項游擊隊，各旗均有之；烏拉前旗約五十人，中旗五十人，杭錦旗約二百名，達拉旗約四十名，均善騎射，能於馬馳絕迅中，十槍九中；且勇敢善戰，剿匪尤力，故土匪甚畏之。然該游擊隊，屬各王公所轄，縣局行文徵調，未能調動，而以私人名義在蒙旗中有信仰關係者，一紙請之，則立刻應召；蓋蒙旗素重信用，彼所信賴者，雖爲之効命，亦所不辭；如今春周昌旺股匪竄擾西山咀一帶，軍隊保衛團合力協勦，武陀高率游擊隊助之，頗著殊功，倘能切實聯絡蒙漢感情，使軍團游擊，合力維持河套治安，庶乎無慮矣。

庶政改建芻議

河套設計未久，政治之落伍，意中事也；茲略述其亟應改建者於左，或亦愚者一得歟。

一、清查戶口　河套迄今未舉行戶口登記，故各縣人口若干，概無統計，人口既無確實登記，則百政皆致掣肘，若攤派差絲也，放賑流通券也，舉行村社也，黑幕重重，無法爲守，甚且屑小藏匿，難爲防範，尤屬治安之大虞，故言河套政治，必先登記戶口。

二，嚴厲取締欺官壓民之紳士　河套紳士之劣，爲吾人所僅見，其鬼蜮技倆，火候純青，上欺官府，下壓平民，縣政極盡把持之能事，平民備受剝削之痛苦，粮賦以繳納爲恥，拖欠至鉅，偸巧尤爲絕技，百頃之田，所納之賦不及一，而間接徵於平民佃戶者，十又十焉，他若借貸流通，悉歸三五大紳士，在在為黑幕政治之典型；故言建設河套，必先嚴厲取締此種萬惡劣紳。

三，司法稅關厲行澄清　司法官吏與稅局人之黑暗，已於本篇述及，此種毒燄，必須遏滅，否則上貧為國，下困為民，徒使彼輩中飽也。

四，修建包寧鐵路　包寧路修建之利益，言者衆矣，茲不贅述；所願鄭重為國人告者，包寧路一日不修，近西北一日無繁榮之望也。

五，建設公路以利交通　河套交通，至稱不便，影響所及，至大且鉅，消息滯塞，民智難開，商貨輸轉不易，農民之產物，運銷尤艱，政治之命令傳達，動輒經月，故河套亟應建設公路也。

六，戍軍蒙旗及縣保衛聯防治安　河套蒙漢雜處，地勢遼闊，村村相距遙遠，素少聯絡，以故一般不法之徒，潛居村中，極難防範；近頃五臨兩縣，已有共黨潛伏，暗中煽惑農民兵士，以謀擾亂治安，故急應有嚴密之防範，以遏亂於未萌。按衛戍軍人數甚少，且於地方，間有不熟，更掣肘者，為蒙漢之轇轕難清，故河套治安，應速籌衛戍軍蒙旗游擊隊與縣保衛團之聯防辦法，否則閭閻殊難告無憂也。

第三篇　農業

河套農業概述

河套為近西北之一大米糧川，其農產品為近西北冠，所謂「天下黃河富一套」，即在於能利其灌溉而又少泛濫之害也。五加河（黃河故道）行其北，大河行其南，東西啣接，適成一環形，鑿渠於大河，尾閭通五加河而仍歸諸大河，則千里河套，皆成沃野；且以土地平曠；尤利渠行，是河套之所以獨富也。乃近年以還，業農者務多而不勤，司渠者坐視淤塞而不修，馴致五加河退水不暢，各渠更患滯塞，益以粟賤傷農，於是河套農業，一落千丈，成空前未有之災，與言及此，良用浩嘆。今後之謀開發河套者，首當提倡農業之改良，渠道之疏濬，悉闢此四百萬方里之原野為佳壤，則非僅西北之幸也。爰將河套農業詳況，誌之如左，或亦有志西北者之小補也。

河套可耕已耕地面積

河套可耕種地，約六萬八千頃，除去沙旱鹼灘等，肥沃可耕者約五萬餘頃，據河套墾地之已丈放者言，約一萬五千頃，而私墾蒙地，所在皆是；又因已丈放之地，荒棄者亦有之，故吾人欲得一河套已耕地確數，實難以墾局放地之數爲根據，較可信者，爲每年青苗之丈算也。據吾人調查所得，五原年丈青苗約二千五百餘頃，臨河約四千頃，安北約三千頃，合計約一萬頃。另據包西水利局勘丈青苗數，二十年爲八千四百七十頃，二十一年爲六千八百七十四頃。惟河套丈地，向不據實認眞，大地主之地，一頃丈三四十畝，卽小民戶亦例加折扣，如一頃青苗，或因地質較次，或因苗稼不佳，均以五六扣扣之，故以二十年丈青水地計，八千四百七十頃，以二倍倍之，當爲一萬六千九百四十頃，再加旱地及山水地合計之，可二萬頃，此數字與一般熟習河套農事者之口頭推算，無大差異，當屬可靠。至二十一年實減少三千餘頃者，蓋受近年河套粟賤傷農之嚴重打刼也。

河套土壤性質

河套地層，純由黃河冲積而成，平衍肥沃，微帶鹼性，得水灌漑，則酥如雞糞，生殖力甚強，不得水則石田坐嘆；故繁榮河套，首在渠利。今五臨二縣，渠道縱橫，灌漑甚便，土質亦佳；安北略有遜色。茲就三縣土壤，分述於次：

五原　本縣渠道縱橫，土地平衍。南部沿黃河一帶，多黃沙土；中部窪下之地，其質多堿；北部多黃黑沙土；全縣土質，皆帶黃色，質堅硬，生殖力甚強，宜種小麥，糜子，豆類等。

臨河　本縣西部及西南部，地多紅沙土，南部多紅土，東北部多黃黑土，東南部多黃土，全縣土色多紅，質多膠泥，土脈融和，又距黃河最近，宜種小麥，糜子，豆類，收穫最爲河套冠。

安北　第一區西北西南及西部，有渠水灌漑，多黃土及黑土，東南多黃土及沙土，南部多沙土，北部多黃黑沙土。第二區東南部多紅黃土，西南部多黃土，以紅黃土爲最肥。第三區未詳。全縣以黃土居多，土質微沙，生長性最良，宜種小麥，豆子，蔴子，高粱等。

農民種類數目及農田分配率

河套農民，略可分爲富農、自耕農、半自耕農、佃農、僱農、五種；富農爲大地主，以地爲業而不自耕，此輩多兼營商業，且爲地方有力之紳董。自耕農爲有地三五頃之農人，除自耕外，兼僱長短工，幫同耕植。半自耕農爲有地一頃八十畝者，兼租他人之地以種植。佃農爲租他人之地而種植者。僱農則爲終年以工資出賣苦力者。全套農民，無精確之統計，約數五原爲二萬四五千，臨河爲二萬一二千，安北爲一萬八九千，內以佃農爲最多。佔全數百分之五十；次多爲自耕農，佔全數百分之十五；再次爲半自耕農，佔全數百分之十五；僱農約佔全數百分之二十；富農爲數最少，不足全數百分之一。而土地分配，則大地主最多，約佔全耕地面積百分之五十；計五原千頃以上之地主有一家，四五百頃者十五家，百頃以上者五十家；臨河兩千頃以上之地主有一家，千頃以上者一家，三五百頃至百頃以上者七八十家；安北有地五百頃者一家，百頃以上者二十家；惟此數字中，包含未能種植之地若干，皆土人之口頭推算也。考河套地主如是其勢力大，竟有一人擁地十四五萬畝者，實足令人駭異，其所以造成之原因，有私包蒙人土地者，有以勢力攫奪者，如領墾十頃，而實則三二百頃者有之；故政治倘令上軌，對蒙人信用恢復，蒙人樂于報墾時，一面從事收沒私墾以官放，一面清丈已放各地，則大地之攫奪利益，不難肅清之；蓋彼輩向墾局掛領者，多不過四五百頃，餘僅一二百頃耳。

播種及收穫

河套耕地方法，至稱簡易，良田僅犂一次，耙一次，耘一次而已；次地則耘犂各一次而已。普通多採輪耘法，其法有二，一曰換籽法，一曰息地法，良田則換種不息地，大致頭年種大小麥，次年種糜粟蕎麥，再次年種豆類小麥高粱，又次年種雜糧，如此週而復始，以舒地力。（如能飽澆伏水則隔年一種小麥）劣田則用息地法，今年種甲地，則乙地空；明年種乙地，而甲地空，以養地力。作物多糜豆雜糧等。茲列播種收穫表如下：

綏遠省河套調查記　十四

作物	播種期	收穫期	上地每畝收穫量	中地每畝收穫量	下地每畝收穫量
大麥	清明前後	立秋前後	一石二三斗	七八斗	五斗
小麥	清明前後	立秋前後	一石	五六斗	四斗
黃豆	立夏前後	白露前後		四斗	三斗
高粱	立夏前後	白露前後		五斗	四斗
蠶豆	穀雨前後	白露前後		五斗	四斗
豌豆	清明前後	立秋前後	七斗	六斗	五斗
馬鈴薯	立夏前後	白露前後			
糜子	小滿前後	秋分前後	一石	七斗	四斗
大蔴	穀雨前後	白露前後	一石	四斗	三斗
亞蔴	穀雨前後	秋分前後	五斗	四斗	一斗
黑豆	小滿前後	白露秋分間			
小米	立夏前	秋分後	二石	六斗	三斗
蔬菜	小滿前後	白露前後			
蕎麥	穀雨前五六天	秋分後	六斗	五斗	一斗七八升
莜麥	清明	秋分後	七斗	六斗	二斗
玉米	立夏前後	秋分後	四斗	三斗	二斗

田地價格與租田制度

河套地廣人稀，沃野無垠，故土地價格較內地低廉特甚；良田每頃價格，不過百五十元至二百元，即每畝價格爲一元五角至二元：次田每頃百元，再次則僅三二十元。其價格之高低，概以上水便利與否而定；能澆水而水又暢旺者，價最高，否則低廉；土質肥瘠之關係較少，蓋有水則可變瘠爲肥也。普通領墾，每頃價百二十元至八九十元，此項田地，均須開挖小支渠，故除地價外，所費尚多。租田制度，可分爲三：一曰永租地，係蒙旗當局租與墾局，墾局再租於民戶者。二曰租地，係蒙旗私包與漢人者，本亦名永租，所以名之包租者，與上項示別耳；此類土地，多由大地主承包，每包必三五百頃，年限二三十年，而租金甚微，每頃僅一二十元。三曰佃租地，係地主租與佃農者，須立契約；租銀分兩種，出租資每頃約二三十元，糧賦由地主負担，其他攤派由佃農負担；出租糧則分對成或四六三七，官害亦如之，（河套農民謂各項賦稅曰害）；四六三七，（地主四成佃農六成或七成）總之以地好壞爲準；租糧分秋夏兩季交納，如遇歉歲，可緩付，但須給相當利息。此外尚有典地者，與包租手續略同，係漢人典與漢人而交押金者，至期地主以押金歸還佃戶，地歸地主，在典種期內，地主對各項稅賦，概不負責，此租地之大略也。考河套地租，近年低落殊甚，良以經濟破產，粟賤傷農有以致之，十七八年，每頃可得租銀百元，地價昂至五六百元一頃，因當時糧價特高，小麥曾漲至二十元一石，現則僅五元一石而已，於此可見河套農村衰頹之一般矣。

農業種類

河套農業，可分作物牧畜製造三事，普通以作物爲正業，牧畜爲副業，亦有以放畜爲正業者；至農產製造，則屬少數。作物，以小麥豌豆爲大宗，糜子胡蔴雜糧爲次，耕種既簡，又不施肥，農具陳古，效率不大。牧畜，大小農家，皆畜牛羊雞猪之屬，羊五百至五十隻爲一羣，一人牧之，冬季亦在野牧放，以糞築二尺許高之圍墻，用防風雪。牛之牡者，多供役用，牝者亦不事乳業，乳多自己食用。羊春秋各剪毛一次，每隻可得毛四斤；每年產羔一次。駱駝五十隻爲一羣，一人牧之，以載運爲主，每隻每年可產毛「數斤，二年生產小駝一次。其他家畜有猪鷄等，玆不贅述。按河套爲天然好牧塲，總理云：「南美阿根庭共和國，爲供給世界肉類最大之出產地，若西北牧廠能從事開發，則供世界肉類之需，可取阿根庭而代之，」第以現在西北之牧業，經營不良，成績不佳，前曾有某洋行設牧羊公司於五原，但以交通不便，獲利甚微，近已倒閉，僅存牧羊公司之地名，給人紀念而已，良可慨也。農產製造無足述者，惟葫蔴油粉條燒酒數事可稱，胡蔴每斗可榨油三斤餘，食之味殊可口，除供當地所需，餘均運往他處。榨油皆沿舊法，分大榨小榨兩種：大榨用木樑，頗省人力，產量亦多，日可榨葫蔴五石，小榨頗費人力，法以鐵錘錘之，日可榨葫蔴二石，若繼以夜工，則可倍焉。所餘殘糟多喂牛。粉條以扁豆製之，通常三人一磨，日可出粉條二十餘斤，用豆六斗，分扁條細條兩種。燒酒以高粱糜子為原料，多供蒙人之用。

農產物之消費市場

農作物市場，以包頭為中心，五原距包頭四百五十里，運輸悉賴黃河，順流而下，若天氣晴朗，三日可達，每船可載三四百石，夏秋之際，包頭糧商帶大宗欵項，向當地糧商及農家接洽購買：收獲豐歉，固足以左右糧價，然包商之把持，亦大有力也。農家每以經濟困難，在作物未熟之先，為救一時之貧困，即預售糧而早支代價，（此種買賣，俗謂之樹梢，）此時所得價值，僅及現售二分之一，包商及當地之有錢者，無不利市三倍焉。河套灌地大渠，均可通行大船，故裝船非常便利，隨處皆可，包頭碼頭在南海子。皮毛羊毛經本地商人和沙做就後，運往包頭，再由洋行運津出口；羊皮多為順德皮商收去；牛皮有運津者，有製革者；羊皮頗佳，毛長而細，略如西寧皮。葫油除供當地食用外，多由河運至山西陝西寧夏等處銷售。燒酒除供本地用外，餘皆銷與黃河以南及狼山以北之蒙人。

農村

河套設治未久，數十年前，本為蒙古地，在貽谷放墾前，有少數漢人來套墾殖，年納些許禮物於王爺府，故現在在此落戶者，多不過兩三世。以晋北河曲及陝西府谷為最多：近年來自他處者，亦復不少。自屯墾軍來套屯墾後，人口日漸繁多，然墾軍除三數堡子外，尚未建成村落；其他農人既事耕田，故皆就各人所種田地內築土屋數間而居之，無院落，有一家獨居者，有數家聚居者，數十百家聚成村落者頗少。平常人事，少所往來，是以無一定組織，僅挖渠澆地時有一度之聯絡。近年分區劃村，每縣三五區不等，每區轄村自三五村二十餘村不等，每村所轄有廣至數十里者，相距六七里尚屬一村，出門多騎馬，計長里數，亦不準確，一跑即到，所謂跑馬里也。有人問甲地至乙地多遠，土人常答以七八里，若步走則或三四十里，實爲同一途徑也。農家有碾磨者甚少，故有專設碾磨而收磨課者。人情極澆薄，鄰里不知互助，而騎馬生客，可飯宿而不取貲：若肩行李之步行客，則待遇極薄，飯僅糜粥而已。風俗簡陋，野合隨處有之，甚有不熟面者，戀愛亦可速成。生客宿家時，與家人同坑，雖年青女子，亦與之談笑同玩而不嫌。鄉村有學校者甚少，幼童多牧牛羊，識字者百無二三。商店在鄉村中僅小雜貨店，大烟紙烟雜貨油鹽餅子無不俱全；然此僅大村中有之。又藥商于春季多有河南人負担售賣，冬季有順德之收皮販子，收買牛羊皮。農民醫藥殊困難，有病則多求大仙，喝白水，（神前供過之神水）食香灰丸以療之。大仙所在有之，廟如狗窠，以土成之，俗諺有云「除了大仙沒神啦」間有就醫者，亦多爲走江湖之野大夫，終年無娛樂可言，戀愛賭博吸大烟爲農餘三事。秋末或有演劇酬神者，戲多山西梆子。

農民生活

河套農民之生活，可分地主、自耕農、佃農、僱農四項述之。地主多居於城鎮中，過其紳士之優異生活，田地則設「公中」以經理之：「公中」爲設於田地中之一院落，內設「掌櫃的」管理一切事務；工頭管理田地及放地，實則權力有過於掌櫃的，一般佃農每多與之納奉；先生管理記賬書牘等事，每當春季，佃農之往謁公中者，踵相接；在昔凡地戶之民刑各事，悉由公中解决，眞若一政府然；現此風已煞，無復往年之黑暗矣。大地主以居縣城者最多，除兼充紳士外，並多兼水利社經理或村長，曩年因土匪搔擾，俱避居縣城，村事社事，由村社派員請示辦理，於農民權力頗大，而羣呼之爲老爺，自稱奴才。大地主除以經濟力剝削諸佃農外，且以武力攫奪之，如某地主囑某農代種大烟二十畝，官欵佃農自出，至時只收割便宜，以烟膏奉獻地主而莫敢或抗其命，蓋彼輩在諸佃農中，又被稱爲地主之親信者，彼輩又狐假虎威，再敲詐其他農戶也。地主擁田數百頃，又法力超羣，剝削佃農之方法，亦出人意表；彼輩自有其勢力及官場交際手腕，於勘丈青苗時，有一切便利；而彼向佃農丈青收租，却甚認眞，故於政府征收田賦中，彼可轉而漁利，如種田百頃，在官只丈二十頃，以四元收賦，計八十元，彼於佃農可丈青畝八十頃，亦以四元收賦，已賺利一倍矣；再加彼等常拖欠公欵、官家以另一種利益言，亦不認眞催促，彼等之利，又不可思議矣。日常生活頗闊綽，均染有大烟癮，或亦有娶姨太太者，其家庭亦如古代之官僚然，家有院丁，出有隨從，有奶媽，有丫環，每人約有匣子槍三兩枝。在昔時出必以馬弁護之，今日已減少此風矣。因染嗜好，故每日不午不起，妻稱小姐，因以笑話百出，土人背地或呼紳士爲泥頭，意卽頂綠頭巾者；又有諺云：「無頭不泥」蓋河套有女多爲娼，男皆抽烟，（河套所謂抽烟悉指大烟）雖紳董家亦難逃此醜也。

自耕農　多由佃農逐漸發達，自己購買土地而成者，終年辛勞，自給自足，生活頗泰然，婦女亦幫同男子作飯看場養喂猪，非坐食消費者，嗜好亦僅止抽大烟而已，爲農民中之最有發展希望者。

佃農　此輩生活可別爲二：有固定者，卽就某公中種地若干頃，互相爲倚，有不可分離之勢；有流動的，卽今年在此，明年在彼，逐好地而耕種。俗謂之「跑青牛犋」。蓋河套之地，以水利爲先，今年有伏水淌過之地，則明年移來耕種，收租以勘丈青苗計算，有苗不佳者折扣之，無苗者則不征稅矣；此輩農人多兼事牧業，收入尙可，雖受地主之剝削，然倚地主爲生，尙可支持，否則有牛犋而無土地，不可生活矣；故河套地主農奴之階級雖形成，而尙不致和害衝突，引起鬥爭也。傭農多無家室，以出賣苦力爲生，卽所謂長工短工是也；長工住食皆在主家，工資分兩等，「頭兒」係指揮其他傭農工作者，年可得工資八九十元至百二十元，以其農事常識多寡而定，且得主家之饋贈與優待；長工年約賺四十元至七十元。「頭兒」不下地作工，僅口頭指揮某也應作某項工作，牛犋應如何修理，地如何淌水，如何換種各事；此輩有帶家眷者，生活較優，可與自耕農相埒。長工則除田地工作外，尙須担水掃院作飯照料牲畜及督促短工之工作，「短工」日可得洋二三角，作工以日記，此輩於冬季多兼事斫柴打薙鷄捉兎子之副業，爲農民之最苦者。

農家經濟狀況

河套農村，年來已瀕破產，貸欵利率，竟高至五六分，於此可想見一般；地主佃農無論矣，卽自給自足之自耕農，亦陷於破產狀態，惟傭農因多數已流離他處，工資尚堪自活，茲探索其原因而分述之：

地主　在昔武斷一鄉，利源固多，而生活費用浩繁，拖欠官家欵項甚鉅，若田賦，水租，攤派，地方借貸流通劵等，爲數殊大，在十七八年時，粟價奇昂一時，彼輩俱大發財源，而狡賴性成，不謀償還債務，乃以之掛地者有之，開渠者有之，盡事擴張私人財富，方謀經營，不料十九二十年粟價日跌，彼輩因而破產，此其因一也。貪婪地畝既多，支出激增，稅捐繁重，而粟賤慘落，其因二也。自身驕奢淫佚，不務經營而務事剝削，且自身既嗜好多端，子弟尤多不肖，三五齡之孩提，已染烟癮，一旦被剝削者血盡毛乾，彼輩收入無依，此其因三也。

自耕農　自耕農爲農家之最實者，近年已還，遭粟賤傷農官賦苛征之災，益均陷於破產，催欵吏臨門，迫賣牛犋者有之，賣牲畜者有之，洎次年，生產工具既減，益復貧困矣。

佃農　負担倍於自耕農，故貧困更甚，去年棄牛犋什物而逃歸者，實繁有數，蓋官吏地主重重壓迫，不得不爾也：所留者，多係落戶有年，無家可歸，陷於種地無以生，不種地亦不可活之窘境，可慨也夫。

茲就記者於二十二年調查所得農家經濟狀況，分別臚陳於下，用資參考：

河套佃農家庭經濟收入支出概况

家有男子四人，女子二人，小孩二人，種中地一頃，下地一頃之戶，年可獲糜子十石，値洋十二元，麥子兩石，洋十一元六角，豌豆五石，洋五元，胡麻三石，洋十元五角，雜粮八石，洋八元，副產可入四十元，其他可入二十元，合計年收洋一百零七元一角。年支攤派洋二十元，水租十元，蒙人水草二元，村欵五元，種籽四十元，牲口吃用二十元，修理牛犋用五元，長短工九十元，衣費九元二角，吃用四十元，修蓋房一百二十元，娶媳用一百元，人事應酬二十元，合計年支洋四百八十一元二角。收支相抵入不敷出洋三百七十四元一角。

河套半自耕農家庭收入支出概况

家有男子四人，女子三人，小孩四人，種中地三頃、上地（半種）一頃二十畝之戶，年穫糜子一百八十石，值洋一百八十六元，麥子四十石，洋二百四十元，豌扁豆三十石，洋四十五元，胡麻十石，洋五十元，賣羊羔七十隻，洋一百五十元，聘女財禮洋二百元，合計年入洋八百七十一元。年支攤派洋九十三元、水租八十二元，蒙人水草九元，種籽五十四元，長短工三十一元，衣服費四十二元五角，零用十四元，娶兒媳禮洋一百五十元，讀書過年四十元，牲口食用四十五元，油十五元，食用八十元，地租除付一半糧又付十五元，婚事筵席八十元，合計共支洋七百一十元。收支相抵，淨餘洋一百六十一元。

河套自耕農家庭收支調查概況

（一）　家有老年者二人，壯丁二人，小孩二人，種上地一頃半、中地兩頃，下地一頃之戶，年穫糜子三十五石，值洋三十五元，麥子二十五石，洋一百四十五元，豆子三十四石，洋四十四元二角，胡麻九石，洋五十四元，瓜子四石五斗，洋五十七元，其他入洋三十元，副產洋二百元，合計年入洋五百六十五元二角。年支攤派洋二十元，水租洋九元，蒙人水草洋六元，村欵洋四元，種籽洋三十元，牲口食用四十元，修理牛犋洋三元，長工洋七十元，衣服費洋十三元，食用洋一百元，蓋房子洋三十元，修理房子洋四元，應酬洋六十元，合計共支洋三百八十九元。收支相抵淨餘洋一百七十六元二角。

（二）　家有老年者四人，壯丁四人，小孩六人，種上地一頃，中地兩頃二十畝，下地兩頃之戶，年穫糜子一百石，值洋一百二十元，麥子二十石，洋一百元，豌豆八石，洋十六元，胡麻四石洋十八元，莜麥十石，洋二十三元，大豆三石，洋七元五角，副產洋七元，其他入洋八元，合計年入洋二百九十九元五角。年支攤派洋二十二元，水租洋十五元，蒙人水草洋八元，村欵洋十二元，種籽洋二十五元，牲口吃用洋八元，修理牛犋洋十五元，長工洋三十元，衣服費十六元，食用洋十四元，蓋房子洋四十元，修理房子洋二十元，娶兒媳洋三百七十元，應酬筵席洋九十元，小孩讀書洋八元，其他支洋三元，合計年支洋六百八十六元。收支相抵淨虧洋三百八十六元五角。

（三）家有男子四人，女子三人，小孩六人，種中地三頃之戶，年穫糜子五十石，值洋六十元，麥子七石，洋四十二元，豌豆二十石，洋四十元，葫麻六石，洋三十元，雜糧二十石，洋二十六元，副產洋三十元，其他入洋四十四元，合計年入洋二百七十二元。年支攤派洋六十五元，水租洋三十二元，蒙人水草洋十元，村款洋二十元，種籽洋七十元，牲口吃用洋四十元，修理房子洋十二元，修理牛犋洋十二元，長工洋六十元，短工洋六十元，穿用布疋洋十二元，購買皮子五張洋五元，棉花二斤費洋二元，食用洋一百五十元，其他支洋二十元，人事應酬洋十五元，讀書費十五元，合計年支洋六百元。收支相抵，不敷洋三百二十八元。

（四）家有男子四人，女子三人，小孩一人，種上地五十畝，中地一頃，下地五十畝之戶，年穫糜子五十石，值洋六十一元，麥子二十石，洋一百一十六元，豌豆十石，洋十元，葫麻十五石，洋五十二元五角，豌豆五石，洋五元，莜麥七石，洋十四元，大豆三石，洋三元，副產入洋二十三元，其他入洋一百元，合計年入洋三百八十三元五角。年支攤派洋三十元，水租洋二十元，蒙人水草洋三元，村款洋五元，牲口吃用洋二十二元，修理牛犋洋十二元，長工洋五十元，短工洋六元，買布洋五元購皮衣洋六元，棉花一元，吃用洋一百六十元，修理房子洋十五元，人事應酬洋五十元，合計年支洋三百八十五元。收支相抵，不敷洋一元五角。

河套佃農家庭收支調查概況

家有男子三人、女子三人、小孩三人，種中地一頃，下地一頃之戶，年穫糜子六石，值洋八元，麥子四石，洋二十元，豆子一石，洋兩元五角，葫麻五斗，洋二元，瓜子一斗，洋二元，谷子三石、洋二元，山葯十石、洋十元，蘇子一石洋二元，蕎麥二石，洋三元，莜麥兩石，洋三元，副產洋一百元，其他洋七十元，合計年入洋二百二十五元五角。年支攤派洋五元，水租洋五元，蒙人水草洋十元，村款洋五元，種籽洋五十元，牲口吃用洋十元，修理牛犋洋一百元，長工洋十元，短工洋五十元、買布洋三元，買皮洋六元、棉花洋兩元四角，食用三十元，調和油酒洋二十元、修蓋房子洋二百五十元、讀書費七元，其他支洋七元，合計年支洋六百零九元四角。收支相抵，不敷洋三百八十三元九角。

河套小富農家庭收支調查概況

家有男子五人，女子三人，小孩一人，種上地五頃，中地五頃之戶，年穫糜子六十石，值洋八十元，麥子四十石，洋二百二十元，豌豆三十石，洋四十五元，葫麻二十石，洋一百元，扁豆二十石，洋三十元，谷子二十石，洋二十元，黍子二十二石，洋二十二元，副產洋三十二元，其他入洋六十五元，合計年入洋六百一十四元。年支攤派洋九十元，水租洋一百元，蒙人水草洋三十五元，村款洋五元，種籽洋十元，牲口吃用洋十二元，修理牛犋洋九元，長工洋六十五元，短工洋五十元，穿用買布四疋洋四元，買皮子五張洋七元，棉花二斤費洋一元六角，食用洋十五元，調和油酒洋五元，修理房子洋十元，人事應酬洋六元，讀書費十五元，合計年支洋四百三十七元六角。收支相抵，淨餘洋一百七十六元四角。

上文所列，有種地多而攤派少者，係先向丈青委員納賄，故折扣頗大，此河套農村負担之一端也。又上表所列之副產，多係賣牛羊所得之資，邇年牛羊價甚疲，農人售之以謀彌補收入之不足，亦忍痛所出也。

屋宇農具什物之費用

農村建造屋宇，爲農閑之事，不傭泥工，多自爲之，式樣簡單，三面堆土或坯子爲墻，一面以坯子修一低矮小門及窗戶，上加屋頂而已；遷徙時僅揭取木料而去，所費甚廉。土坯係以水合土壓成磚形即成，普通多以土塊代之；蓋河套荒野極多，土質粘堅耐久，揀地上生長寸草之地皮，以鍬切成方塊，即可代坯子而建屋。每間屋需九尺椽二十四根，（每根價一角三四分）丈檁兩條，（每條價一元五角）紅柳或芨笆子兩塊，（每塊價一元）門一合（價五元）窗一合（價兩元）除坯子人工不需錢外，每間屋僅用木料費十七八元耳：農具什物，簡陋殊甚。玆列表如下，用供參考。又河套農民需要之燃料，多不需資購買，蓋所用皆哈毛草（白荊棘）芨芨草蘆葦等，均野生，可任意採取，有牲畜在冬季多燒牛羊磚子，係以牛羊糞壓成之方塊也。

河套農用什物價格表

什物名稱	每件價格	來源	附記
大車	八十元	包頭	此係指帶套繩之好車言，若次者僅六七十元，此車卽晉省所用之大車也。
二餅子車	二十元	本地及包頭	此卽所謂汗板車，車形軸轉，輪無鐵瓦椎輪，單牛曳之。
碰倒山車	四十元	包頭	與二餅車構造相同，惟輪加鐵瓦，以其較耐用故名。
鐵鍋	價格隨稍之大小而定	山西平定	黑沙鍋每稍價七角，明鍋八角，稍多鍋大價亦隨之。
水甕	大號三元五角二號二元五角三號一元五角四號一元	清水河托縣	
粗磁碗	大笨碗每個八分二圓碗五分三四小飯盌三分	清水河托縣	

河套農具價格表

農具名稱	價格	來源	附記
東犂	六七元	包頭河曲及本地	係鐵質犂鏵，卽晉綏一帶所用者。
西犂		寧夏	係木質犂鏵，較東犂大，土人言宜於開荒，耕熟地則東犂較佳也。
東鏵	一對二角	包頭河曲	
西鏵	一對二角	寧夏	較東鏵大。

犂耳	一個 二角	包頭河曲	
耬	一個三元二角	包頭及本地	有兩腿三腿之分，兩腿者種五壟，三腿者種九壟，人多用前者。
牛	一條廿六七元	本地	
馬	一匹三四十元	本地	
耙子	十一元	包頭及河曲	
石輥子	五元	本地及甘肅	
砘子	三角	本地及甘肅	
磟碡	四元	本地及甘肅	
碾子	二十元	包頭寧夏	
磨	十元	包頭寧夏	
東鍬	一元	包頭	
西鍬	八角	寧夏	
木杴	一角	本地及包頭	
木杈子	二角	本地及包頭	
連枷	一角	本地及包頭	
木耙	二角	仝上	
鐮刀	一角五分	仝上	
鐵钁子	五角	仝上	
鋤	一元	仝上	

扇車	三十多元	仝上
簸箕	五角	仝上
篩子	二角	仝上
漏斗	三元	仝上
大羅	五元	仝上

農村之剝削者

苛捐暴吏　河套之稅捐，名目繁多，如田賦、印花、地畝附加、牲畜捐、田房學捐、戲院學捐、菜園學捐、駝捐、附加學捐、隨糧代征學捐、公益捐、烟館捐、禁烟特捐、烟畝罰欵、店捐、房捐，稅目之多，僕更難數，直接間接，均予農民以重大負担，而實數所征，又幾倍于定額。蓋暴吏催欵，勒索備至，農民無知，畏之如虎，見有紅色戳子之條子，則不得不以欵付之，初不知其據何定章與否也；連同村欵，每頃年納雜捐，當在二三十元左右。此外尙有墾務水利各局之歲租官租水租，各稅關之稅務等，無不加重農村負担。且墾局之放丈繩丈員，水利局之丈青員，索賄尤苛，否則沙梁鹼灘，不爲之去除，禾稼不佳，少爲之折扣，不僅此也，卽委員之隨從馬兵，亦莫不腦滿腸肥，蓋彼等拉繩一鬆一緊間，亦大有關係也。他若各稅關之納賄，形同公開，納十元稅，開七八元之稅票，儼然非秘密行爲。違章罰欵，亦常有之，農民無敢抗者，抑亦不知反抗，蓋其受賄雖公開，而稅章則有秘密性也。

高利貸　河套利年之高，駭人聽聞，普通每月三分五分或六分，亦有大一分者，月十元卽取利一元，亦云奇矣。又農民有春耕時貸糧籽者，普通爲春一秋二，卽春貸一斗，秋還二斗是也。亦有春一秋三者。貸糧頗易，貸金則殊難，須立契討保，至期不還，利倍作本，否則以抵押品作賣矣。無典當業，而富商紳董多兼營此利，以農民之地契作押，至期不還，則倒找微貲而攫得債務者之所有權矣。

農業物產改建芻議

河套物產饒富，除手工藝品及土法開採礦產外，類多原料，不加製造，商賈從中把持，交通又極不便，故銷路阻塞。若能將原料加以製作，減其積量笨重，則運費較廉，銷行亦易。至農業方法，則仍墨守兩千年來之成規，不知改進。茲就所見，略述於左。

（一）改良耕具　按河套農具，組陋殊甚，椎輪之車，揉木耒耜，一人兩牛，日耕田二三畝，而所耕作者，人輒十數頃，其工作草率與效率之小，可以想見一班。故以私人言，亟應改良農具，如屯軍之犂，已較便利多多；以合作言，可購機械代替人工，其生產量之增加，用費時間之經濟，有不可勝言者矣。

（二）官營機械農墾　套內土地平衺，畛塍整齊，多屬一二十頃爲一整塊者，荒田則百里平平，尤易於機械墾拓。然此種生產方法，費貲較多，宜於官辦。設以此種方法，盡墾河套荒田，則年可產糧二四〇〇〇〇〇石：惟先決問題，爲包寧路之修築也。（按河套可耕地數爲六萬八千頃，未墾者四萬餘頃，已墾者以舊法耕作計，以四分收成算，可得糧一〇四〇〇〇〇石；未墾田以機械墾拓，每頃以六分收成計，可得糧二四〇〇〇〇〇石。）

（三）改良耕作經濟　套民耕作，貪多成習，務多而不精，十頃之田，耕作者多只三人耳；耕淺弗鋤，草苗同生，既不施肥，地力時虞不足，而所供資力，所納攤派，爲數甚多，尤宜使之經濟合理化，加肥深耕，資省產饒，則庶乎有利焉。

（四）換種佳粮　套地以產糜最豊，然自外蒙不通後，糜米炒米，銷路銳減，故宜研究改良，換種其他農作物。如麥粉爲華北人民主要食品，而河套地質水利，最宜種麥：他若棉麻爲衣服原料，而河套則無人種植，亦宜試種，以裨國計民生也。

（五）獎勵自耕農　農業爲永久事業，非投機者所宜任之，然河套每多以地爲商者，僱用佃農，利不切而業不專，且一遇年景不佳，即相率逃亡，故欲河套有辦法，必先使耕者安其身業，自耕己田，庶幾心專利切，可以爲農民之中堅，是則在官廳社會，獎勵自耕農也。

第四篇 工商

工業概況

河套荒涼，無工業之可言，所有工業，大部均屬手工業。如打鐵業、木泥作業、磨房銅器業、馬鞍業、縫紉業、毛織業、磚瓦業等，茲分述其概況如左：

（一）打鐵業　打鐵業在五臨安三縣均有之，可類別爲二：一爲城市中之鐵匠樓，製造各種農具，其業務爲大師傅（即工頭）出錢資以經營，無資本之足述。大師傅下用工徒三四人，爲燒火打大錘及一切雜工，此種工徒爲向大師傅習藝者，故工資甚微，每日多者一角，少者六七分。二爲挑担子遊作於鄉村中者，此輩多一二人爲之，無確定地址，每年由甲村赴乙村，由乙村赴丙村，以有無工作而定行止；其業務爲修理農具及日用品，多食宿於農家，鐵料亦取給於農家，日惟工資三四角而已：其數目無由統計，爲此業者多山西人。

（二）木泥作業　營木作業務者，亦可分爲兩種：一爲商業性質，固定地址於城市，由股東經理經營之，而雇工作業；此類在五原約二十家，臨河約十四五家，安北五六家，資本多者五百元，少者百元，以出賣農具棺木什物爲大宗，工頭每日工資三角，食宿均在木廠。一爲流動作業者，此輩僅爲人僱傭而作業，多與泥工合作，包攬工程，工頭以包工淨利爲已之收入，小工則日得洋一角；木泥兩業，多山西及冀魯籍。

（三）磨坊　磨坊之大者曰缸房，多兼營燒酒業，亦爲商業行中之一種。其規模較大，備有磨工，設有足踏麪羅。磨以套計，兩騾拉之大石磨，一日夜可磨麪百九十六斤，謂之兩套。磨工工資，每日二三角不等。其他製酒工頭，則爲具有特別技術者，多頂生意（即股份之意，其利與股東按股均分，害則不負責任）資本多者五千元，少者一千元，蓋存糧放賬頗費資本也。磨坊之小者，不兼營製酒，僅設小磨一套，磨主自兼磨工，日可出麪百斤。此外尙有農家於冬季農閑時磨麪者，但爲數無多。河套每石麥價約六元上下，可磨得麪二百四十斤，售洋七八元，上麵每元二十五斤，餘混麵每元三十斤，多售於餅子舖烙餅，計淨利每石麥可得一元上下。

（四）　銅器業　營此業者甚少，多係一二人爲人修理用具，及化銅製一切什物，人呼之爲某銅匠，實一家庭手工藝；其工資以件數及種類計，無作日工者。

（五）　馬鞍業　營此業者，五原約十四五家，臨河半之，業務頗發達。蓋河套村落寥稀，牧畜繁盛，出入均拉馬代步，皮革及木鞍，均由該業自製，鐙及燒藍等細銅飾，均購自包頭，資本多者一二千元，少者數百元。

（六）　縫紉業　業此者五原計七八家，臨河三四家，均置舊式縫紉機兩三架，工人四五人。其業務亦差可。工人工資以件計，工價較包頭約昂四分之一，每套粗布單制服工資須洋一元，棉衣則須兩元，較細者工價加倍；大褂一件，須洋一元，棉則須洋一元五角，襖褲每件須洋六七角。

（七）　毛織業　毛織業可分四種：一爲毛布紡織，二爲栽絨毯業，三爲毛毡業，四爲毛鞋業。毛布紡織，現僅五原有一處，爲縣資所立，由五原縣長崔正春及紳士所倡立，有機兩架，技師二人，習徒十數人，由各村保送，藉圖推廣，現出布無多，該技師兼紡且織，而又兼教授也；月薪五十元。習徒習成返鄉，俾使此業普及農村，而達自給自足之目的；並開設毛布分廠，期人人能耕或織，現創設未及一年，諸尚未有頭緒也。又五原現尚有一家專織毛衣褲背心者，有技師一人，工徒八九人，亦獲利不少；惜出品粗陋，不知洗毛使淨，如能使毛色白軟，則毛布毛衣兩業，俱甚可爲也。栽絨毯業，五原有八九家，工徒計二十餘人，每人每日可織一方尺，每方尺售一元二三角，均純羔毛，其花樣陳腐，染色欠佳，較之包頭寧夏實有遜色，出品多四六，三六（長六尺寬三尺四尺）之炕毯，及馬鞍褥子（多一二五）等，年計可出二千四百方尺，實手工業中之最大特色。毛毡業者，五、臨、安、均有之，合計可出清水白毡約八九千方尺，價亦便宜，約一元可買二斤以上之成貨。毛鞋業亦頗發達，二十一年秋，因東省淪陷，在該地從事製毡靴鞋，土人稱爲「噶登凱」，有一家遷移五原，大爲製造，獲利甚鉅。此種「噶登凱」（概俄音（形如靴鞋，而不另加底子，冬月立雪中，亦不覺寒，詢塞外珍品也。該業有技師四人，去年共賣鞋靴六七千雙。每雙洋一元五六角或兩元不等；其他普通毡鞋，年可出萬雙，每雙洋七八角一元不等。

（八）磚瓦業　磚瓦業者，在河套殊少，計五原三窰，安北臨河各一二窰耳。其出品以磚爲多，瓦次之，其價磚每萬約八十元以上，瓦每千十元以上。

商業概況

河套商業，在民國十八九年以前，頗稱發達，玆分述之。一爲臨河及隆興長。一爲烏藍腦包。臨河五原之粮行雜貨商，資本有多至二萬五千元，營業額有多至六萬元者。總計隆興長鎮及臨河縣粮行，營業總值達百萬元，其貨品及價格如左表。

粮食種類	銷售區域	銷售數量	銷售總值	批發單位	價格
穀米	本地	五〇〇〇	一百萬元	石（二八〇斤）	十四元
糜米	本地	一六〇〇〇		石（三百斤）	十六元
炒（熟糜米）米	本地	一七〇〇〇		石（二三〇斤）	十元
麥粉	本地	四〇〇〇〇〇		百斤	八元五角
蕎面	本地	三四〇〇〇〇		百斤	七元五角
莜麥面	本地	三三〇〇〇〇		百斤	八元五角
豆粉	本地	一三〇〇〇〇		百斤	六元五角
葫麻油	本地	一六〇〇〇〇		元	六元半
燒酒	本地	一〇〇〇〇〇〇		元	四斤

上表所列，係大商號之營業，其他小商零售，無統計。至雜貨商營業總值達二百萬元，其中磚茶年銷二千六百五十八箱，值價一〇六〇〇〇元，水烟年銷一千三百箱，值價一〇四〇〇〇元。生烟年銷一千甕，值價七一〇〇〇元。紙烟銷數之價值，約四千餘元。紅糖白糖冰糖，年銷一千七百包，值價七五〇〇〇元。土布年銷二千捆，值價一一〇〇〇〇元。洋布年銷一萬七千疋，值價四八〇〇〇〇元。海菜銷量價

值・五八〇〇元。化裝品銷量價值，二〇〇〇〇元。蔴布年銷四百疋・值價一二〇〇〇元。毛布洋襪洋燭洋火柴之銷量共值價，二〇〇〇〇〇元。煤油年銷一千七百箱，值價一六八〇〇〇元。毛邊紙綢緞肥皂之銷量共值價，二〇〇〇〇元，此外，尚有藥材店，皮行、醬園、飯店、油房等字號四百餘家，年營業值，約近五六十萬元，其發達可見一班矣。自十九年以還・粟賤傷農，經濟破產，頓呈衰落現象，如五原雜貨商之鴻業號，爲五原貨商冠，而今亦且倒閉，糧行日盛店，晉泰豫資本均二三萬元，亦以賠累而歇業焉。

烏蘭腦包爲通蒙要道，民十七八年以前，商業之盛，爲河套冠，其營業值，可與綏包相埒。其大商號有十八家，資本均四五萬元・年營業值，每家均在二三十萬元；其規模之大，均堪驚人，舖址有大至兩頃以上者，中爲櫃房，再外爲客房，再外爲貨房，再外爲倉庫，再外爲碾磨房，再外爲牲畜圈，層層建築，宏壯已極。除十八家大商號：天瑞德，廣生西，通興公，興盛和，德豐號，萬和長，同義恒，和義成，大盛興，永義恒，幅和長，乾豐號，德成泰，德和堂，廣生恒，天聚和，謙德源，萬興億外，尚有小商號四五十家，均經營蒙人之油酒米麪及一切布疋日用品雜貨，收買農人之牛馬絨毛皮張等業。蒙人重信而稍愚，故一般商利頗厚。自民二遭蒙匪之殃，民三卽恢復原狀；民六又受盧占魁之擾，旋亦復興；民十五國民軍退却，搔擾備至，數萬人馬集駐河套，烏鎭駐軍特多，是年麥豐收，各商號供國民軍之給養無算，而費亦不貲；據謂天瑞德一家，每日以十三架轆軸碾麥，悉數供給軍隊，直如此繼續三月有奇，食麥盡矣，軍隊亦開拔，而各商元氣亦大斲傷矣。嗣以中俄亂起，外蒙商路不通，生意毫無，迄二十年各蒙商均告倒閉矣。今玆所遺，僅無屋頂之廣大院落，供吾人追憶耳。

現今商業概況

（一）五原　五原交通，較臨安爲便，商業亦最發達，自十五年五原商會，由烏蘭腦包移五原隆興長後，愈益繁榮，河套五臨兩縣人民所需，悉取給於此。蓋臨河無較大商業，多轉運五原貨物，玆分述五原商業概況於下：

城內　五原舊城爲縣政府所在地，住戶無多，商業亦僅小雜貨商，走購貨物於隆興長鎭，而零售之利，且倍於買價；住戶亦多，自赴隆鎭購取，不得已始少購買焉；而彼輩亦抱「三日不開市：開市頂三天」之心理，故直無商可言。計有小雜貨舖七家，資本多者百元而已。

鄉村　五原鄉村，多無商店，僅各區區公所所在地，及大鄉村有零售雜貨者，多屬措資三二十元，赴城購買零星日用品而售之，此外則僅有油房及缸房已也。

烏蘭腦包　烏鎭十五年前，商業繁盛，近年因外蒙不通，俱呈倒塌現象，大商號之存在者，僅德豐號一家矣。然亦僅維持現狀，坐吃山空。其他小字號，尙留三家，均係做前山韃子（卽烏拉旗蒙人）買賣，前一二年（民十九二十）尙有前山蒙人，冬季來烏販貨，近以官捐太苛，每駝捐洋五角，裹足不前，各漢商近皆以車拉運油酒米麵，送入蒙界兜售，亦有設帳交易者，帳卽蒙古包，蓋蒙人界內禁人造屋也；此種交易利頗薄，據此輩商人云：「前山韃子較漢人尤鬻」設索價少昂，彼等卽逕赴包頭購買去矣；故利僅如曩昔外蒙人之三分之一也。蓋前山韃子則供應之雖佳，亦必斤斤計較，故殊難收大利也。

隆興長　隆鎭商業，計分糧行，雜貨業，皮毛業，米麫業，藥材業，及其他飯館，靴鞋業，木店，肉舖，留人店，客棧等，以糧行雜貨業爲最著，皮行藥材業次之，茲分述如下：

糧行　粮行共五家，小磨坊兼營米麵業者，共二十餘家，資本多者二萬五千元，少者一千元，普通僅四千元。銷售貨品多本地產；外來者，僅大米一項，來自寧夏包頭，年銷六百石，每石價在五六十元。現本地粮食銷售量銳減，蓋近年粟賤傷農，包頭粮商，無來套訂購貨物者。茲錄其銷售量及價格如下：

糧品種類	年銷售額	每石價格	糧品種類	每石價格
糜米	八〇〇〇石	一・三四元	蕎麥	一・六八元
小麥	三〇〇〇石	六・四五元	莜麥	一・八九元
麥粉	一四〇〇〇〇斤	每元購三十斤	葫麻	七・七八元
穀子	二〇〇〇石	一・二五元	高粱	一・六五元

豌豆 一•八九元 燒酒 五〇〇〇〇斤 每元可購十五斤

雜豆 二•五六元 胡油 八〇〇〇〇斤 每元可購七斤

本業著名商號，爲廣泉湧，大恒永，同義長，天恒永，聚義永等五家，此外尚有大恒茂等二十餘家。

雜貨行 雜物行共計二十五家，資本額最多兩萬元，最少五千元，普通一萬元，銷售貨物極雜，烟糖布疋日用品，無不俱備，貨物多購自包頭。茲表列其價格銷售量如下：

種類	採購區域	年銷總數量	銷售總價	批發價格 單位	價格
24磚茶	包頭	二五〇〇箱	一一〇〇〇〇元	每箱（24塊）	四十四元
生烟	包頭 山西曲沃	一五〇〇簍	九四五〇〇元	每簍180包	六十三元
赤白糖	包頭	一〇〇〇包	三〇四〇〇元	每包一六〇斤	三十元零四角
64土布	仝上	二五〇〇捆	六〇〇〇〇元	每捆一二匹	二十四元
洋布	包頭	一〇〇〇捆	一一二〇〇〇元	每捆一六匹	一百一十二元
毛巾	仝上		二〇〇〇元	每塊	一角三分
洋襪	仝上		一三〇〇元	每雙	三角五分
洋火柴	仝上		一五〇〇元	每箱二四〇包	十元
煤油	仝上	一七〇〇箱	一五九八〇〇元	每箱（兩筩）	九元四角
毛邊紙	仝上	二〇〇〇刀	四八〇〇元	每刀	二元五角
水烟	河南清華	一〇〇〇箱			

雜貨業著名字號，爲福興西，恒興成、萬慶成，福義隆，德厚堂、裕興厚，福和隆，隆豊裕、德星明

，協記，福順永，潙桂，久記，義聚成，吉興和，復順西，昌富興，協聚厚，中和慶，全盛興，晉益祥，福和茂，瑞生永，久盛興，恒盛祥。此外有專營茶業者，曰義昌茶莊。專營紙烟業者，曰恒興西。其銷售烟茶，亦計入上列表內矣。

藥行　藥行九家，資本兩千元爲最多，普通僅千元。銷售貨品，以本地產藥材爲大宗，年營業總値約兩萬五六千元。

皮行　皮行計大小五十餘家，資本額最多兩萬元、普通三千元至五千元。銷售貨品以本地羊皮爲大宗年營業約値二十四五萬元。

此外有澡堂兩家，飯館五家，醬園六家，銅舖七八家，鐵舖十二家，靴鞋舖六家，連同其他小商販，總計加入商會者二百九十一家。

（二）臨河　米麵行：本縣米麵業十七家，年營業總値約二十五萬元。批發價格較五原略昂，營業總値，殊難統計。蓋五原雜貨商以售往臨河貨物者，爲數甚多也。

臨河縣屬有陝壩蠻會兩地，商業亦發達，其銷售貨品總値，可埒於臨河縣略之。

（三）安北　本縣商業殊寥落，營業額最多者，爲雜貨商店，而全縣亦惟雜商店一種，合米麪烟茶布疋日用品均售之。資本多者五百元，次者僅一二百元，全縣同釘鞋理髮各業合計約三十四五家。

金融及貨幣

（一）五原　五原無錢行銀號之設，僅有綏遠平市官錢局分局一所，以匯兌事宜及代替地方各機關匯解欵項爲主要業務。存放欵均無多，蓋本地放欵容易，收欵殊難也。前豐業銀行，曾設分行於五原，但以放欵拖欠難收，已撤消收束矣。本地所流通之貨幣，除銀幣外，有平票縣票兩種：平票爲平市官錢局所發行者，通行無阻；縣票爲地方發行之銅元票，以千枚作現洋一元；倡辦者爲五原縣長崔正春，因鑑於地方金融澀滯，粟賤傷農，地方財政，無法維持，遂以五萬額發行，但因不兌現，及濫發無度，一落千丈，無法維持；厥後趙縣長繼任，更落至一千枚左右，終以九百枚兌現，收拾殘局。

（二）臨河　臨河有平市官錢局支所一所，業務與五原同。貨幣週使硬幣與平票兩種，金融較穩定。

（三）安北　本縣無金融機關之設，縣府解欵，須派人送往包頭，轉匯極感困難。貨幣週使，爲銀幣平票兩種，現設治局長齊壽康正設法請求總局設立派出所，以活動本縣金融云。

工商改建芻議

河套工商業，幼稚特甚，胥賴改進扶植：茲述數事，以爲留意西北工商者之參証。

（一）籌設農產製造工廠　農業經濟之破產，原因雖多，而糧產滯銷，爲最大原因之一：故宜加以製造。按糜米，麥子，運銷維難，若設廠製爲酒粉，則較易獲利也。

（二）廣設毛織廠　農家副產，套俗多業牧畜，故絨毛產量極多。然近年海運阻塞，毛價大跌，而一般提倡國貨者，服用毛布最多；故宜廣設毛廠，織布織衣，易原料輸出爲製品輸出，較有益於農民經濟也。

（三）籌設農工銀行　河套農民經濟極感枯澀，利高五分，貸借無門，雖爲一般農民信用尠薄，而無抵押貸欵銀行，亦一原因也。故宜籌設以地畝糧產爲抵押之貸款銀行，一以培彼信用，一以週轉經濟，西北前途之開發，與有賴也。

（四）確立信用制度　河套商業，率多欺詐，尚未有充分信用制度之運用，故商賈週轉，亦極困難，資本效用，因以銳減。故言河套商業者，必以確立信用制度爲前提。此在一般商人之覺悟與社會之匡助也。

第五篇　物產

物產種類

河套物產富饒，爲近西北最，沃野千里，農產之豐勿論矣；平原無垠，天然牧場，畜產亦極可觀：第以渠道未闢，地棄其利，牧業又墨守成法，不知改進，致生產量日減一日；倘能以科學方法改良之，開發之，則固匪僅解決近西北之需用已也。他若礦產有煤炭，石棉等；未採者，有水晶，黑礬等。藥材產有黨參、黃芪、蓯蓉、大黃、甘草、鎖陽、山豆根、黃芩、防風、柴胡、車前子等。林產有松、柏、楊、柳、樺等。水產有鯉魚，鯽魚。工藝品有栽絨毯、毛毡、毛布、皮衣、皮革。生產之多，不可勝數，惜均以不加改良，未臻發達；甚且困於愚昧，坐棄其利，殊可慨矣。茲略以農產、畜產、礦產、藥材產、林產、水產、工藝品，分別述之。

農產

河套賴黃河天然之利，土沃物豐，爲一大米糧川。茲就三縣分述其產量如下：

（一）　五原　五原年產糜子三六七四〇石，莞豆二一七五〇石，小麥五〇五〇石，穀子五二五〇石，葫麻四七〇〇石，高粱一四〇〇石，大麥七三〇〇石，黍子七〇〇石，雜豆五〇六五石。以上所述，均據二十一年社會教育所之調查，經記者復據當地熟稔農事之紳耆所更正而塡者。糜子一頃，該所調查所得爲一五五〇〇石，小麥一頃，爲五〇〇〇石，雜豆一頃，爲一〇〇六五石，而未專列豌豆一項；然五原所產糜子，決非僅止此數，五臨實查員調查所得，與上表數字相同。另據十七八年之調查，五原產糜子五〇〇〇〇石，邇來河套人口銳減（見庶政篇人口節）糧產銳減亦適如之。於茲亦可見河套農業衰頹之一班矣。

河套年來，糧價慘跌，且不易出脫，今以現今糧價計之，五原糧產總值當如下表：

產物名稱	年產總額（石）	每石價格（元）	年產總值（元）	附記
糜子	三六七四〇	二・五	八一八五〇	
小麥	五〇五〇	六・四五	三二五七二。五	
豌豆	二一七五〇	一・八九	四一一〇七・五	

高粱	一四〇〇	一・五六	二一八四
穀子	五二五〇	一・二三	六四五七・五
葫麻	四七〇〇	七・七八	三六五六六
大麥	七三〇〇	二・八九	二一〇九七
黍子	七〇〇	一・六七	一一六九
雜豆	五〇六五	二・五六	一二九六六・四
莜蕎麥	一四〇〇	一・七	二三八〇
瓜子	一〇〇〇	九・	九〇〇〇
合計	糧產總值		二四七二四九・九元

近年來糧產均無出路，而瓜子價殊昂，且銷售亦易，故種殖者較多。第此項產品，費工殊甚，係一種投機生產，今年價昂，明年種者特多，多則價貶，價貶則種者又少矣。故產量殊無一定。上表所列，概數也。

（二）臨河　臨河年產糜子五二〇〇〇石，小麥一〇一五〇〇石，豌豆一八五〇〇石，雜豆五三〇〇〇石，葫麻八四〇〇〇石，穀子三二〇〇〇石，莜麥一〇〇〇〇石。

以現今糧價計算，臨河年產糧總值當為三三八〇九七元，列表如下：

產物名稱	年產總額（石）	每石價格（元）	年產總值（元）	附記
糜子	五二〇〇〇	一・三	六七六〇〇	
小麥	一〇一五〇〇	六・三九	六〇八五八五	
豌豆	一八五〇〇	一・八	三三三〇〇	
雜豆	五三〇〇〇	二・五	一三二五〇	

蓢麻	八四〇〇	七・八	六五五二〇
穀子	三二〇〇	一・二	一三八四〇
莜麥	三〇〇	一・八九	五六七
瓜子	一〇〇〇	八・九五	八九五〇

合計糧產總值　八五一六一二元

（三）安北　安北年產糜子三六九〇〇石，小麥六五五〇石，大麥二六二〇石，穀子五六二〇石，莜麥七〇〇〇石，蕎麥一〇〇〇石，高粱七〇〇石，蓢麻七〇〇石，雜豆六二〇石。

以現今糧價計之，安北年產糧總值，當爲一三六六四二元，列表如下：

產物名稱	年產總額（石）	每石價格（元）	年產總值（元）
糜子	三六九〇〇	一・二	四四二八〇
小麥	六五五〇	六・二	四〇六一〇
大麥	二六〇二	二・五	六九五〇
穀子	五六二〇	一・一	七一八二〇
莜麥	七〇〇〇	一・七	一一九〇〇
蕎麥	一〇〇〇	一・六	一六〇〇
高粱	七〇〇	一・五	一〇五〇
蓢麻	七〇〇	六・六	四六二〇
雜豆	六二〇	二・五	一五五〇
合計			一八四三八二元

合計河套糧產總額，年產糜子，一二五六四〇石。小麥，一一三一〇〇石。大麥，九九二〇石。豌豆，四〇二五〇石。莜麻，一三八〇〇石。穀子，一四〇七五〇石。莜蕎麥，九七〇〇石。其他雜糧，一五七八五石。合計三四二二六五石。河套粮產總值爲，五原縣，二四七二四九。九元。臨河縣，八五一六一二元。安北設治局，一八四三八〇元。合計，一二八三二四一。九元。

五原臨河安北三縣局之各農村，多有小規模之榨油燒酒業，係農民之副產，確數無稽，其概況見本書農業篇。

畜產

河套畜產，可略分牲畜，皮毛二種，無經營角骨業者。玆就三縣局分述之如左：

（一）五原　年產羊，六〇〇〇二隻。驢，五六〇〇頭。牛，一二四七八頭。猪，六四三〇口。馬，三一五〇匹。鷄，三四〇〇隻。騾，一〇〇八頭。駝，一三〇九隻。復據綏遠社會教育所之調查，其數字爲羊，一一五〇〇隻。驢，一六〇〇頭。牛，二五〇〇頭。猪，六四三〇口。馬，九〇〇匹。鷄，三四〇〇隻。騾，二八八頭。駝，三四七隻。

按五原年征牲畜捐，其捐率爲羊每隻六分，牛馬駝每隻六角，驴每隻三角，二十二年度共徵得一萬二千餘元，其畜產略數，應以記者所得較準確，以該所數字計，則僅征三千六百零七元，相差殊甚，且計征牲畜捐，貪賄偸漏，在所不免，故實或將超過記者所列數字以上也。

每年皮毛產量，爲羊皮，一五〇〇〇張。羊毛，一二〇〇〇〇斤。牛皮，二〇〇〇張。牛毛，一五〇〇〇斤。馬皮，一二一〇張。駝毛，七八〇〇〇斤。騾驴皮，一二〇〇張。猪毛，一八〇〇〇斤。狐皮，五〇〇張。羊腸，一五〇〇〇條。羔皮，一三〇〇〇張，狼皮，一〇〇張。狗皮，三〇〇〇張。兔皮，五〇〇〇〇張。

（二）臨河　臨河年產羊，九〇〇五〇隻。馬，一七四〇〇匹。驢，二一八三〇頭。牛，一八五九〇頭。駝，五〇〇〇頭。

皮毛產量，爲牛皮，二〇〇〇張。羊毛，一四五〇〇〇斤。羊皮，三〇〇〇〇張。羊絨，四〇〇〇〇斤。羔皮，三〇〇〇〇張。駝毛，五〇〇〇〇斤。騾馬皮，三〇〇張。羊腸，一〇〇〇〇條。狐皮，七〇〇張。狼皮，一〇〇張。

（三）安北　安北年產馬，九〇〇〇匹。駝，二五〇〇隻。羊，七二〇〇〇隻。猪，八〇〇〇口。牛，一四九七二頭。雞，五〇〇〇〇隻。騾，一〇〇〇頭。青山羊，四八〇〇隻。驢，七〇〇〇頭。盤羊，一二〇〇隻。

皮毛產量爲羊皮，二〇〇〇〇張。羊毛，一五〇〇〇〇斤。羔皮一〇〇〇〇張。牛毛，五〇〇〇〇斤。牛皮，一〇〇〇張。羊絨，四〇〇〇斤。青山羊皮，一二〇〇張。駝毛，一八〇〇〇斤。狐皮，一〇〇〇張。狼皮，一〇〇〇張。獾皮，二〇〇張。掃雪皮，一〇〇張。狸皮，一〇〇張。

礦產

（一）五原　五原縣境內之狼山山脈萬和長山內產煤，質殊劣，既不易燃火，復不經久，中含鉛質約百分之七八十，礦層係水成岩層，十八年春，由縣紳張文卿田喜亭等，合資着手開採，二十年始行採出，純以土法開挖，窰工四五十人，日可出煤三十七噸，年出一萬三千三百二十噸。烏蘭腦包北烏補勒山口子，亦產煤，質亦欠佳，以土法開掘，年可得煤二百八十八萬斤。

（二）臨河　臨河縣屬之狼山灣產煤，礦區約千餘畝，估計儲量約一千萬噸。現有土窰一座，年出煤十萬斤。又據前此調查，狼山灣尚有玉石、水晶、石綿等礦苗，但俱未開採，深可慨也。

（三）安北　安北後口子產石棉，年約私採二萬斤。拴馬樁，烏蘭忽洞兩地，均產無烟煤，礦區面積，各約一百四十方里。西官井，東官井，營盤灣什那干等地，均產烟煤，礦區面積，各在一百六十方里至一百八十方里間。總計安北境內無煙煤年產六百萬斤：煙煤年產三千萬斤：合計三千六百萬斤。無煙煤每千斤値洋一元，煙煤每五百斤値洋一元，除本縣銷售外，包頭、固陽，五原，臨河等處，均有大車及駱駝販運。上述各礦區，均由漢南公司開採，該公司係商辦，有限股分公司，總公司設包頭，各窰均有工人二三十人，以土法開採，每人每日可挖二千五百斤；現該公司已因經理不善，資金不足而日就衰頹矣，拴馬樁有土窰一座，係安北金耆勳等合資開設，營業較漠南公司略勝一籌，惟各窰均以法子太笨，難望有長足發展也。

藥材產

河套三縣，均產藥材，中以安北烏拉山，產藥多而且貴，惜以蒙人故步自封，嚴禁採擷，致產量殊尠。茲將三縣藥產量分述如下：

（一）五原　五原年產甘草，四〇〇〇〇〇斤，黃芩，四〇〇〇〇〇斤，鎖陽，五〇〇〇〇〇斤，大黃，五〇〇〇〇斤，銀柴胡，三〇〇〇〇斤，車前子，五〇〇〇〇斤，防風，六八〇〇〇斤，均運銷於本地及河北省。

（二）臨河　臨河產甘草，五〇〇〇〇斤，蓯蓉，三〇〇〇〇〇斤，鎖陽一〇〇〇〇〇斤，均運銷於本地及河北省。

【附記】蓯蓉產於王爺地，現為蒙王禁止採藥，產量驟減；但土人多竊採之。

（三）安北　安北第一區烏拉山，年產黨參，九〇〇〇斤，黃芪，二〇〇〇〇斤，蓯蓉，四六〇〇〇斤，柴胡，五〇〇〇斤。第一二三區，年產甘草，一三五〇〇〇斤，產量多而價賤，故近年採者甚少，大黃，四〇〇〇〇斤，第一區年產鎖陽，三三〇〇〇斤，山豆根，一二〇〇斤。

【附記】各項藥材，為蒙人禁止，但土人多採取之。

木材產

河套各縣，荒野無垠，林木甚少，茲據調查所得三縣產量如下：

（一）五原　有楊樹，四八〇〇株，柳樹，五一五〇株，材樹，一三〇株。

（二）臨河　有楊樹，一五三〇〇株，柳樹，五三〇〇株，榆樹一四五〇〇株。

（三）安北　安北烏拉山，為天然林產區，綿亘四百餘里，佳木葱翠，惟地為蒙人所轄，禁止採伐。近年安北所產，計有松樹，三○○○株，柏樹，一二○○株，榆樹，四○○○株，楊樹，五八○○株、柳樹，四○○○株，樺樹，四○○○株。

水產

水產之足述者，爲黃河鯉魚，馳名全國，膾炙人口，而尤以開河鯉爲最甘芳；其產量殊夥，計五原年產一二五○○○斤，臨河產一三○○○○斤，安北產六○○○○斤　此外水產甚少，惟安北年可產鯽魚二四○○斤已耳。

工藝品

河套無工業可言，即手工業亦極幼稚，茲就三縣分述之。

（一）五原　本縣有毛織工廠一處，爲縣建設局所立，僅有木機兩架，機師二人，所織毛布，可染各色，現一般服之者殊多，質堅工粗，有如細麻袋，惟成立未久，尚不十分發達。此外毛毯業約八九家，年可出栽絨毯，二千四百方尺，每方尺價洋一元二角。毛氈業約二十餘家，年可出清水白氈四千八百方尺。毛單業者亦二十家，年可產毛單一千五百條。毛口袋年可產二千條。氈帽年可產三千頂，氈鞋年可出六千雙。皮衣年可出一千件。皮褥年可出一千五百條。

（二）臨河　本縣亦有栽絨毛毯諸業，但多爲家庭工業，每年出產量，爲數甚少，無確數可記；惟約略言之，可有五原五分之二。

（三）安北　本縣工藝品，無可足述者，僅年產毛毯二千四百方尺，毛氈四千方尺，毛口袋千餘條而已。

其他物產

河套除上述產物外，尚有麻、芨芨、紅柳等出產，計全套每年可產線麻約三十萬斤，花麻約三萬斤，芨芨約三千萬斤，紅柳約一千萬斤，紅柳、芨芨多供本地作燃料，及編籮笆之用，無向外銷售者。又芨芨亦名薙鷄草，係草本植物，高可丈餘，與紅柳均叢生於野，一望數十里，極目無涯，中多產薙鷄，故又名薙鷄草・薙鷄。兔子為河套野產，每年產量絕大，而確數難稽。人有自河套歸者，冬季必以薙鷄，鯉魚為饋贈品，蓋味殊甘而價極廉也。

第六篇 水利

沿革

河套雨澤甚少，農田所恃，厥為渠道，澆水則膏腴，不澆則石田坐暵，故土人有「不靠天吃飯」之諺。攷初來套者，僅打漁之漢人，偶於近河處以桔槔取水澆田，試行種植，大適其利，於是來者日衆。道光三十年，河溢北岸，決成一河，名曰塔布河，其水自行地中，所過之地，盡成膏腴，於是墾殖者接踵而至，甫來套中即議開渠，渠各私有，一渠之成，往往需時數十年，耗欵數十萬，如甄玉，侯應奎，郭敏修，王同春輩，父子相代，親友共營，持以毅力，卒開成大幹渠九道（後淤一道）小幹渠二十餘道，又每歲須深浚其身，厚培其岸，始得灌田千百頃，功程偉大，經營實匪易易也。迨光緒二十九年，貽谷奉命督辦墾務，因水利與墾務休戚相關，除將私墾蒙地統歸官放，兼籌渠務之發展；各地戶知地既歸公，渠亦難為私有，乃先後將自挖各渠，呈請報效；貽谷派員勘收後，加寬加深，疏浚暢流，又添挖支渠，於是河套水利，蔚然大觀矣。至民九渠道經營失宜，議者謂為散戶承保責任不專之咎，於是綏遠都統蔡成勳部第一師長楊以來，假灌田公社名義，統包八渠永租地，截至十一年，租欵欠至十餘萬元，渠亦將歸湮廢；於是五原紳董呈請整頓，經由綏遠墾務總辦收回，改租與五原人士合組之匯源水利公司及興農社；十二年設水利總局於包頭，然遠地遙轄，終無改進也。十七年裁水利總局，由墾務總局兼理；二月墾務總局召開水利會議，決定所有渠道，各歸地方人合組水利公社，自行經理，由墾務總局及地方官督飭辦理，將墾務總局之渠利科，長川駐五；十八年改渠利科為包西各渠水利管理局，直隸綏遠建設廳。同年四月，由建廳向山西省銀行，貸晉鈔十四萬，專資修渠之需，各渠始略見起色矣。

渠務管理之組織

渠道之經理，各歸各水利公社，而由水利管理局督飭之。水利管理局設局長一人，文牘會計各一人，管理渠道委員六人，技師一人，各渠水利社設經理副經理各一人，文書會計司賬渠頭各一人，經理由民戶票選，呈局轉請建廳加委。每二年改選一次，其他由經理聘用，此外又票選董事五人至九人，組董事會，爲諮詢監察機關。此渠務管理之大略也。

渠務管理之經費

各渠經費，可分經常費與工程費二項；各渠經常費用，由各渠所屬粮地，召廟地，戶口地，未墾地，移民地，學田實業基金地，永租地等地戶，按照每年夏秋間勘丈青苗地畝數目，平均担負，每頃年納五元，其半數充水利管理局經費，半充該渠水利社經費，有不敷時，呈廳籌措，其有雖曾澆水而無青苗者，亦免交此款。工程費用，分歲修特別兩種：歲修費每頃年納七元，其籌法與上述同，此款有餘則存放，不敷則呈廳核籌。特別修渠之工程，除隨時受水利管理局之監督外，須由管理局轉呈建廳核辦，費用水利社商同本渠民戶籌墊之，年內由青苗地攤還。上述各項費用，統由水利社征收，而管理局協催之。

灌溉情形與澆水通例

黃河水之漲落，在河套有一定季節，河水高漲，方可入渠澆地，是以水因氣節而分類，地亦以能否常年澆溉或僅某季能澆溉而異其價值。河水高漲季，普通分六期，列表如下：

河水類別	高漲季節	高漲天數 最長	中常	最短
春水	清明前	十天	七天	三天
桃花水	谷雨前後	十五天	十天	七天
熱水	立夏前後	三十天	十五天	十天
伏水	夏至——立秋	四十五天	三十天	二十天

秋水	立秋——霜降	六十天	四十天	三十天
冬水	立冬前後	十天	六天	四天

水以伏水爲最佳、今年伏汛澆過，至秋將餘水放出收凍，次年地氣一開，酥如鷄糞，僅耙一次，即可播種撒籽，此種地可種麥、莜麥、豌豆、工力省而收穫多，爲最好。秋水亦可澆地收凍，惟水質較伏水爲次，可種糜子，高粱，葫麻，菜蔬黍子莞豆扁豆等。桃花水可種糜子。熱水可種小麥糜子山葯。春水，無人肯用，因水質帶鹼性之故。冬水亦然。惟冬水上結厚冰，用以拉渠，勝於修挖。農事均有定時青苗缺水則死，故澆水先後，關係收獲甚鉅；狡猾之徒，或則私自放水、或設閘激水，故有澆水定章，章由管理局與各渠水利社以各渠情形而定，其通例有如建廳所頒之管理包西各渠水利章程，第十條所規定者。各渠澆水章程，由管理局會同各公社分別各渠實地情形及習慣斟酌規定呈核實行，其大綱如左：

（1）各渠澆水辦法，以使各渠民戶得享平均的水利爲原則。

（2）各渠向係平口，各民戶不得築閘堨，倘非閘堨不能澆地者，必須事先察看水勢，商允請准，但以不妨他人水利爲限度。

（3）各渠澆使春熱伏秋冬等水，應分別照向章習慣，口輪梢、梢輪口，依次輪流澆水，不得紊亂。

（4）各渠之水，須先儘青苗地澆灌，俟澆畢方准依次輪澆其他未種各地。

（5）各渠之水有餘，照曩例彼此代澆，以收互助之益，但絕對的禁止私擅賣放。

（6）各渠使水，須限以一定之次序及日期，不得逾越，或私自開放渠口。

排渠工作概況

河套各渠，每歲須修挖，蓋河水混濁，而各渠又多不暢，水挾泥沙，淤滯渠道，故必年修而後可也。普通排渠工作，冬季多在㶊圪梁上，有水區域，則多在陽曆五月左右，排渠時將渠分作若干段，每段長約六七十丈，派工人一班，約六十人，而設工頭、測丈夫、司賬、厨夫等，由水利公社派人監督修理；

排掘工程，有土坑土方之别：土坑者，係濬深之謂：土方者，係築高之謂。又有背坑，半背半丟，全丟之别；背坑者，完全用斗（謂之背斗）背土于渠背；半背半丟者，先用鍬搬土于渠之旱台，再用斗背之；全丟者，僅用鍬掀土于渠外。工價按土方計算，每一百立方尺爲一方（即是方一丈深一尺）需工價大洋約三角，並由社發給每人每日小米一升及皮烟火柴等，俟工竣後，由工價內扣除買價；但通常此等烟茶價洋一角，則扣除工價或將三角，此肥則由水利社經理吞食，而分肥於社內同人及工頭等，積久成習而亦未易改除；倘不由此等位居資產階級之經理經理渠工，則此項烟茶油米之墊發，爲數甚鉅，頗難負担得起也。

渠道概況

渠道有幹渠，枝渠，子渠之别，以幹通枝，以枝通子，勢成一局。幹者，其渠口密接黃河，係全渠之主流；其于主流枝出者爲枝渠，由枝旁出者爲子渠；是以渠道之利、首在幹之暢流、而幹之能否暢流，實關地勢渠工退水等問題甚大。

河套地勢，未經科學勘測，昔人開渠，多靠經驗與估計，以定渠道之走向：且河身在南，勢須就南引水，是以今日各渠皆自南趨北，或自西南趨東北，然此種情形，實未可遽謂地勢必如是也。河套地面斜度，係自西傾東、自北傾南，五原以東，則中低而南北稍高，東南方面，亦漸遠漸高，以迄烏拉山山麓；故各渠水流，自口至梢，係逆勢上行，水之入渠，全賴水流擁擠之力，有如海潮擁擠之入於江河，固非順地勢引導也。各渠之身，因就水性下流灌溉田地之故，必擇地勢較高之地；然全渠經流地域既廣，延長或至百里，則難擇適宜地段；若過於彎曲以就地勢，則引水之勢雖順，而用水一有不慎，則立有決口之患；若渠身中段稍低、亦易泛濫，謂之腰軟，故渠背務須加厚，方克有濟。渠身之長寬深度因渠而異，惟均須有一定比例，蓋渠長，則澆地用水多、渠身亦當稍寬，使水流可以擁擠達梢。至於深度，尤須就全渠地勢爲比例，測準坡度，方可免淤塞不通或泛濫四溢也。渠背之闊狹、各渠多無一定，兩岸之建造方法、普通只用泥土堆砌，亦有以荊棘根合土爲之，以防水之衝刷者。各渠引水之方法，有用「倒漾水」者，卽渠口並不直接河身，而係背流東向。俟河水經過迴流一次，然後入渠是也。有用「套水」者，卽就水流屈曲之處開口，則河水不至太大，便於引導是也。亦有用迎水埧迎阻水流使擁擠入渠者也。大都因渠而異，各有利弊。用倒漾水者，可免填塞之弊；若河水暴漲，則不免仍有閉塞。用套水者，原係恐河水太大，不克引導，然黃河水流，常時遷徙，渠口難常適用；且河水低落，則引水亦殊困難。用埧阻水者，較合科學原理；然築埧於河，殊屬困難；埧後流緩沙沉，易成淤灘，現今永濟渠用倒深水，長濟設迎水埧，因永濟渠口位於上游，水勢較旺，愈東則水位愈低，如義和通濟諸渠，來源既下，不能換之使上，再東至於長濟，水位更低，非設迎水埧，不能引水矣。至於退水問題，各渠自有退水道者甚少，各大渠多靠黃河故道五加河爲尾閭，故五加河不啻各渠之總幹，但五加河多半淤塞，下游並已淤斷，不復與大河通；近年改革包西水利之議，多提及修濬五加河，其目的或係以五加河爲總進水渠，而以現在各渠爲支流，使渠水沿今日各渠，注於大河；或則仍以五加河爲退水路，而特注重退水之迅捷，期可以補救今日渠道淤塞之弊。

河套幹渠較大者有十一：曰永濟、剛濟、豐濟、沙河、義和、通濟、長濟、塔布、黃土拉亥、楊家河、民復，除楊家河之外，十幹渠盡屬公有，各組水利公社。（剛濟無獨立之水利社，由永濟社兼營）其概況如左表：

項別／渠別	在某縣境	長度(里)	平均寬度(丈)	平均深度(尺)	灌溉面積(頃) 潦年 總數	潦年 每里灌域	常年 總數	常年 每里灌域	旱年 總數	旱年 每里灌域
永濟	臨	150	8	6	6000	40	3000	20	1000	6.67
剛濟	臨	130	3	3	500	3.85	300	2.31	100	0.77

豐濟	臨五	73	4	4	2000	27,4	1000	13.70	500	6'85
沙河	五	83	4	4	1500	18,07	600	7,23	200	2,41
義和	五	90	4	4	2000	22,22	1000	11,11	300	3,33
通濟	五安	114	3	3	1200	10,53	500	4,38	200	1,75
長濟	五安	130	3	4	1500	11,54	800	6,15	350	2,69
塔布	五安	120	3	3	1200	10	500	4,17	150	1,25
黃土拉亥	臨	145	4	3	5000	34,48	2500	17.24	1000	6,9
楊家河	臨	160	5	4	4000	25	2500	15.63	600	3,75
民復	安	55	2	3	800	14,54	450	8,18	250	4,54

十一大渠外，所有各小渠，盡屬私有。其概況如左表：

包西各渠水利管理局所轄私有各幹渠情況一覽表

項別／渠別	地點	長度（里）	平均寬度（丈）	平均深度（尺）	灌溉面積（頃）總數	灌溉面積（頃）每里澆域

三大股	臨、千古廟灘	20	20	30	200	10,00
色爾宿亥	臨、永濟渠西	20	10	20	100	5,00
藍鎖	臨、藍鎖地	50	20	30	1000	20,00
秀華堂	臨、永濟渠口東	10	10	20	50	5,00
魏羊	臨、魏羊地	10	10	20	100	10,00
強家	臨、強油房	20	20	30	100	5,00
天德源	臨、張家廟灘	30	10	20	100	3,33
土昧地	臨、土昧地	30	20	30	500	16,67
馬廠地	臨、土昧地東	8	20	30	30	3,75
戶口地	臨、土昧地東	8	10	20	30	3,75
德成	臨、張家廟灘	20	10	20	100	5,00
春厚生	臨、劉三地	20	20	30	100	5,00
同興德	臨、麻迷兔東	20	10	20	50	2,50

長青牛	臨、麻迷兔東	10	10	20	10	1,00
廠汗淖	臨、廠汗淖	10	10	20	10	1,00
舊皂火	五、常興堂十拉特拉一帶	40	20	30	100	2,50
新皂火	仝上	50	20	30	200	4,00
熊萬庫	臨、大蹚子一帶	20	10	20	30	1,50
黃	五、鄔家地一帶	30	20	30	100	3,33
存厚堂	五、鄔家地	10	10	20	200	20,0
哈拉烏素	五、哈拉烏素	10	10	20	100	10,0
阿善	五、阿善地	20	20	20	100	5,00
十大股	五、阿善渠東	10	10	20	30	3,00
同興堂	五、同興堂地	10	10	20	50	5,00
李樹林	五、梅林圪卜	10	10	20	50	5,00
合少公中	安、合少公中達旗地	40	20	20	100	2,50

杭蓋	安、隴淖一帶杭蓋地	20	10	20	50	2,50
吳祥	安、七蓋王幼女子地一帶	20	10	20	50	2,50
王留子壕	安、西山咀	20	60	50	1000	50,00
烏加河各泠渠退水	沿狼山入烏梁素海子	10	20	40	100	10,00

綏遠包西各渠水利管理局歷年丈青實地總數比較表

年別	永租地	水租經費地	總數	增	減	
民國十四年份	二千頃	三千一百三十四頃二十五畝八分三厘	五千一百三十四頃二十五畝八分三厘			查十四年以前勘丈地數墾務總局無案可稽本年水租仍按以前商包確定數核收自十四年秋後經包西水利總局將八幹渠收歸官轄各私渠經費統一事權
十五年份	八百三十五頃一十三畝八分五厘	三千零七頃五十八畝一分五厘	三千八百四十二頃七十二畝		較上年減一千二百九十一頃五十三畝八分三厘	

十六年份	十七年份	十八年份	十九年份	二十年份	二十一年份
六百五十一頃七十四畝三分四釐	八百零四頃二十一畝九分六釐	七百零四頃五十三畝二分七釐	八百三十頃零六十二畝四分	八百九十四頃六十七畝零五釐	三百零四頃二十七畝三分五釐
五千零五十八頃五十二畝三分二釐	四千六百五十八頃五十四畝零八釐	六千七百四十五頃七十九畝四分一釐	七千二百二十七頃六十六畝四分六釐	七千五百七十五頃五十七畝六分八釐	六千五百七十頃零二十七畝四分六釐
五千七百一十頃零二十六畝六分六釐	五千四百六十二頃七十六畝零四釐	七千四百五十頃零三十二畝六分八釐	八千零五十八頃二十八畝八分六釐	八千四百七十頃二十四畝七分三釐	六千八百七十四頃五十四畝八分一釐
較上年增一千八百六十七頃五十四畝六分六釐		較上年增一千九百八十七頃五十六畝六分四釐	較上年增六百零七頃九十六畝一分八釐	較上年增四百一十一頃九十五畝八分七釐	
	較上年減二百四十七頃五十畝零六分二釐				較上年減一千五百九十五頃六十九畝九分二釐
查本年增數因黃土拉亥渠三湖灣中灘各渠收歸官有故多勘丈一千八百餘頃	由本年份各社設立水利公社以官督民修上半年由墾務總局渠利科管轄下半年改歸墾務五分局兼辦	成立水利管理局各社即歸水利局管理			

公有各渠概況

（一）永濟渠　永濟原名纏金渠，係地商永盛興，錦和成等，于道光五年間，自黃河起，東北行，經五大股、臨河城西、李三渡口、公中廟、至五加河止，幹渠長百五十里，共有枝渠六道：曰樂善堂渠，西大渠（亦名永字渠）中枝渠（亦名遠字渠），舊東渠（亦名流字渠），新東渠，東梢渠。樂善堂渠，長約四千八百丈。西大渠，長約三千三百丈。中枝渠，長約四千三百丈。舊東渠，長八千八百丈。新東渠，長六千二百丈。東梢渠長六千丈。幹渠自口至樂善堂渠，長約百里，寬十二三丈，深一丈餘。樂善堂渠以下，寬七八丈，深亦及丈。存發公以下，寬四五丈，深四五尺。渠口在背流東向處，故經迴流一次，水方可入渠，俗稱「倒漾水」。渠身上游坡度適中，故少東塌西陷之患，兩岸堤堰不高，隨處可開枝渠。樂善渠口以下，枝渠加多，正渠之水量少，故渠身亦量小。至于公中廟，渠腰太軟，時有決口之虞，遍野蘆塘，蓋其地爲山東移墾社及實業基金地，無人切實經營故也。過公中廟後，渠身仍屈曲得勢；下至新東舊東分流處，渠水高而地低，水流漫溢，亦多遺患。正梢自高同世橋以達五加河一段，淤塞處頗多，退水困難。按後套各渠中，以永濟爲容量最大，水勢最旺，或謂每歲可灌田二萬頃，但現今灌溉所及者，不過□千頃；供過于需，故氾濫也。近年剛濟上游不暢，因增設枝渠與永濟溝通，此項枝渠名（一）永盛和渠（二）永剛渠（三）新永剛渠。

（二） 剛濟渠　剛濟渠原爲地商賀清開濬，股分衆多，枝渠林立，渠身長可百三十里。自黃河起，經劉三地，毒玉子橋，三岔口，烏藍賈圪素，復隆昌、色蓋、以達烏攝古琴出梢。有新舊二口，均曾由王同春經營。枝渠凡十餘道 1 永盛和 2 張存梅 3 高士均 4 周大存娃 5 張楄林 6 陳雙中 7 永厚成 8 烏槐補隆 9 同元成 10 李萬福 11 韓鉞 12 呂三 13 白言太 14 王步來 15 康福祥，長者五千餘丈，短者千餘丈，各有子渠。然幹渠上游，曲折甚多，水流經若干沙山，以達平地，凡七十里，方能灌地；而流量原即不大，行數十里，即難上水；且地高水低，故上游實無存在之價值。自十一二年以來，漸行湮廢，近歸永濟社管理，引永濟餘水，以溝通下游，始略見水利。

（三） 豐濟渠　豐濟渠乃清光緒年間地商王同春，韓鉞等合資開挖，計費銀七萬餘兩，由黃家灣開口，引黃河水，東北流經劉三地、天吉太橋、馬廠地、夾拉水道、白來圪卜、五分子橋、協成橋等處，入五加河，計長九十里，口寬六丈，深八尺，梢寬二丈七八尺，深四尺餘，大小枝渠凡二十三。

綏遠五原縣豐濟渠水利公社所屬兩面各枝渠調查表 二十一年七月填

名稱	修鑿之時間及工欵來源額數	長寬深淺及其流量之大小	所灌村落	枝渠數目	備考
渠東元會辦渠	前清宣統元年自行墊欵約計千餘元	長九百丈寬八尺深三尺流量足用	五原二十四村	第一支渠	
渠東交界渠	民國十八年自行墊欵約計千餘元	長一千二百丈寬一丈深三尺流量足	五原二十三村	第二支渠	
渠東勞桃氣渠	仝上	長九百丈寬八尺深三尺流量足	仝上	第三支渠	
渠東察汗淖渠	民國十六年自行墊欵約計二千餘元	長一千八百丈寬八尺深二尺流量足	五原十九村	第四支渠	
渠東楊二禿渠	民國十四年自行墊欵約計四千餘元	長三千六百丈寬一丈二尺深三尺流量足	仝上	第五支渠	
渠東刀浪名渠	民國十八年由社墊欵約計九百餘元	長二千四百丈寬丈二尺深三尺流量足	五原二十三村	第六支渠	
渠東改蘭淖渠	民國十五年自行墊欵二千餘元	仝上	仝上	第七支渠	
渠東桃兒虎渠	前清宣統二年自行墊欵約計七千餘元	長五千四百丈寬一丈六尺深三尺流量足	仝上	第八支渠	
渠東五分子渠	民國十九年自行墊欵約計千餘元	長九百丈寬六尺深三尺流量足	仝上	第九支渠	
渠東十八圪兔渠	民國八年自行墊欵一萬五千元	長一萬八千丈寬二丈四尺深四尺流量足	五原六八二十二村	第十支渠	
渠東鐵馬什拉渠	民國十七年由公私各半墊欵七百餘元	長一千八百丈寬一丈深三尺流量足	五原二十三村	第十一支渠	

渠東公中渠	民國八年自行墊欵約計千餘元	長九百丈寬八尺深二尺流量足	五原二十二村	第十二支渠	
渠東銀定兔渠	前清宣統元年自行墊欵約計七千餘元	長五千四百丈寬一丈六尺深四尺流量足	仝上	第十三支渠	
渠東安師爺渠	民國十七年由公私各半墊欵約計一千餘元	長一千二百丈寬一丈深三尺流量足	仝上	第十四支渠	
渠東秦七圪旦渠	民國十年自行墊欵約計千餘元	長九百丈寬八尺深三尺流量足	仝上	第十五支渠	
渠西察汗包渠	民國十四年自行墊欵約計千餘元	長一千二百丈寬八尺深二尺流量足	臨河洋行地	第十六支渠	
渠西二合永渠	民國十六年自行墊欵約計一千六百餘元	長一千四百丈寬八尺深三尺流量足	五原二十三村	第十七支渠	
渠西甲浪水道渠	民國十六年自行墊欵約計八九百元	長七百丈寬八尺深三尺流量足	仝上	第十八支渠	
渠西馬廠地渠	民國十六年自行墊欵約計二千餘元	長一千八百丈寬八尺深三尺流量足	仝上	第十九支渠	
渠西白來渠	民國十六年自行墊欵約計千餘元	長九百丈寬八尺深三尺流量足	仝上	第二十支渠	
渠西韓威鳳渠	仝上	仝上	仝上	第二十一支渠	
渠西七股地渠	民國二十年自行墊欵一千七百餘元	長二千四百丈寬一丈深三尺流量足	臨河第四村	第二十二支渠	
渠西補隆渠	民國十六年自行墊欵一千餘元	長一千四百丈深八尺深三尺流量足	五原二十二村	第二十三支渠	

統計可灌田七百餘頃，常年均有水可澆。按豐濟渠渠水暢旺，現所灌地，僅用流量十分之五六，餘水氾濫為害；蓋欵項支絀，渠梢未能劈寬，致流不能暢故也。支渠中什八圪兔渠，向東行與沙河渠梢交叉

，尙可略分水勢，中段夾拉水道五分子橋處，有腰軟之弊；近將渠背加高，已少淹沒之虞矣。

（四） 沙河渠　沙河渠係光緒十五年王同春開挖，自五原西南鄉惠德成黃河北岸起，東北行經五原縣中部，過梅令廟，入五加河，計長八十三里餘。口寬四丈，深六尺、梢寬三尺。大小支渠凡七十餘道。其概況如下：錦繡堂支渠修竣三十餘年，長十五里，寬一丈二尺、深四尺、灌第二村。王工頭支渠，修竣二十餘年，長七里，寬一丈二尺，深四尺，灌第二村。呂二支渠，修竣二十八年，長三里，寬一丈，深三尺，灌第二村。成起堂支渠，修竣二十二年，長一里寬八尺，深三尺，灌第二村。塔備壕支渠，修竣二十五年，長十五里，寬一丈二尺，深四尺，灌第二村。柴生花支渠修竣二十餘年，長五里，寬八尺，深三尺，灌第二村。龍文堂支渠，修竣二十二年，長三里，寬一丈，深三尺，灌第二村。張大櫃支渠，修竣二十五年，長十七里，寬一丈，深三尺，灌第三村。李官爾支渠，修竣二十餘年，長六里寬一丈二尺深三尺，灌第三村，譚櫃支渠，修竣三十餘年，長二里寬八尺深三尺，灌第三村。六合支渠，修竣三十餘年，長二里寬八尺深三尺，灌第三村。楊五支渠，修竣三十餘年，長二里，寬八尺，深三尺。灌第三村。黑界支渠，修竣三十餘年，長二里，寬八尺，深三尺，灌第三村。張腮加支渠，修竣十一年，長三里，寬八尺深三尺，灌第三村。南牛犋支渠，修竣二十三年，長六里寬八尺，深四尺，灌第三村。五大股支渠，修竣十四年，長十五里，寬一丈，深四尺。灌第三村。長工支渠，修竣二十餘年，長七里寬八尺深三尺，灌第四村。鴨子兔支渠，修竣二十八年，長二里，寬八尺深二尺，灌第四村。警務長支渠，修竣五年，長八里，寬一丈深三尺，灌第四村。花生支渠，修竣十三年，長四里寬八尺深三尺，灌第四村。劉會長支渠，修竣四年，長四里，寬八尺，深三尺，灌第四村。補紅支渠，修竣三十餘年，長十六里，寬八尺，深三尺，灌第四村。劉德奎支渠，修竣四年，長七里，寬六尺，深三尺，灌第四村。三和公支渠，修竣三十年，長二里，寬八尺，深三尺。灌第四村。三櫃圪旦支渠，修竣三十四年，長二里寬八尺深三尺，灌第四村。和尙圪堵支渠，修竣三十餘年，長三里，寬八尺，深三尺，灌第四村。趙二鎮支渠，修竣七年，長二里，寬八尺，深三尺，灌第五村。洋人渠支渠，修竣三十餘年，長七里，寬一丈，深四尺，由公家籌欵，灌第六村，梅令廟支渠，修竣三十餘年，長三里，寬八尺，深三尺，灌第六村。人字支渠，修竣三十年，長三里，寬一丈，深三尺，灌第六村。和會支渠，修竣二十餘年，長十五里，寬一丈二尺、深二尺，灌第五村。魏九如支渠，修竣十二年，長七里、寬七尺、深四尺，灌第五村。楊潤支渠，修竣十三年，長八里、寬一丈、深三尺，灌第五村。郝羊拴支渠，修竣十年，長二里，寬八尺、深三尺，灌第五村。王擺言支渠，修竣七年，長二里、寬八尺、深三尺，灌第五村，王建寅支渠，修竣五年，長二里，寬八尺、深三尺，灌第五村。電報局支渠，修竣十二年，長五里，寬八尺、深三尺，灌第五村。藺二慶支渠，修竣十二年，長二里寬八尺、深三尺，灌第五村。閻長支渠，修竣十二年，長十二里，寬八尺、深三尺，灌第五村。同義隆支渠，修竣二十年，長十五里，寬一丈五尺、深三尺，由公家籌欵，灌第五村。

統計上述各支渠，可灌田五百頃，（全渠流經地可千五百頃。因渠久失修，現能灌及者，僅四五百頃，）僅可於夏秋兩季澆水，即青苗澆一次，秋後莊地再澆一次已耳。蓋大河水落，渠道淤塞，非深加洗挖，難望水暢也。

【附記】一．上文所述支渠均通幹渠，至所屬支渠數目，無詳確調查。二，沙河渠支渠計共七十餘道，上文共列四十道，係就較大者列之。三，上文所列各支渠，係就上游依次敘述。四，上述各支渠，除洋人渠同義隆渠外，均係由所在地花戶自行籌欵修鑿，其工欵數目無確實考查。

（五）　通濟渠　通濟渠原名老郭河，係同治初年四川老郭名大義者所開。至光緒二十年，經其子郭敏修承父志糾同史老虎，萬太公，李達元等完成之，故又名四大股渠。係自西土城黃河岸開口，東北行經德厚成，迄燕安和橋，長八十里；又東北行經板旦村而入長濟渠，轉五加河，長三十里，係郭敏修獨立；故又名五大股渠。計費銀三萬兩。光緒三十年，墾務放地，公家備銀七萬兩贖歸公有，始組社經營。全長一百一十里，寬三丈四五尺，深五尺，支渠共計大小一百四十二道，惟黃河南邊，水勢不旺，且經灌田公社包租後，廢壞更甚，灌田無定時，總以河水高漲平口即淌也。

第一支渠，楊鋤勾於民國初年自工修築，長一里、寬三丈深三尺，流全渠百分一之，灌楊鋤勾圪旦村。

第二支渠，王田亭，於民國九年自工修築，長二里寬六丈深三尺，流全渠百分之一，灌李小圪卜地。

第三支渠，孔九成，於民國九年自工修築，長二里寬六丈深三尺，流全渠百分之一，灌大北渟村。

第四支渠，趙喜元，於民國二十一年自工修築，長十一里、寬一丈、深五尺、流全渠百分之一，灌八頭樹村。

第五支渠，務殖堂，於光緒十九年墾務局出銀六千兩開鑿，長十五里、寬三丈、深五尺、流幹渠全部，灌公義社地。一丈子渠有三道。

第六支渠，韓世旺，於民國十五年自工修築，長十里、寬八尺、深三尺、流幹渠百分之二，灌辛二圪堵地。有支渠四道。

第七支渠，陳善忠，於民國六年自工修築，長十里、寬八尺、深四尺、流幹渠百分之二。灌四虎姓圪旦地。有支渠二道。

第八支渠，蔡家渠，於前清光緒初年由包戶蔡景榮出銀萬兩修鑿，長三十五里、寬一丈四尺、深五尺、流幹渠十分之三，灌蔡家地與白家地，有支渠二十道。

第九支渠，彭化舫，於民國初年自工修築，長四里、寬八尺，深四尺，流幹渠百分之二。灌德厚成村，有支渠三道。

第十支渠，彭化舫，於民國初年自工修築，長五里，寬一丈、深五尺。流幹渠百分之五，灌德厚成村。有支渠五道。

第十一支渠，彭化舫，於民國初年自工修築，長二里、寬六尺、深三尺、流全幹渠百分之一，灌德厚成村，有支渠二道。

第十二支渠，彭化舫，於民國初年自工修築，長二里、寬六尺、深三尺、流全幹渠百分之一。灌德厚成村，有支渠三道。

第十三支渠，興盛成，於民國初年自工修築，長四里、寬六尺、深三尺、流幹渠百分之一，灌興盛成地，有支渠四道。

第十四支渠，魏三，於民國九年自工修築，長四里、寬八尺、深四尺、流幹渠百分之三，灌弓步地，有支渠三道。

第十五支渠、孟王拴，於民國九年自工修築，長四里、寬八尺、深四尺、流幹渠百分之三，灌弓步地，有支渠四道。

第十六支渠，白家渠，於光緒二十二年自工修築，長五里、寬一丈、深五尺、流幹渠百分之五，灌白家地，有支渠八道。

第十七支渠、趙二於光緒三十三年自工修築，長四里、寬六尺、深三尺、流幹渠百分之一。灌白家地，有支渠三道。

第十八支渠，三成永南渠，於光緒初年包戶三成永出銀三千兩開鑿、長十一里、寬一丈、深五尺、流幹渠十分之一，灌白家地，有支渠十道。

第十九支渠，譚櫃渠於民國九年自工修築，長五里、寬一丈、深五尺、流幹渠百分之五。灌大盛成村。有支渠三道。

第二十支渠郭祥，民國十七年自工修築，長二里、寬八尺、深四尺、流全渠百分之二、灌三尖村地。有支渠兩道。

第二十一支渠譚櫃渠，民國九年自工修築，長二里，寬八尺、深四尺，流全渠百分之二，灌大盛成村地。有支渠二道。

第二十二支渠吳有，民國初年自工修築，長二里、寬三尺、流幹渠百分之一，灌三尖村地，有支渠兩道。

第二十三支渠天益成，光緒三十三年自工修築，長五里、寬八尺、深四尺、流全渠百分之二，灌白家地。有支渠三道。

第二十四支渠，三成永北渠，於光緒二十三年包戶三成永出銀千兩修築，長十一里、寬一丈、深五尺、流全渠十分之一，灌白家地，有支渠兩道。

第二十五支渠，燕聚海，於光緒三十三年自工修築，長二里、寬六尺、深四尺、流全渠百分之一，灌白家地，有支渠兩道。

第二十六支渠，呂二仁於光緒三十三年自工修築，長二里、寬六尺、深三尺、流全渠百分之一，灌白家地，有支渠兩道。

第二十七支渠，天益成於光緒三十三年自工修築，長五里、寬八尺、深四尺、流全渠百分之二，灌白家地，有支渠兩道。

第二十八支渠，白怡道於光緒十六年自工修築，長五里、寬一丈、深五尺、流全渠百分之五，灌白家地，有支渠三道。

第二十九支渠，白怡道於光緒三十三年自工修築，長八里、寬八尺、深四尺、流全渠百分之二，灌白家地，有支渠三道。

第三十支渠，白怡道於光緒三十三年自工修築，長八里、寬六尺、深三尺、流全渠百分之一，灌白家地，有支渠兩道。

第三十一支渠，白怡道於光緒三十三年自工修築，長八里、寬六尺、深三尺、流全渠百分之一，灌白家地，有支渠兩道。

第三十二支渠，鴻農永於民國十八年包戶白怡道出銀三千元開鑿，長二十里、寬一丈、深五尺、流全渠百分之八，灌什泥廟地，有支渠十道。

第三十三支渠，郭維權於光緒二十六年自工修築，長三里、寬八尺、深四尺、流全渠百分之一，灌什泥廟地，有支渠一道。

第三十四支渠，郭維權於光緒二十六年自工修築，長四里、寬八尺、深四尺、流全渠百分之二，灌什泥廟地，有支渠兩道。

第三十五支渠，郭維權於光緒二十五年自工修築，長二里、寬六尺、深二尺、流全渠百分之一，灌什泥廟地，有支渠兩道。

第三十六支渠，郭維權，與上同。

第三十七支渠，和小子於民國初年自工修築，長一里、寬六尺、深三尺、流全渠百分之一，灌燕安和橋村，有支渠一道。

第三十八支渠，田板頭於民國九年自工修築，長三里、寬八尺、深四尺、流全幹渠百分之二，灌燕安和橋村，有支渠一道。

第三十九支渠，靳三於民國九年自工修築，長二里、寬五尺、深三尺、流全渠百分之一，灌燕安和橋村，有支渠二道。

第四十支渠，李月明於民國初年自工修築，長二里、寬一丈、深三尺、流全渠百分之一，灌燕安橋村，有支渠兩道。

第四十一支渠，黃腦樓於民國初年自工修築，長三里、寬一丈、深五尺、流全渠百分之五，灌燕安和橋村，有支渠兩道。

第四十二支渠，張二旦於民國九年自工修築，長二里、寬八尺、深四尺、流全渠百分之二，灌柳匠圪堵村，有支渠一道。

第四十三支渠，薄二保於民國初年自工修築，長一里、寬六尺、深三尺、流全渠百分之一，灌柳匠圪堵村，有支渠一道。

第四十四支渠，三和昌於民國初年自工修築，長三里，寬一丈、深五尺、流全渠百分之五，灌柳匠圪堵村。

第四十五支渠，張二旦於民國初年自工修築，長一里、寬五尺、深三尺、流全渠百分之一，灌柳匠圪堵村，有支渠一道。

第四十六支渠，保爾漢廟於光緒二十年包戶郭敏修出銀萬兩開鑿，長二十五里、寬三丈、深五尺、流幹渠全部，灌惠平長村與保爾漢廟村，有支渠十五道。

第四十七支渠，張六擠於民國九年自工修築，長二里、寬五尺、深二尺、流幹渠百分之一，灌惠平長村與保爾漢廟村，有支渠一道。

第四十八支渠，張四喇嘛於民國二年自工修築，長三里、寬五尺、深三尺、流幹渠百分之一，灌惠平長村與保爾汗廟村，有支渠一道。

第四十九支渠，柳匠圪堵於民國初年自工修築，長三里、寬八尺、深四尺，流幹渠百分之一，灌惠中長村與保爾汗廟村，有支渠兩道。

第五十支渠，大頭爾圪卜於民國九年自工修築，長四里、寬八尺、深四尺、流全渠百分之二，灌大頭爾圪卜村，有支渠四道。

第五十一支渠，大頭爾圪卜於民國九年自工修築，長四里、寬四尺、深三尺、流全渠百分之一，灌大頭爾圪卜村，有支渠兩道。

第五十二支渠，大櫃渠於光緒二十三年，李四祥出銀一千五百兩開鑿，長十里、寬一丈、深五尺、流全渠百分之五，灌王光照壕，有支渠十道。

第五十三支渠，袁成香於民年初年自工修築，長二里、寬六尺、深三尺、流全幹渠百分之一，灌王光照壕，有支渠兩道。

第五十四支渠，劉克治於民年初年自工修築，長三里、寬六尺、深三尺、流全幹渠百分之一，灌王光照壕，有支渠兩道。

第五十五支渠，大頭爾圪卜於民國初年自工修築，長三里、寬八尺、深四尺，流全幹渠百分之二。灌大頭爾圪卜村，有支渠三道。

第五十六支渠，大頭爾圪卜於民國初年自工修築，長三里、寬八尺、深三尺、流全幹渠百分之三，灌大頭爾圪卜村，有支渠三道。

第五十七支渠，霍報帶於民國十四年包戶白惟義出洋一千五百元修鑿，長五里、寬一丈、深五尺、流全幹渠百分之五，灌板旦村，有支渠五道。

第五十八支渠，楊三於民國九年自工修築，長三里、寬六尺、深三尺、流全幹渠百分之一，灌板旦村，有支渠兩道。

第五十九支渠，老和娃於民國初年自工修築，長一里、寬六尺、深三尺、流全渠百分之一，灌板旦村，有支渠一道。

第六十支渠，趙華林於民國初年自工修築，長一里、寬六尺、深三尺、流全渠百分之一，灌板旦村，有支渠兩道。

第六十一支渠，趙華林於民國初年自工修築，長一里、寬八尺，深四尺，流全渠百分之二，灌板旦村，有支渠三道。

第六十二支渠，惠豐長於光緒三十三年自工修築，長五里、寬一丈、深五尺、流全渠百分之一，灌板旦村，有支渠五道。

第六十三支渠，立耕堂於光緒二十三年自工修築，長四里、寬一丈、深五尺、灌板旦村，有支渠四道。

第六十四支渠，公積堂於光緒三十二年自工修築，長五里、寬一丈、深五尺、流全渠百分之五，灌板旦村，有支渠四道。

第六十五支渠，張進才於民國九年自工修築，長三里、寬六尺、深五尺、流全渠百分之一，灌張進才圪旦村，有支渠兩道。

第六十六支渠，王疤子於民國九年自工修築，長二里、寬六尺、深三尺、流全渠百分之一，灌張進才圪旦村，有支渠兩道。

第六十七支渠，王疤子於民國九年自工修築，長二里、寬六尺、深三尺、流全深百分之一，灌張進才圪旦村，有支渠兩道。

第六十八支渠，公積堂於光緒二十八年自工修築，長四里、寬八尺、深四尺、流全渠百分之二，灌劉蛇圪旦村，有支渠兩道。

第六十九支渠，農業堂於光緒二十八年自工修築，長五里、寬一丈、深五尺、流全幹渠百分之五，灌劉蛇圪旦村，有支渠五道。

第七十支渠，農業堂於光緒二十八年自工修築，長五里、寬八尺、深四尺、流全渠百分之二，灌劉蛇圪旦村，有支渠兩道。

第七十一支渠，霍報帶係天然渠壕，未加工修，長三里、寬三丈、深三尺、流全幹渠一部，灌楊三橋村，有支渠五道。

第七十二支渠，甘永泉於民國初年自工修築，長三里、寬八尺、深四尺、流全幹渠百分之二，灌板旦村，有支渠兩道。

第七十三支渠，樊亮於民國初年自工修鑿，長三里、寬八尺、深四尺、流全幹渠百分之二，灌板旦村，有支渠兩道。

第七十四支渠，樊外撓於民國初年自工修築，長三里、寬六尺、深三尺、流全幹渠百分之一，灌板旦村，有支渠一道。

第七十五支渠，寧遠堂於光緒二十八年自工修築，長二里、寬八尺、深四尺、流全幹渠百分之二，灌板旦村，有支渠兩道。

第七十六支渠，六分子於光緒二十五年郭敏修出銀三千兩開鑿，長十五里、寬一丈二尺、深五尺、流全幹渠十分之三，灌六分子村，有支渠二十五道。

第七十七支渠，郭維權於光緒二十五年自工修築，長三里、寬六尺、深三尺、流全幹渠百分之一，灌六分子村，有支渠兩道。

第七十八支渠，郭維權於光緒二十五年自工修築，長二里、寬八尺、深四尺、流全幹渠百分之二，灌六分子村，有支渠一道。

第七十九支渠，郭維權於民國二十五年自工修築。長二里、寬六尺、深三尺，流全幹渠百分之一，灌六分子村，有支渠一道。

第八十支渠，郭維權於民國二十五年自工修築，長二里、寬八尺、深四尺、流全幹渠百分之一，灌六分子村，有支渠一道。

第八十一支渠，郭維權於光緒二十年五自工修築，長二里、寬八尺、深四尺、流全幹渠百分之一，灌六分子村，有支渠兩道。

第八十二支渠，郭維權於光緒二十五年自工修築，長二里、寬八尺、深四尺、流全幹渠百分之一，灌六分子村，有支渠兩道。

第八十三支渠，郭維權於光緒二十五年自工修築，長二里、寬六尺、深三尺、流全幹渠百分之一，灌六分之村，有支渠一道。

第八十四支渠，郭維權於光緒二十五年自工修築，長二里、寬八尺、深四尺、流全幹渠百分之一，灌六分子村，有支渠一道。

第八十五支渠，德厚堂於光緒二十五年自工修築，長五里、寬一丈、深五尺、流全幹渠百分之五，灌六分子村，有支渠兩道。

第八十六支渠，德厚堂於光緒二十五年自工修築，長五里、寬八尺、深四尺、流全幹渠百分之二，灌六分子村，有支渠三道。

第八十七支渠，天聚公於光緒二十五年自工修築，長三里、寬八尺、深四尺、流全幹渠百分之二，灌六分子村，有支渠兩道。

第八十八支渠，薄鍾祿於光緒二十五年自工修鑿，長三里、寬八尺、深四尺、流全幹渠百分之二，灌六分子村，有支渠三道。

第八十九支渠，薄鐘祿於光緒二十五年自工修築，長二里、寬六尺、深三尺、流全幹渠百分之一，灌六分子村，有支渠一道。

第九十支渠，薄鐘祿於光緒二十五年自工修築，長二里、寬六尺、深四尺、流全幹渠百分之一，灌六分子村，有支渠一道。

第九十一支渠，郭滿勤於光緒三十三年自工修築，長二里、寬六尺、深二尺、流全幹渠百分之一，灌六分子村，有支渠一道。

第九十二支渠，杜富成於光緒三十三年自工修築，長三里、寬六尺、深三尺、流全渠百分之一，灌六分子村，有支渠一道。
第九十三支渠，致中和，於光緒三十三年自工修築。長三里、寬一丈、深五尺、流全幹渠百分之五，灌六分子村，有支渠一道。
第九十四支渠，張海堂，於光緒三十三年自工修築。長一里、寬六尺、深三尺、流全幹渠百分之一，灌六分子村，無支渠。
第九十五支渠，致中和，於光緒三十三年自工修築。長三里、寬一丈、深五尺、流全幹渠百分之五，灌六分子村，有支渠四道。
第九十六支渠，致中和，於光緒三十三年自工修築。長三里、寬八尺、深四尺、流全渠百分之二，灌五道口子，有支渠兩道。
第九十七支渠，致中和，於光緒三十三年自工修築，長三里、寬八尺、深四尺、流全渠百分之二，灌五道口子，有支渠兩道。
第九十八支渠，致中和，於光緒三十三年自工修築。長三里、寬八尺、深四尺、流全渠百分之二，灌五道口子，有支渠兩道。
第九十九支渠，致中和於光緒三十三年自工修築，長三里、寬一丈、深五尺、流全幹渠百分之五，灌五道口子，有支渠三道。
第一百支渠，致中和於光緒三十三年自工修築，長三里、寬八尺、深四尺、流全幹渠百分之二，灌五道口子，有支渠兩道。
第一百零一支渠，致中和於光緒三十三年自工修築。長三里、寬一丈、深五尺、流全幹渠百分之五，灌五道口子，有支渠兩道。
第一百零二支渠，致中和於光緒三十三年自工修築。長三里、寬八尺、深四尺、流全幹渠百分之二，灌五道口子，有支渠兩道。
第一百零三支渠，致中和於光緒三十三年自工修築，長二里、寬一丈、深五尺、流全幹渠百分之五，灌五道口子，有支渠三道。

第一百零四支渠，致中和於光緒三十三年自工修築，長二里、寬一丈、深五尺、流至幹渠百分之五，灌五道口子，有支渠三道。

第一百零五支渠，哈拉卜爾洞，於民國初年自工修築，長一里、寬一丈、深五尺、流至幹渠百分之五，灌哈拉卜爾洞村，有支渠一道。

第一百零六支渠，哈拉卜爾洞於民國初年自工修築，長一里、寬一丈、深五尺、流至幹渠百分之五，灌哈拉卜爾洞村。

第一百零七支渠，哈拉卜爾洞於民國初年自工修築，長一里、寬一丈、深五尺、流至幹渠百分之五，灌哈拉卜爾洞村。

第一百零八支渠，張近才於民國初年自工修築，長二里、寬六尺、深三尺、流至幹渠百分之一，灌哈拉卜爾洞村，有支渠一道。

第一百零九支渠，李二旦於民國初年自工修築，長一里、寬六尺、深三尺、流至幹渠百分之一，灌哈拉卜爾洞村。

第一百一十支渠，高八斤於民國初年自工修築，長一里、寬六尺、深三尺、流至幹渠百分之一，灌哈拉卜爾洞村，有支渠一道。

第一百一十一支渠，樊根枝於民國初年自工修築，長二里、寬八尺、深四尺、流至幹渠百分之二，灌哈拉卜爾洞村，有支渠一道。

第一百一十二支渠，楊滿倉於民國初年自工修築，長二里、寬一丈、深五尺、流至幹渠百分之五，灌哈拉卜爾洞村，有支渠二道。

第一百一十三支渠，三黃保於民國初年自工修築，長一里、寬六尺、深五尺、流至幹渠百分之一，灌三黃保圪堵村，有支渠一道。

第一百一十四支渠，劉板四，於民國初年自工修築，長二里、寬六尺、深三尺、流至幹渠百分之一，灌三黃保圪堵村，有支渠一道。

第一百一十五支渠，灌田社，於民國十三年自工修築，長二里、寬八尺、深四尺、流全幹渠百分之二，灌王光正壕，有支渠兩道。

第一百一十六支渠，陳三和於民國十三年自工修築，長一里、寬六尺、深三尺、流全幹渠百分之二，灌王光正壕，有支渠二道。

第一百一十七支渠，霍報帶於民國初年自工修築，長二里、寬一丈、深五尺、流全幹渠百分之五，灌王光正壕，有支渠一道。

第一百一十八支渠，灌田社於民國十二年灌田社出洋一千五百元，長十里，寬一丈、深五尺、流全幹渠百分之五，灌王光正壕，有支渠三道。

第一百一十九渠，王外長於民國初年自工修築，長二里、寬一丈、深五尺、流全幹渠百分之五，灌王光正壕，有支渠三道。

第一百二十一支渠，宋無士於民國初年自工修築，長二里、寬一丈、深五尺、流全幹渠百分之五，灌王光正壕，有支渠一道。

第一百二十二支渠，甘湧泉於民國初年自工修築，長三里、寬八尺、深四尺、流全幹渠百分之二，灌板旦村，有支渠一道。

第一百二十三支渠，樊亮於民國初年自工修築，長三里、寬八尺、深四尺、流全幹渠百分之二，灌板旦村，有支渠一道。

第一百二十四支渠，樊外撓於民國初年自工修築，長一里、寬六尺、深三尺、流全幹渠百分之一，灌板旦村，有支渠一道。

第一百二十五支渠，郭維權於民國初年自工修築，長二里、寬八尺、深四尺、流全幹渠百分之一，灌板旦村，有支渠兩道。

第一百二十六支渠，党義德，於民國十年白怡道出洋五百元，長三里、寬一丈、深五尺、流全幹渠白分之五，灌董全圪堵。

第一百二十七支渠，劉安祿於民國初年自工修築，長一里、寬六尺、深三尺、流全幹渠百分之一，灌董全圪堵。

第一百二十八支渠，郭維權於民國初年自工修築，長二里、寬八尺、深四尺、流全幹渠百分之一，灌板旦村，有支渠一道。

第一百二十九支渠，德厚堂於民國初年自工修築，長三里、寬一丈、深五尺、流全幹渠百分之五，灌板旦村，有支渠一道。

第一百三十支渠，德厚堂於民國初年自工修築，長二里、寬八尺、深四尺、流全幹渠百分之二，灌板旦村，有支渠一道。

第一百三十一支渠，德厚堂於民國初年自工修築，長二里、寬一丈、深五尺、流全幹渠百分之五，灌板旦村，有支渠一道。

第一百三十二支渠，黨義德於民國十年白怡道出洋一千二百元，長七里、寬一丈、深五尺、流全幹渠百分之五，灌董全圪堵，有支渠四道。

第一百三十三支渠，那林刀爾計於民國初年自工修築，長三里、寬一丈、深五尺、流全幹渠百分之二，灌板旦村，有支渠一道。

第一百三十四支渠，那林刀爾計於民國初年自工修築，長一里、寬八尺、深四尺、流全幹渠百分之二，灌板旦村，有支渠一道。

第一百三十五支渠，天聚公於民國初年自工修築，長一里、寬八尺、深四尺、流全幹渠百分之二，灌板旦村，有支渠一道。

第一百三十六支渠，薄鐘祿於民國初年自工修築，長三里、寬八尺、深四尺、流全幹渠百分之二，灌板旦村。

第一百三十七支渠，薄鐘祿於民國初年自工修築，長二里、寬六尺、深三尺、流全幹渠百分之一，灌板旦村。有支渠一道。

第一百三十八支渠，趙琪於民國初年自工修築，長二里、寬八尺、深四尺、流全幹渠百分之二，灌板旦村，有支渠一道。

第一百三十九支渠，郭滿動於民國初年自工修築，長二里、寬八尺、深四尺、流全幹渠百分之二，灌板旦村。

第一百四十支渠，杜富成於民國初年自工修築，長二里、寬六尺、深三尺、流全幹渠百分之二，灌板旦村，有支渠一道。

第一百四十一支渠，張海堂，於民國初年自工修築，長二里、寬六尺、深三尺、流全幹渠百分之二，灌板旦村。

第一百四十二支渠，致中和，於民國初年自工修築，長二里、寬一丈、深五尺、流全幹渠百分之五，灌板旦村，有支渠兩道。

（六） 長濟渠　長濟渠係地商侯應奎于咸豐七年開挖，由黃河起，經東土城、徐海灘、吉爾曼太、萬太公、東槐木、大有公、小廠汗淖、至伊肯補隆之東南，入五加河，計長百二十里。口寬四丈，深七尺。梢寬三丈。渠口築壩，長約五丈，寬五尺，以紅柳芨芨根黃土砌成。上游二十里無彎曲，兩岸多築丁字壩，以防水之衝刷也。自西槐木以下，渠身因地勢之高下而曲折，枝渠亦借弓背開口，然曲折太甚，時有決口之虞。

（七） 塔布渠　塔布、蒙語五數也。因渠係地商樊三喜，吉爾古慶、夏明堂、成順長、高和娃、合股開挖故名。原係道光三十年河水冲決略加挑挖而成，為套渠之祖。渠口在長濟渠口下四里。身寬三丈餘，深三尺。梢寬三丈，深二尺。自渠口經馬廠地，同心堂、合少公中、打拉兔、西河畔，入烏梁素海子，長百二十里。枝渠凡十餘道，稱樊根來渠者五，稱陳駝羔渠者四，稱張照渠者七，稱李安邦渠者三，各以所有人名渠也。渠身良好，旱台盤齊，惟因不加修濬，前曾淤塞多年，民十七重修，略復舊觀。

（八） 黃土拉亥渠　黃土拉亥渠，創始于河曲人楊氏；楊氏中落，渠湮不治。光緒庚子年間，教案發生，以全部渠地賠償，抵銀十四萬兩，渠地全權，操之外人，十六年，始無條件收回公有。渠長一百四十七里半。上游寬五丈五尺，深七尺。下游寬四丈五尺，深四尺。下梢寬三丈五尺，深三尺。渠口在黃羊木頭南保豊兔灣。向東北流，經黃羊木頭，陜壩，蠻會，大發公，聖家營，分二枝入五加河。水勢暢旺，可灌田千五百頃，全年可灌溉六次。惜上游第知劈寬，下游未知開濬，時患冲決。枝渠凡四十道。

附黃土拉亥渠所屬支渠調查表

名稱	修鑿之時間及工欵來源額數	長寬深淺及其流量之大小	所屬村落名稱	所屬子渠數目	備考
第一支渠張全鑿	民國十六年張自出洋一千六百元	長十三里寬八尺深三尺	烏藍淖	無	
第二支渠賈六	民國十四年自出洋四千三百元	長十六里寬一丈深五尺	仝上	五	
第三支渠皮鶴年	民國十年段富治出洋五千餘元	長二十三里寬一丈深四尺	仝上	四	
第四支渠王章定	民國十二年自出洋四千三百餘元	長十八里寬一丈深四尺	陜壩	三	
第五支渠王章定	民國十三年自出洋二百餘元	長二里寬六尺深三尺三寸	仝上	無	
第六支渠三大股	民國十二年本渠地戶夥出洋二萬七千元	長三十八里寬二丈二尺深六尺	仝上	四五	
第七支渠訾三	民國十三年訾三出洋三百元	長三里寬六尺深三尺	仝上	無	
第八支渠郭連生	民國十四年郭連生出洋六百四十元	長五里寬六尺深四尺	仝上	無	

第九支渠 小南渠	民國十五年衆地戶出洋五千四百元	長二十里寬一丈深五尺	仝上	一五	
第十支渠 胡忠	民國十五年胡忠出洋八百元	長六里寬五尺深五尺	仝上	無	
第十一支渠 園子	民國十五年天主堂出洋二萬八千元	長三十九里寬二丈二尺深六尺	仝上	五一	
第十二支渠 沙河	民國七年天主堂出洋八千二百一十元	長三十二里寬一丈二尺深四尺	仝上	三二	
第十三支渠 王良	民國七年王良出洋六千三百元	長二十九里寬一丈深四尺	仝上	三一	
第十四支渠 劉長	民國六年劉長出洋二百二十元	長六里寬五尺深四尺	仝上	無	
第十五支渠 魏二	民國十五年魏二出洋二千元	長十四里寬五尺深四尺	仝上	三	
第十六支渠 王三八	民國十五年王三八出洋二百三十元	長三里寬五尺深三尺	仝上	無	
第十七支渠 許存保	民國十三年許存保出洋四百五十元	長三里寬七尺深四尺	上蠻會	二	
第十八支渠 太和堂	民國十二年太和堂出洋二千〇八十元	長十三里寬一丈深四尺	仝上	三	
第十九支渠 段江世	民國十六年段江世出洋一百五十元	長四里寬三尺深三尺	仝上	無	
第二十支渠 段江世	民國十六年段江世出洋五百元	長四里寬八尺深三尺	仝上	二	
第廿一支渠 下蠻會西	民國三年天主堂出洋二萬三千元	長三十三里寬二丈五尺深五尺	下蠻會	六	

第廿二支渠 豐茂盛	民國十三年豐茂盛出洋七百七十元	長八里寬六尺深三尺	上蠻會	四
第廿三支渠 豐茂盛	民國十三年豐茂盛出洋八百元	長八里寬五尺深四尺	仝上	無
第廿四支渠 陳大	民國十二年陳大出洋八百五十元	長九里寬五尺深三尺五寸	仝上	二
第廿五支渠 武三	民國八年武三出洋二千五百元	長十二里寬一丈深四尺	同上	七
第廿六支渠 蘭如林	民國十六年蘭如林出洋六百元	長八里寬五尺深三尺	同上	無
第廿七支渠 義成全	民國七年義成全出洋二千八百元	長十三里寬一丈深四尺	同上	六
第廿八支渠 廣義永	民國五年廣義永出洋三百六十元	長十四里寬一丈二尺深四尺	同上	八
第廿九支渠 上蠻會	光緒三十二年上蠻會出洋四千八百元	長十五里寬一丈五尺深四尺	同上	八
第三十支渠 德和泉	民國十六年德和泉出洋一千七百元	長八里寬一丈深四尺	同上	四
第卅一支渠 戶口地	民國七年李萬搡出洋二千八百元	長十五里寬一丈深三尺五寸	同上	六
第卅二支渠 柴油房	民國七年柴油房出洋二千七百元	長九里寬一丈深四尺五寸	同上	四
第卅三支渠 七大股	民國十七年衆出洋三千二百元	長十五里寬一丈深四尺	大發公上	七
第卅四支渠 王亮亮	民國十九年王亮亮出洋一千元	長七里寬八尺深三尺五寸	同上	無

第三十五支渠 大發公	民國四年天主堂出洋一萬四千元	長二十五里寬一丈八尺深六尺	同上	七	
第三十六支渠 三尖	民國六年李鳳成出洋一千元	長七里寬八尺深三尺五寸	同上	三	
第三十七支渠 吳海虎	民國十四年吳海虎出洋五百一十元	長四里寬八尺深三尺	同上	三	
第三十八支渠 玉隆永	民國三年天主堂出洋一千三百元	長八里寬八尺深四尺	同上	四	
第三十九支渠 昌盛連	民國十二年昌盛連出洋一千五百元	長八里寬一丈深三尺五寸	同上	四	
第四十支渠 盛家營	民國十三年地戶夥出洋一千五百元	長七里寬一丈深四尺	同上	五	
說明	查渠水分春水熱水秋水冬水，其流量之大小，隨黃河之漲落為轉移，伏水最大，熱水秋水次之，春水冬水又次之。再渠之高低，亦關係流量之大小，故本表無法填入，特此聲明				

（九）義和渠　義和渠係光緒十八年王同春所開。渠口在土城子。初挖至三岔口，二十六年，由三岔口過隆興長，接挖至巴總地。二十八年，始出梢，通五加河。欵由王同春獨籌，計費銀八千六百餘兩。計長一百一十五里。寬四丈，深平均五尺。灌域遼廣，計澆西牛犋、同興德、田大八地、南牛犋、保德素、四大股、北牛犋、新舊巴總地等數十村，地約兩千頃。惟水不敷用，平均年可澆五百頃。如遇水小時，須在舊巴總地築壩數月，始能灌溉。支渠計四十五，惟均不長；最長者三十里，次二十里，十五里，餘僅五七里者。

（十）民復渠　原名扒子補隆教堂渠，民國十九年，向教堂收歸公有，始改今名。渠長五十五里，寬二丈，深四尺。渠之所經，為西河畔、義和魁等處；均為塔布渠灌溉所及，故渠務之利不大，將來可灌地四百餘頃。

私有各渠概況

（一）楊家河渠　楊家河係道光間楊姓開，嗣湮廢。民六經楊義林復濬，仍其舊名，但不仍其舊址。十六年底工始竣。費時十一年，糜欵七十四萬四千餘兩。渠口在臨河縣境之義祥永，向西北行，經頭道橋，中宮堂，納子亥，二道橋，三道橋，板旦加浪，入五加河，計長二百里，爲套渠中最長者。渠口寬七丈，深七尺。幹平均寬五丈七八尺，深六尺餘。每年可澆水七次，開河水，桃花水，熱水，伏水，秋水，凍水，冬水。計灌平政，平化，平城，平定，平治，平順，太和，太昭，太熙，九村，地千餘頃。按楊家河渠係私有性質，工程管理局歸私人，自行負責，責專利均，成績甚好。惟近年五加河淤塞，渠梢不暢，影響灌田不少。本渠亦照章組水利社，其澆灌地，每年丈青須納費十二元，十元充修渠費，二元五角充社經費，二元五角充包西渠利管理局經費。支渠繁多，列表如左：

後套臨河縣楊家河自修渠所屬支渠調查表　二十一年七月三十日查塡

名稱	修鑿之時間及工欵來源額數	長寬深淺及其流量之大小	所灌村落名稱	所屬支渠數目	備考
「渠東」第一支渠黃羊木頭渠	民七年楊春林私欵一萬六千二百餘兩	長三千四百丈寬二丈深五尺水大而暢	黃羊木頭及召灘一帶	十六道	
第二支渠于生留	民國十五年楊春林私欵二萬二千四百餘兩	長一千八百餘丈寬一丈六尺深四尺水勢中	腦高特拉及召灘一帶	九道	
第三支渠中谷兒	民六楊春林私欵三萬二千四百餘兩	長九千丈寬二丈深五尺水大而暢	烏蘭淖兒紅柳等處	三十八道	
第四支渠劉高保	民十一劉高保私欵二千餘兩	長七百二十餘丈寬一丈深四尺水勢中	中谷兒堂一帶	無	
第五支渠傅鑑羅	民七傅鑑羅私欵四百餘兩	長三百六十餘丈寬六尺深四尺水勢不佳	中谷兒堂門前一帶	無	

第六支渠老謝渠	民九楊春林私欵三萬二千四百餘兩	長一萬〇八百餘丈寬二丈深五尺水勢中	速台廟老謝圪卜一帶	四十一道
第七支渠東邊渠	民九衆花戶集欵五千餘兩	長一千四百四十餘丈寬一丈深四尺水勢中	捉鼈壕楊二圪旦一帶	七道
第八支渠王根根	民八王根根劉給哈合欵二千餘兩	長七百二十餘丈寬一丈深四尺水勢中	哈喇溝一小部	無
第九支渠亦名東邊	民十七楊春林私欵六千四百八十餘兩	長二千七百餘丈寬一丈六尺深五尺水大而暢	哈喇溝沙溝堰一帶	十一道
第十支渠小東邊	民八衆花戶集欵一千五百餘兩	長七千二十餘丈寬一丈深三尺水勢中	哈喇溝一小部	四道
第十一支渠呂平治	民八呂平治私欵三百餘兩	長三百六十餘丈寬一丈六尺深三尺水大而暢	同上	無
第十二支渠郝二老漢	民八郝二私欵八百餘兩	長五百四十餘丈寬一丈深四尺水大而暢	二道橋西	無
第十三支渠劉高保	民八劉高保私欵八百餘兩	同上	二道橋南	無
第十四支渠王四渠	民八王四私欵六百餘兩	長五百四十餘丈寬六尺深四尺水大而暢	同上	無
第十五支渠王銀坑	民八王銀坑私欵六百餘兩	長二百四十餘丈寬六尺深四尺水大而暢	同上	無
第十六支渠朱二其	民八朱二其私欵三百餘兩	長三百六十餘丈寬四尺深三尺水大而暢	同上	無
第十七支渠高長林	民八高長林私欵一千五百餘兩	長九百丈寬一丈深三尺水大而暢	二道橋	無
第十八支渠劉啟世	民八劉啟世與張溫于三家集欵八千兩	長一千六百二十餘丈寬一丈深五尺水大而暢	二道橋城東至沙濠堰畔	五

第十九支渠陝壩渠	民八民十楊春林私欵二萬二千六百八十兩	長六千二百丈寬二丈深五尺水大而暢	三道橋東速台廟王仲喜圪旦千家圪旦關二安圪旦	二三	
第二十支渠楊毛匠	民九楊毛匠私欵一千餘兩	長七百二十餘丈寬一丈深四尺水大而暢	楊毛匠圪旦	無	
第廿一支渠田驟駒	民九田驟駒私欵二百餘兩	長三百六十餘丈寬四尺深三尺水大而暢	田驟駒圪旦	無	
第廿二支渠郭啟世	民九郭啟世私欵三百餘兩	長五百四十餘丈寬四尺深三尺水大而暢	郭家台子附近	無	
第廿三支渠沈存子	民九沈存子私欵一百餘兩	長三百六十丈寬四尺六深三尺水大而暢	沙羅圈西沈存子圪旦	無	
第廿四支渠趙拴馬	民十趙拴馬私欵五百餘兩	長五百四十餘丈寬四尺六深三尺水大而暢	三道橋南至沙羅圈北	無	
第廿五支渠天主堂	民十天主堂私欵二千餘兩	長九百餘丈寬一丈深四尺水大而暢	三道橋堂東堂西	無	
第廿六支渠天主堂	民十天主堂私欵三百餘兩	長三百六十餘丈寬六尺八深三尺水大而暢	三道橋堂北	無	
第廿七支渠王外生	民十王外生私欵一百七十餘兩	長三百六十餘丈寬四尺六深三尺水大而暢	王外生圪卜高三小子圪旦	無	
第廿八支渠塔侯仁	民十塔侯仁私欵五千餘兩	長一千六百一十餘丈寬一丈深三尺水大而暢	塔侯仁圪旦三大股	三	
第廿九支渠熱水圪卜	民十李留所私欵一百餘兩	長三百六十餘丈寬四六深三尺水大而暢	熱水圪卜	無	

第三十支渠 蠻會支渠	民十一至十四楊春林私欵八萬一千六百四十八兩	長一萬二千六百丈寬三丈六尺深六尺水大而暢	蘆草圪卜李三禿圪旦蠻會堂西勾星廟圪卜天義生圪卜溝義和後速一圐	七三	
第三十一支渠 胡達賴	民十二胡達賴私欵五千餘兩	長一千四百四十餘丈寬一丈六尺深四尺水大而暢	沙溝堰胡達賴城附近	三	
第三十二支渠 白喬保	民十二白喬保私欵二千餘兩	長九百餘丈寬一丈深四尺水大而暢	白喬保圪旦一帶	二	
第三十三支渠 李三河	民十五李三河私欵二千六百餘兩	長一千〇八十丈寬一丈六尺深三尺水大而暢	李三河圪卜附近	三	
第三十四支渠 王拴如	民十四王拴如私欵一百萬兩	長四百丈寬四六深三尺水大而暢	楊櫃北牛旗後烏加河泮	無	
第三十五支渠 「渠渠西」西邊	民十一衆花戶集欵三千五百餘兩	長一千一百六十餘丈寬一丈深四尺水勢不佳	西那只亥一帶	四	
第三十六支渠 大臣	民九杭旗西卜圪大臣私欵二千餘兩	長九百丈寬一丈深四尺水勢中	那只亥城附近	無	
第三十七支渠 趙連奎	民十趙連奎私欵一千餘兩	長五百四十丈寬一丈深四尺水勢中	趙連奎圪旦附近	無	
第三十八支渠 三淳支渠	民九至十三楊春林私欵二萬八千〇四十兩	長一萬二千六百丈寬三丈深六尺水大而暢	哈拉溝甲登壩廟白腦包圪卜三治一苗樹土召子圪卜合燕腦包永興隆馬三海趙二祿	七〇	
第三十九支渠 呂四旦	民八呂四旦私欵三百餘兩	長二百八十餘丈寬四六深三尺水勢中	呂四旦圪旦附近	無	

第四十支渠尹喜	民八尹喜私欵三百餘兩	長三百六十丈寬四六深三尺水大而暢	尹喜圪旦附近	無	
第四十一支渠白官保	民八白官保私欵三百餘兩	長三百七十丈寬四六深三尺水大而暢	白官保圪旦附近	無	
第四十二支渠張大喜	民八張大喜私欵三百餘兩	長三百七十餘丈寬四六深三尺水大而暢	張大喜王雙喜附近	無	
第四十三支渠寇貴榮	民八寇貴榮私欵八百餘兩	長七百二十餘丈寬四六深三尺水大而暢	二道橋西附近		
第四十四支渠西邊	民十至十一楊春林私欵五千一百八十四兩	長二千七百丈寬一丈六尺深四尺水大而暢	粉房圪旦及王天成圪旦等處	五	
第四十五支渠劉祿	民十劉祿私欵五百餘兩	長七百二十餘丈寬四六深三尺水大而暢	劉祿圪旦附近	無	
第四十六支渠吳金桂	民十吳金桂私欵五百餘兩	長七百二十餘丈寬四六深三尺水大而暢	吳金桂圪旦附近澄泥圪旦城以東	無	
第四十七支渠賈八寶	民八賈八寶私欵二千餘兩	長一千二百六十餘丈寬六八深三尺水大而暢	澄泥圪卜附近	三	
第四十八支渠馬仁	民八馬仁私欵三百餘兩	長三百六十餘丈寬四六深三尺水大而暢	馬仁圪旦附近	無	
第四十九支渠福茂西	民十福茂西私欵二千餘兩	長九百餘丈寬一丈深三尺水大而暢	福茂西圪旦及高德元圪旦	三	
第五十支渠趙五祿	民十九年楊春林私欵一萬餘兩	長二千四百餘丈寬一丈六尺深五尺水大而暢	梅令廟灘至河角子畔一苗樹	十	
第五十一支渠楊胡拴	民十一年楊胡拴私欵三百餘兩	長五百四十餘丈寬四六深三尺水大而暢	楊胡拴圪旦	無	
第五十二支渠馮官貴	民十七馮官貴私欵五千餘兩	長九百餘丈寬一丈深四尺水大而暢	梅令廟灘	無	

第五十三支渠劉四明眼	民十劉四明眼私欵三百餘兩	長五百餘丈寬四六深三尺水大而暢	三道橋南	無	
第五十四支渠同義長	民十同義長私欵二千餘兩	長九百餘丈寬一丈深四尺水大而暢	三道橋背後	二	
第五十五支渠西渠	民十楊春林私欵六千餘兩	長二千一百六十餘丈寬一丈六尺深四尺水大而暢	李大羔圪旦及瞎梅令灣	十	
第五十六支渠樊四毛	民十樊四毛私欵三百餘兩	長五百四十餘丈寬四六深三尺水大而暢	樊四毛附近	無	
第五十七支渠蘇黑郎	民十蘇黑郎私欵四百餘兩	長九百餘丈寬四六深三尺水大而暢	堂圪卜至柴家圪旦	二	
第五十八支渠魏桂元	民十一魏桂元私欵一百五十餘兩	長一百八十餘丈寬四六深三尺水大而暢	魏桂元附近	無	
第五十九支渠宋銅	民十一宋銅私欵六百餘兩	長二百二十餘丈寬四六深三尺水大而暢	西沙灣一帶	無	
第六十支渠缸房	民十九謙德西私欵四千餘兩	長一千二百六十餘丈寬一丈二尺深五尺水大而暢	缸房門前至梅令灣	三	
第六十一支渠張三毛	民十九張三毛私欵一千餘兩	長九百餘丈寬一丈深五尺水大而暢	鎮番圪旦附近	無	
第六十二支渠六八	民十一翟二私欵一千餘兩	長九百餘丈寬一丈深四尺水大而暢	翟二圪旦及劉長在附近	三	
第六十三支渠魏鳳歧	民十二魏鳳歧私欵九百餘兩	長九百餘丈寬六八深三尺水大而暢	圪什圪灣一帶附近	無	
第六十四支渠康善人	民十二康善人私款三百餘兩	長五百四十餘丈寬四深三尺水大而暢	康善人圪旦及劉喜紅圪旦	一	
第六十五支渠王善人	民十三王善人私欵八百餘兩	長一千零八十餘丈寬六八深三尺水大而暢	王善人圪旦及呂二圪旦附近	一	

第六十六支渠 劉喜紅	民十三劉喜紅私欵五百兩	長三百六十丈寬一丈深四尺水大而暢	劉喜紅圪旦楊櫃北牛犋附近	無
第六十七支渠 無名小支渠	民十五謙德西私欵一百兩	長二百丈寬六八深四尺水大而暢	楊櫃北牛犋背後烏加河畔	無
附記	一，查各支渠因數目繁多，向無確實調查，此次所得，係由多年渠頭記憶及調查而成，所列之處，難免不無十一之錯，合併聲明。			

（I）　戶口地渠　（卽馬廠地）長三十餘里、寬一丈二尺、深二尺五寸、於光緒三十二年由公欵開挖，所屬支渠共七道，可澆永豐村之地約三十餘頃，包西永利管理局每頃徵收洋二元五角，充該局開支用，該渠並無形式組織，祇由水利社民戶共雇一人管理。光緒三十二年由西盟墾務局開放地時，歸爲私管，若渠有工程由民戶按地攤欵，自行修洗，馬廠地爲蒙民之牧塲，引戶口地渠之水澆地。

（2）　吳祥渠　長二十餘里、寬一丈、深三尺、於淸光緒三十二年五月私欵開挖，（卽吳祥所開）所屬支渠共七道，澆永昌村之地約二十餘頃，包西水利管理局每頃徵收洋二元五角，充該局開支之用，該渠由民戶公雇一人管理之，墾局放地以後，仍歸私有管理，若渠有工程，由民戶按地攤欵修洗。

（3）　德成渠　長三十餘里、寬一丈五尺、深四尺、光緒二十年五月由私欵開挖，所屬大小支渠共十道，澆永昌村之地約四十餘頃，包西水利管理局每頃徵收洋二元五角，充該局開支之用，亦無形式組織，由民戶共雇一人管理，該渠原爲私欵所開，於光緒三十年經西盟墾務局收歸公有，償還私欵，墾局放地之時，仍歸私管，若渠有工程，由民戶按地攤欵自行修洗。

（4）　蘭鎖渠　長七十里、寬三丈、深五尺、光緒三十二年五月公欵開挖，大小支渠共有五十餘道，澆永嘉永康兩村之地，約六百餘頃，包西水利管理局每頃徵收洋二元五角，充該局開支之用，該渠由民戶公雇一人或二人管理之，該渠爲公欵所開，因墾務局放地歸爲私管，若渠有工程，由民戶按地攤欵，自行修築。

（5）　天德源渠　長四十餘里、寬一丈五尺、深四尺、光緒元年五月為私款所開，大小支渠共有十餘道，澆永昌村之地約五十餘頃，包西水利管理局每頃徵收洋二元五角，充該局開支之用，該渠僅由民戶公雇一人管理之。原為天德源獨資開挖，於光緒三十年經西盟墾務局償還私款，收歸公有，墾局放地時仍歸私管，若渠有工程，由民戶按地攤款，自行修洗。

（6）　魏羊渠　長四十餘里、寬二丈、深五尺、光緒四年五月私款開挖，大小支渠共二十餘道，澆永興村之地約七十餘頃，包西水利管理局，每頃徵收洋二元五角，充該局開支之用，亦無組織，由民戶公雇一人管理之。該渠原為魏商人所開，於光緒三十年經西盟墾務局償銀三千兩，收歸公有，墾局放地時，仍歸私管，若渠有工程，由民戶按地攤款，自行修洗。

（7）　合少公中渠　長四十餘里、寬二丈、深五尺、於咸豐元年由地起款，共有支渠十五道，澆合少公中地三百餘頃，每年每青苗地一頃，水利局收洋二元五角，其餘修渠等費，按地起征，全渠修挖由包地戶負責，未設水利社，現該渠因淤廢多年無力修挖，以致沃壤變為石田，殊為可惜。

（8）　綏遠省立第一中學學田渠（俗稱王搖頭渠）長六十四里、均寬二丈五六尺、深五六尺、澆同心堂小召子魏官地羊墩子盧官壕西大淖爾等地約一百餘頃，民十九年五月開工，由地起款開挖，共有支渠十五道，每年每青苗地一頃，水利局征收經費洋二元五角，其餘修渠辦公等費，按地起征水租，全渠修挖工程，由地戶共同負責，組織學田渠辦公處於盧官壕，未設水利社。該渠原由中學校事務主任溫玉如鑒於學田無專渠，每感困難，故邀同包戶王昇祥等發起開渠，於二十一年春季始開通，水流尚通暢，由黃河東岸開口，直至西大淖爾止。

（9）　永成渠　長二十餘里、寬二丈、深五尺、同治元年由地起款開挖，共有支渠十二道，澆永成地約四十餘頃，每年每青苗地一頃，水利局征收洋二元五角，其餘修渠等費，按地起征，全渠修挖工程，由地戶負責，未設水利社。現該渠由口至梢淤塞應從速修挖，以利灌溉。

（10）　宿亥灘渠　長二十餘里，寬二丈，深五尺，光緒二年由地起款開挖，共支渠九道，澆宿亥灘地約五十餘頃，每年每青苗地一頃，水利局收洋二元五角，其餘修渠等費，按地起徵，全渠修挖工程由地戶負責，未設水利社，現渠口淤澄，宜速修理。

（11）　李仲賓渠　長二十餘里、寬二丈、深五尺、民三年由地起欵開挖　共有支渠十一道，澆鰲池地約八頃，每年每青苗地一頃，水利局收洋二元五角，其餘修渠等費，按地起征，全渠修挖工程，由民戶共同負責，未設水利社。該渠淤澄，應從速修挖，以利澆灌。

（12）　興盛成渠　長四十里、寬三丈、深四尺、民十三幷委東由本渠籌欵三萬四千九百餘元開挖，共計土方十一萬二千四百餘方。所屬支渠有九道，共澆賈方店，二元子灣，爛大店，四大八地，喜娃子圪卜，德厚成之地百餘頃。該渠按年澆地多少或租或分，概由興盛成自由分配，按頃征收，無水租之分別。所收地欵，除與經理外，即修理。由興盛成自行經理，未設水利社。

（13）　致遠堂渠　長二十四里、寬四丈、深一尺、光緒十八年致遠堂開，後淤廢，民二十年復開，共用洋五千八百餘元，共有支渠三道，共澆東營子，西營子，錦秀堂之地四十餘頃，按年澆地多少，或租或分，由致遠堂自由分配，按頃收租價，無水租之分別，所收租欵，除與經理外，即修渠道地堰之用，由致遠堂自行經理，無水利社。

（14）　長清牛渠　長五十里、寬一丈四尺、深四尺、於宣統二年由地商私人籌款開挖，有支渠一道，澆麻迷兔村地約十頃，每年每青苗一頃，收二元五角，充水利管理局經費，未設水利社，一切修渠澆水等事由地商長清牛經理之。

（15）　同興德渠　長二十六里、寬一丈三尺、深三尺五寸，於民七由地商自行籌欵開挖，有支渠二道，澆麻迷兔村地約十餘頃，逐年丈青，每頃收水利洋二元五角　充水利管理局經費，未設水利社，一切修渠澆水等事，完全由地商同興德經理。

（16）　廠汗淖渠　長二十里、寬一丈、深三尺，於光緒二十八年，由蒙古人自行備欵開挖　灌廠汗淖地約五六頃，按逐年丈青，每頃收水利費洋二元五角，充水利管理局經費。未設水利社，一切修渠澆水等事，由地商忠義全經理之。

（17）　十大股渠　長三十里、寬一丈二尺、深四尺、於同治五年由地商張姓備欵修挖。灌十大股地約三十頃。水利管理局按丈青數，每頃收洋二元五角，充該局經費，修渠及水利社費用，按地均攤無定額，水利社組織簡單，設經理兼司賬一人，渠頭一人，渠夫若干名。

（18）　哈拉烏素渠　長六十里、寬一丈八尺、深四尺，於同治五年，由地商公惠誠備欵開挖，有支渠二道，灌阿善村地約五十頃，逐年丈青，每頃收洋二元五角，充水利管理局經費，修渠及水利社費用，按地均攤無定額，水利社設經理司賬各一人，渠頭一人，渠夫若干人。

（19）　熊萬庫渠　長二十五里、寬一丈六尺、深三尺五寸，於光緒三十二年，由地商常興堂開挖，澆熊萬庫村地約三十餘頃，逐年丈青，每頃收洋貳元五角，充水利管理局經費，修渠及水利社費用，按地均攤無定額，水利社設經理司賬渠頭各一人，渠夫若干人。

（20）　新皂火渠　長九十二里、寬三丈二尺、深四尺，於民七年三月，由各地商集資開挖，經辦人爲王同春樊三喜等，有支渠十一道，澆第八第九第十等村地，約一百八十頃，逐年丈青，每頃收洋二元五角，充水利管理局經費，修渠及水利社等費，由各地戶均攤無定額。水利社設經理副經理各一人，會計司賬各一人，正副渠頭各一人，渠夫若干人。

（21）　舊皂火渠　長九十二里、寬二丈五尺、深四尺五寸，在康熙四十二年，由各地商集資開挖，有支渠十六道，澆第九村地約一百餘頃，逐年丈青，每頃收洋二元五角，充水利局經費，修築等費則由民戶均攤。一切事項並無組織，由地戶商同辦理。

（22）　劉三地渠　長五十餘里、寬二丈、深五尺、於光緒四年五月私人開挖，有支渠二十道，澆永豐村之地約一百餘頃，包西水利管理局，每頃徵收洋二元五角，充該局開支之用，未設水利社，由民戶公雇一人或二人管理之。該渠原爲私開，於光緒三十年，經西盟墾務局償還私欵，收歸公有，墾務總局放地之時，仍歸私管，若渠有工程，由民戶按地攤欵，自行修洗。

（23）　三大股渠　長七十餘里、寬三丈、深五尺、於民七五月私欵開挖，有支渠五十道，澆永嘉永康兩村之地約五百餘頃，包西水利管理局，每頃收洋二元五角，充該局開支之用。亦未設水利社，由地戶互推一人管理之，該渠係三家（卽世成西德和泉海盛魁）地戶合開，用欵十萬元，若渠有工程，由民戶按地攤欵，自行修挖。

（24）　秀華堂渠（卽五大股渠）長三十里、寬一丈五尺、深三尺五寸、於光緒四年五月，私欵開挖（原爲甄商人獨資開挖）有支渠十道，澆永興村之地約五十餘頃，包西水利管理局，每頃收洋二元五角，充該局開支之用，亦未設水利社，由民戶公雇一人管理之。該渠原爲甄商人獨資開挖，於光緒三十年，由西盟墾務局償還銀兩，收歸公有，墾務局放地時，仍歸私管，若渠有工程由民戶按地攤欵自行修洗。

（25）色爾宿亥渠　長二十餘里、寬一丈二尺、深四尺、於光緒三十二年五月公欵開挖，有支渠十道，澆永興村之地約四十餘頃。包西水利管理局，每頃收洋二元五角充該局開支之用。未設水利社由民戶公僱一人管理之，該渠原爲公欵所開，經墾務局放地，歸爲私管，若渠有工程，由民戶按地攤欵，自行修洗。

（26）強家渠　長三十餘里、寬一丈二尺、深四尺、澆永興村之地約四十餘頃，於光緒四年五月私欵開挖，（卽強商人）有支渠十道，包西水利管理局，每頃收洋二元五角，充該局開支之用，該渠亦未設水利社，由民戶共雇一人管理之，原爲強商人所開，於光緒三十年，經墾務局償還私欵，收歸公有，墾局放地之時，仍歸私管，若渠有工程，由民戶按地攤欵，自行修洗。

（27）土默地渠　長五十里、寬二丈、深五尺、光緒元年五月私欵開挖，有支渠二十道、澆永昌村之地約一百餘頃。包西水利管理局，每頃收洋二元五角，充該局開支之用，亦未設水利社，由民戶公雇一人管理之。該渠原爲私欵所開，於光緒三十年經西盟墾務局償還私欵，收歸公有，墾務局放地時，仍歸私管，若渠有工程，由民戶按地攤欵，自行修洗。

（三）　東西水道渠：　東西水道渠，在安北境，係引安北城北之山溪水，土名武孫禿綠河者。渠長五十里，經佘太召，二合公三分子，八分子，及西水道，約灌田二百餘頃，係佘太召及各地戶所開。其水可分爲二：一洪水，秋夏二季可澆。二清水，全年可澆。

渠務困難及改革

河套渠務困難之點，其因有八：河水降落，達於一丈五尺，水進渠不易，一也。各渠渠口多就高處修築，昔年進水易，今因河水降落，進水殊難，流既不暢，乃多淤塞，故河套各渠，年年均須修挖一次，需欵浩繁，二也。河身在南，渠流多由南向北，而地則北高南低，渠水上流，悉賴水力擁擠，流緩沙沉，易為淤塞，三也。渠水多沉淤，渠口年高五寸，中腰三寸，梢寸許，地愈高愈難上水，四也。水難進地，因而築壩阻水，致泥沙下澱淤塞，五也。各渠多賴五加河退水，乃五加河下流淤塞，水為烏拉山所阻，匯為烏梁素海子，不復與大河通，退水無路，水難達梢，六也。大河河床，遷移無定，年修渠口，費工費欵，而無入水把握，七也。水中間有含鹽鹻性過大者，八也。總之河套渠務困難，在乎河低渠高地更高是也。其改革方法，論者殊多，茲述之如下。

1將各渠酌加去留，改渠口於地勢河流適宜之處，使渠之傾斜，較河略緩，則自渠口數十里以下之水面，皆超過地平。全套分三大幹渠：第一渠，自烏拉河口起，入中格爾渠，經善拜，由黃土拉亥河至福興元，入五加河，計長一百八十里。第二渠，由永濟渠口起，入永濟渠，至永盛和東折，截剛濟協成各渠，入皂火渠，過同興德，由義和渠，經隆興長，至東壩頭，入五加河，計長二百三十里。第三渠，自黃河口起，與黃河並行，經古城，入長盛渠，至依肯補隆，入五加河，計長一百七十里。三渠共長五百八十里。各渠餘水，既退入五加河，須將五加河尾灘斷處，開一退水渠；此渠沿烏梁素海子，西至西山咀入黃河，計長約四十里。三大幹渠兩岸每十里開支渠一道，計一百十六道，長各約三十里。各幹渠與河斜交，須建迎水壩。各渠以上十數里，須跨渠建正閘。正閘上游向渠口之一岸建旁閘。旁閘下各開退水渠一道。旁閘上游迎水壩之下，須建滾水壩，使河水在異常盛漲時。得由滾水壩溢出，不須過量之水入渠。滾水壩下各開退水河一道。各支渠與幹渠相接處，須建陡口，以便封俵。渠口地面，每高於黃河水面，故各渠上游之地，須支引上一渠之水，而於本渠架飛槽渡。渠道既高於地平面，則區內低下之處，水流方向，必為渠道所阻，須於所阻之渠底，建暗洞以洩之，各幹渠之渠尾，須建尾閘一座。閉之則水面抬高，各支渠暢引澆地，啟之則以洩渠內之水。總計此渠工整理之計劃，需洋一千萬元。

2疏濬大河故道，為各渠之總退水，即可收各渠流暢之功，免淤塞之弊，計需洋二百七十萬元。

3沙河、義和、通濟、長濟、塔布五渠，皆因渠口不宜，致水流不暢，宜修挖連環口，縱橫銜接，合流互通，由沙河渠開口，經義和新口，轉新盛成渠，穿賈方驢店，達通濟長濟，從義成公前入塔布出梢，計長四十里。下游連環渠口，由豐濟渠天吉太橋以上開口，入沙河渠，經義和渠下游，轉通濟長濟渠下游，穿長濟北部，過本渠德恆永支渠，達塔布渠下游，自塔布渠下游退水，入烏梁素海子，計長二百里。若此項連環渠挖建成功，所有各大幹渠下游之地，當能全部澆灌。現水利管理局已着手計劃開挖，惟需欵浩巨，恐難於最近成功也。

水利建設芻議

河套水利利弊及改革，本篇已略述，其關於全國黃河水利之建設，亦詳見於馮曦氏呈治黃河委員書，除渠道之改建，詳見本篇外，茲就管理與建設之應改善者一述之。

（一）渠務管理法應即更張　按河套公有各渠，債務綦重，陳腐已極，年修年淤，糜欵滋鉅。且各經董黑暗重重，積弊難返，水利管理局亦無如之何。建設毫無，執事者爲貪功計，只有加丈青苗，倍收水租，增加民負之一法。故曩之官督民辦者，今已官不督，民不能辦矣。欲渠利有所建樹，勢非更改管理法不可。即速派委員，澈底清理各渠歷年積弊，重選經董，更定新章，設務有力之民官合組監督機關，以司渠法，考成以建設爲準繩，升降以貪否爲衡斷，非如此不足以有爲也。

（二）渠背造林以固渠基　河套十一大幹渠，其幹共長一千二百五十里，設每里渠兩岸各植樹一百八十株，可造林四十五萬株，既可固渠基，又可增林產，調和氣候與雨量，又其副益也。

第七篇　教育

河套教育概述

河套地處邊陲，文化晚開，民七八年，雖已有學校之設，然皆爲一二豪強所把持，蓋以辦教育而紳士者也，鄉村中則僅有少數私塾，由各商號牛犋之司賬兼教習，至屬簡陋也。比年以來，教育已見猛進，民智日趨開明，各縣中鄉村城市，俱有小學之設；去年冬，復有私立河套職業學校之成立，開河套教育之新紀元；昔之以教育爲私產之紳士制，告亦漸斂跡。河套職業學校，即河套中學改組而成者，創設於民國二十一年夏，創辦人爲劉篤仁，樊毓泗，張英奎等，賃址於水利局前院（五原隆興長），地址狹隘，計共有教室四所，學生寢室七間，教員室三間，辦公室三間；體育設備，僅有籃球及跳高架數事，至稱簡陋。學生共五十一名。附設小學有學生一班，教室賃住黨部偏院，校長劉篤仁，教務主任畢星垣，訓育主任樊毓泗，事務主任賈開祺，教員韓梅圃，于午風，呂子和，高叙五等，高兼小學部主任，韓兼圖書館主任，各均義務供職。去歲曾捐得現洋五百元，今夏捐得千元，悉充經常及購置費。以一年成績核之，其進步殊堪稱佩。該校師生胥本吃苦耐勞之宗旨，黎明即起，遍繞長街或郊外跑步，隆冬未嘗或輟，日嘗力役，若洒掃球場校院等，悉由師生協力充任，全校僅一差役一厨夫已。該校第一班爲師範科，第二班爲農科，第三班即擬設商科，選授蒙文，殊切河套社會之需要，該校今年春季，呈教廳立案，但以經費關係未准。該校爲情勢所迫，乃將學生分送各中等學校肄業，而宣告停辦矣。

一　五原教育概況

五原僻處綏西，教育素稱幼稚，而地方人士，向不注意及之，迨民國七年，始於城內設一小學，即今之第一小學是也。十四年國民軍治綏，次第增設模範小學，第一女子小學校，福音堂，私立育德小學，亦於斯時成立，遂呈蓬勃現象。十六年國民軍西退，地方慘遭浩刼，學校因以受絕大影響。迄十八年，始恢復舊觀，並增設鄉村小學數處。二十年，學校隨開發西北之聲浪以俱高，質量均有長足進展。至二十一年縣立小學增至六處，鄉村小學添設十餘處，民衆教育館，增設圖書館講演所，平民小學亦附焉；河套職業學校，亦於是年誕生；全縣學生，計共七百餘名。二十二年，地方因粟賤傷農，教費無着，薪俸二三十元者，月僅得五六元，幸教界諸人，曉然於義之所在，胥能枵腹振奮，而現狀得以維持焉。茲就調查所得，略述於次：

教育局　昔勸學所之改稱也，局長一，督學一，事務員一，每月經費一百七十七元，現僅領維持費五十二元九角。本縣有一教界奇怪現象，各校校長由縣府委任，教員由教局聘任，一切調遣，悉聽之縣長；「教局形同虛設，局長有似傀儡。」該局附有教育用品販賣部，教局職員兼理文獻委員會事。

縣立第一小學校　創始於民國七年，校址在五原縣城，爲五原歷史最長之學府，現之旅外學生，悉由該校畢業；現有學生一百五十三名，分高級兩班，初級四班，爲一完全小學也。校長一，教員四，均師範中學畢業。設備粗稱完全，校舍教室，觀瞻殊壯，經費額定每月三百六十五元，刻僅領維持費八十九元」。

縣立第一女子小學校　創設於民國十四年，校址在五原新城，現有高級一班，初級四班，學生共一百二十二名，設備粗稱完善。校長一，教員四，月定經費二百零五元，刻僅領維持費六十四元。

縣立第二小學校　民二十，併私立育德小學校及縣立第一初級小學而改組者，成立初，殊費周折，蓋非党委曲步霄武裝接收育小，恐難有現今之成績。初任校長，即省党委曲步霄，現有學生一百四十九名，分初級四班，校址賃居冀魯豫同鄉會，校長一，教員四，月定經費二百八十九元，刻領維持費六十四元。

縣立第三小學校　創設于民十四，現有學生八十四名，校長一，教員二，月定經費一百一十四元，刻僅領維持費四十元。

縣立第二女子小學校　創設於民二十一，有學生十八名，教員一，月定經費四十二元，刻僅領十三元

民衆教育館　創設於民二十一，賃居於理門公所，設圖書館，講演所，及平民小學，有主任一，教員兼宣講二，學生六十四名，閱報所，圖書館，講演所，俱設於新城關帝廟戲台上，掛圖畫報，差稱齊全，近又添置無線電收音機，極博民衆之歡迎。經費額定一百五十元，刻僅領維持費六十五元。

鄉村小學校　自民十六即逐漸設立，按全縣二十四鄉，每鄉例設小學一處，惟因連遭天災匪禍，閭閻凋敝，學校無形停頓；現僅干富庶鄉村恢復小學九處，每校有教員一人或二人，均經教局檢定及格，並受訓練者充之；學生十餘至四五十名不等，設備均極簡陋，經費額定每月二十元，刻僅領十三元，茲就現有之鄉村小學，表述於下：

五原鄉村小學校概況表

學校名	地址	學生人數	教員人數	設備	附記
第一鄉立小學	鄔家地	三十四名	一人	交通便利設備粗可	鄔家地為第五區主村經費見前
第六鄉立小學	梅令廟	二十五名	一人	舍校簡陋	
第十二鄉立小學	烏蘭腦包	六十六名	二人	鄉有學董襄助為全縣小學冠	烏鎮為第四區主村郵電便利商務較各村發達
第十六鄉立小學	蔡家地	十三名	一人	簡陋已極	
第十七鄉立小學	郝頭兒圪堵	四十八名	二人	校具毫無	由私塾所改因地制宜頗得農民信仰
第十九鄉立小學	什拉特拉村	二十五名	一人	校舍僅茅屋三間	
第二十鄉立小學	同義隆村	四十一名	一人	地方素以富著學校設備較佳	
第廿一鄉立小學	協成村	二十七名	一人	校舍教具粗稱完善	為第三區主村鄉民尚知扶殖教育
第廿二鄉立小學	二楞圪旦	二十八名	一人	簡陋	
合計		三百零七名	十一人		

私塾　私塾歷來到處有之，不獨各鄉村中「牛犋」司賬先生，兼充教員，卽隆興長鎮市中，亦有十數童生秀才，由內地來，設教糊口；教科書多以方言雜字，千字文，三字經，百家姓，四書，詩經，書經

等爲主要教材，多不講解，一味囫圇吞棗；間有教授珠算尺牘者，亦難應用實際。學童小者七八歲，大者十七八歲，均各置小坑書桌，排例坑內，團聚訓讀，極不衛生。每一私塾學童人數，由四五名至四五十名，每年每人交納學費三五元十餘元不等；且有糧食作價頂學費者。按私塾所以能存在，且微有發達者，一因民智未開，腦筋固執，一般人以私塾較學校爲佳也。一因地方財政拮据，不能廣爲設立完善小學，以致無法取締私塾也。又因向者辦學人員敷衍，學校教員成績不良，難得社會信仰，使其子弟捨私塾而入學校也。邇者教局對私塾已在計劃改革整頓中。

小學教師　總數三十三人，師範大學畢業者一人，舊制師範新制高級師範畢業者六人，短期師範畢業者三人，大學中學畢業者十六人，檢定訓練合格者五人，未經檢定者二人。籍貫以山西、河曲，定襄，河津爲多，次爲山東，河北，綏遠薩縣等處，年歲最大三十五歲，最小二十歲，平均二十六歲。薪俸額定專任二十八元，兼任二十六元，鄉村小學教師十二元。工作每週担任二十小時至二十七八小時，兼管訓育，工作十分忙碌。衣均制服，食爲糜米，物質享受殊儉也。

小學生　年齡最大者爲十八歲，最小者六歲，平均爲十三歲。資質以地理關係，類多聰穎，愈小愈佳，漸長則爲社會薰染，漸趨梗頑，愈益魯笨，故執教者多以紅柳（河套特產，質堅直，色光潤，小者可編製農具，大者當柴燒，亦難入皂），譬之。體格普通均健壯，善騎馬，善泅水，且耐風寒，惜不注意衛生。習慣多喝冷水，吃零食，冷則衣裘，熱則赤體，馴至年歲愈大，漸成病弱之軀，懶怠似若天性，累教不記，累訓不悛，衣物書籍，不加整潔，其家境清苦者，較爲勤勉，成績較他處有過之無不及；蓋河套富家，生活異常墮落，其子弟之懶，亦環境使然也。

小學課程概況　初級每週教學時間，國語約佔十分之三，算術約佔十分之二，其餘黨義，自然，社會，體育，美術，珠算，工藝，音樂，共佔十分之五。高級則加授歷史，地理，衛生等數科，而國語，算術，教育時間，較初級略減；上下午均定有自修及運動時間，課外作業，定有習字及日記。自十年暑假後，加授黨義；十九年暑假後，停授英語；教科書多採用商務書館出版之新時代小學用各教科書，上課時間爲鐘點制，教學方法，多用啟發式，亦參用自學輔導式，或注入式。

小學訓育概況　訓育目標，遵照中華民國教育宗旨，並參照各校校訓級訓分別訓管之；實施方法獎勵的，爲言語獎勵，物質獎勵，記功等是也；懲罰的爲言語懲戒、靜默自省，記過等是也。惟本縣小學生，其家長多愚昧無知，故未受過家庭教育，懶惰狡詐，習慣頗多不良，矯正殊感困難，遇不得已時，施以體罰，責以戒尺。

小學畢業生概況　本縣小學生入學讀書，時輟時讀，初級畢業者，爲無多，高級畢業者，更屬有限，以故興學十五年之久，縣立第一小學高級，僅畢業七班；第一女子小學高級，僅畢業一班。畢業生升學者約十分之三，以家境富庶有志前進者爲多；次即貧寒子弟，年賴地方津貼補助者，在家帮工務農者，約十分之七。家庭原多業農，父兄知識淺薄，不願子弟深造，加以距級包遙遠，路途不靖，出外升學，頗不放心，多於子弟小學畢業後，即在家帮工務農，或充牛㹞中司賬先生；無業閑蕩者，間亦有之。此外學力不足，浮華有餘，游手好閑，勤吃懶動，亦有旅外升學半途輟學而歸者，僅學得皮毛一點，即詡自得；遇事喜歡發表意見，而一知半解頗遭社會之不滿，人多以畢業生嘲之，而彼輩則殊不計較也。

學齡兒童　本縣因連年匪禍、秩序未定，關於學齡兒童，從未確實調查，據各方調查，略數爲六千八百七十七名；入學兒童總數爲八百九十五名，（男七百五十七名，女一百三十八名，縣立小學五百八十八名，鄉村小學三百零七名）失學兒童總數五千九百九十二名。

教育經費　二十一年度額定全縣教育經費，爲二萬一千四百七十六元，教育局民衆教育館及縣立各小學，爲一萬五千七百八十八元，鄉村小學爲五千六百八十八元，現僅領少數維持費耳。經費之來源，由縣政府飭財務局由地方欵項下撥給，不特難以獨立，且不可靠。

教育建築基金　民國十八年墾務第五分局丈放隆興長街基地，經前教局長辛崇業交涉，由該街基地價每百元附加一元，籌爲地方學校建築之用，組有委員會保管之，迄今應徵收五千餘元，由墾務局撥交委員會四千元，十九年縣立一女校，費兩千餘元，所餘兩千餘元，交由委員會保管，乃去年竟因此欵掀起軒然大波，因此欵被私人私自挪歸己用，經官方一予糾察，始將該欵追交歸還，由縣府保管矣。

(二)臨河教育概況

臨河原隸五原西區，教育更屬落後，在未設治前，民國六年間，強汕房，丹達木獨等處，有小學數所，爲臨河設學之濫觴，嗣以迭遭兵燹，旋興旋廢；自十四年設治，經局長蕭振瀛積極提倡，在縣城設小學一所。十五年在四區各設小學一所。十六年教育局成立，又設立高級小學，初級女學各一所，均建築校舍，稍具規模。十九年改縣治，各區小學逐漸增設，縣立第一模範小學，亦於斯年成立，校址在縣境東關；時値豐登，地方富庶，教育頗呈蓬勃現象；惟以教育局長多隨縣長以去留，致無足進步。近年地方頗注意振興，廣爲設立鄉村小學，陝壩鎭天主堂私立普愛小學，亦遵章立案；惜乎紳士稍涉封建思想，動輒排外，而教界人士，本多客籍，又每以意見不同，眼光狹淺，互趨極端，紳董派李元禎等，與薩縣派高建章等，積不相能，遂於二十年演有轟動綏省之臨河大學潮，學生毆打校長局長，縣府拘押肇事學生，種種怪象，不一而足，經省政府省黨部雙方派員澈查，薩派走開，乃告解決；最近表面雖稱風平浪靜，而實際暗礁仍多，苟教界人士不迅爲覺悟，則危機仍不免長期隱伏也。玆將調查所得，略述梗概如次：

教育局　教育局設於縣城內，賃居民房，局長一，督學二，事務員二，書記一，全局經費每月二百元，掌管全縣教育，頗能運用權力；自李元禎接任局長後，日有起色，局內附設教育用品販賣部，由事務員負責管理，文獻委員會亦設該局內，局長充文獻委員長，徵集該縣文献事項，刻已刊有臨河縣志。

縣立第一小學校　設於縣城，創立於民國十七年，設備差稱完善；學生一百零六名，分高初兩級，高級兩班三十四名，初級七十二名；在校膳宿者二十餘人，每月約費洋三元；校長一，教員五，月薪均三十元，每月經費三百八十二元，全年臨時費一百五十元，雖亦少感困難，但尙無欠薪之虞。

縣立第二小學校　設於第二區屬之石蘭機村，距縣城一百一十里，成立於民國十九年；校址租賃民房，設備較差；學生人數共二十五名；校長一，教員一，月薪均三十元，每月經費九十六元，多持財務局之攤欵收條，向各村催索，始可領得欵項。

縣立第三小學校　設在第三區主村陝壩（今名太安鎭）城內，賃居民房，極爲狹窄，距縣城六十里，通郵電，成立於民國十八年。時當地天主教勢焰殊烈，於居民信仰殊深，設有教會小學，一切由校供給，學生甚衆，以致創辦縣立小學，困難萬分；經校長高建章以摩罕默德創教之精神，與教會以武力爭教權，該教會神父曾宣稱縣立學校爲「摩鬼學校」，警告「民衆不可自入地獄」。高建章指摘教會學校爲「洋奴學校」，當街宣傳，「中國人千萬不要上當」，雙方互貼標語，極不相能，且學生之入教會學校，有神父爲之庇蔭，供應亦備，而入縣立小學無武力保障，設備亦簡。高建章乃大刀闊斧，竟借手槍以抵禦欺侮入縣立小學學生者，一方急謀學校設備之完善，於是學校基礎堅固。學生日多，兩年間聲譽大振，高校長殊有功焉。二十年春，校長易人，稍見退步，是年冬，現任校長李生祥接辦，銳意整頓，添設高級，迄今立生共七十八名，地址已覺不敷，高級一班十四名，初級三班六十四名；校長一，教員三，薪俸均三十元，皆師範中學畢業；經費每月一百九十元，尚不拖欠；校址已向墾務局掛領街基地五畝，以陝壩形勢重要，人烟稠密，該校應速建大校舍也。

縣立第四小學校，設在第四區王村楊家河子之楊櫃，(今改名爲平政村)可通郵政。地方富庶而人多忽視教育。四小校於十九年四月成立，歷任校長，多事敷衍，且因環境惡劣，殊少成績；迨二十一年八月趙士英繼任校長，力加整飭，朝氣蓬勃，得未曾有。設備校舍爲臨河冠；學生共四十八名，分初級三班；校長一，教員二，每月經費一百三十六元，尚可按時領到；倘有不濟，由第四區公所借給維持費，亦一好現象也。

縣立第一女子小學校　設於縣城，民國十六年由設治局長呂咸指導成立；原僅初級，教局多忽視之；二十年由教局長李元楨及校長王君提倡，增設高級，爲臨河完全女子小學；學生五十名，高級一班九名，初級三班四十一名，校長一，教員三，每月經費一百六十六元，臨時費二十元，頗感困難；校舍不敷，設備簡陋，在臨河富庶之區，殊覺美中不足也。

縣立第一模範小學校　設立縣城東關，創設於十九年，賃居民房小院一所，初任校長，煞費經營，迨後不三年而六易校長，自難以言成績也。學生八十六名，分初級四班，校長一、教員二，每月經費一百三十六元，臨時費五元，能否領到，惟校長之能力是視，設備不完，校舍狹窄，急應速購校舍，添置教具，以謀名符其實也。

縣立第二女子小學校　設於陝壩鎮，賃租民房，極爲狹小，不敷應用，創設於民國二十年冬，原爲太安鎮女子小學，經費由太安鎮太安鄉共同担負，嗣以籌欵困難，於二十一年一月，改隸教育局後，始改今名，較有進步，學生增至七十二名，分初級兩班，學生因家長頑固，類多纏足，留辮，急宜速加強迫解放，校長一、教員二，月薪均三十元，每月經費三十六元，能否領到，亦惟視校長能力如何也。

鄉村小學校　臨河縣屬各村，多極富饒，村立小學，本應密如羅網，奈地方人士向即蔑視教育，多付缺如；近年經教局之督催，全縣二十四鄉，已有十二鄉成立，然各村長副，往往借籌學校經費之名，而從中漁利，以少攤多，致使鄉農視設立校爲畏途，或謂有如添一收稅機關也，亦云怪矣。茲將各小學概況列表如下：

鄉村小學概況表

學校名	所在地	學生人數	教員人數	設備情形	附記
永興村立小學	五大股	十二人	一人	設備尚可	經費由各鄉担負全年二百元
永和村立小學	腦包壕村	十八人	一人	粗可	
永康村立小學	丹達木獨	十五人	一人		全年經費二百元
永嘉村立小學	蘭鎖爾	十六人	一人	較善	同上
永昌村立小學	土默地	二十八人	一人		同上

慶樂村立小學	通元成	十八人	一人	簡陋	同上
太熙村立小學	大發公	二十九人	一人	頗完善	全年經費二百二十元
太華村立小學	上巒會	二十三人	一人	簡陋	經費全年二百元當地有教會小學一所
太寧村立小學	勝家營子	二十五人	一人	較太華少強	經費全年二百元
太照村立小學	烏蘭淖兒	二十七人	一人	粗具規模	同上
平化村立小學	三道橋	十五人	一人		同上
平成村立小學	三淖村	二十七人	一人		同上
合計		二百四十五人	十二人		

私立普愛小學校　設於陝壩鎮（即太安鎮），係天主教私立之教會學校，創設於清宣統年間，初創時煞費苦心，入學者予以種種優待，久之，人乃趨之若鶩，該校設備極佳，有西洋化之概，課本多採經典詩詞，學生無由索解，然亦不加解放，訓管又頗嚴厲，學生思想身體俱爲之禁錮，致無絲毫活潑氣象，教師多教會司鐸，外國人中國人皆有，於教育素無研究，且乏辦學經驗，是以設教垂二十餘年，而其學生，殊罕成績：二十一年，經司鐸康國泰鋭意整頓，力加改善，添聘教員，遵章以私立小學呈准立案、現有學生一百六十七名，分高級一班十六名，初級五班一百五十一名，因該校供給書具，學生稱便，並家長多篤信耶穌，咸願送子弟入該校攻讀，此其所以較各縣立小學校學生爲多也。校長一，教員四，內有比利時人，經費甚充裕，開支無定數，校長教員，均由教會供給膳宿，薪俸每月均不過二十元，公雜

費開支若干，向教會支領若干，該校今後倘能延聘優良校長教師，依照小學規程，本諸現代教育思潮，積極整頓，則成績之佳，可預卜也。

私立普愛第二小學校　設於第二區屬之下蠻會，（今名太華村）天主教堂內，距城六十里，由天主堂主持一切，性質與陝壩之普愛小學同，蓋即其支校也。學生一百二十一名，分初級四班，設備尚好，較陝壩略有遜色，校長一，教員三，程度平庸，精神欠振，亦因待遇太薄所致耳。女校亦另有一所，設備不佳，學生五十八名，坑坐誦經之小女生居多數，餘初級二班，教員二人，皆童貞女，教授訓育，均欠研究，斯校宜應設法整頓，否則將爲潮流所迫而漸淘汰也。

私立成德小學校　設於第三區屬之下蠻會村，賃租民房三間，由毛維周等所創辦，學生坑坐，地墻上掛黑板，學生十三名，教科書各異，教員一，教學尚勤，薪俸月十數元，該校距學校程度尚遠，學童均富室，現係一改良私塾，若能以訓練少數同志子弟之旨，教育社會人士之兒童，擴大眼光，多爲籌積經費，敦請教師，着實教訓，新建校舍，完整設備，則結果自必宏偉矣。

私塾　私塾在臨河不甚多，而忽設忽停，又無確數，現共計約十五六處，每處學生多則二三十名，少則四五名，每年學費由三元至十元，多以糧食大烟作抵，校舍幾皆黑室兩間，教員與學生共居，炕上置桌，講書判字，擇吉日寫喜聯，手持長烟袋，搖頭擺腦，一望而知是一「冬烘」，教課書多係百家姓，千字文，三字經，方言雜字，千家詩，四書五經，惟視教師之程度而定，但囫圇吞棗，所見皆是，此急待教育局之改良取締也。

教育經費　全縣教育經費，歲入一萬七千八百元，其來源由徵收局代征學捐七百八十元，本縣牲畜附加二千零二十四元，地方攤欵一萬二千三百七十六元，各鄉村攤欵項下，二千六百二十元。歲出一萬七千八百元，計教育局二千四百元，閱報所一百二十元，縣立學校一萬一千二百五十六元，鄉村小學二千六百二十元，煤炭補助費三百元，臨時修繕費四百四十元，旅外學生津貼七百元，督學下鄉旅費一百八十元，近年地方屢遭兵匪，年成歉收，教育經費頗感困難，雖有時略加折扣，總能設法籌劃。

小學教師　全縣小學教師，總數爲三十七人，大學畢業者一人，文史專修科畢業者一人，師範畢業者六八，中學畢業者十五人，短期師範畢業者五人，檢定合格者五人，高小畢業者四人，籍貫以山西包頭爲最多，次爲薩縣山東及臨河等處。年歲最大者三十六歲，最小者二十歲，平均二十八歲。薪俸縣立小學教員，額定月均三十元；鄉村小學教員，月薪二十元，（公雜費等均在內）。每週授課，二十小時至二十七八小時，並任訓育，頗辛勤，逐日起居勞苦，飲食多白麪肉菜，薪俸不欠，生活素稱舒服。

小學生　年齡大者十九歲，小者七歲，平均十三歲，因父兄多來自內地各省，暨當地水渠縱橫，堪使人通，天資大多聰慧伶俐，尤以幼少者爲佳，衣食因地方饒富，並不簡陋，對於功課能致力攻讀。惟近年受學潮鼓盪，稍染囂張，故二十年演出毆打校長攻擊教育局長之趣劇。小學畢業者，大半赴綏遠包頭等處升學。

學齡兒童　全縣學齡兒童爲一千五百二十一名，入學兒童六百八十六人，男五百五十四名，女一百三十二名。失學兒童八百三十五名，男五百三十二名，女三百零三名。至私塾學齡兒童，約有一百五十名。

(三)安北設治局教育概況

安北地處僻壤，文化晚進，教育事業，殊形落後，益以地方紳董，向不注意，罔知振刷，歷任設治局長，率多昏庸，不加提倡，以故設治十年來，教育極不發達，民智亦屬簡陋，全境小學號稱數處，而城內之第一男校，第一女校，校舍不完，設備不齊，宛如兩座破店，其他設立於鄉間者，其幼稚不問可知矣。民國二十一年冬，設治局長齊壽康到任後，鑒於教育爲民族命脈，關係國家興衰，欲推進政治，當以振興教育爲急務，遂對於已有之小學力加整頓，擴充校址，增置設備，實行強迫教育，令飭各鄉保送小學生二名，入縣立一校；並在鄉村設立小學，今已由三處增至七處；惜乎地方財政困難，教育經費拮据，各學校薪工以六成折扣，尚不克按月發給，使辦學者，常以無款爲辭，敷衍有由，若不亟籌的款，任其頹萎，則教育事業，振興無期，地方文化，發展無日，是尤在當局與紳董特別注視，竭力擘劃者也。茲將全境教育概況調查，縷述於次。

教育局　設在縣城內，與設治局對門，賃租民房。自民國十四年設治，始設教育局，第一任局長楊嗣瑞，將局址設其局內，公私含混，諸事敷衍，對於教育，無所建樹，於二十年，以溺職被撤，繼任者賃租局址，逐漸整頓，較前稍有生機。局內設督學事務員書記各一人，該局兼文獻委員會事宜，每月經費一百元。

縣立第一小學校　在城內西南隅，創設於民國十四年，校址係佔用無主民房，地方狹小，屋宇腐舊，除有殘破不齊兩教室外，餘僅有教員夫役住室兩間，校內一切設備，均屬缺如，驟視之，儼然留人小店一座耳。經費每月六十元，校長一人教員三人，學生四十八，內分高初兩級，高級一班初級三班，而高級一班僅有學生八名，自設治局長齊壽康到任，爲振興教育計，一方將附近該校之關帝廟，撥作該校宿舍；一方面強令每鄉保送學生二名，故該校去歲前季，學生竟增至七八十人之多，頗極一時之盛；繼因地方財政困難，教育經費拮据，領薪極難，學生之設備全無，亦不能稍事購置，教者感生活之枯苦，學者覺學校之無趣，及至去年後季，各鄉學生，因藉農忙，均未到校，現在該校零落景況，依然如故。

縣立第一女子小學校　附設於教育局內，民國二十年暑假後成立，學生三十八人，班次均係初級，所有課程，除由教育局職員分別担任外，並聘有女教員一人，校址亦係賃租民房，一切設備，均極簡陋。

縣立第二小學校　設於第三區扒子補隆教堂內，距縣城九十里，原爲該地耶穌教堂內教會小學，及蒙古小學校，創設於前清光緒三十二年間，牧師費安何者，設學傳教，煞費苦心，嗣後教會衰頹，學校不振，民國二十年暑期內，教育局長王時英，與教會商妥，改該校爲縣立第二小學校，教員一，學生三十七名，均係初級，校舍完整，設備粗具，樹林蔭依，臨民復渠，風景幽雅，爲全縣冠。每月經費二十元，拖欠數月，難於領到。

縣立第三小學校　設於第二區主村賈全灣，距縣城二十五里，原爲私塾改爲小學校者。校舍不合，設備寥寥，教員一，學生二十四名，每月經費十八元。

縣立第四小學校　設於第一區之五桓圪旦鄉，距縣城二十五里，賃租民房，宛若私塾，教員一，學生二十名，每月經費十五元。

縣立第五小學校　設於第三區之鄧村店鄉，距城七十里，附於村公所內。校具教具，均付缺如，教員一，學生十二名，每月經費八元。

縣立第六小學校　設於第三區之黃腦樓鄉，距縣城七十四里，設備毫無，校舍茅菴，教員一，學生十八名，每月經費十五元。

縣立第七小學校　設於第二區之張得祿灣鄉，距縣城二十四里，山莊中設學，一切均簡陋不堪，教員一，學生十七名，每月經費八元。

教育經費　該縣教育經常費，以牲畜捐地畝攤派爲的欵，年約四千餘元，其他補助教育者，尚有附加學捐，駱駝學捐，以及歷年之烟畝罰欵附加，年約二千餘元，均未一一撥作振興教育之用途，以致雖有經費，而仍極困難。去年烟畝罰欵，早已全數收清，地方教育附欵，約可分配兩千四五百元，以之修理各校校舍，購置一切，當能有相當之補救，在此地方教育亟待改進之際，既有專欵可得，不容再事延宕，是以望地方當局，卽紳董妥速撥欵整頓教育，以謀發展也。

教育改建芻議

河套教育之落伍，詳見本篇，茲略述其亟應改革之數事，以爲司其事者之參考焉。

（一）　整頓鄉村小學　河套各鄉小學，落伍異常，平均一鄉所轄數十里內，竟未能設一小學，失學兒童十有七八，城市小學雖欠佳，然較之鄉村小學尙差強人意，故亟應提倡創立鄉小學，整頓舊有之私塾式小學，以謀補救失學之學齡兒童，而提高民智。

（二）　提倡蒙旗教育　套地蒙漢雜處，蒙民知識尤極幼稚，然地既邊陲，強鄰虎視，以此無知之民，在在俱落人後，不特難固邊防，且易受人煽動；不僅此也，爲蒙漢切實提携感情融洽計，亦須亟設蒙旗學校，授漢人以蒙文，授蒙人以漢文，則民族國家利實大焉。

（三）　教育經費獨立　教育而無經費，直同無米爲炊；今河套教育，卽陷於此種困境。若五原教育人員月領六元而不易，維持現狀猶難，更勿論整頓邁進矣。考其原因，一因財政拮据，一因司財政者把持所致也。欲杜此弊，卽嚴格實行教費獨立。

（四）取締教會學校　教會學校爲文化侵略之工具，夫人而知之，而以人民知識幼稚如河套者，受害尤烈，蓋其根深蒂固，人民信仰殊堅，反對現代教育，不遺餘力，愚民經典，奉養神聖，民智受其𣃁斲，曷深痛惜，故亟須嚴厲取締之也。

（五）實行強迫教育　河套失學兒童，十居其九，一般鄉民，咸令其子弟，割草牧牛，而不知送之入學，是以設教將近十年，而地方文化落後依然，故欲提高河套文化，必須實行強迫教育。

第八篇　墾務

河套墾務沿革

我國西北實業，首在墾殖，河套之墾殖，始於清季：蓋有明之世，蒙人封閉自錮，利棄於野，清初對之，又採懷柔政策，對漢人私墾蒙荒，嚴加禁止。迄清末葉，漢人與蒙旗私訂草約，始得任意私墾，械鬥之風，殘殺之事，極熾極夥，官蒙皆無如之何，，於是地遂以闢：晉陝人民，遂漸麕集。光緒二十八年，張之洞岑春煊諸撫，在晉設豐寧押荒局，嗣經岑條議擴充蒙邊，清政府遂任命貽穀爲督辦蒙旗墾務大臣，豐寧押荒局併焉。惟蒙人故步自封，抗墾風潮迭起，幾費唇舌，伊克昭盟之達拉特杭錦兩旗，始稍就範：且庚子各旗賠教會欵，以地抵償，商之教士，備價贖回，當以公家無欵，乃奏請設立公司，官商合辦，斯時各旗始相繼報墾，渠務大興，闢地千里；旋貽穀以被謗去官，墾務因之一蹶。洎至民國，設墾務總局，旋改爲墾務督辦辦事處，嗣又改稱綏遠墾務總局，五原設第五分局，臨河設第六分局，辦理河套墾務事宜，際此匪患肅清，開西北之呼聲中，墾務當蒸蒸日上也。

各旗報墾始末

（一）達拉特旗地　達旗地可別爲二；曰放墾地，曰永租地。放墾地曰四成地，計二千頃，招戶承領，以備歸償教案賠欵者也。後派員勘丈，僅千二百二十五頃，遂又補放長勝渠之地而足之，是曰四成補地。永租地者，由墾局每年招租，征收租錢，其地租而不放，示地附蒙有，由墾局任意開渠，渠至何處，即墾至何處，不收荒價，惟課歲租，所收租銀，公家七成，蒙旗三成；租銀計分四等：上地每頃五十元，中地四十元，下地三十元，民元由官方改歸民包。十一年，匯源水利公司承包豐濟永濟剛濟沙河義和諸渠地，長濟塔布通濟諸地，統包於興農社。十七年改歸墾務局管理。放墾地，在十四年，放墾河套地五千頃，地分三等放領，上地每頃百二十元，中地百元，下地八十元，次年升科，每項年徵官租一元八角，歲租一元二角，官租歸公，歲租歸蒙。十七年又放墾塔布地二千頃，地價分五等：上等每頃一百二十元，中上一百元，中等八十元，下等四十元，草灘地十元。又達旗報効，沙河義和渠間地四百四十頃，名曰五原城基地，現已完全放出，每頃地價二百兩至六百兩。

（二）杭錦旗地　杭旗放墾辦法，屢次變更，在該旗放墾之先，原擬照達旗辦法，永租不放。所收地租除提取渠費二成外，餘由官蒙均分。旋復改爲每歲由官方包納，杭錦旗租銀六千兩，公費三千兩；澆地多寡，蒙人不得過問；地租悉歸官方。嗣又改爲以杭旗地四千頃，歸墾務公司承領，改徵押荒，兼收歲租：此項地畝未放出以前，由公司租給民戶，徵收短租，每年每頃自二十兩至三十八兩不等；後分作數次大放，所收荒價及歲租，除提取二成渠費外，餘以一半歸蒙，一半歸公。荒價每頃自十兩至一百兩不等，歲租每頃自一元至二元二角不等：前後共放東西兩巴噶地四千一十八頃三畝，應徵荒價三十萬五千二百七十二兩。民十四年，又報出河套巴噶地三千二百餘頃，放墾地價，上等地每頃百二十元，中地百元，下地八十元。所放之地，不分等則，均以丈放之次年升科，每頃徵歲租一元二角，官租一元八角，歲租歸蒙，官租歸公。

（三）烏拉特西公旗地　西公旗報墾地，在河套什拉胡盧素及紅門圖二地，計地千七百頃，押荒分四等；上上地每頃一百二十兩，上地一百一十兩，中地一百兩，下地九十兩。歲租每頃一元二角至二元不等。十六年報墾佘太召地一千零五十頃。十八年又報墾圖蜜淖狠山灣等地千三百頃，地價八十元至二百元不等。

（四）烏拉特中公旗地　中公旗報墾烏蘭以力更地三千三百頃，現多未丈放。

各旗已報墾及丈放地畝數

（一）　達拉旗　放安北境內之四成正地，一千二百二十八頃，又放安北黃腦樓上下買不色八拜水道燕安河一帶之西成補地，一千四百二十頃，內有上地八百零八頃五十六畝九分，上次地三十八頃二十三畝，中地四百零四頃七十五畝五分，中次地一百六十八頃四十四畝六分，又放安北中和渠西南兩岸至東北杭達兩旗交界之永租地，可丈青苗二千頃，又放東至五臨豐濟渠，南至杭錦旗界，西北至烏拉特旗界，北至烏加河南岸之河套地五千頃，又放安北東至達旗之四成補地及五加河渠地及烏梁素海子爲界，南至達旗合少公中，西至杭錦已放地，西北至永租地，北至四成補地之塔布河地二千頃，又放五原城週之五原城基地四百四十頃，又放五原隆興長之隆興長街基耕作地二百餘頃，又放臨河黃土拉亥河流域之黃土拉亥河賠教地一千一百餘頃，但已放者僅一百四十頃，未放者尙有九百六十頃。

（二）　杭錦旗　放臨河杭蓋中東巴噶，東北至達拉旗西界，王善侖渠南界，黃河又兩巴噶西之黃托勒蓋河東界，藍瑣河西界，黃托勒蓋河，南至黃河北至達旗之中東巴噶地，四千一十餘頃，又安北境內之河套西巴噶地三千二百頃。

（三）　西公旗　放五原境內之什拉胡蘆地一千七百三十頃，又放臨河境內之狼山灣圖蜜淖地二千頃，但已放者一千七百頃，未放者三百頃，又放安北境內之佘太召地一千零五十頃，但已放者三百一十九頃，未放者七百三十一頃，又放安北境內之蔦魯召地四百八十餘頃，又放安北境內之檀蓋木獨地八百餘頃，又放安北境內之王幼女子地二百五十頃，但已放者二百零三頃，未放者四十七頃。

（四）　中公旗　放安北境內之烏蘭以力更地三千三百頃，迄今尙未放出，又放安北境內之佘太召地八十頃，又放安北固陽間之小佘太地一千頃，已放者七百餘頃，未放者三百頃。

上列各數係根據去年上半年調查所得塡寫，去年六七月間沙河渠通濟渠豐濟渠達賴和碩公中等各地，亦已由盟旗報墾，但迄今尙未丈放，僅初由墾局派員收界訖，茲列各該地四至如左。

沙河渠地：　東至達旗已放五原城基地，西至達旗舊皂火渠地，南至杭旗已放元亨利貞四段地，北至五加河。

通濟渠地：　東至達旗已放四成補地，西至達旗已放義和渠地，南至達旗已放長濟渠地，杭旗已放元亨利貞四段地。北至五加河。

豐濟渠地： 東至達旗新舊皂火渠地，西至豐濟渠，南至杭旗已放元亨利貞四段地，北至（未詳）。

達賴和碩公中地： 東至西公旗已放地，西至杭旗已放地，北至達旗已放教堂渠地。南至（未詳）

現行放墾手續

（一） 報墾 蒙旗放墾必先由官庭厚幣甘言，加以勸導，始克惠然允報。報墾後，蒙方指明四界，由官庭派員收界，將坐落，面積，里數，四至處所，分別查明，除山河道路不堪耕種之地外，實有可耕種之地若干頃，勘查明確繪具圖說呈明核示後，即由收界人員詳實擬定地畝之荒價，及應分之等則；所收荒價，提三成為經費，餘三成五歸官庭，三成五歸蒙，此蒙旗報墾手續之大略也。

（二） 丈放 墾地經我勘收後，即由墾務局丈放，熟地先儘原地戶承領，限一個月內掛號，逾期不領，即准由地隣或其他人民承領。生荒先儘掛號在前者認領。每頃收掛號費一元，但限制每人領水地不得超過二十頃。領地荒價，于領墾時先交三成，其餘分兩次交清。交清後即發給部照，是為正式地契。

（三） 升科 報墾地畝應行啟徵官歲各租，官租歸公，歲租歸蒙，租金等則，視地質優劣，由收界人員查勘情形規定之。熟地以領地之第二年啟徵，荒地以領地之第三年啟徵。

墾務之利弊

河套墾務機關，計五原有墾務第五分局，臨河有第六分局，直屬綏遠墾務總局，辦理河套墾務；一切丈放墾地，催收荒價，歲租等，均由繩丈委員，催款委員辦理之，但歷來殊多不滿人意處。領地本定有專章，多寡有所限制，乃事實所示，領地者多屬大地主及來套服務各機關者。久且造成耕者無田之不良現象，而形成地主農奴兩大階級。一般貧農，固多係出賣體力者；即佃主亦多為佃農。蓋河套佃農，多自購牛犋，租大地主之田地以營生，終年辛勞，以四六或三七與地主分糧，地主則坐食其利，其所以不能領地以耕者，實墾務人員有以使之。何者，因貧農與丈放委員，不易接近，遑論領地；故河套小農，多春來秋往；以其地權未得，餘資豐年不過百十元，雖可領地頃八十畝以自活，然委員以無油水可撈，或托故推托之；縱有可購三五頃而亦討得委員之同意矣，亦無開挖支渠之資力；欲領渠道便宜之熟地，則又格於權勢，未易到手；不得已，携資歸去矣；此實河套呼喊開發十餘年而未奏實效之一大原因也。又自清季放墾以來，對蒙旗應交押荒銀價，未能如數付給，故河套迄今私墾蒙地甚多，蒙人不信官方，私將田地放租於漢人，此類包租蒙人地者，租價甚廉，田數又多，三五百頃輒以三五百元即包得，主權屬彼，設備為難，亦一開發上之大障碍也。

失敗之山東移墾

山東移墾河套，自民十四年始，主其事者為已故之王鴻一氏，王幾經周折，請准魯省府，由魯實業廳籌欵七萬元，又分令魯省各縣每縣攤欵七百元，計共十四萬元，但當時僅領得二萬六千元。十四年來套者，計約六百二十三戶，惟以經理不善，遽爾抵套，乃事先既無計劃，遂生種種波折，房舍也，種籽也，田地也，一無所有，乃暫借住於五原水利局東院，日食無粟，羣情皇皇；綏省當道連電河套巨紳王同春，撥地貸粮，妥為安置；王氏為先借出糜米若干石，各渠地二百五十頃，衆情稍安。嗣王主任鴻一薮五，令墾民七百五十戶駐臨河，（內有舊在五原之魯民百餘戶）分到移民地七百五十頃，但以無貲開渠，石田坐嘆，年所耕地不及五分之一，而墾所因魯省政變，經費無着，無善法以處之，墾民遂以困於飢寒，回魯者有之，別圖生計者有之；（現河套之賣零食者，魯人甚多），迄十五六年，僅存四五百戶矣。現狀維持，端賴王鴻一氏私人借貸，前後合計共兩萬四千元。其事務所，十五年設於五原，十六年移駐臨河，十七年因匪再回五原，經費無着，諸事無法整頓，王氏死後，益陷於無法收拾，去歲移民地除四百五十頃外，悉充作屯墾之用，即此四百五十頃，亦因未交地價，墾局聲稱撤地矣。大規模之移墾，有名人為之倡辦，當局為之贊助，而成績乃如是，言之殊深浩嘆焉。玆略述其現狀如下。

現存移民四百五十戶，有地四百五十頃，但墾務六分局以地價未償，扣留百餘頃，移民均集中於五原五分子村，臨河烏泥古慶村（魯禮村），同元村（魯仁村），後隆長（魯智村），三村中。（按魯移民十四年來套，分駐八村，名曰仁，義，禮，智，孝，弟，忠，信，均冠以魯字，示不忘本云），渠道舊挖五道，旋卽湮廢。去歲經事務所借得四千元，在現今之移民地挖剛濟渠東稍，新挖一渠，長三十里，擬從新分配墾田，人各一頃，惟以欠債孔鉅，——計欠田價四萬三千元，已交納千元，（計四百五十頃地共洋四萬五千元），流通券一萬伍千元，——規定移民須交納地價，以免墾務局撤地另放，蹈屯墾分地之覆轍；然移民每年田地生產，僅足自活，力殊有所不及，事務所亦無力代償，故魯移民之現狀維持，亦殊難樂觀也。

記者考察魯省移墾失敗，有下列數因，謹列述之，以為來套移墾者之前車焉。

（1） 時局影響　按魯移墾倡自王鴻一，王，魯之聞人也，人貴言重，且得當時西北駐軍馮玉祥之贊助，事極易辦；惜自領得二萬六千元移墾費後，魯省政府，通緝王氏，王匿居租界，未敢露頭，移墾經費無着，馴致預定計劃，未能依序進行，此其失敗原因之一也。

（2） 經費無着　移墾事雖安插有序，然挖渠購置，在在需款，魯省經濟來源既絕，移民坐待飢亡，所賴王鴻一氏私人貸得兩萬四千元，然亦未能運用裕如，移民十四五兩年後，坐食山空，又告無法矣；此其失敗原因之二也。

（3） 墾民分子複雜　當魯省移民也，為試辦性質，飭各縣各保送十人，但河套距魯，計程數千里，遠在朔漠，人多以充軍目之，故各縣有僱用流氓者，有強派遊民者，類多不肖之徒，而間亦有大學畢業生，以為領地一頃可以生活而有餘；殊不意來套後，乃知套地雖亦水地，然未如內地之能生利也，遂大失所望；無眞能吃苦之農民移墾，此其失敗之原因三也。

（4） 事權不一　事務所為管轄移民之機關，但無地方官之協助，遇有不肖分子反對或搗亂時，暨無法律之力以裁判，而經濟權力又不足以控之，故形成債務由墾所負之，殊難向墾民收取，此其失敗之原因四也。

其他移墾社會

河套荒萊未闢，而沃壤千里，倘令內地多量人民，移墾斯土，實國計民生之大計；惟因國步多難，移墾團體除魯民外，無規模宏大之組織，亦一憾事也。茲就吾人得知者有二：然均資力兩無。一曰湘民移墾西北合作社，倡之者為郭皋等，址在臨河六合公，有地五十餘頃，惜以十五年河套告變，主事者均星散，今已頹廢不堪矣。二曰膠東移墾社，倡者為黃樂德等，資金萬元，十五年在綏立案，於臨河白爾塔拉察汗淖等處，購地百頃，於李貴橋地方建築房舍，詎料事甫就緒，國民軍退駐河套，土匪蠭起，社務頓輟，迺者渠湮田蕪，墾務已成泡影矣。

墾務改造芻議

河套墾務之宜改進革除者滋多，茲述其犖犖大者有四，為墾務當局告：

（一）獎勵蒙民墾殖　蒙旗人民生產方法落後，亟宜予以特種方便，使其實行農墾，一方固無沒收其地產之疑，一方又可促進其生產方法，增進其蒙漢生活之同化也。

（二）限制大地主　大地主擁田千頃，為河套之現社會之大害，平民受其剝削，備極慘毒，且河套共黨之屢謀肆其熘感，亦以此為絕大原因。攷其造成此局者，厥惟放墾之無嚴格限制所致，故今後亟應注意及此，則總理之平均地權，可以不均自均，一方又可弭禍於未萌也。

（三）清丈餘荒　河套之大地主餘荒甚多，已詳本篇，且有清季放墾，迄今未收地價者，亟應嚴格清丈另放，既可免掉不少弊竇，又可以以法削減大地主之勢焰也。

（四）力除墾務人員之舞弊徇私　墾務人員之徇私舞弊者甚多，不僅有虧官守，且造成耕者無田之巨患，詳見本篇，宜加剷除。

第九篇　蒙旗及風俗

蒙旗之組織

蒙旗之組織，迥異於現代政治，蓋一仍其封建之王公制度也。其組織系統如下：

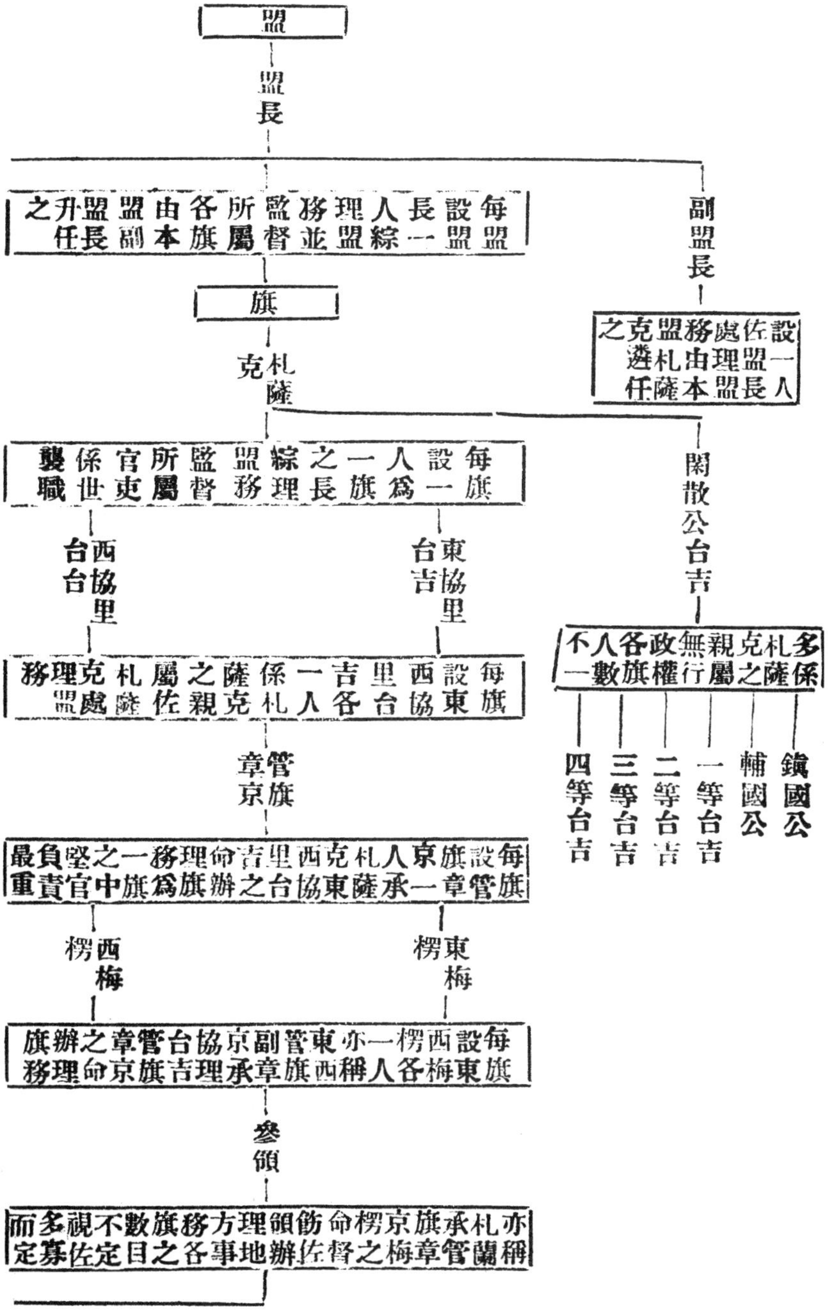
盟
盟長
每盟設盟長一人綜理盟務並監督所屬各旗由本盟副盟長升任之
副盟長
設一人佐盟長處理盟務由本盟札薩克遴任之
旗
札薩克
每旗設一人爲一旗之長綜理旗務監督所屬官吏係世襲職
閒散公台吉
多係札薩克之親屬無行政權各旗人數不一
鎮國公
輔國公
一等台吉
二等台吉
三等台吉
四等台吉
東協里台吉
西協里台台
每旗設東西協里台吉各一人係札薩克之親屬佐札薩克處理盟務
管旗章京
每旗設管旗章京一人承札薩克東西協里台吉之命辦理旗務爲一旗之中堅官負責最重
東梅楞
西梅楞
每旗設東西梅楞各一人亦稱東西管旗副章京承協理台吉管旗章京之命辦理旗務
參領
亦稱札蘭承管旗章京梅楞之命督飭佐領辦理地方事務各旗之數目不定視佐多寡而定

綏遠省河套調查記

幫辦盟務

幫同正副盟長辦理盟務係特任之官

佐

佐領

爲蒙旗親民之官，每佐一人承參領之命，直接辦理地方事務，各旗之數目不定

驍騎校

亦稱孔讀，每佐一人，承佐領之命辦理佐務

領催

每佐六人，承佐領驍騎校之命，分管所屬兵丁

兵

即民也，每佐領定百五十名，分歸領催節制

蒙民之生活

（一）衣裝　蒙民衣裝，多係清制，寬衣蹄袖，色尙赤紫黃，外衣長可及地，繫以腰帶，腰懸小刀烟袋等物，繫佛像，手持念珠，官服則紅纓帽馬褂補子，嚴守清制；人民亦有衣漢服者，但殊少。普通無清潔觀念，飯畢即以袖口衣角擦拭食器。婦女亦御皮絨靴子，髮披於頭之兩旁，飾以珊瑚等笨重東西，亦甚不美觀也。

（二）食物　蒙民食物，大抵爲奶子肉食，及黍子小麥等，其爐食製法殊多，有奶皮，奶豆腐，奶酪子，乳酒等，食時多和茶水中，茶爲蒙民之特殊嗜好，混奶子飲之，名奶子茶；麥粉及蔬菜，則爲王公富家多食之。平民則用以享貴客也。

（三）住居　蒙人逐水草而居，無固定房舍，多居蒙古包，包爲氈製之天幕，構造粗劣，然可以避風雨，尤便於解拆攜行，包內左方爲男子居所，右方爲女子居所，中央置木櫃，上供佛像或活佛像片，飲炊均在此中，就寢僅能和衣而睡，無脫衣服者，間有仿漢人住屋者，以土爲之門，口懸尺大小之赤白色布旛。蒙旗多喇嘛廟，廟俱極宏壯，占風景優勝之地，爲各部落聚集之宿營也。

（四）禮俗　蒙古婚禮，多沿成吉斯汗大婚儀式，新郎騎馬佩弓矢親迎，離婚極自由，一方有意，即可脫離關係，但蒙族夫唱婦隨之信念極深，離婚之事極少，男可納妾，修嫡庶禮甚嚴。葬禮有土葬火葬棄尸三種：土葬者，係仿漢人之制。火葬係火化死尸後，請喇嘛諷經，拾骨，調以黍粉，製成餅餌，收入寶塔，或送往五台山西藏等處，以爲死者身葬聖地，此制耗資甚多，非富貴之家莫辦。棄尸則係棄尸於野，以俟鳥類吞食，若三日不食，則諷經祈禱，必至食盡而止。居常娛樂，有角力，賽馬二種，均爲蒙人所喜，勝者且有獎品。歌曲亦可別爲二：居常蒙歌，頗猥褻，有男女愛戀之意味；舉行重要典禮之歌曲，則甚宏邁雄壯也。

蒙漢情感

蒙漢人感情頗洽，且可通婚，惟漢人較奸猾，蒙人每交易必疑曰，你們哄俺達子也；而漢人實亦常欺騙之。蒙人性悍而忽，小不洽則含忍，大不洽則可拚命不顧也。蒙人有其固有勢力，——游擊隊若遇事件，皆橫目相向，漢人多畏之。彼則藉勢陵人；特甚畏官云，官家治罪，則又頗馴服也。

河套禮俗

漢人婚禮重聘金，年輕寡婦改嫁，求資尤奢。習慣重早婚，禮儀與內地略同。喪禮與內地亦同。親屬死亡，定有禮服，按服戴孝，衣白，但多不滿服，即脫却矣。居民迷信特深，幾家家祀大仙，祈福求醫，悉此一神，語云，除了大仙沒神啦。信然。又無論老少，多有大烟癖，無衣食可，無烟則不可活矣。當街便溺，視若慣事，疾病發生，則求神問卜，不事醫藥。女子殊乏貞操觀念，又俗謂「後套後套，來人便套住了」，意即謂外來入套者，多不易脫離去也。考其原因，不外土地賤，人易為產業所牽，烟癖普遍，一染此癖，則脫離較難，而淫風之熾，亦極有關係也。一經婚合，則明來明去，臨河縣志載有一詞，描寫河套風俗殊確，玆將原詞錄後：

砭骨朔風塞上高　氈裘重複倘輕飄　男兒也學婦人樣　一例束裝紅主腰

納嫁築場有定程　連綿農事告西成　如何六管灰飛日　打麥始聞叱犢聲

陋俗流傳是棄嬰　家家父母太無情　只緣婦女懶開慣　忍令呱呱付梗萍

潺潺伏水貴如油　七月秦庭乞未休　戊已一包馬一匹　香花膜拜獻渠頭

後寢前堂溷不分　土階茅茨好舖陳　硃紅長櫃栽絨毯　大鏡雙雙畫美人

洋肚手巾包白頭　鄉村裝束也風流　阿儂不怕周郎顧　高捲車簾懶下鈎

不重頭婚重二婚　孤鸞身價值黃金　周婆新訂親迎禮　送上陽台更作雲

嘉賓式燕樂如何　燴菜作糕五味和　四盤四盤八大件　歸來夕照醉顏酡

野人敬客好排場　大碗高登禮節詳　上等磚茶濃潑就　一盤瓜子一盤糖

酸菜點心麪片湯　田家風味客先嘗　賓來同抱如歸榮　風俗敦龐屬此鄉

厚聘索來色色強　立人三百帛承筐　專條又結十年約　五頃沃田養阿娘

夭桃灼灼野花繁　百輛皷吹六市喧　廣廈安排千萬戶　那謂何賓蓋盈門

娶妻也會生財香　紅毯分舖跪拜忙　阿姈一元姑五角　金錢亂撒喜洋洋

於今宗閥竟全刪　同母兄弟喚隔山　胡越一家成骨肉　誰云疼癢不相關

鼻孔撩天搶地呼　床頭低首念南無　鳩盤也要香花養　難煞人間小丈夫

柳絲細雨海棠風　姊妹街頭一笑逢　相約明朝看跳鬼　弓鞋預繡碧芙蓉

弓鞋三寸巧安排　五色綾羅手自裁　低囑阿姨牢下鍵　須防天足會員來

多少工夫手自纏　凌波微步婀如仙　陡聞天足重開會　霹靂一聲降自天
自古人情富易妻　誰知後套歧中歧　當年多收十斛麥　臨老花叢覓別枝
走馬少年小市東　銀鞍玉埒度春風　拚將糶出三倉麥　買笑千金付小紅
駿馬嘶風盒子鎗　地商子弟氣高揚　昨朝蓬戶今華屋　血汗十年夢一塲
漢蒙雜處須調和　蒙語學來費揣摩　執手窮廬通款曲　駱漿奶酒獻多多
百貨挽輸走漠沙　米糧布疋酒糖茶　商人慣說蒙古話　吳越從今是一家
女男階級不分明　蒙俗流傳習慣成　滅燭留髡同下幰　聯床風雨到鷄鳴
黑塞輙回學士駕　青林不駐文人車　俚詞聊備輶軒采　豆架瓜棚洒墨華

蒙旗建設芻議

外蒙淪亡，於茲十載，東北哲卓昭等盟，又先後覆沒於日，內蒙僅餘錫烏伊三盟，現雖自治政府成立，仍無完善辦法，政府諸公事先因循泄沓，專務羈縻，今始如夢初覺，派委調查，亟謀弭禍於未然，以挽眉急，蓋藩籬破壞，門戶洞開，唇亡齒寒，西北岌岌可危，綏遠地居邊陲，蒙漢雜居，關係全局，至爲重大，是不得不遠籌周妥之法也，爰述管見，用供參考。

一，保障蒙旗組織俾世襲王公貝勒爲國效力　王公貝勒之於蒙民，勢雄位優，由來已久，自中央劃省設縣後，政權日削，土地日小，於是乃懷位祿難保之疑，生急切獨立之念，故中央先宜申以民族自決之義，動以休戚與共之誠，祛其猜疑，固其組織在禦侮存亡範內，予以自治權力，俾蒙漢精誠合作，共謀我華之振作也。

二，保持蒙疆土地以固蒙民之心　蒙民不諳農事，所賴以生者，惟畜牧耳，自清代放墾以來，一渠之闢，徙避之蒙民千數惴惴焉，日恐其無謀生之路，故蒙疆土地與人口之比率，應留蒙民之水草地，以利其生，以固其內向之心。

三，設立蒙旗民意機關　以促進蒙旗改善，蒙旗青年亦不乏，思想新穎之士，於其政治組織生活，率多不滿，今歲達旗督貴其一例也，故宜迅組此民意機關，使改進自治，知漢蒙勢須合作，利害漢蒙一致，以求實現眞正自治，免爲昏懦腐朽之王公貪劣誤國，爲敵所乘。

四，就蒙地設蒙事機關以利監督　昔之理藩院，蒙藏院，及今之蒙藏會，率多不明蒙情諸事，且地設南京，調查難周，認識不切，應付乖誤，以致有今日之糟局。爲今之計，應速將蒙事機關，設接毗蒙邊之地，派駐熟稔蒙情之人員，主持一切，則隔閡可少，，合作亦易矣。

五，提高民智修其武備　蒙民智識隔塞特甚，而驍勇健悍，控制爲難，故宜設教立學，以提高其民智，使知世界環境潮流，與漢蒙利害切膚，則以其驍勇之體，爲國馳驅，誠我華之可撤克國防鬥士也。

六，改進蒙民生產　蒙民生產落後，日就貧蹙，中央以巾扶植之誠，改進其生產，謀善其生活，以培植國防之資源。

七，提攜蒙漢感情　蒙民愚陋，漢民多欺詐之，馴致蒙漢情感日惡，亟宜嚴禁商民之欺侮，以相互提攜，否則惡因既深，挽救殊難矣。（完）